Simplement Massage

Inspiration santé

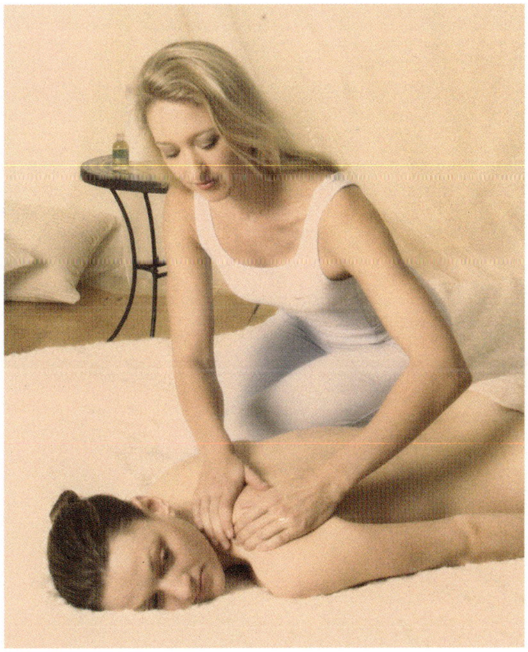

Simplement Massage

Inspiration santé

Caron Bosler

MODUS VIVENDI

Paru sous le titre original de : *Healthy Inspiration Massage*

LES PUBLICATIONS MODUS VIVENDI INC.
55, rue Jean-Talon Ouest, 2e étage
Montréal (Québec)
Canada
H2R 2W8

Dépôt légal – Bibliothèque et Archives nationales du Québec, 2006
Dépôt légal – Bibliothèque et Archives Canada, 2006

Design de la couverture : Catherine Houle
Directrice de création : Sarah King
Designer : Debbie Fisher
Photographe : Paul Forrester

ISBN-10 : 2-89523-422-1
ISBN-13 : 978-289523-422-7

Nous reconnaissons l'aide financière du gouvernement du Canada par l'entremise du Programme d'aide au développement de l'industrie de l'édition (PADIÉ) pour nos activités d'édition.

Gouvernement du Québec – Programme de crédit d'impôt pour l'édition de livres – Gestion SODEC

Table des matières

Introduction

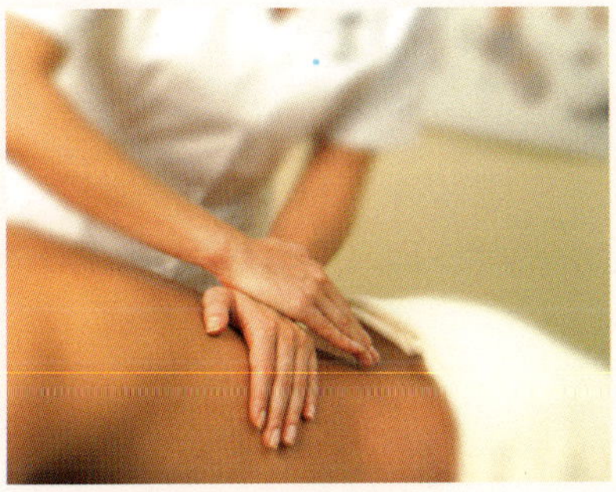

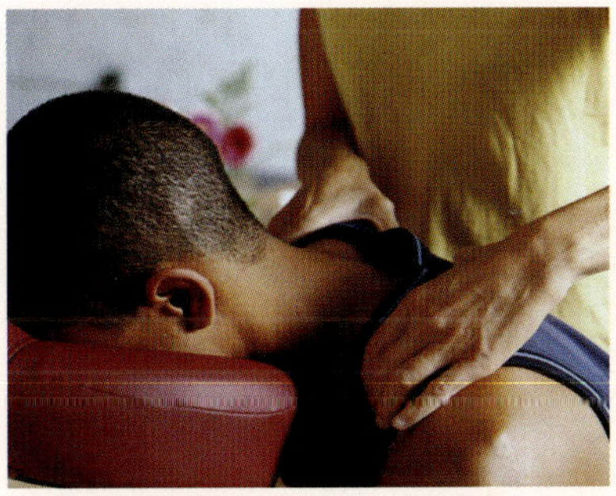

Toucher et massage

Nous recourons tous instinctivement au toucher, forme de communication la plus naturelle. Car le toucher fait vivre et réconforte; il a un pouvoir de guérison. Nous nous exprimons mutuellement de l'amour et de l'attention en nous étreignant les uns les autres. Lorsque nous sommes bouleversés, nous cherchons le réconfort dans les bras des autres. Nous réagissons à une blessure physique en tenant ou en frottant instinctivement la région douloureuse. Le toucher transcende les mots; il nous apaise et nous soulage, à la fois sur les plans physique et émotionnel.

Qu'est-ce que le massage ?

Le massage est une méthode thérapeutique holistique utilisant le toucher pour amener le corps en état d'équilibre. L'élimination des tensions et des toxines accumulées dans les tissus musculaires permet au corps de se relaxer davantage et de fonctionner plus efficacement. Le massage, qui consiste à appliquer une pression en séquences précises, peut être relaxant ou stimulant. Il permet de relâcher les muscles tendus tout en calmant l'esprit.

Comment le massage agit-il ?

Le massage est conçu pour détendre les muscles, qui produisent naturellement une toxine appelée acide lactique. L'accumulation de l'acide lactique provoque de la tension musculaire et ralentit les processus cellulaires. Il en découle une diminution de la vitesse à laquelle les cellules absorbent et éliminent les gras, l'énergie, l'oxygène et le bioxyde de carbone. Le massage dégrade l'acide lactique accumulé dans les muscles et leur permet de fonctionner plus efficacement. Une fois dégradé, l'acide lactique est libéré dans le sang et éliminé du corps par l'intermédiaire des voies urinaires. En raison de la libération de cette toxine dans le sang, il est nécessaire de boire beaucoup d'eau après une séance de massage. L'absorption d'eau favorise l'élimination des toxines et permet au corps de retrouver un état optimal de santé.

Histoire du massage

Le concept de massage est présent dans de nombreuses langues : le mot latin massa *signifie toucher ou pétrir; le mot grec* massein *signifie également pétrir; le mot* sanskrit makeh *veut dire presser; le mot arabe* mass *signifie sentir ou toucher; et il y a le mot français* masser.

Les pratiques thérapeutiques des Orientaux témoignent d'un usage du massage profondément ancré dans leur société. On considère généralement que les Chinois ont créé la première forme de massage, vers 3000 av. J.-C. Ils recouraient à des séquences de massage précises pour se relaxer et rester en santé. Au VIe siècle, les Japonais commencèrent à contrôler l'énergie interne du corps. Cette pratique se transforma pour devenir le Shiatsu, technique qui consiste à appliquer une pression en des points précis de l'organisme afin de maintenir un niveau de santé optimal. Il existe également, en Inde, une longue tradition relative au massage. Encore très populaire aujourd'hui, on y a recours dans le cadre de la médecine Ayurvedic.

Dans la Grèce antique, le massage était intimement lié à la notion de santé. Hippocrate, médecin grec et père de la médecine, désigna le massage sous le nom d'anatripsis. Il écrivit que le massage pouvait consolider une articulation trop distendue et détendre une articulation trop raide. À l'époque de la Rome antique, les gladiateurs recevaient des massages avant et après un combat. On dit que Jules César bénéficiait de massages quotidiens afin de traiter une névralgie. On croit qu'il subissait des séances de pincement, forme de massage extrême.

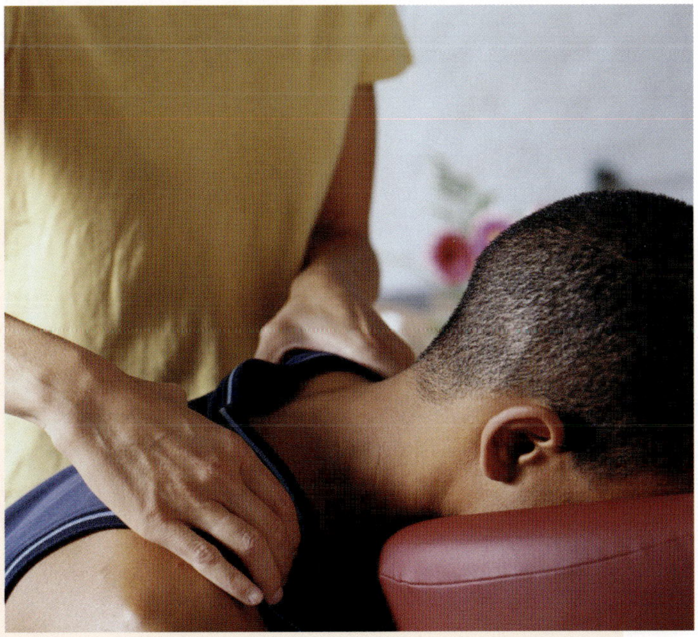

▲ Le massage était un élément important de la médecine dans la Grèce antique.

▲ Le massage favorise la relaxation en éliminant la tension et le stress.

Au cours du Moyen Âge, la pratique du massage a été réprimée parce qu'on considérait les plaisirs de la chair comme un péché. La forme de massage la plus pratiquée en Occident a été créée au XIXe siècle par le Suédois Per Henrik Ling (1776-1839), médecin, poète et éducateur. Ling étudia d'abord la théologie, puis se mit à voyager. Il retourna en 1804 en Suède, où il enseigna les arts. Il devint maître d'escrime à l'Université de Lund en 1805. En 1813, il fonda l'Institut central de gymnastique, dont le programme comprenait l'enseignement du massage. Ling croyait en l'aptitude naturelle du corps à se guérir. Il élabora un système de traitement basé sur les connaissances de la physiologie, de la gymnastique et des techniques empruntées aux Chinois, aux Égyptiens, aux Grecs et aux Romains.

Durant la Seconde Guerre mondiale, on utilisait le massage pour traiter des patients souffrant d'atteinte à un nerf ou d'un syndrome commotionnel. L'Hôpital Saint Thomas de Londres eut un département de massage jusqu'en 1934, année où on commença à préférer aux techniques manuelles les méthodes utilisant le courant électrique.

Le massage perdit de sa crédibilité lorsque l'industrie du sexe se mit à l'utiliser pour attirer ses clients sans éveiller l'attention des autorités. Toutefois, des normes industrielles rigoureuses et l'octroi de permis aux praticiens ont permis d'améliorer l'image du massage et de promouvoir sa pratique.

Concepts anatomiques

Il importe d'avoir une connaissance générale des muscles et de la façon dont ils fonctionnent pour faire un bon massage. Une brève étude de la disposition des muscles principaux vous aidera à visualiser les réactions musculaires qui se produisent sous la peau. De plus, si votre partenaire est blessé, il est important de savoir où elle se trouve et de vous assurer que le massage n'est pas contre-indiqué à sa situation.

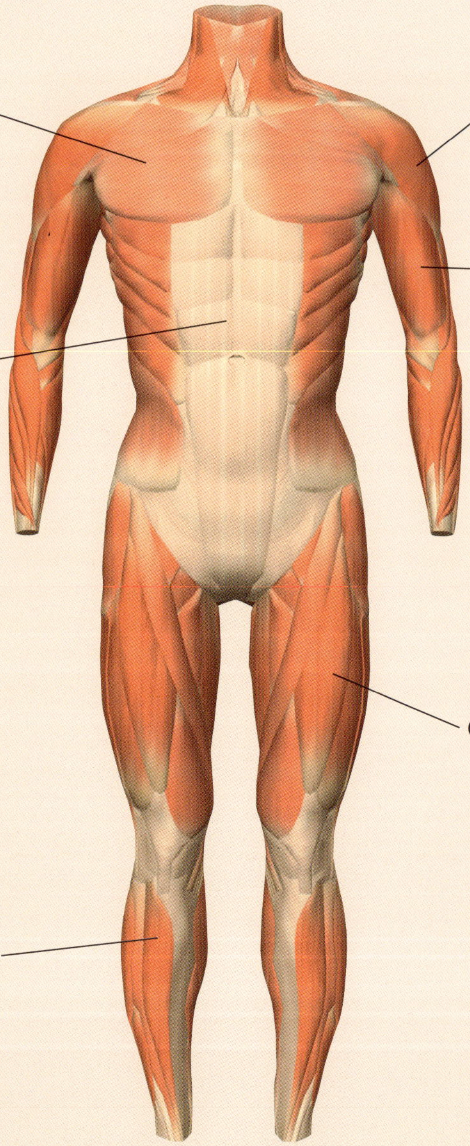

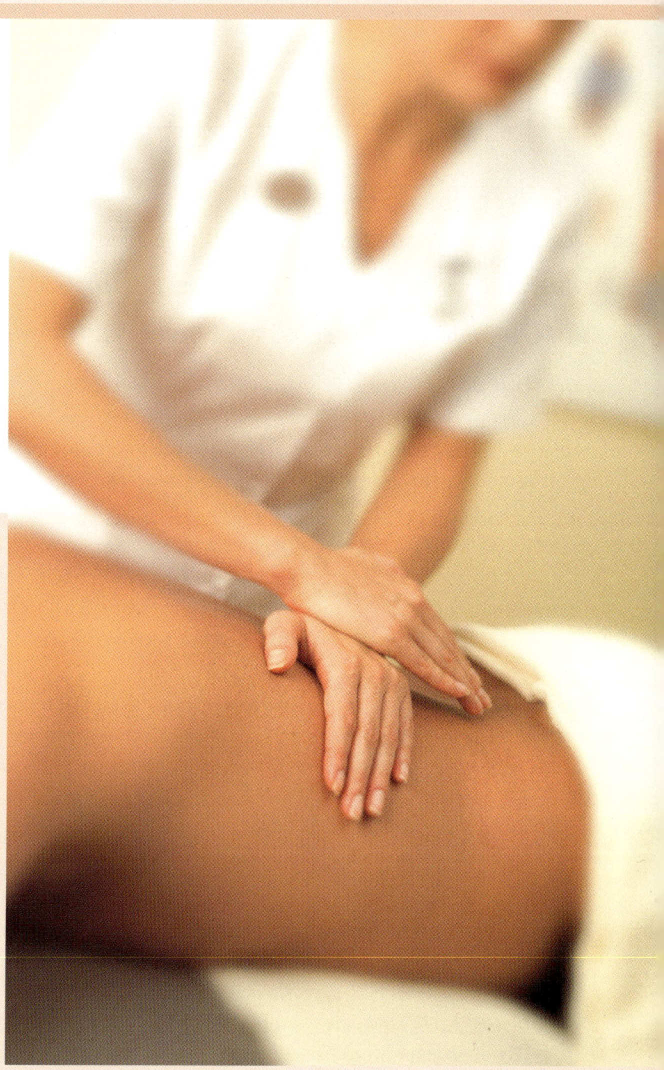

▲ Le massage élimine la tension musculaire. Un bon masseur possède des connaissances solides à propos de l'anatomie générale.

Il existe trois types de muscle : cardiaque, lisse et squelettique. Seul le cœur se compose de muscle cardiaque. Les muscles lisses sont des muscles involontaires, ce qui signifie que nous ne pouvons pas les contrôler consciemment. On en trouve dans des organes comme l'estomac et l'intestin (où ils sont un élément constituant des parois intestinales). Les muscles squelettiques sont des muscles volontaires que nous pouvons contrôler d'une manière consciente. On les trouve, par exemple, dans les bras et les jambes. Une membrane fibreuse épaisse appelée fascia entoure les muscles volontaires. Le fascia est plus épais aux deux extrémités des muscles où il forme des tendons, qui se fixent aux os. On utilise les termes tendon d'origine et tendon d'insertion pour décrire le mouvement des os. Un tendon fixé à un os qui ne bouge pas est un tendon d'origine. Un tendon fixé à un os qui bouge est un tendon d'insertion.

Les muscles fonctionnent généralement en groupe, ce qui leur permet de bouger efficacement. On qualifie de synergiste un muscle qui se contracte et d'antagoniste un muscle qui se relâche pour permettre à d'autres muscles de se contracter. Selon le mouvement requis, un muscle peut assumer le rôle de synergiste ou d'antagoniste. Par exemple, nous plions la hanche en utilisant les quadriceps (synergistes) et en relâchant les ischio-jambiers (antagonistes). Inversement, nous l'étirons à l'aide des ischio-jambiers (synergistes) en relâchant les quadriceps (antagonistes).

Les muscles consistent en des faisceaux de fibres chevauchantes composées d'actine ou de myosine. La contraction musculaire se produit lorsque les fibres d'actine et de myosine glissent les unes par rapport aux autres. Pour visualiser cette action, tenez les doigts de vos mains devant vous de sorte qu'ils s'entrelacent à peine. L'aspect des fibres musculaires au repos ressemble à cet arrangement. Glissez ensuite lentement les doigts les uns dans les autres jusqu'à ce qu'il n'y ait plus aucun espace entre eux. Les fibres d'actine et de myosine s'entrecroisent de manière semblable lorsqu'il y a contraction musculaire.

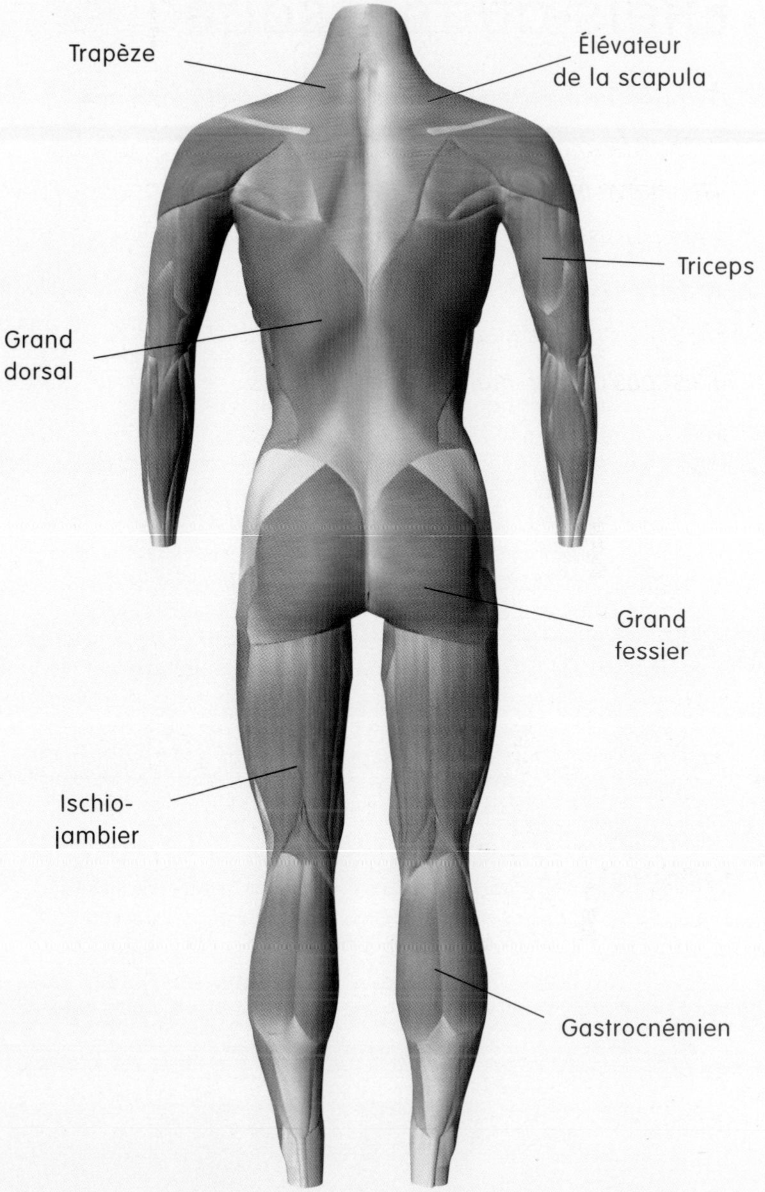

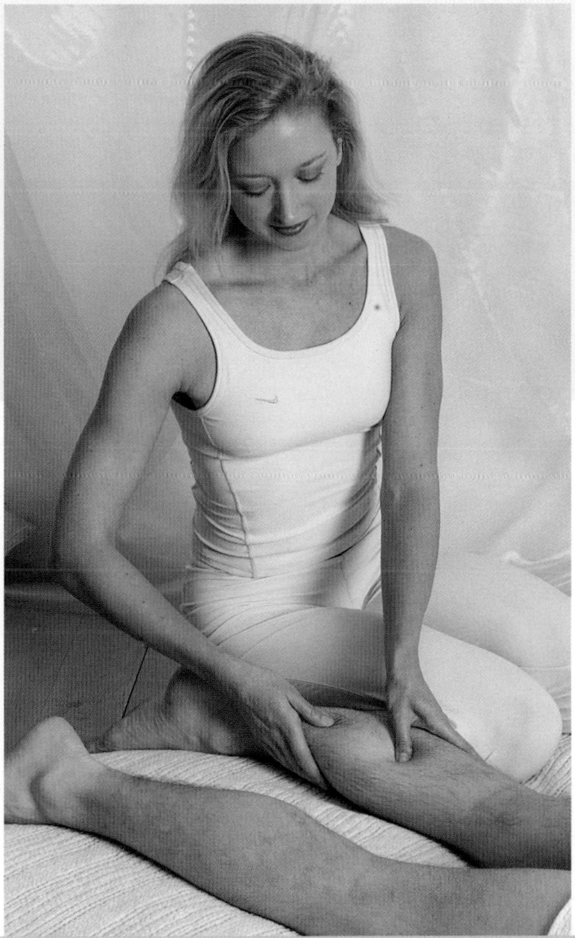

Les muscles doivent être oxygénés et nourris suffisamment pour fonctionner de manière efficace. Les cellules musculaires produisent des déchets sous la forme de bioxyde de carbone, d'acide lactique et d'urée, composés qu'il faut éliminer pour assurer un fonctionnement souple des muscles. La présence d'une faible quantité d'acide lactique dans un muscle est tout à fait normale. Lorsqu'il y a accumulation de cette toxine, cependant, le muscle devient raide et des nœuds s'y forment. Les manœuvres d'un masseur sont conçues pour dégrader l'acide lactique et provoquer sa libération dans le sang, ce qui permet ensuite aux muscles de jouer leur rôle plus efficacement.

◄ En appuyant sur le ventre d'un muscle afin de le manipuler en profondeur, le masseur peut libérer l'acide lactique qui s'y est accumulé. Il en résulte une amélioration du rendement musculaire.

Effets du massage

Le massage exerce des effets à la fois psychologiques et physiologiques. D'une part, il apaise l'esprit et détend le corps, rend plus heureux et plus optimiste. D'autre part, il influence de manière directe ou indirecte tous les systèmes corporels.

L'effet le plus évident du massage est celui qu'il produit sur notre peau. La peau est un organe vivant dont les cellules mortes montent à sa surface pour y être éliminées. Elles sont constamment remplacées par de nouvelles cellules dans la couche inférieure de l'épiderme. On désigne sous le nom de desquamation le processus d'élimination des cellules mortes. Le glissement des mains d'un masseur sur la peau la débarrasse de ces cellules, ce qui favorise la progression vers la surface cutanée d'autres cellules. Ce glissement provoque par ailleurs une montée du sang dans la couche supérieure de la peau, avec pour résultat une amélioration de la circulation sanguine et une carnation plus accentuée. Le massage augmente enfin l'élasticité cutanée, car il favorise la production naturelle d'une huile appelée sebum, qui contribue à la lubrification de la peau et en prévient la siccité.

Le massage peut influencer le système musculaire de plusieurs manières : il augmente la vitesse des processus cellulaires qui s'y déroulent en dégradant des sections de l'acide lactique, soulage la douleur musculaire en brisant les nœuds à l'origine des raideurs et accroît la flexibilité musculaire pour une grande portée des mouvements.

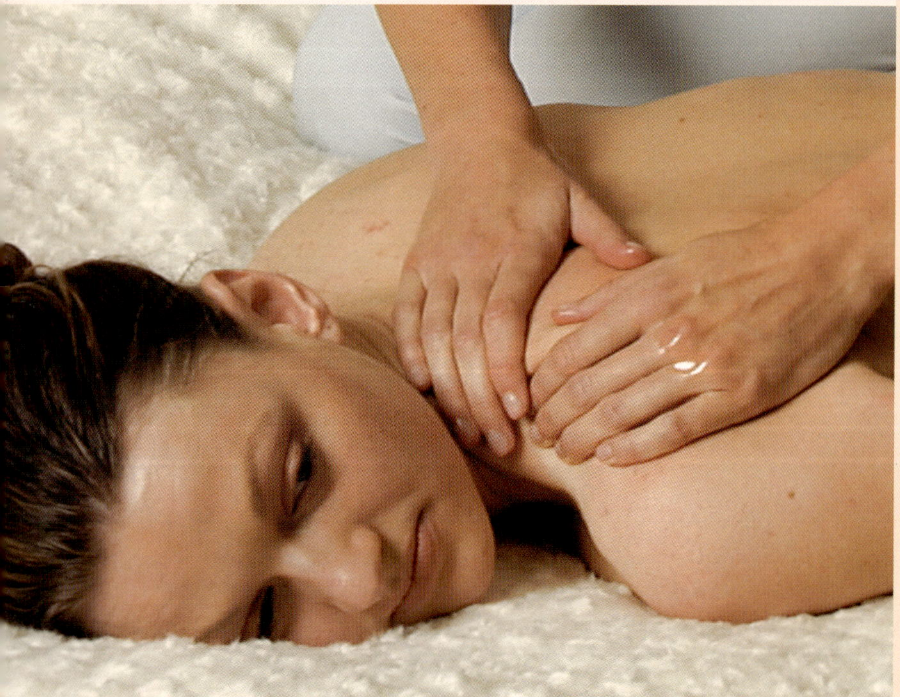

Par ailleurs, le massage améliore le rendement du système circulatoire en favorisant la circulation du sang dans tout le corps. La raison en est que les manœuvres du masseur s'harmonisent avec la circulation sanguine naturelle. Elles permettent au sang d'acheminer l'oxygène et les nutriments vers les organes et d'éliminer plus facilement le bioxyde de carbone et autres déchets. Le massage peut également diminuer l'hypertension artérielle.

Le système lymphatique élimine les déchets qui ne peuvent être expulsés par l'intermédiaire du système circulatoire. Il s'agit d'un système intéressant, car il ne possède aucune pompe permettant à la lymphe de circuler. Un massage est extrêmement bénéfique à ce système puisqu'il améliore la circulation lymphatique dans tout le corps. Comme les manœuvres utilisées lors d'un massage s'harmonisent avec le sens de la circulation sanguine, elles peuvent repousser la lymphe vers les ganglions lymphatiques, favorisant ainsi l'excrétion des déchets. Le massage peut aussi diminuer les enflures, la cellulite et le problème des bosses sur le corps.

◄ Le massage exerce des effets bénéfiques sur tous les systèmes corporels.

Le massage a un effet bienfaisant sur l'appareil respiratoire. Quand nous sommes détendus, nous respirons plus facilement et plus profondément. Nous absorbons et expulsons de plus gros volumes d'oxygène et de bioxyde de carbone. Les principaux muscles impliqués dans la respiration, le diaphragme et les muscles intercostaux, se détendent au cours d'un massage, ce qui permet de prendre de plus grandes respirations.

Le massage peut également agir sur l'appareil urinaire en favorisant l'excrétion des déchets urinaires. Il active les reins et réduit la rétention hydrique.

Il peut d'autre part réduire les douleurs menstruelles ressenties au niveau de l'appareil génital.

Son influence sur le système nerveux dépend de la technique appliquée. Un massage stimulant activera le système nerveux, alors qu'un massage relaxant le calmera. Une séance stimulante diminue la fatigue et améliore l'état d'une personne léthargique. Des manœuvres apaisantes, quant à elles, détendent une personne stressée ou tendue.

▲ Le massage apaise l'esprit et détend le corps en diminuant le stress.

▲ Le massage permet d'accroître la portée des mouvement en réduisant la tension dans les articulations.

Les effets du massage sur le système squelettique sont indirects. Étant donné que les muscles sont plus relâchés, ils suscitent moins de tension inutile sur les os et les articulations. Le massage augmente la mobilité et améliore la posture. Il détend les muscles raides et raffermit les muscles mous, modulant ainsi les tensions appliquées sur le système squelettique.

Enfin, le massage agit sur l'appareil digestif en prévenant les indigestions et la constipation. Comme il améliore la circulation sanguine, il accélère l'acheminement des nutriments vers les cellules.

Contre-indications

Le massage s'avère l'une des formes de thérapie holistique les plus sécuritaires. Il existe cependant des circonstances qui exigent de la prudence. Les contre-indications suivantes devraient servir de lignes directrices générales. En cas de doute, consultez un médecin.

Maladies

Le sens commun veut qu'une personne malade ne se fasse pas masser ou ne masse pas. Non seulement une personne malade qui se fait masser peut être contagieuse, mais le masseur risque de répandre l'agent infectieux sur tout le corps de son partenaire. D'autre part, si le masseur est malade, il peut facilement contaminer la personne massée. Ne massez jamais quelqu'un lorsque vous n'êtes pas dans votre assiette. Si vous souffrez d'un cancer ou d'une autre maladie sérieuse, consultez toujours un médecin. Si votre partenaire a le cancer, ne massez jamais la région où est située sa tumeur. Le massage peut être très bénéfique à un cancéreux; veillez cependant à ne pas exercer de manœuvres directement sur la région touchée.

◄ Si votre partenaire ou vous êtes malades, il vaut mieux ne pas le masser.

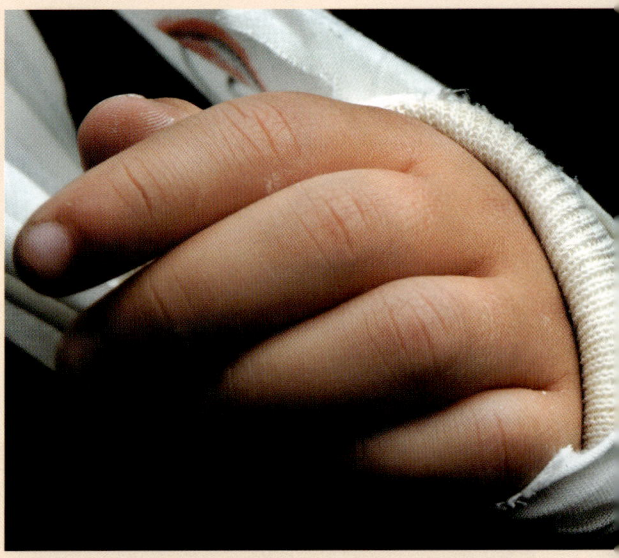

▲ Une fracture à un bras constitue une contre-indication localisée. Massez le reste du corps, mais évitez de toucher à la blessure.

Blessures

Les blessures récentes constituent des contre-indications localisées. Vous pouvez masser tout le corps, excepté la zone blessée. Ne massez jamais la région d'une fracture, une enflure ou une zone meurtrie par une coupure ouverte, une abrasion ou une ecchymose.

Veines variqueuses

Ne massez pas une zone contenant des veines variqueuses : la pression appliquée sur ces veines déjà fragilisées peut occasionner plus de dommage. Allez-y plutôt délicatement avec vos mains en remontant le long des veines vers le cœur. Cette opération calme beaucoup sans causer de dommage. Par ailleurs, ne massez jamais plus bas que l'endroit où se trouvent des veines variqueuses. Par exemple, ne massez pas le mollet si votre partenaire a de telles veines derrière le genou : toute pression supplémentaire sur ces veines peut engendrer plus de mal que de bien.

Grossesse

Le massage est bénéfique à tous les stades de la grossesse. Ne massez pas la région abdominale durant les quatre premiers mois de la grossesse. Après cette période initiale, vous pouvez la masser légèrement. Allez-y de manœuvres délicates sur tout le corps d'une femme enceinte. Certaines huiles essentielles sont contre-indiquées en cas de grossesse.

60ml

Lubrifiants

L'huile est le lubrifiant le plus utilisé pour effectuer un massage. On peut se servir également d'une lotion ou de talc, mais je ne les trouve pas aussi efficaces. L'huile constitue un lubrifiant formidable qui permet aux mains de glisser sans coller, ni tirer, voire étirer la peau à cause de la friction engendrée. Une petite bouteille de votre huile favorite est tout ce qu'il vous faut réellement pour exécuter un massage ! Cependant, il existe de nombreux types d'huile et faire un choix peut s'avérer décourageant. Sélectionnez-en d'abord quelques-unes qui vous semblent intéressantes; vous pourrez toujours en ajouter à votre collection plus tard.

Au sujet des huiles

L'achat d'huiles essentielles peut se révéler embêtant, vu le choix extrêmement vaste qui s'offre à vous. Lisez d'abord cette section d'un bout à l'autre pour vous faire une idée de ce que vous voulez. Il vaut probablement mieux vous procurer au départ deux huiles de base et trois ou quatre huiles essentielles. Grâce à ce petit investissement, il vous sera possible de marier et d'assortir vos huiles de multiples façons afin de créer un mélange qui vous conviendra.

On se sert généralement d'un végétal, d'une graine ou d'une noix pour fabriquer une huile. Essayez toujours de choisir une huile pressée à froid, non raffinée et sans additifs; plus une huile est traitée et moins elle est efficace.

Personnellement, je trouve que l'huile d'amande douce ou l'huile de pépins de raisin sont les meilleures huiles pour le massage de tout le corps, à cause de leur légèreté et parce qu'elles constituent d'excellents lubrifiants. Vous pouvez incorporer à votre mélange d'huile d'autres huiles de base dotées de propriétés avantageuses. Par exemple, vous pouvez diluer, selon une concentration de 5 à 10 %, de l'huile de germe de blé dans n'importe quel mélange afin de le conserver plus longtemps. Ou bien essayez

l'huile d'avocat à cause de ses propriétés hautement nutritives, en respectant également une concentration de 5 à 10 %.

Toutes les huiles de base peuvent agir comme support aux huiles essentielles. Même si celles-ci ne sont pas nécessaires pour l'exécution d'un massage, elles en améliorent la qualité.

L'aromathérapie consiste en l'utilisation d'huiles essentielles qui remettent le corps dans un état harmonieux. Dans ces huiles, on retrouve l'essence la vigueur, la qualité et l'esprit des plantes dont elles sont tirées. Les propriétés de ces plantes, dont l'extraction se fait selon diverses méthodes, influent sur votre état physique, mental et émotionnel. Vous ne devriez jamais ingérer d'huiles essentielles. Et règle de base à suivre : toujours les diluer avant qu'elles n'entrent en contact avec la peau.

Les pages qui suivent décrivent des huiles de base et des huiles essentielles potentiellement efficaces qu'il peut être amusant d'utiliser lors d'un massage. Vérifiez toujours si une personne est allergique à une huile – en versant une goutte sur l'intérieur de son coude – avant d'en appliquer sur elle. Les allergies aux noix et au blé sont assez courantes, ce qui oblige éventuellement à modifier son choix d'huile.

VANCE
VANCE
VANCE
VANCE
VANCE

Huiles de base (de support)

▸ **Calenduia officinalis** (calendula)

Cette huile d'infusion sert d'anti-inflammatoire et d'agent de guérison. Elle est excellente pour traiter les problèmes cutanés tels que l'eczéma, les ecchymoses, les éruptions, les coups de soleil et la peau gercée ou fendue. À diluer dans une huile de base selon une concentration de 5 à 10 %.

▴ **Prunus americana** (avocat)

Huile extrêmement pénétrante à forte teneur en vitamines A, B et D. En raison de sa texture riche, épaisse et collante, vous ne devriez en mélanger qu'une très petite quantité avec une huile de support. Facilement absorbable, elle dégage une forte odeur. Elle est bonne pour le traitement de la peau sèche, déshydratée ou ridée.

▾ **Macadamia integrifolia** (macadamia)

Huile extraite de la noix de macadamia. Elle est efficace pour traiter la peau grasse, sèche ou ridée.

▲ **Oenorthera biennis** (œnothère)

Huile coûteuse, mais formidable pour le traitement des problèmes de peau sèche tels que l'eczéma et le problème des pellicules. Elle agit également contre le syndrome prémenstruel, la sclérose en plaques, les maladies du cœur et le psoriasis. À diluer dans une huile de base selon une concentration de 5 à 10 %.

► **Prunus amygdalis** (amande douce)

Huile légère et nourrissante extraite de l'amande douce. Il s'agit de l'huile de base la plus populaire à cause de son prix peu élevé et parce qu'elle est bonne pour tous les types de peau. De plus, elle contient les vitamines suivantes : A, B1, B2 et B6. Utilisée pour masser tout le corps, on peut s'en servir telle quelle ou dans un mélange.

▲ **Prunus persica** (amande de pêche)

Huile à la fois légère et riche tirée de l'amande de pêche. Elle est bonne pour tous les types de peau, particulièrement pour la peau sensible, sèche ou mature et celle du visage. Peu coûteuse, elle contient par ailleurs les vitamines suivantes : A, B1, B2 et B6.
On peut s'en servir telle quelle ou dans un mélange.

Triticum vulgare (germe de blé)

Cette huile riche en vitamines rétrécit les tissus cicatriciels et atténue les stries avec efficacité. Comportant de la vitamine E, elle est bonne pour traiter la peau sèche. L'huile de germe de blé ajoutée à n'importe quel mélange d'huile selon une concentration de 5 à 10 % aura un effet de conservation sur le même mélange. Il n'est pas recommandé de l'utiliser telle quelle à cause de sa texture épaisse et collante. Ne vous en servez pas si vous êtes allergique au blé.

▼ **Prunus armenica** (amande d'abricot)

Huile légère, excellente pour le visage et qu'on peut appliquer sur tous les types de peau. Elle sert plus particulièrement à traiter la peau sèche, sensible, inflammée ou mature. On peut l'utiliser telle quelle ou dans un mélange.

▲ **Vitis vinifera** (pépin de raisin)

Huile lisse, légère et presque inodore, extraite du pépin de raisin. Peu coûteuse, elle contient par ailleurs de la vitamine E. Elle est bonne pour le massage de tout le corps. On peut s'en servir telle quelle ou dans un mélange.

Simmondsia chinensis (jojoba)

Il s'agit, en fait, d'une cire végétale liquide. Sa texture lisse et riche est bénéfique à tous les types de peau. Étant donnée la ressemblance entre sa structure chimique et celle du sébum, produit naturel de la peau, elle s'avère excellente pour le massage du visage. Bien qu'on puisse l'utiliser telle quelle, on la dilue habituellement dans un mélange en raison de son prix élevé.

Huiles essentielles

► **Anthemis nobilis** (camomille)

La camomille produit un effet calmant et bénéfique à tous les groupes de personnes : les enfants, les personnes fragiles et les personnes âgées, tous réagissent bien à cette huile. Elle agit contre les problèmes dentaires, les douleurs menstruelles, les indigestions, la nausée, le stress et la dépression. Elle sert à traiter également de nombreux problèmes cutanés tels que l'eczéma, le psoriasis, les ulcères, les ecchymoses et l'acné. Ne l'utilisez pas si vous êtes enceinte.

► **Salvia sclarea** (sauge sclarée)

Tonique euphorisant et calmant. La sauge sclarée équilibre les taux hormonaux et réduit la rétention hydrique, l'inflammation et la fatigue musculaire. Par ailleurs, elle agit efficacement contre les problèmes de crampes douloureuses et de spasmes, la dépression et les problèmes menstruels. Ne l'utilisez pas au cours de la grossesse ainsi qu'avant ou après la consommation d'alcool.

Melissa officinalis (mélisse-citronnelle)

La mélisse-citronnelle est énergisante et élève l'esprit. En outre, elle atténue les chocs émotifs et soulage d'autres problèmes liés au stress. Elle tempère les réactions allergiques et diminue l'hypertension, l'anxiété et la dépression. Étant donné son effet stimulant sur le cycle menstruel, elle ne devrait pas être utilisée durant la grossesse.

▲ **Citrus aurantium** (néroli)

Le néroli est excellent pour accroître la confiance en soi et l'estime de soi. Comme il met dans un état d'alerte tout en calmant, il agit bien dans les situations où il faut être en forme. Il aide à la gestion des chocs émotifs, combat la diarrhée nerveuse, l'insomnie et la dépression et sert à traiter les cicatrices et les stries.

Citrus Bergamia (bergamote)

Huile antidépressive la plus puissante qui soit sur le marché. Elle suscite un fort sentiment d'élévation et, pour cette raison, se révèle efficace contre le stress et la dépression. Elle soulage les problèmes de digestion, les symptômes du rhume et de la grippe, les maux de gorge et l'inflammation. Elle atténue aussi la mauvaise haleine et combat les infections vaginales. Étant donné qu'elle augmente la sensibilité aux rayons ultraviolets, ne l'utilisez pas avant de vous exposer au soleil ou de vous étendre sur un lit de bronzage.

▲ **Jasminum officinale** (jasmin)

Le jasmin augmente la confiance en soi et rend plus optimiste. Il agit contre l'inflammation et combat la dépression. Il est bon à prendre à la fin d'une grossesse, car il renforce les contractions de l'utérus (pour cette raison, il ne peut être utilisé durant les premiers stades de la gestation). Il favorise le rétrécissement des cicatrices, atténue les stries et augmente l'élasticité cutanée. Il aide aussi au soulagement des problèmes sexuels chez les hommes en renforçant leurs organes génitaux.

▲ **Melaleuca alternifolia** (théier)

L'huile de théier constitue la meilleure huile à utiliser lorsqu'il faut administrer les premiers soins. Elle combat les infections et peut servir avant ou après une opération, c'est-à-dire lors des phases de préparation et de convalescence. Elle est excellente contre les problèmes de plaies, de taches, de phlyctènes, de prurits et de pellicules, d'acné, de pied d'athlète et de coups de soleil ou d'autres types de brûlure.

► **Citrus paradisi** (pamplemousse)

Le pamplemousse combat la dépression, la léthargie et la fatigue. Il élève l'esprit, est rafraîchissant et équilibre l'humeur. Il permet de mieux lutter contre l'infection en activant le système immunitaire. Il agit également contre la cellulite et, comme il réduit la rétention hydrique, sert de diurétique léger. Il favorise par ailleurs la perte pondérale et soulage les problèmes de digestion et la gueule de bois. Il est bon d'en consommer avant et après avoir fait de l'exercice.

Cananga odorata (ylang-ylang)

Aphrodisiaque doté de propriétés sédatives. Il réduit l'hypertension, l'impuissance, le stress et la dépression et agit contre les crises de panique. Il équilibre la peau et se montre utile pour traiter les cas de peau grasse ou sèche.

Boswellia carterii (oliban)

L'oliban équilibre les émotions et élève l'esprit. Il permet de faire le vide et réconforte. Il assouplit les rides, soulage la cystite et la néphrite et combat les infections génitales, l'asthme, la bronchite, la toux et le catarrhe.

▲ **Thymus vulgaris** (thym)

Stimulant qui augmente la mémoire et la concentration. Il agit contre les infections respiratoires, l'arthrite, les problèmes de fatigue nerveuse et la cystite. L'huile de thym ne devrait pas être utilisée pour des enfants âgés de moins de deux ans ni en cours de grossesse.

▼ **Lavendula officinalis** (lavande)

Huile la plus polyvalente et la plus complète. Elle équilibre les émotions, réduit les tensions et atténue les chocs émotifs. Sur le plan physique, elle soulage les douleurs, notamment les maux tête. Elle est bonne, de plus, pour le traitement des problèmes suivants : brûlures, cicatrices, blessures causées entre autres par des morsures d'insectes ou des piqûres, coups de soleil, dermite, psoriasis, bronchite, laryngite, nausée, vomissements, crampes et hypertension.

▲ **Pelargonium graveolens** (géranium)

Le géranium équilibre à la fois l'esprit et le corps. Son effet tonique permet de soulager l'anxiété, la dépression et le stress tout en élevant l'esprit. Son action est bénéfique aux systèmes sanguin et lymphatique ainsi qu'à tous les types de peaux. Il agit avec efficacité contre le syndrome prémenstruel, les bouffées de chaleur se produisant durant la ménopause, la siccité vaginale et les menstruations irrégulières. Il est excellent contre la cellulite et la rétention hydrique. Il est par ailleurs doté de propriétés anti-inflammatoires et constitue un bon déodorant.

Pogostemon patchouli (patchouli)

Le patchouli est en même temps un stimulant et un sédatif. Utilisé en petite quantité, il stimule les systèmes nerveux et digestif. En grande quantité, il est relaxant et apaisant. Il favorise d'autre part la croissance cellulaire et le rétrécissement des cicatrices et agit contre les problèmes de peau sèche. Il facilite la perte pondérale et stimule le péristaltisme. Il combat enfin la léthargie, l'anxiété et la rétention hydrique.

► **Citrus reticulate** (mandarine)

La mandarine élève l'esprit et apaise les nerfs. Elle constitue un diurétique léger et agit contre la cellulite. Elle permet de traiter efficacement les stries et les tissus cicatriciels. Elle soulage aussi les problèmes de digestion.. Elle est sans danger après les trois premiers mois de la grossesse.

▲ **Rosa centifolia** (rose)

Aphrodisiaque suscitant des émotions positives et pouvant combattre la tension nerveuse, le stress, l'insomnie et la dépression. Cette huile est bonne contre l'inflammation, les problèmes de peau sèche, les problèmes menstruels et les désordres utérins. Elle favorise d'autre part la production de sperme. Deux gouttes sur la ligne de contour de la chevelure produisent un parfum merveilleux ! À éviter durant la grossesse.

▼ Rosemarinus officinalis (romarin)

Autre huile complète excellente. Elle agit contre la mauvaise circulation sanguine, les infections, l'arthrite, le rhumatisme, les bursites, les problèmes de mémoire, la fatigue, la léthargie, les mots de têtes, les migraines, le vertige, la grippe, le rhume, la sinusite et les infections de l'appareil respiratoire. Puisqu'elle augmente la pression artérielle, elle ne devrait pas être utilisée en cas d'hypertension. Les épileptiques et les femmes enceintes devraient également éviter de s'en servir. Le romarin constitue un bon tonique capillaire.

▼ Citrus limonum (lime)

La lime élève l'esprit en même temps qu'elle stimule les systèmes corporels. Elle est excellente contre les problèmes de veines variqueuses et de capillaires dilatés, les furoncles, les verrues, la mauvaise circulation sanguine, les ulcères, les indigestions, les flatulences et les problèmes d'acidité. Elle abaisse la tension artérielle et ralentit le saignement externe tel que l'épistaxis. Elle peut accroître la sensibilité aux rayons solaires.

▲ Mentha piperita (menthe poivrée)

La menthe poivrée exalte les sens; elle libère et repose l'esprit. Elle atténue l'intensité des coups de soleil et des bouffées de chaleur. Elle est bonne contre les mots de têtes, la dépression, les flatulences, la mauvaise digestion, la nausée, l'asthme et les maux de dents.

Santalum album (santal)

Huile très relaxante qui apaise les nerfs et combat les infections de l'appareil respiratoire. Elle soulage la cystite et agit contre la diarrhée, la dépression et les problèmes de veines variqueuses et de peau sèche ou irritée.

Utilisation des huiles essentielles

Quantité d'huile à utiliser

La quantité d'huile à étendre sur chaque zone corporelle dépend de sa superficie. À l'évidence, vous allez étendre moins d'huile sur un pied que sur tout le dos. Versez une petite quantité d'huile dans votre main, c'est-à-dire un volume compris entre la taille d'un pois et celui d'un bouchon de bouteille de vin.

1 Suivez la règle de base qui est de toujours diluer les huiles essentielles avant qu'elles n'entrent en contact avec la peau.

2 Ne mélangez pas plus de huit gouttes d'huile essentielle avec une huile de support pour un massage. Chaque massage nécessite environ 35 ml d'huile de base. Si une personne est de forte taille ou très poilue, adaptez la quantité d'huile à utiliser en conséquence.

3 Tant que vous ne serez pas familier avec les huiles essentielles et leur odeur, n'en mélangez pas plus de deux ensemble.

Conservation des huiles essentielles

Conservez toutes les huiles essentielles dans des contenants sombres, que vous rangerez dans un endroit frais et sec. La lumière fait réagir certaines huiles et modifie leurs propriétés, les rendant moins efficaces. La température des pièces chaudes est également néfaste.

Mélanges d'huiles

Le mélange des huiles essentielles constitue une forme d'art. Tant que vous ne connaîtrez pas mieux les huiles de votre collection, n'en mélangez pas plus de deux à la fois. Si vous êtes incertain de l'odeur que produiront, une fois mélangées, les huiles essentielles que vous aurez choisies, tenez-les ensemble sous votre nez. Décrivez un petit cercle avec votre poignet et humer délicatement l'arôme combiné des huiles. Une autre méthode pour tester la compatibilité de deux huiles essentielles consiste à verser une goutte de chacune d'elles sur une bande de papier différente. Aspirez ensuite les odeurs des huiles en même temps pour vérifier jusqu'à quel point elles vont bien ensemble.

Si vous aimez réellement un mélange en particulier, n'oubliez pas de prendre en note sa recette afin de pouvoir en jouir de nouveau.

Incorporez huit gouttes au total d'une huile essentielle dans 35 ml d'une huile de base.

Maux et huile antidouleur

Deux gouttes de genévrier
Trois gouttes de jasmin
Trois gouttes de marjolaine

Huile antidépressive

Trois gouttes d'oliban
Trois gouttes de lavande
Deux gouttes de bergamote

Huile anxiolytique

Deux gouttes de mandarine
Trois gouttes de mélisse-citronnelle
Trois gouttes d'ylang-ylang

Huile relaxante

Trois gouttes de bergamote
Trois gouttes de géranium
Deux gouttes de santal

Huile sensuelle

Deux gouttes de romarin
Trois gouttes de rose
Trois gouttes de jasmin

Huile élevant l'esprit

Deux gouttes de pamplemousse
Trois gouttes de lavande
Trois gouttes de jasmin

Préparation avant un massage

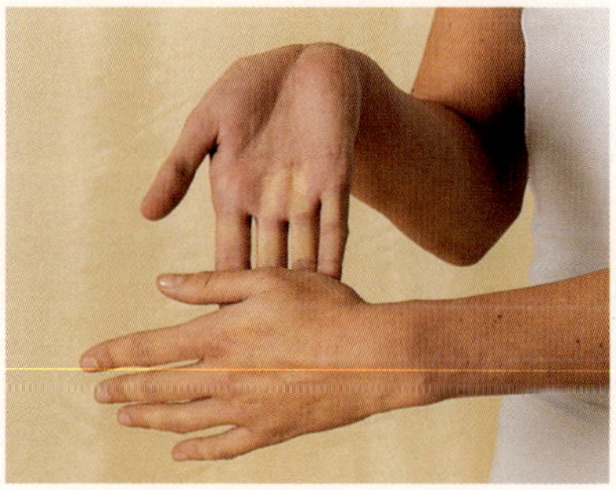

Que vous massiez une personne sur le plancher ou sur un lit, il importe de créer une atmosphère relaxante. Veillez à débrancher ou à mettre hors tension tous les téléphones afin de ne pas être dérangés. Vous pouvez créer une ambiance apaisante en faisant jouer de la musique de méditation. La création d'une belle atmosphère peut être aussi simple que d'allumer une chandelle. Utilisez si possible la lumière d'une petite lampe au lieu d'un éclairage en plongée éclatant. Ayez à votre disposition des serviettes de grande taille et fraîchement nettoyées en quantité suffisante de même que les huiles que vous aurez choisies pour le massage. Mettez celles-ci dans un bol que vous garderez à portée de la main. Vous ne voudrez sûrement pas laisser seul votre partenaire, après l'avoir accueilli, pour aller chercher du matériel.

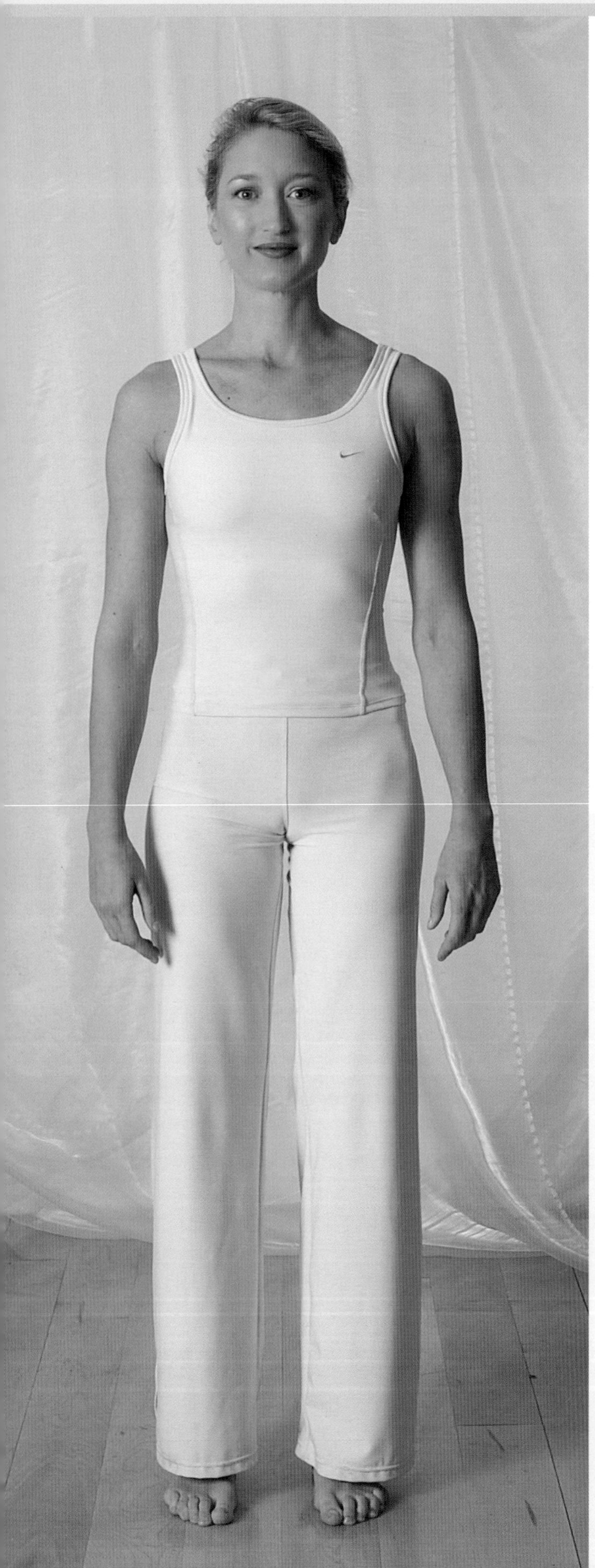

Préparation personnelle

Temps

Il est extrêmement important que vous vous réserviez beaucoup de temps avant et après un massage. Vous en aurez besoin pour préparer la pièce où se fait le massage, changer de vêtements, créer l'ambiance recherchée et disposer les serviettes propres et les huiles. Après un massage, donnez l'occasion à votre partenaire de vous parler de l'expérience qu'il vient de vivre après lui avoir laissé le temps de se lever lentement et de se rhabiller. Imaginez comment vous vous sentiriez si l'on vous pressait de quitter la pièce de massage une fois la séance terminée – tous les bienfaits du massage disparaîtraient. Un rendez-vous de massage devrait être une expérience plaisante et relaxante depuis l'arrivée jusqu'au départ.

Vêtements et hygiène

Veillez à enlever tous vos bijoux, car ils pourraient causer des égratignures ou gêner vos manœuvres. N'ayez sur vous aucun parfum ni déodorant fort au cas où votre partenaire en serait allergique. Portez des vêtements amples et confortables vous permettant de bouger avec aisance. Veillez également à couper vos ongles, sinon ils pourraient causer de forts désagréments à la personne massée. Vos ongles devraient être suffisamment courts pour que votre partenaire ne les sente pas lorsque vous appliquez une pression du bout des doigts. Lavez-vous toujours les mains avant et après un massage, préférablement avec un savon aux propriétés antibactériennes.

Centration sur soi

Il importe d'être calme et en contact avec soi avant de donner un massage. Pour y parvenir, tenez-vous d'abord debout en écartant les pieds d'une distance correspondant à la largeur de vos hanches et en gardant les bras détendus et allongés de chaque côté de votre corps. Fermez ensuite les yeux et prenez quelques instants pour vous relaxer et vous focaliser sur votre respiration. Sentez votre estomac monter et descendre pendant que vous inspirez et expirez. Lorsque vous vous sentez détendu et confortable, ouvrez lentement les yeux.

Concentration

Vous accroîtrez la qualité de votre massage si vous y portez continuellement attention. Pensez aux muscles sur lesquels vous exercez des manœuvres et sentez leurs réactions quand vous les touchez. Le corps contient toutes les émotions et les peurs, l'anxiété et le stress que nous ressentons. Imaginez un dialogue entre les muscles que vous êtes en train de masser et vous. Que vous disent-ils ? Comment se sentent-ils ? Sont-ils tendus ? Décontractés ? Noués ? Relâchés ? Le massage sera moins efficace si vous songez à votre journée de demain ou au magasinage que vous devez faire.

Postures

Toutes les fois que vous faites un massage, essayez d'adopter une posture confortable ne suscitant pas de tension corporelle excessive. Si vous vous servez d'une table de massage, vos devriez plier les genoux et garder le haut du corps droit et allongé. Lorsque vous exécutez de longues manœuvres, pensez à transférer le poids de votre corps sur votre jambe la plus avancée. Il faudrait autant que possible vous servir de tout votre poids pour effectuer ces manœuvres. Cette façon de faire diminuera la pression appliquée sur vos doigts et fera en sorte que vous vous fatiguerez moins rapidement.

Si vous n'êtes pas équipé d'une table de massage, vous pouvez improviser en utilisant un futon ou des couvertures pliées sur le plancher. Veillez à ce que le matelassage utilisé soit assez épais pour que votre partenaire puisse s'étendre confortablement. Vous devez, par ailleurs, pouvoir bouger aisément autour de la personne massée tout en demeurant sur le futon ou les couvertures. Les illustrations suivantes présentent des postures permettant de donner un massage sur le plancher en tout confort. Essayez-les pour voir avec lesquelles vous êtes le plus à l'aise. Assurez-vous que votre dos ne subit pas de pression au cours de la séance de massage. La posture que vous prendrez devra être, en tous les cas, la plus confortable qui soit.

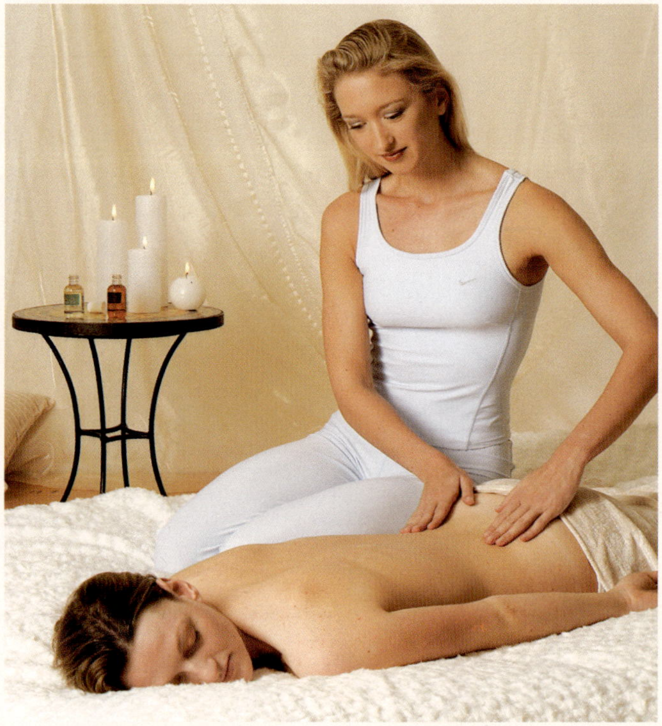

Sur les deux talons : pliez vos genoux et assoyez-vous sur vos talons. Cette posture est excellente sur le plan de la mobilité, car vous pouvez décoller vos fesses de vos talons et vous rasseoir dessus pour vous relaxer selon la manœuvre exécutée.

Jambes croisées : assoyez-vous sur vos fesses, genoux pliés et jambes croisées. Cette posture est très confortable lorsqu'on masse les pieds ou la tête.

Sur un talon : si vous vous trouvez du côté droit de votre partenaire, assoyez-vous sur votre talon gauche en pliant la jambe droite et en gardant le pied droit à plat sur le plancher. Il s'agit d'une posture confortable pour masser le dos ou les jambes.

Préparation de votre partenaire

Se faire masser devrait constituer une expérience merveilleuse. Laissez savoir à votre partenaire ce qui va bientôt se passer, particulièrement s'il ne s'est jamais fait masser. Expliquez-lui que vous allez quitter la pièce de massage et que, pendant votre absence, vous aimeriez qu'il enlève tous ses vêtements, y compris ses sous-vêtements (pas de soutien-gorge pour les femmes). Demandez-lui de s'étendre ensuite sur le dos sous une ou plusieurs serviettes. Il peut se sentir alors vulnérable. Aussi voudrez-vous respecter leur sentiment de modestie. Ne découvrez que la région corporelle à masser. Veillez à ce que la personne massée se sente en sécurité en tout temps.

▲ Couvrez votre partenaire avec des serviettes fraîchement nettoyées. Assurez-vous qu'il reste au chaud pendant toute la durée du massage.

J'aimerais mentionner que les deux bras ou les deux jambes des modèles que nous avons photographiés afin de présenter les différentes techniques décrites dans ce livre ont été laissés à découvert en même temps. Il n'en est pas de même habituellement au cours d'un massage. Veillez à ce que tous les membres de votre partenaire soient couverts, excepté celui que vous massez. Il se peut que la personne massée ait froid durant la séance de massage. Aussi aurez-vous à portée de la main des serviettes supplémentaires juste en cas de besoin.

Avant de commencer

Certains étirements simples que vous pouvez faire en préparation au massage à donner permettent de détendre vos muscles et d'élever votre niveau d'énergie.

Rotation de la tête

1 Tenez-vous debout les pieds écartés d'une distance correspondant à la largeur de vos hanches et les genoux mous. Pensez à l'énergie qui se dirige vers le sommet de votre tête et traverse en même temps vos pieds.

2 Inspirez en tournant la tête jusqu'à amener votre regard au-dessus de votre épaule gauche.

3 Expirez et roulez lentement la tête vers l'épaule droite en l'inclinant vers l'avant. Pensez, en effectuant ce mouvement, à toucher le thorax avec votre menton.

4 Inspirez au moment où vous regardez au-dessus de l'épaule droite.

Expirez et ramenez la tête vers l'épaule gauche : roulez-la lentement en l'inclinant vers l'avant, toujours en pensant à toucher votre thorax avec votre menton.

Répétez cet exercice trois ou quatre fois.

1

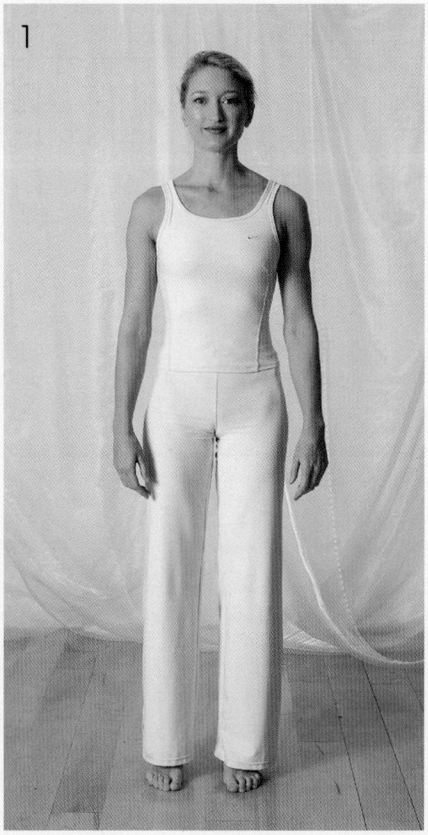

2

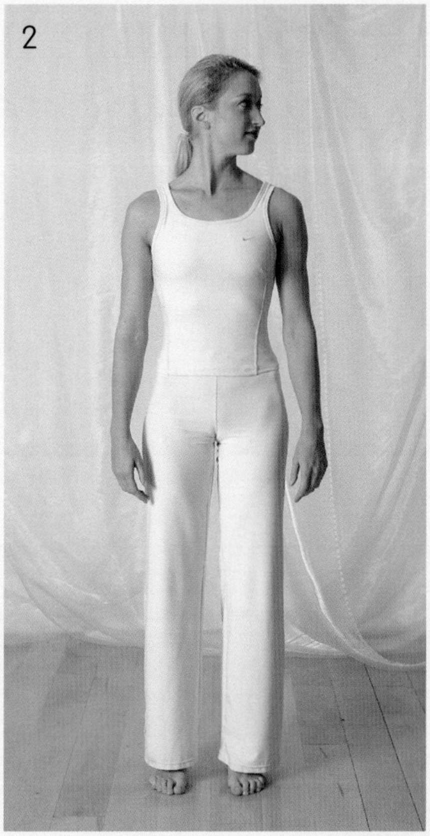

3

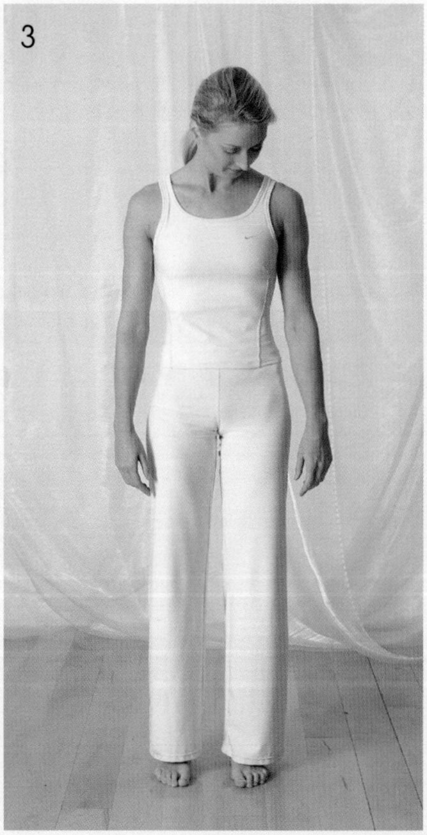

4

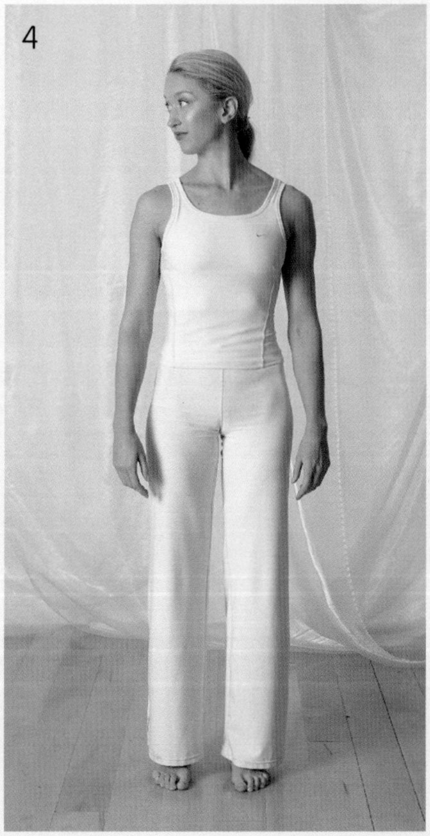

Rotation des épaules

1 Restez dans la même position, c'est-à-dire debout les pieds écartés d'une distance égale à la largeur de vos hanches et les genoux mous.

2 Inspirez pendant que vous roulez vos épaules vers l'avant.

3 Soulevez les épaules jusqu'aux oreilles.

4 Expirez et roulez les épaules vers l'arrière en maintenant votre thorax immobile.

Répétez cet exercice trois fois dans le même sens.

Refaites-le ensuite, mais en sens inverse, en vous assurant d'inspirer lorsque vous roulez les épaules vers l'arrière et d'expirer quand vous les roulez vers l'avant.

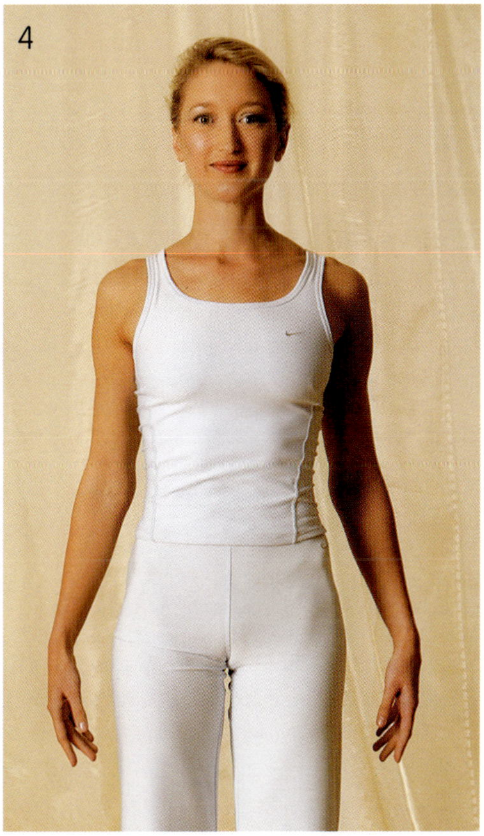

Rotation des mains

Cet exercice peut être fait autant assis que debout. Tournez les mains autour des poignets.

Répétez dans l'autre sens.

1

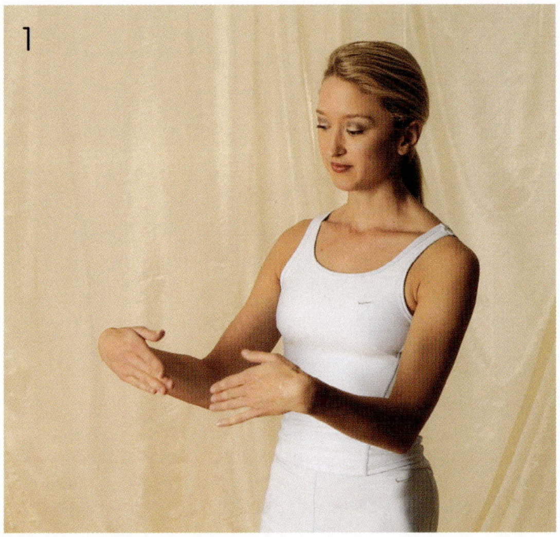

2

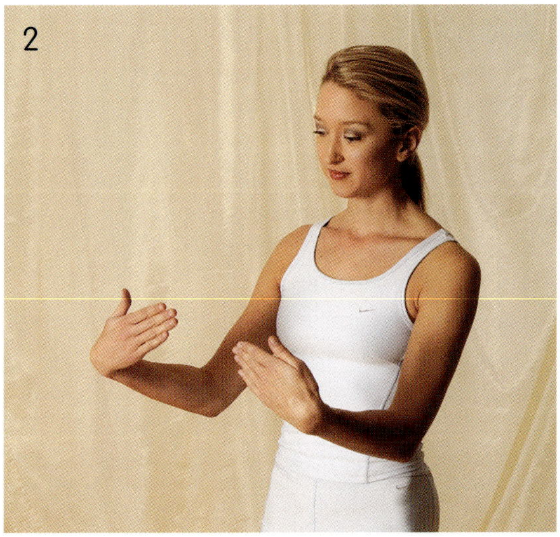

3

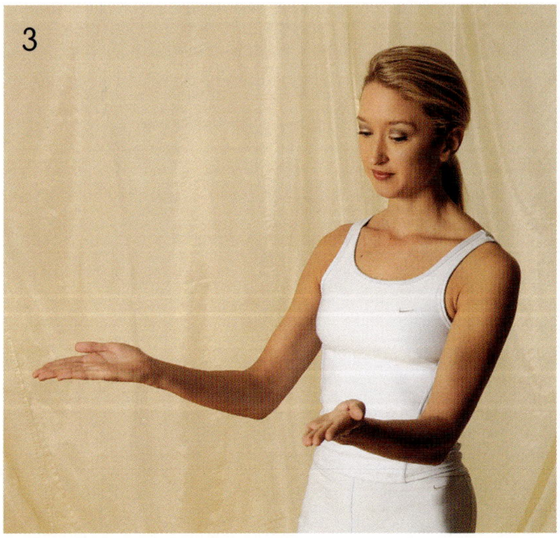

Étirement des mains

Cet exercice aussi peut être fait autant assis que debout. Appuyez la paume d'une main contre le bout des doigts (côté charnu) de l'autre main. Étirez les doigts en les amenant vers le poignet.

Étirez les doigts de l'autre main de la même manière.

Secouement des mains

Restez debout ou assis, selon le cas. Secouez les mains vigoureusement afin de les débarrasser de toute tension.

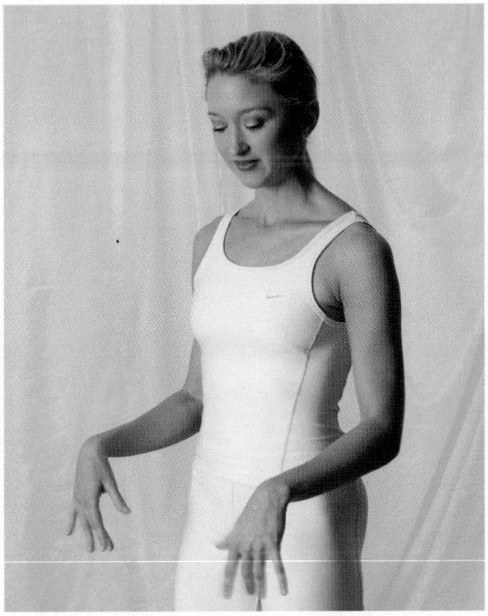

1

2
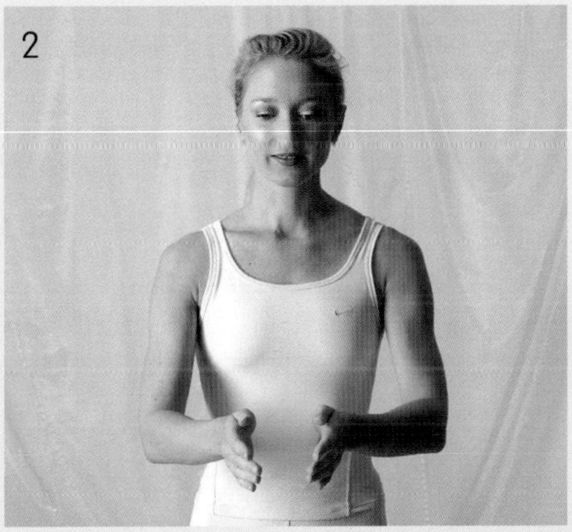

3
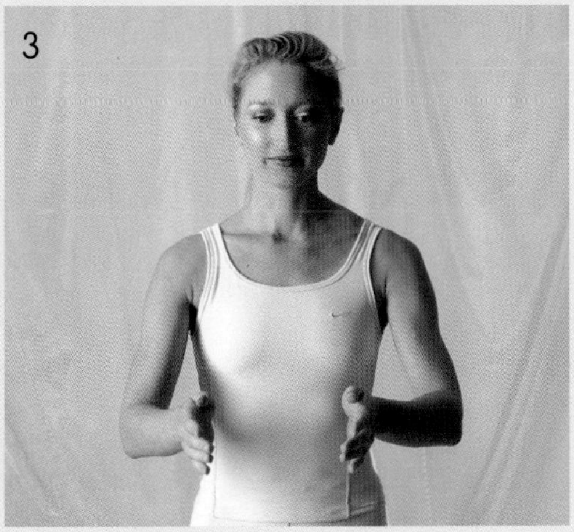

4
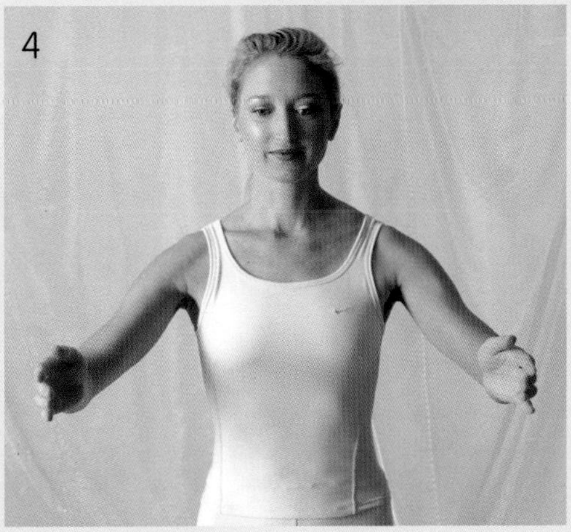

Frottement des mains

1 Frottez rapidement vos mains l'une contre l'autre.

2 Éloignez-les lentement l'une de l'autre jusqu'à une distance de 23 cm, tout en essayant de sentir la chaleur qui flotte entre elles.

3 Augmentez de quelques centimètres encore la distance qui les sépare pour voir si vous pouvez toujours sentir cette chaleur.

4 Écartez-les davantage, toujours de façon graduelle, pour vérifier jusqu'à quelle distance vous pouvez aller sans perdre le lien établi entre elles.

Ballon d'énergie

Un massage implique un transfert naturel d'énergie et une perte de chaleur au niveau des mains. Les trois prochains exercices permettent, de façon amusante, de sentir l'énergie émanant de vos mains ou de celles de votre partenaire.

1 Approchez vos mains l'une de l'autre (paumes face à face) jusqu'à ce qu'elles ne soient séparées que par 5 cm. Essayez de sentir l'énergie entre elles.

2 Éloignez et rapprochez alternativement les mains l'une de l'autre, tranquillement, en essayant de jouer avec cette énergie.

3 Tournez les mains l'une autour de l'autre en tentant de dessiner un ballon d'énergie.

1

2

3

Le lien avec son partenaire

Un des objectifs du massage consiste à établir un lien avec votre partenaire. Voici quelques exercices de relaxation visant à créer un lien énergétique qui vous permettra d'exécuter un massage de qualité optimale.

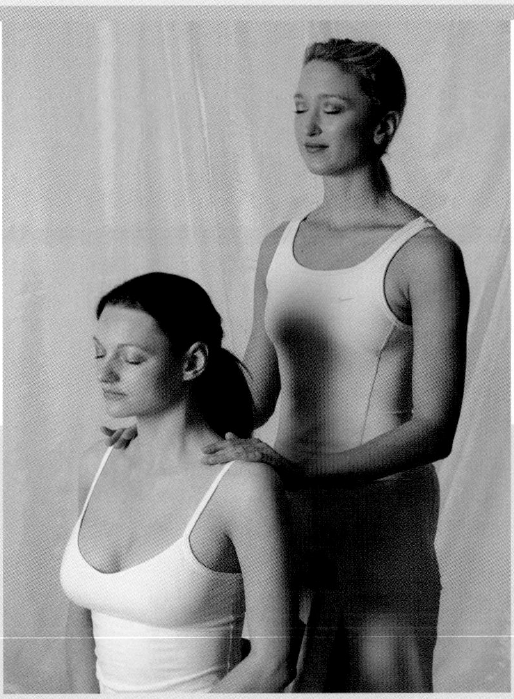

Mains sur les épaules

Demandez à votre partenaire de s'asseoir sur une chaise. Tenez-vous debout derrière lui et mettez vos mains sur ses épaules. Fermez les yeux et demandez-lui de faire de même. Sentez alors l'énergie qui sort de vos paumes et qui entre dans les épaules de votre partenaire ou vice-versa.

1

Face à face avec votre partenaire

1 Assoyez-vous ou tenez-vous debout face à face, votre partenaire et vous, et collez vos paumes les unes contre les autres. Sentez la chaleur qui circule entre vos mains en contact.

2 Éloignez vos mains jusqu'à une distance de 23 cm pour voir si vous sentez toujours l'énergie qui vous relie, votre partenaire et vous.

3 Augmentez de quelques centimètres encore la distance entre vos mains. Essayez de maintenir le lien entre vous.

2

3

Utilisation de ce livre

Ce livre se divise en trois autres sections (la dernière section traite des techniques de massage les plus avancées). Chaque section décrit un certain nombre de manœuvres et vous montre ensuite comment les utiliser lors d'un massage. Prenez d'abord connaissance de chacune d'elles et entraînez-vous à les exécuter séparément. Quand vous serez à l'aise avec ces techniques, apprenez à les lier en séquences afin que la transition entre elles se fasse en douceur. Ces manœuvres ne sont qu'un point de départ. Combinez-les en n'importe quelle séquence agréable pour vous. Chaque section se termine par un aide-mémoire facile à consulter une fois qu'on est familiarisé avec les techniques présentées.

Techniques de base

Cette section présente d'abord les techniques de base et vous guide ensuite à travers une période de massage relaxant où elles sont utilisées.

De nombreuses techniques différentes peuvent être utilisées lors d'un massage. Commencez avec ces techniques de base. Prenez connaissance de chacune d'elles et entraînez-vous à les exécuter séparément. Quand vous serez à l'aise avec ces manœuvres, apprenez à les lier en séquences afin que la transition entre elles se fasse en douceur. Assurez-vous, par ailleurs, d'appliquer une pression énergique et répartie uniformément dans la paume et les doigts lorsqu'ils sont en contact en même temps avec le corps de votre partenaire.

Manœuvres

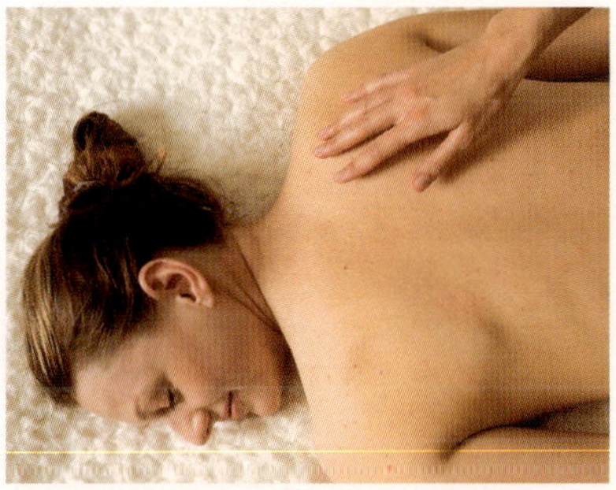

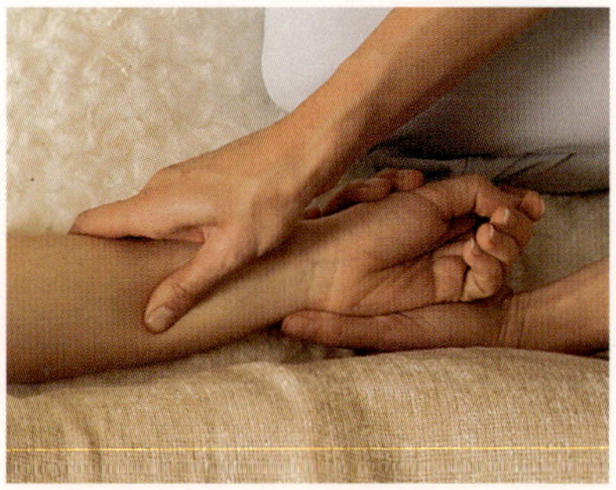

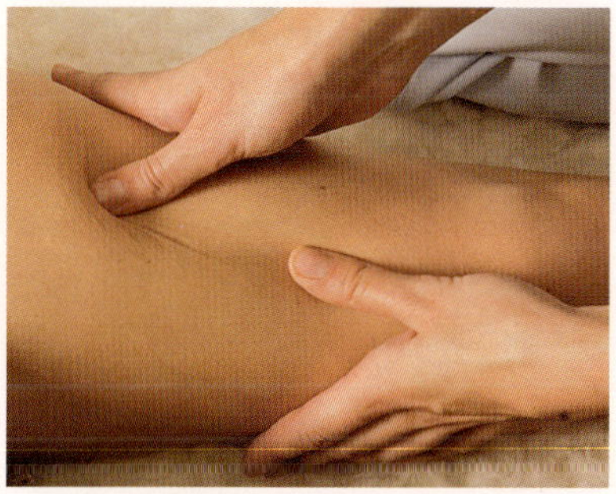

Les manœuvres de base décrites dans les pages qui suivent sont excellentes au point où vous les utiliserez encore et encore. Relaxantes et apaisantes, on peut s'en servir pour masser la plupart des parties du corps. N'oubliez pas d'évaluer la pression à utiliser lors de votre apprentissage de ces techniques. Demandez à votre partenaire si la pression appliquée est trop forte ou trop faible et modifiez-la en conséquence.

Effleurage

L'effleurage constitue la technique de massage fondamentale. Le mot est dérivé du verbe effleurer. Cette technique est utilisée en début de séance, notamment pour étendre l'huile, et sert à lier les autres manœuvres se succédant au cours d'un massage. Lors des premiers contacts corporels, effleurez doucement la peau en essayant de voir s'il n'y aurait pas de zones de raideur ou de tension. Laissez vos mains épouser les contours du corps à masser tout en appliquant une pression graduellement plus pénétrante en direction du cœur et en relâchant peu à peu cette pression dans la direction opposée. Assurez-vous que la surface entière des mains est continuellement en contact avec le corps de la personne massée.

Effleurage de base

Sur le dos

1 Placez les mains à la base de la colonne, de part et d'autre de celle-ci, doigts orientés vers la tête, sauf les pouces, qui sont écartés de 5 cm.

2 Faites glisser vos mains le long de la colonne tout en appliquant une pression uniformément répartie dans chacune d'elles.

3 Faites-les glisser ensuite autour du cou.

4 Passez-les sur les épaules, puis ramenez-les vers le bas en exécutant un léger glissement sur le dos près des flancs.

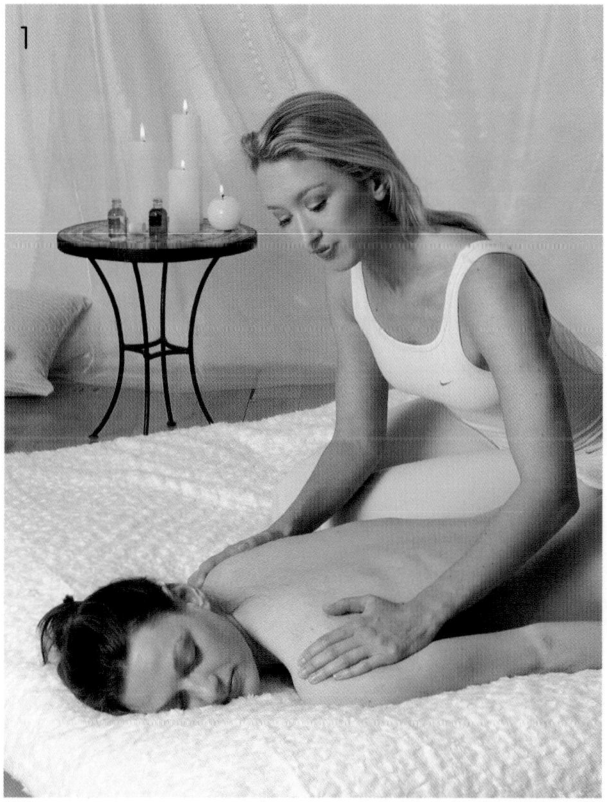
1

Note : Exécutez cette manœuvre en un mouvement continu tout en appliquant une pression de plus en plus pénétrante en direction du cœur et en relâchant progressivement cette pression dans la direction opposée.

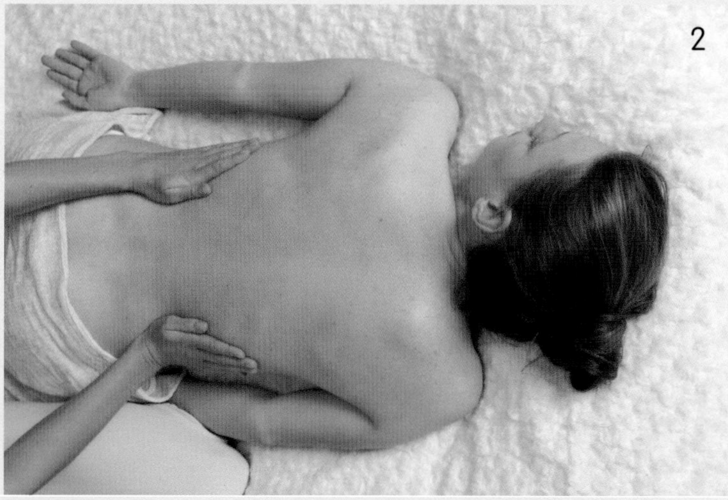
2

3

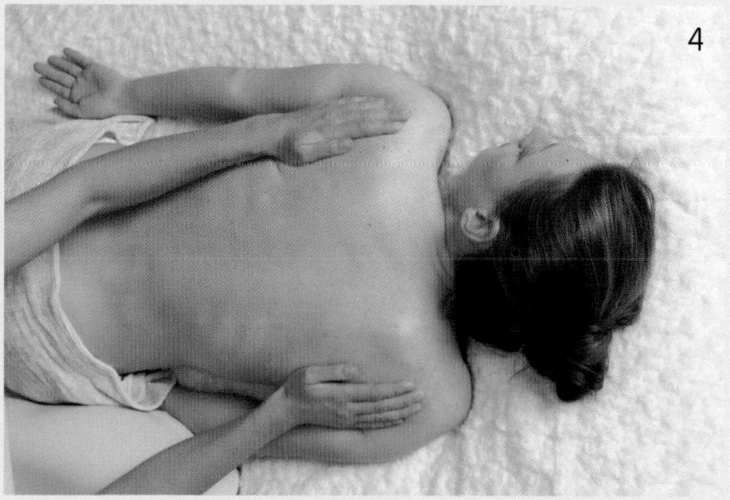
4

Sur les jambes

1 Placez les deux mains sur une jambe à la hauteur de la cheville, doigts orientés vers la tête, y compris les pouces, collés l'un contre l'autre.

2 En maintenant une pression constante, faites glisser vos mains vers la hanche tout en évitant l'arrière ou le devant du genou.

3 Ramenez les mains en exécutant un léger glissement le long des côtés de la jambe. Maintenez le contact avec toute la surface des mains.

Effectuez de longs mouvements doux et continus. Répétez la manœuvre.

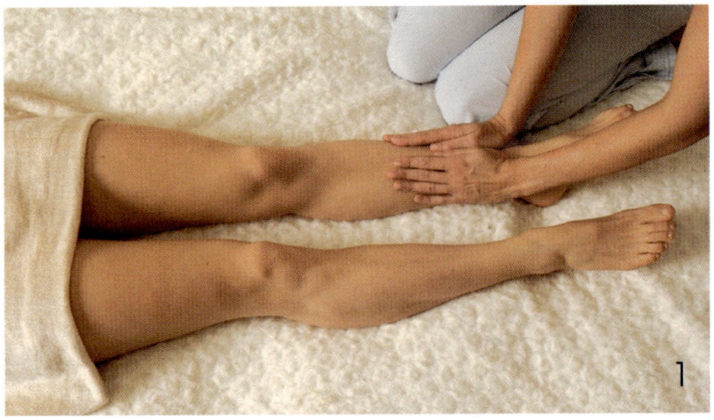
1

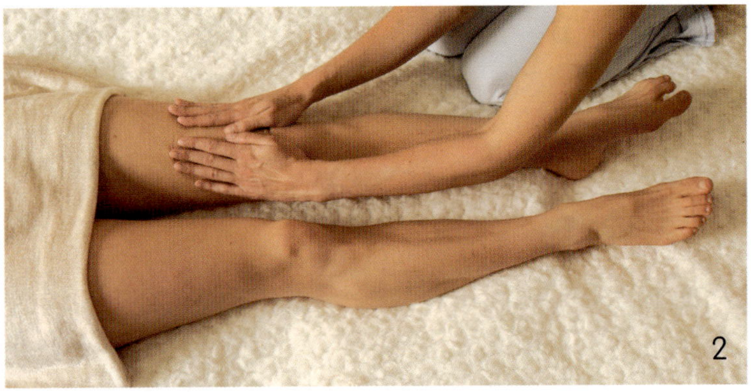
2

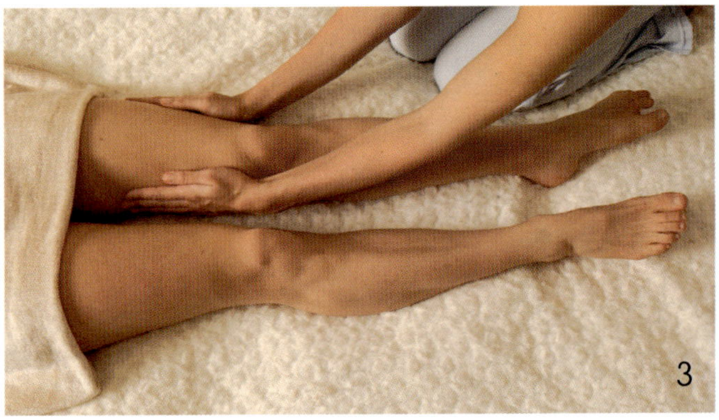
3

Sur les bras

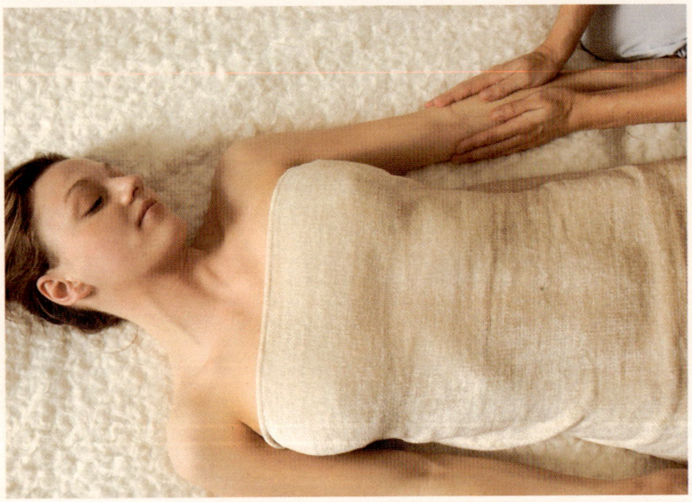

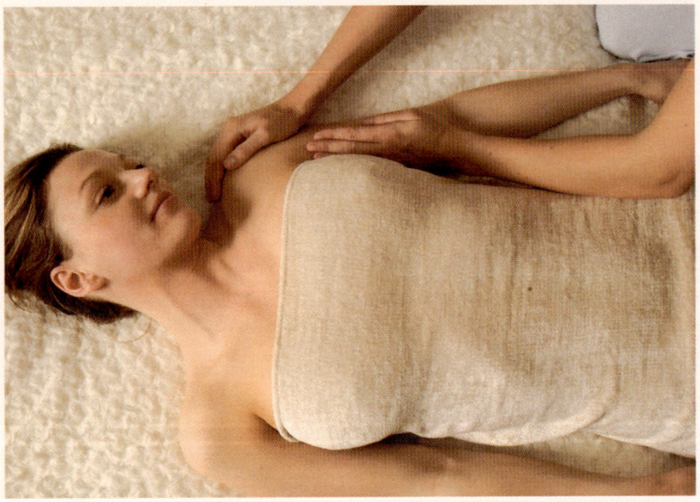

1 Placez les mains sur un bras à la hauteur du poignet, doigts orientés vers l'épaule. Exécutez un glissement vers l'épaule en évitant d'appliquer une pression sur l'articulation du coude.

2 Ramenez les mains vers leur point de départ en les faisant glisser le long des côtés du bras.

Autre type d'effleurage

L'effleurage s'avère une excellente manœuvre à exécuter avant et après le massage en profondeur d'une partie du corps. Il contribue à débarrasser la région massée de ses toxines et assure une transition en douceur entre les autres types de manœuvre.

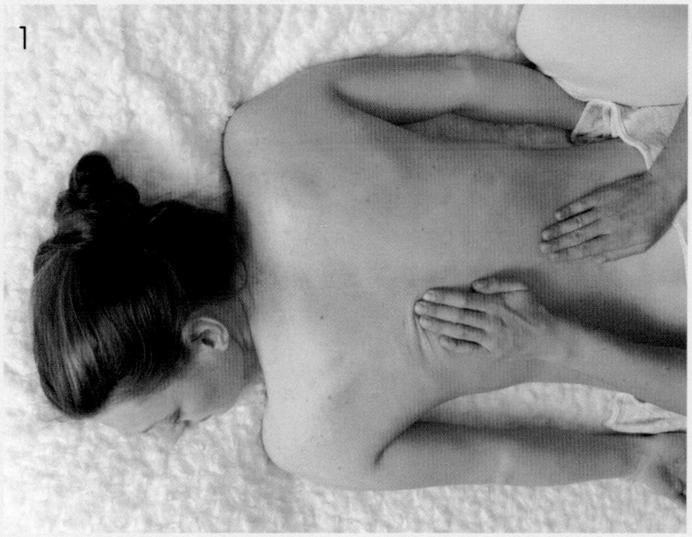

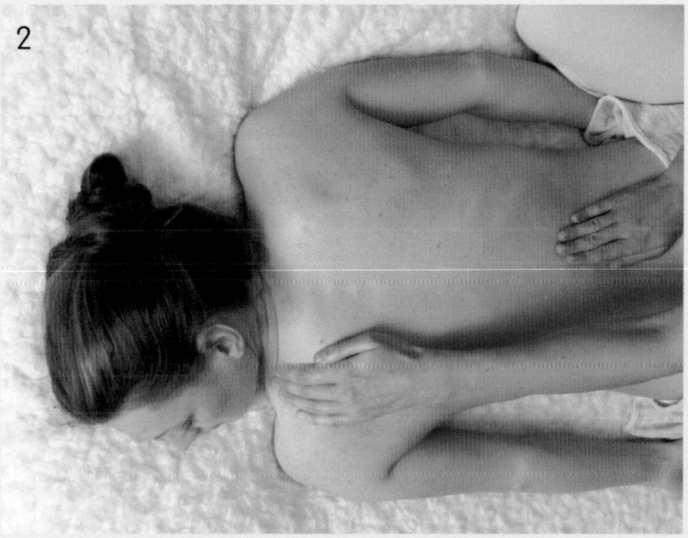

Sur le dos

1 Placez les mains à la base de la colonne, doigts orientés vers la tête. Faites glisser la main gauche le long de la colonne, à gauche de celle-ci, jusqu'en bas du cou.

2 Laissez votre main épouser les contours du corps pendant que vous la dirigez vers le cou, tout en appliquant une pression.

3 Alors que la main gauche retourne vers son point de départ en glissant sur le dos près du flanc gauche, commencez à faire glisser la main droite de l'autre côté de la colonne, vers l'épaule.

4 Continuez en faisant alterner les mains. Appliquez toujours une pression le long de la colonne, mais n'exécutez qu'un léger glissement près des flancs.

Note : N'appliquez jamais de pression directement sur la colonne.

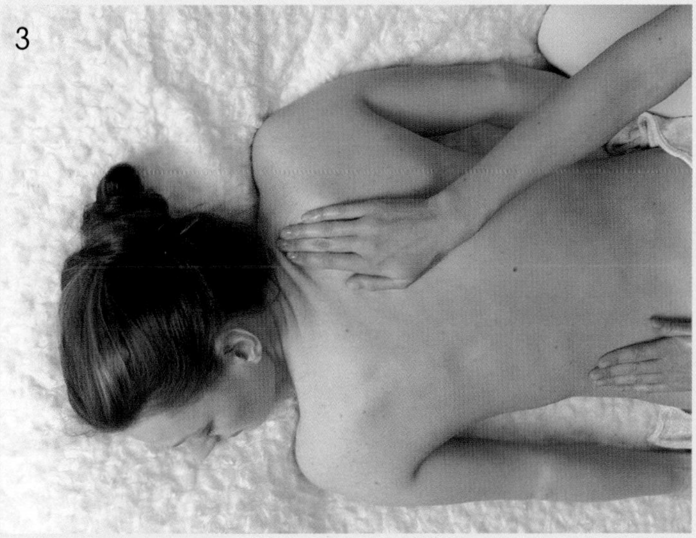

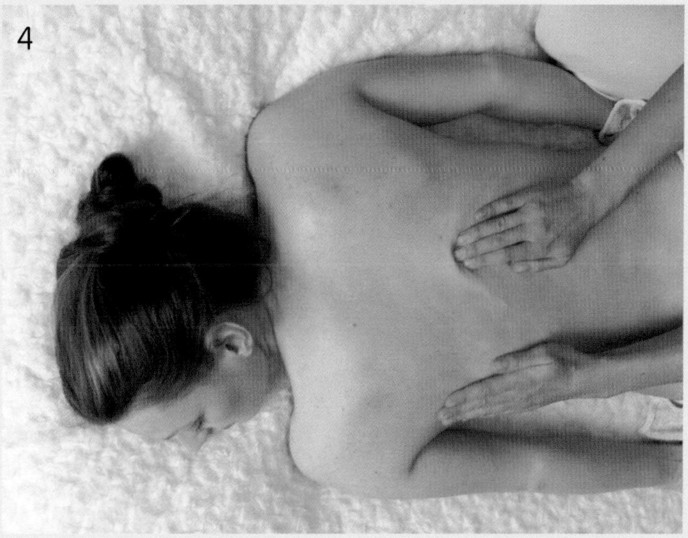

Sur les jambes

Placez les deux mains sur une jambe à la hauteur de la cheville, doigts orientés vers la hanche. Faites glisser la main droite le long de la jambe en la laissant épouser les contours et en évitant l'arrière ou l'avant du genou. Ramenez cette main en exécutant un léger glissement le long de la jambe, du côté extérieur. Lorsque la main droite est presque revenue à la cheville, commencez à faire glisser l'autre main sur la jambe vers la hanche.

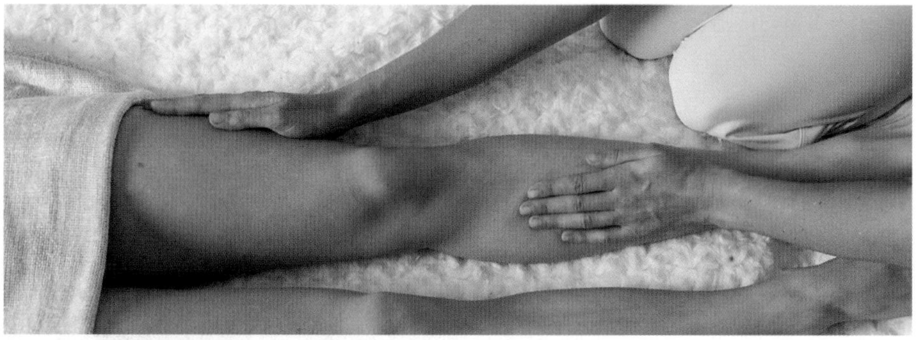

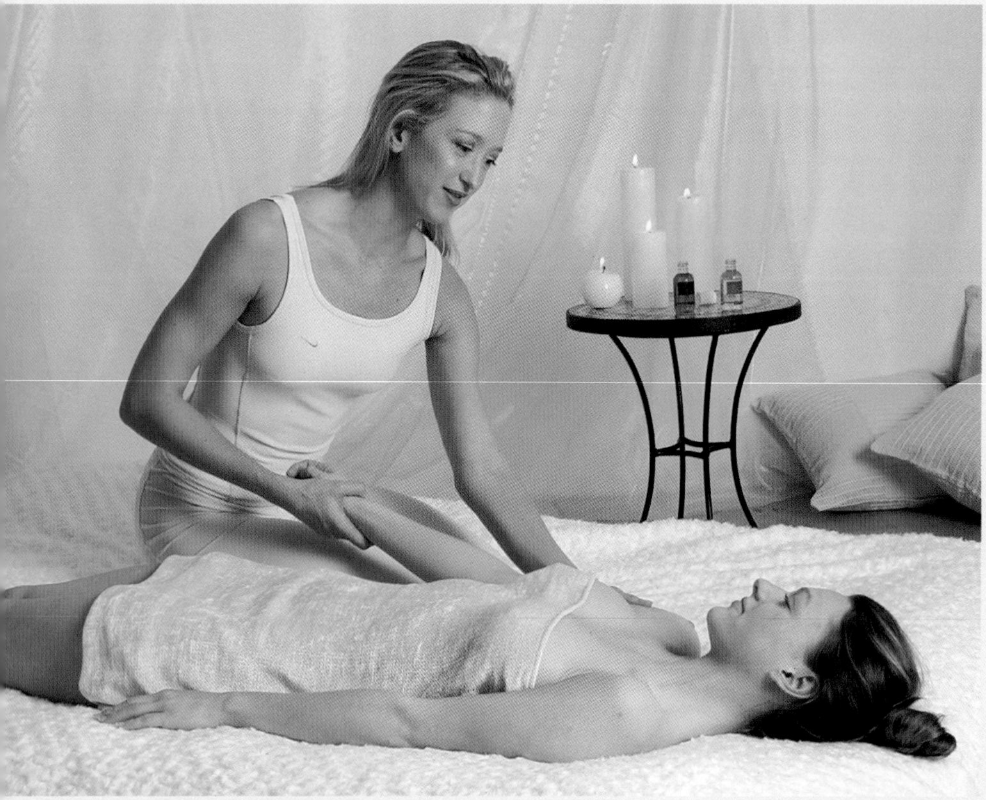

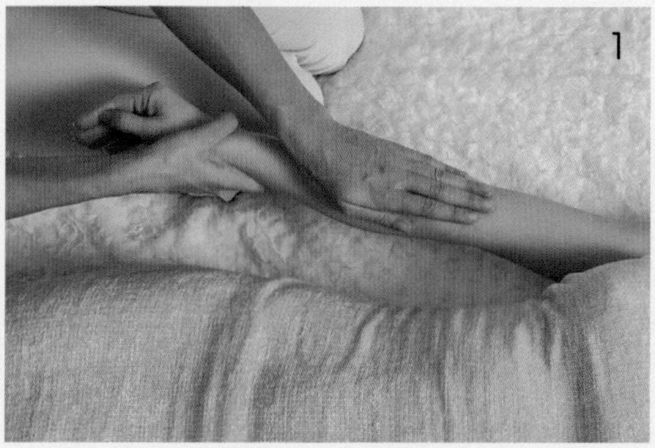

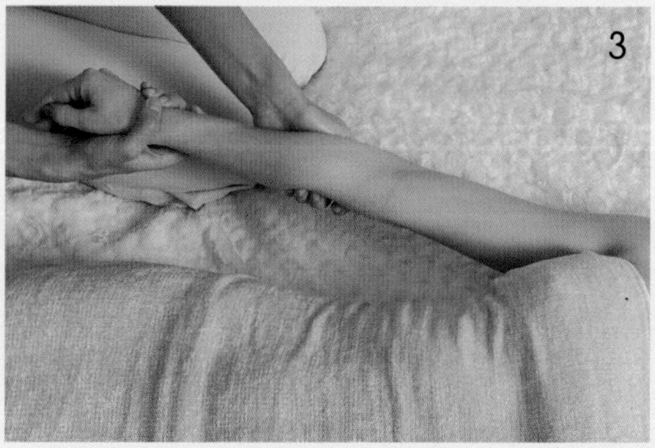

Sur les bras

1 Placez les deux mains sur le bras droit à la hauteur du poignet. Tenez-le doucement avec la main droite, tandis que vous faites glisser votre main gauche vers l'épaule en appliquant une légère pression et en évitant l'articulation du coude.

2 Faites le tour de l'épaule avec la main gauche.

3 Faites-la glisser sur l'arrière du bras jusqu'à son point de départ.

Répétez la même manœuvre sur le bras gauche.

Pétrissage

La meilleure comparaison pour cette manœuvre est celle du pétrissage de la pâte. Le pétrissage serre les muscles de manière à les débarrasser de leurs toxines et fait monter le sang vers la surface de la peau. Il relaxe et apaise en raison de sa fluidité et du rythme de son exécution. Le pétrissage peut s'exercer sur n'importe quelle zone charnue du corps.

Sur le dos

1 Mettez les mains sur le flanc du côté opposé à celui où vous êtes installé, doigts orientés vers le sol, sauf les pouces, qui sont écartés. Ouvrez ensuite les coudes. Saisissez alors d'une seule main un peu de chair au niveau de la taille. Tandis que vous serrez délicatement cette chair, déplacez-la vers l'autre main, puis relâchez-la.

2 À l'instant où vous lâchez la chair, saisissez-la de l'autre main et répétez l'opération. Imaginez que vous remuez de la pâte avec vos mains en y allant de mouvements réguliers et harmonieux. La pression est plus localisée lorsque vous serrez la chair et plus étendue lorsque vous lâchez prise.

Note : Essayez de transférer latéralement le poids de votre corps dans un mouvement de va-et-vient pendant que vous exécutez cette manœuvre. Ce transfert permet de diminuer la pression appliquée sur les mains.

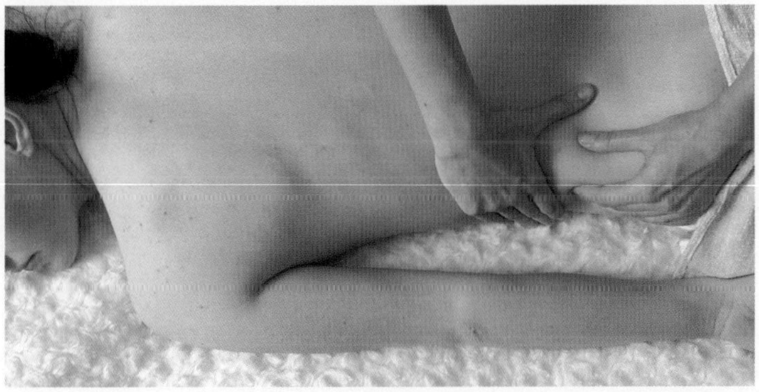

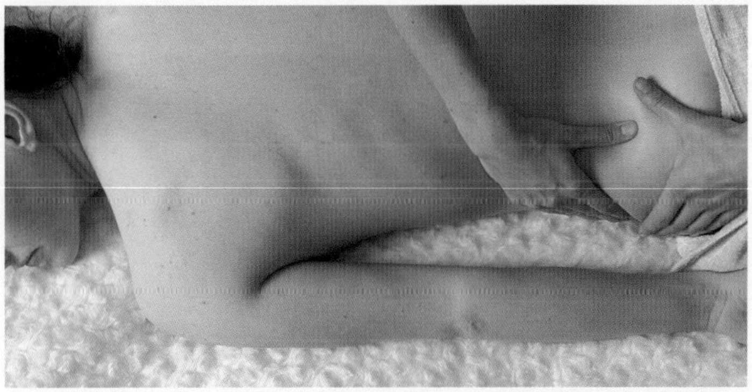

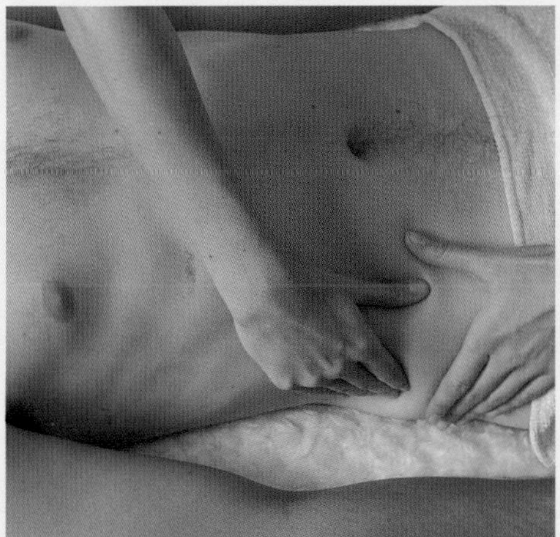

1

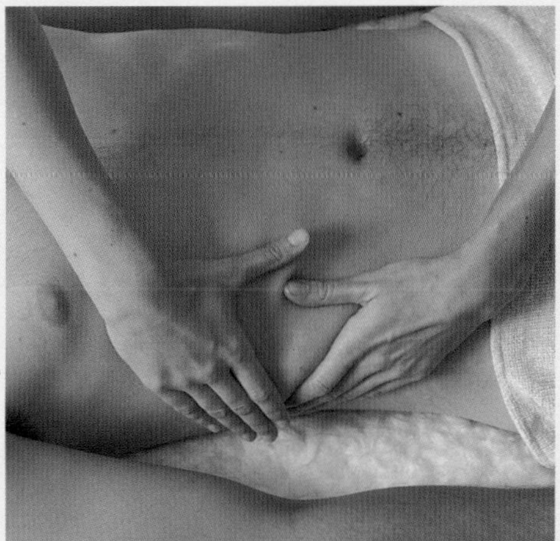

2

Sur l'estomac

1 La région de l'estomac est très sensible. Placez délicatement les mains sur le flanc du côté opposé à celui où vous vous êtes mis à genoux. Placez-les au niveau de la taille, doigts orientés vers le sol, sauf les pouces, qui sont écartés. Ouvrez ensuite les coudes. Saisissez alors un peu de peau d'une main et faites-la glisser vers l'autre main.

2 Au moment où vous lâchez la peau, saisissez-la de l'autre main. Allez-y avec délicatesse lorsque vous faites glisser les mains dans un mouvement de va-et-vient le long des flancs.

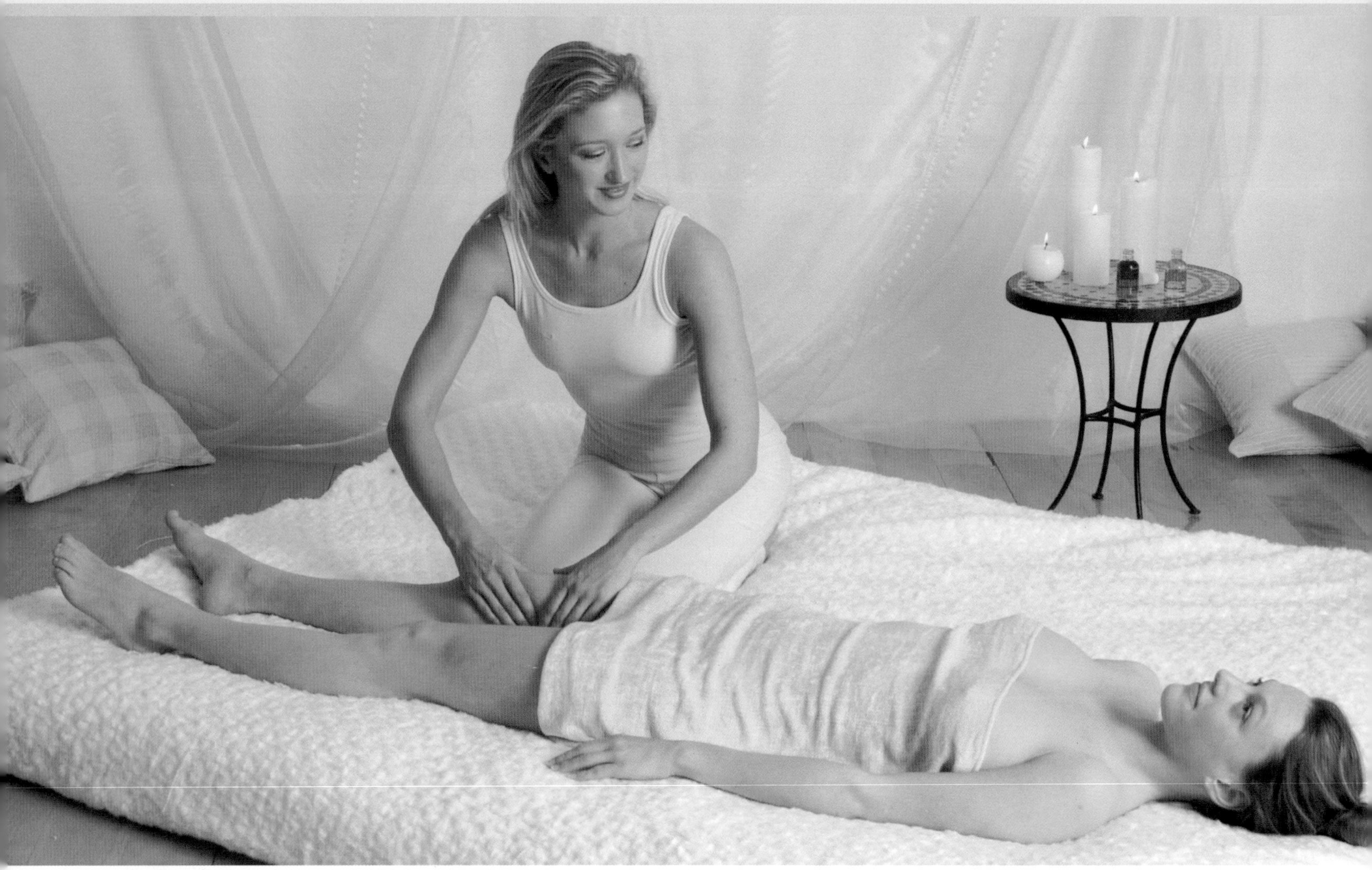

Sur la cuisse ou le mollet

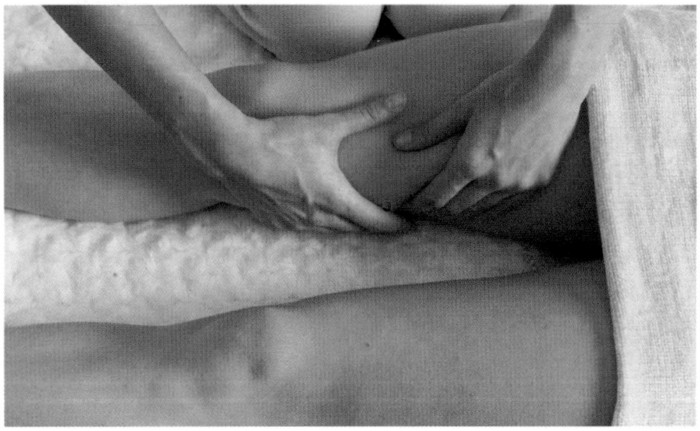

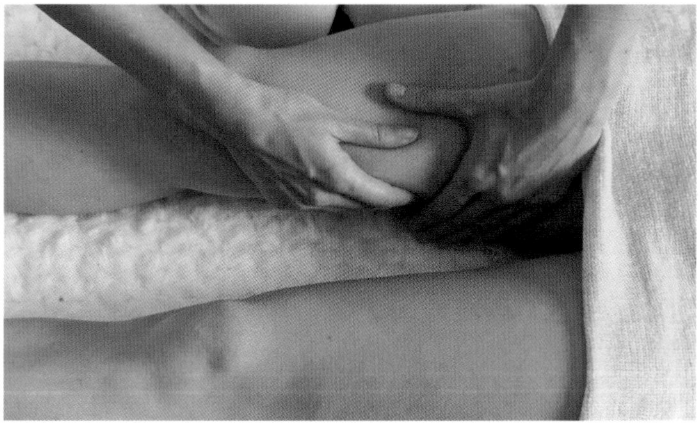

1 Commencez avec l'avant des cuisses. Placez les mains sur le côté intérieur d'une cuisse, doigts orientés vers le sol, sauf les pouces, qui sont écartés. Ouvrez ensuite les coudes. Faites glisser le muscle d'une main à l'autre dans un mouvement alternatif, tout en pensant à opérer un transfert de poids synchronisé avec le va-et-vient de la chair.

2 Transférez votre poids vers la droite lorsque que vous déplacez la chair également vers la droite. Inversement, transférez votre poids vers la gauche lorsque vous amenez la chair dans cette direction.

Pétrissage-torsion

Manœuvre qui soulève les muscles et les détache des os. Elle débarrasse les muscles de leurs toxines en les serrant un peu comme lorsqu'on tord une serviette pour en faire sortir l'eau. Bien qu'on ne devrait l'exécuter que sur les grandes surfaces charnues du corps, on peut s'en servir sur les bras, mais en y allant doucement.

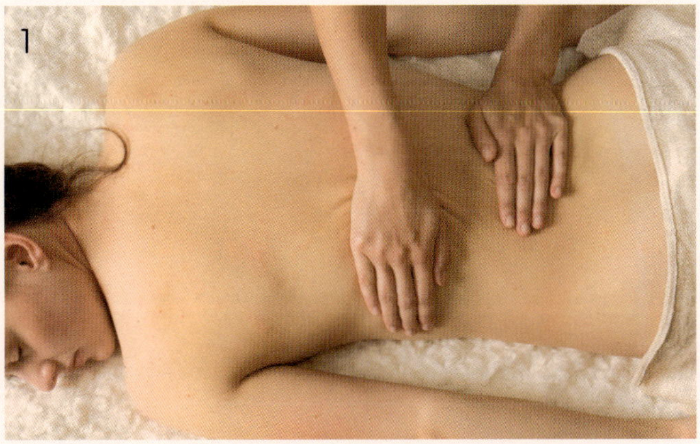

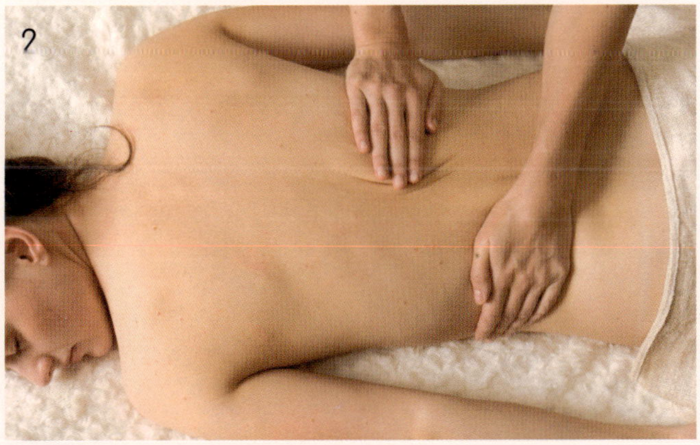

Sur le dos

1 Placez les mains sur le dos de la personne massée près des flancs, doigts orientés dans la direction du regard. Appliquez une pression pénétrante et soulevez les muscles en même temps que vous faites glisser les mains transversalement et dans des directions opposées sur le dos. Les lignes de déplacement de vos mains doivent être séparées de 5 cm l'une de l'autre pour permettre des torsions musculaires légères sans sensation de brûlure.

2 Continuez à faire glisser chaque main jusqu'au côté opposé. Appliquez une pression vers l'intérieur des muscles lorsque vous les soulevez et relâchez vos mains au moment où vous les baissez.

Sur les jambes

1 Placez les mains sur les côtés d'une jambe, doigts orientés dans la direction du regard. Saisissez de la chair cependant que vos mains glissent transversalement et dans des directions opposées sur la jambe. Assurez-vous qu'elles sont assez écartées l'une de l'autre afin de déplacer la chair sans inconfort.

2 Continuez à faire glisser chaque main jusqu'au côté opposé.

Répétez cette manœuvre plusieurs fois.

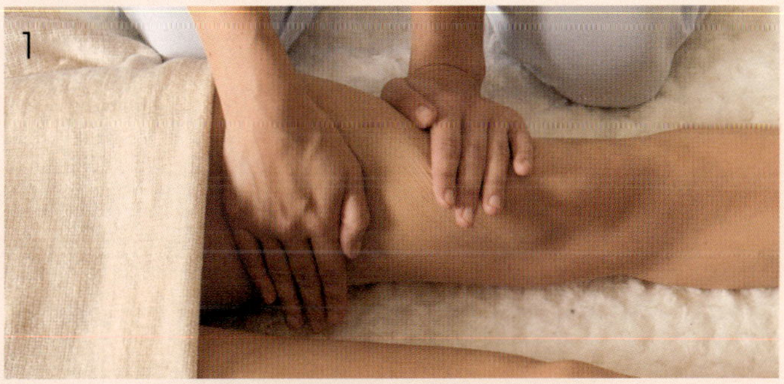

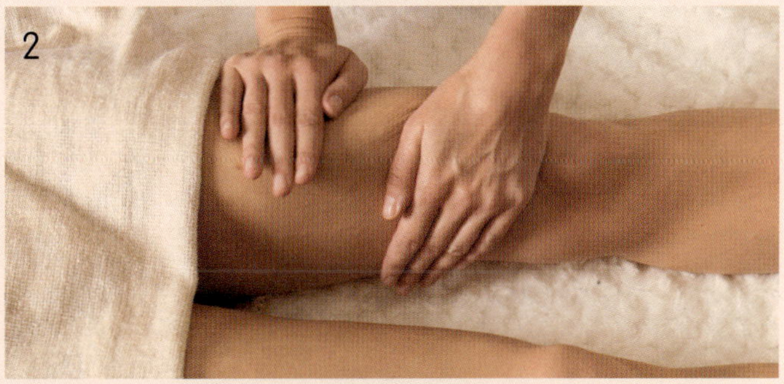

Note : cette manœuvre devrait être effectuée sur l'avant et l'arrière des cuisses et sur les mollets. Il n'y a cependant pas assez de chair à côté du tibia pour que le pétrissage-torsion soit bénéfique à cet endroit.

Friction

La friction pénètre encore plus profondément les muscles où elle libère l'acide lactique et les autres toxines après les avoir dégradés. Elle consiste à décrire de petits cercles avec la partie charnue des pouces. Cette manœuvre peut s'avérer assez fatigante. Elle est plus facile à exécuter en bloquant l'articulation du pouce et en bougeant tout le bras en un mouvement circulaire. Il en résulte une moindre pression sur les pouces et une pénétration musculaire plus profonde.

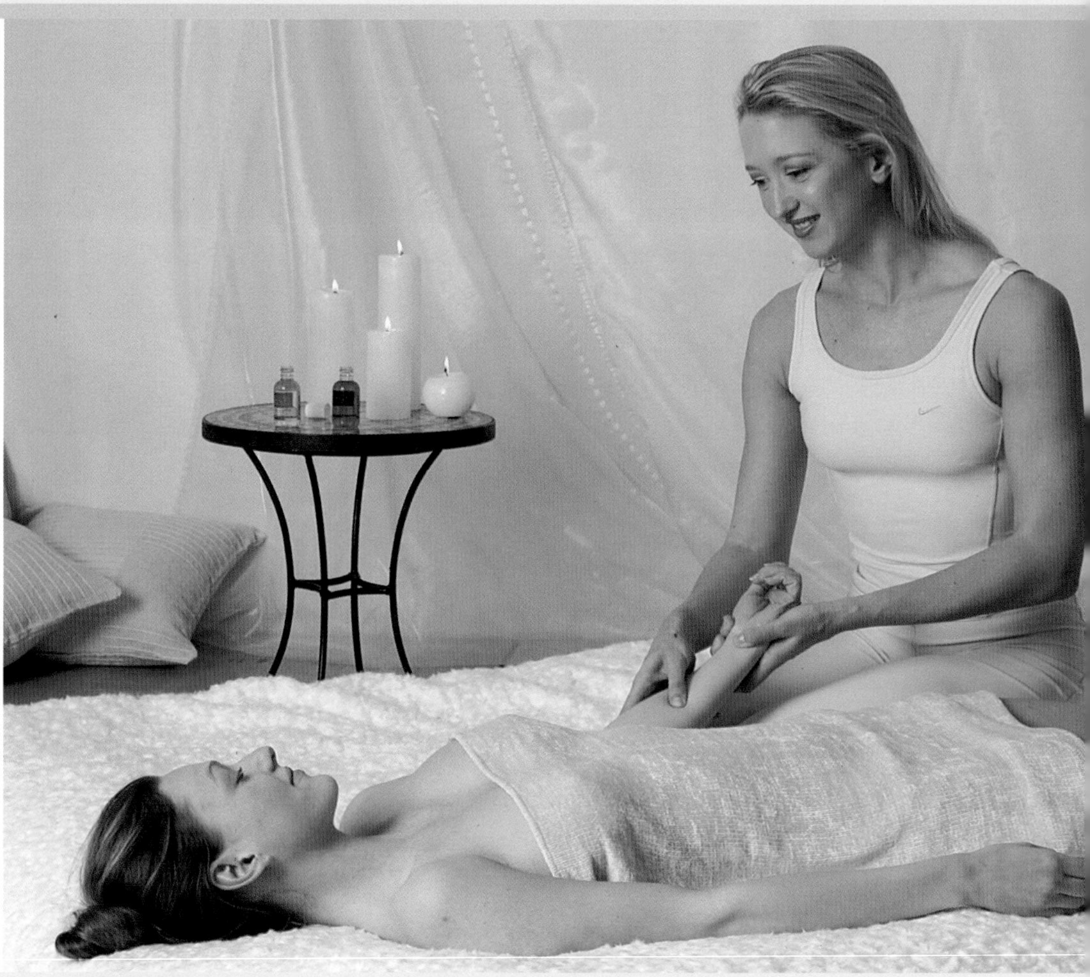

Sur le dos

Placez les pouces à la base de la colonne, de part et d'autre de celle-ci. Décrivez des petits cercles de chaque côté de la colonne jusqu'à la nuque en maintenant les pouces raides et en utilisant toute la longueur des bras.

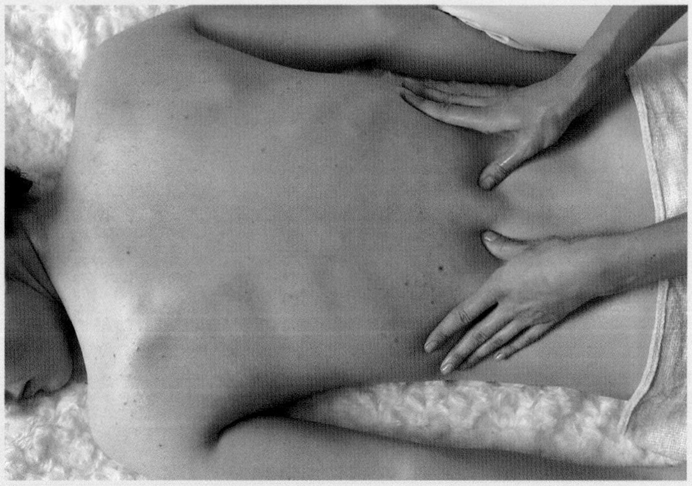

Détendez-vous ensuite les mains et faites-les glisser le long de la nuque vers les épaules en utilisant toute la surface des paumes et des doigts, puis sur les flancs vers les hanches.

Faites des cercles avec vos mains pendant que vous les ramenez vers leur position originale. Répétez cette manœuvre trois fois.

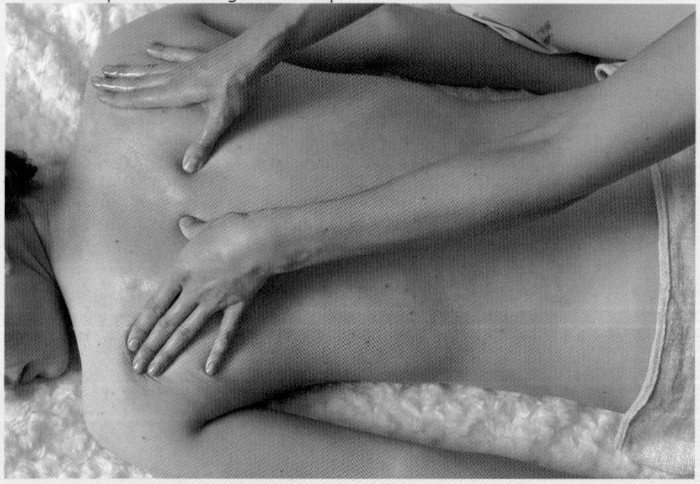

Note : de nombreuses personnes souffrent de tensions dans le bas du dos. Cette manœuvre est excellente pour détendre les muscles raides.

Sur les jambes

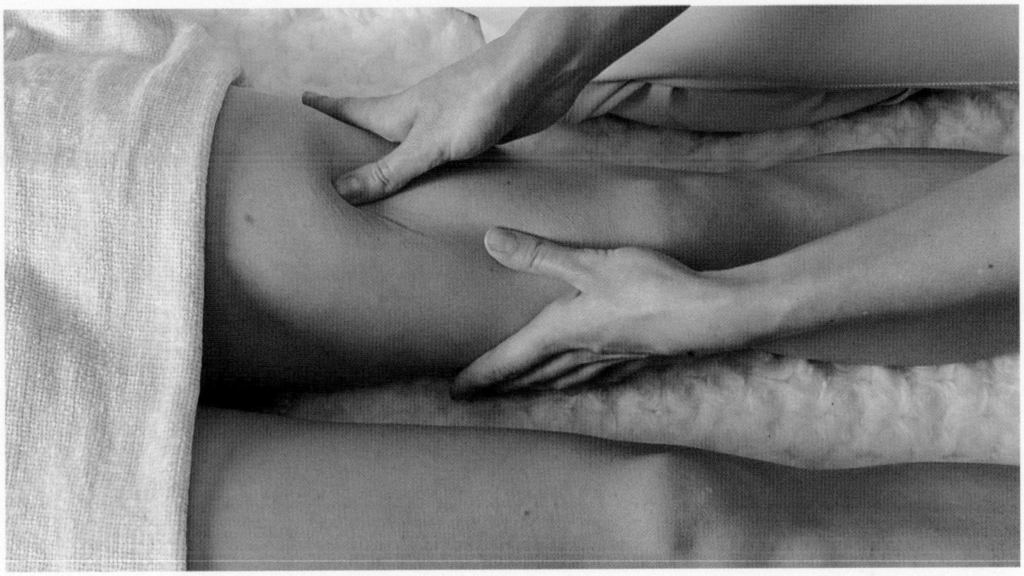

Placez les pouces sur une jambe juste en haut du genou et les autres doigts, détendus, sur les côtés du membre. Décrivez de petits mouvements circulaires avec chaque pouce afin de balayer tout le dessus de la cuisse. Pénétrez profondément dans le muscle en essayant d'y briser toute tension.

Répétez cette opération sur le mollet en évitant d'appliquer une pression sur l'arrière du genou.

Note : Ne massez pas une zone trop longtemps, car vous risquez de la blesser et de l'endolorir.

Sur les bras

Placez une main sur un bras à la hauteur des poignets. Décrivez des cercles avec le pouce en progressant vers le coude. Faites l'intérieur de l'avant-bras, puis l'extérieur, après avoir retourné la main. Assurez-vous de frictionner toute la surface de l'avant-bras.

Répétez la même manœuvre circulaire entre l'épaule et le coude. Placez le pouce sur le bras et les autres doigts en dessous. Faites alors des cercles avec le pouce sur le dessus du bras, pendant que les quatre autres doigts en massent le dessous.

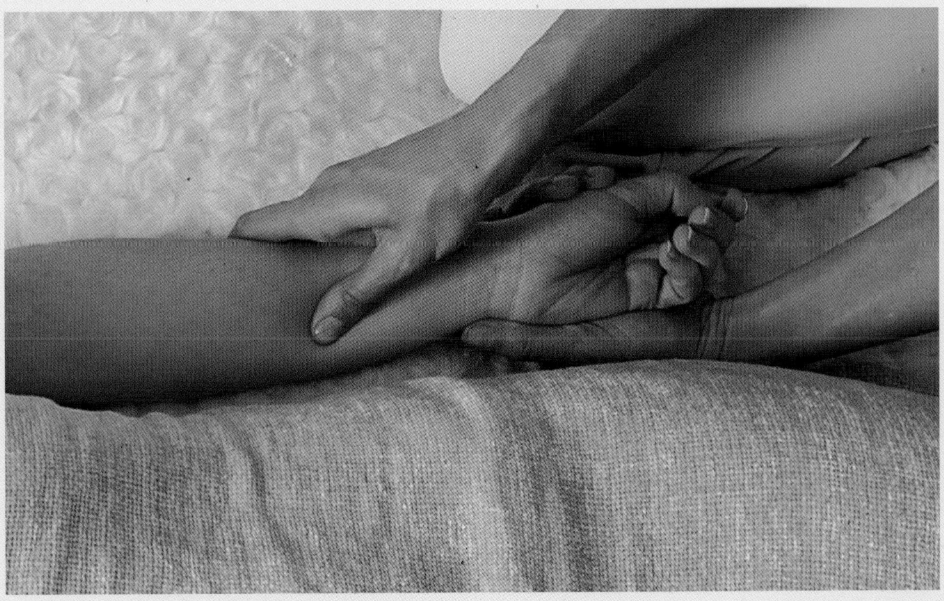

Nœuds serrés

La friction est idéale pour traiter une zone de tension localisée. Placez les pouces sur le nœud ou la tension à masser. Décrivez de petits mouvements circulaires d'abord avec un pouce, puis avec l'autre. Pénétrez peu à peu dans la zone raide en essayant de briser le nœud ou la tension qui s'y trouve.

Note : Cette manœuvre devrait produire une diminution de tension notoire. Ne massez pas une zone trop longtemps, car vous risquez de l'endolorir.

Caresse de la plume

Manœuvre exercée à la toute fin du massage d'une partie du corps. Elle constitue la dernière étape avant de découvrir et de masser une autre partie corporelle.

Exécutez cette manœuvre en vous éloignant du cœur. Imaginez que le bout de vos doigts, telles des plumes, touchent à peine la surface de la peau de votre partenaire. Laissez traîner légèrement les doigts d'une main sur la région du corps que vous venez de masser. Au moment où la main termine son parcours, commencez à caresser la région en question de la même manière avec l'autre main. Répétez la manœuvre trois ou quatre fois.

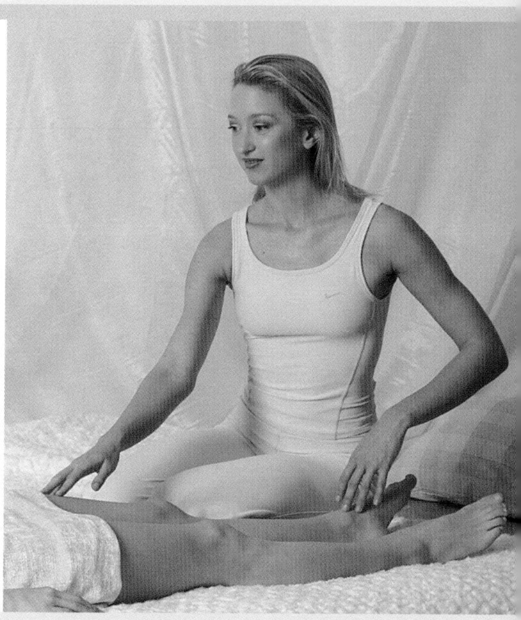

Sur le dos

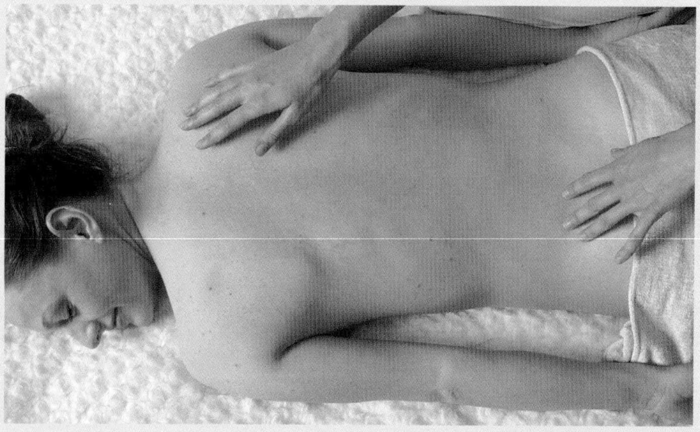

1 Placez le bout des doigts d'une main à la hauteur d'une épaule. Faites-les glisser légèrement vers le bas du dos comme le ferait un chat avec l'extrémité de sa patte. Les doigts devraient à peine effleurer le dos.

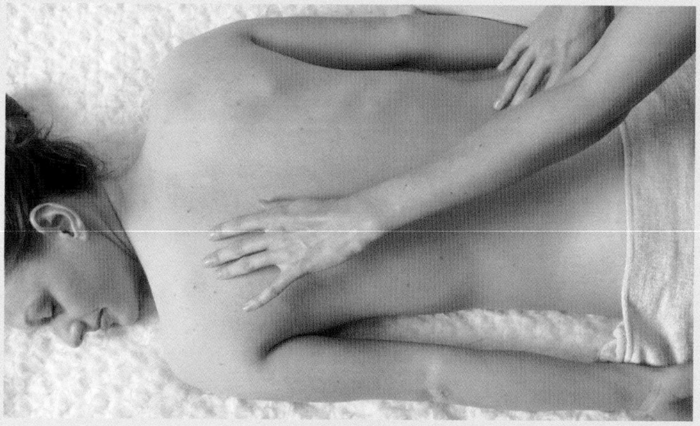

2 Au moment où la première main arrive en bas de la colonne, commencez à faire glisser les doigts de l'autre main de la même façon.

Sur les bras

Placez le bout des doigts d'une main à la hauteur d'une épaule. Faites-les glisser le long du bras en les laissant épouser les contours. Lorsque la main atteint le poignet, commencez à faire glisser de la même manière les doigts de l'autre main sur le même bras.

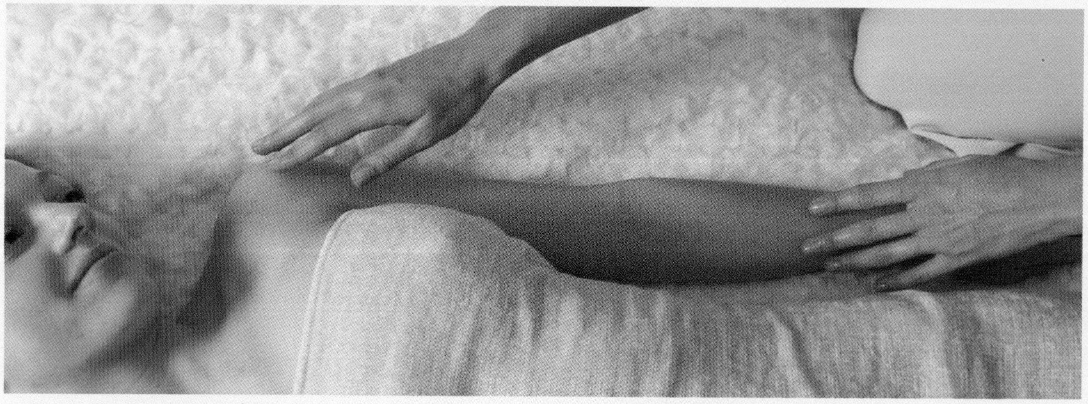

Sur les jambes

Placez le bout des doigts d'une main sur une jambe, près de l'articulation de la hanche. Caressez alors légèrement la jambe avec les doigts en progressant vers la cheville. Quand la main arrive au bout de son parcours, commencez à faire glisser de la même manière les doigts de l'autre main sur la même jambe.

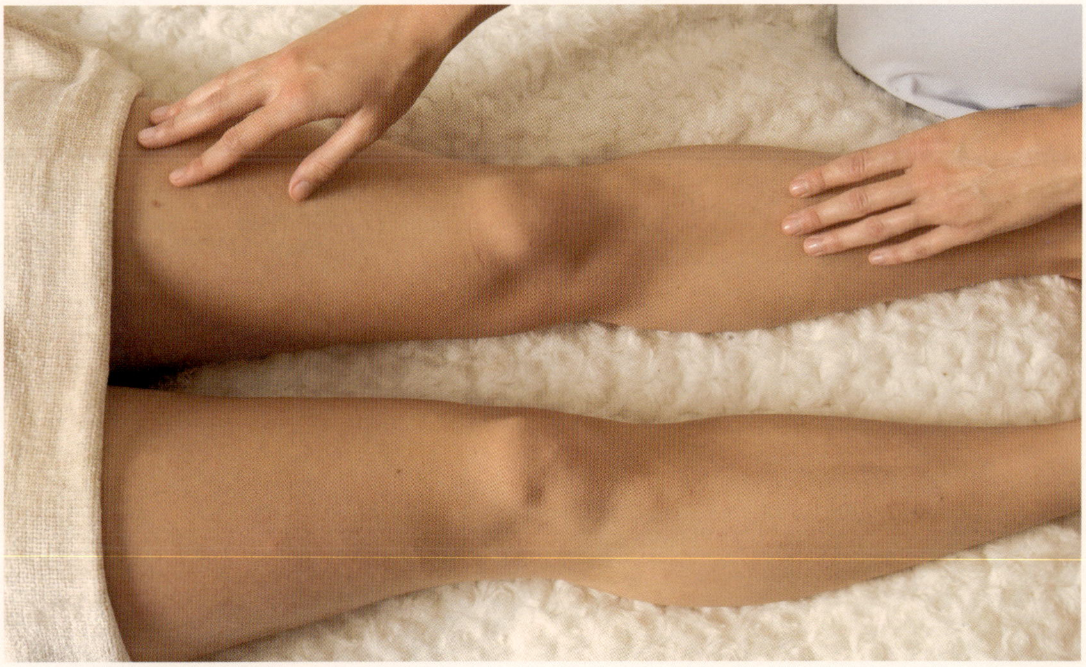

Massage relaxant

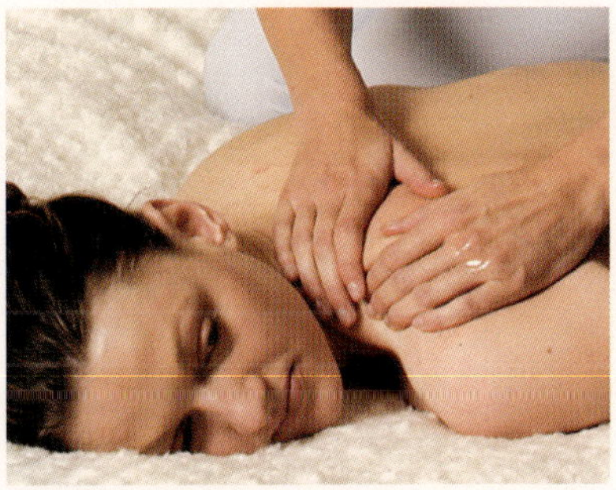 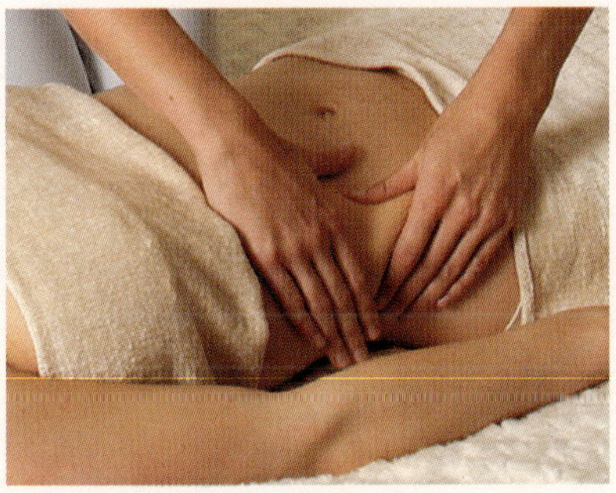 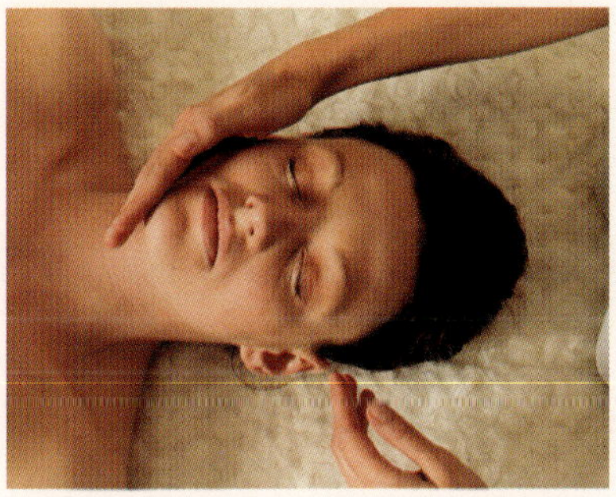

Cette section débute avec des manœuvres simples, mais progresse lentement vers des techniques plus complexes. Tâchez d'abord de vous sentir à l'aise avec les manœuvres. Entraînez-vous ensuite à les enchaîner avec fluidité en essayant de faire les transitions en douceur et sans interruption. Appliquez au début une légère pression, puis augmentez-la afin de la rendre graduellement plus pénétrante. Demandez à votre partenaire comment il se sent et adaptez la pression en conséquence. Veillez à ce que son corps, sauf la tête, soit couvert d'une ou de plusieurs serviettes, du début à la fin d'une séance de massage. Ne découvrez que la région à masser afin que votre partenaire reste au chaud et pour empêcher les huiles essentielles de s'évaporer si vous en utilisez.

Sur le dos

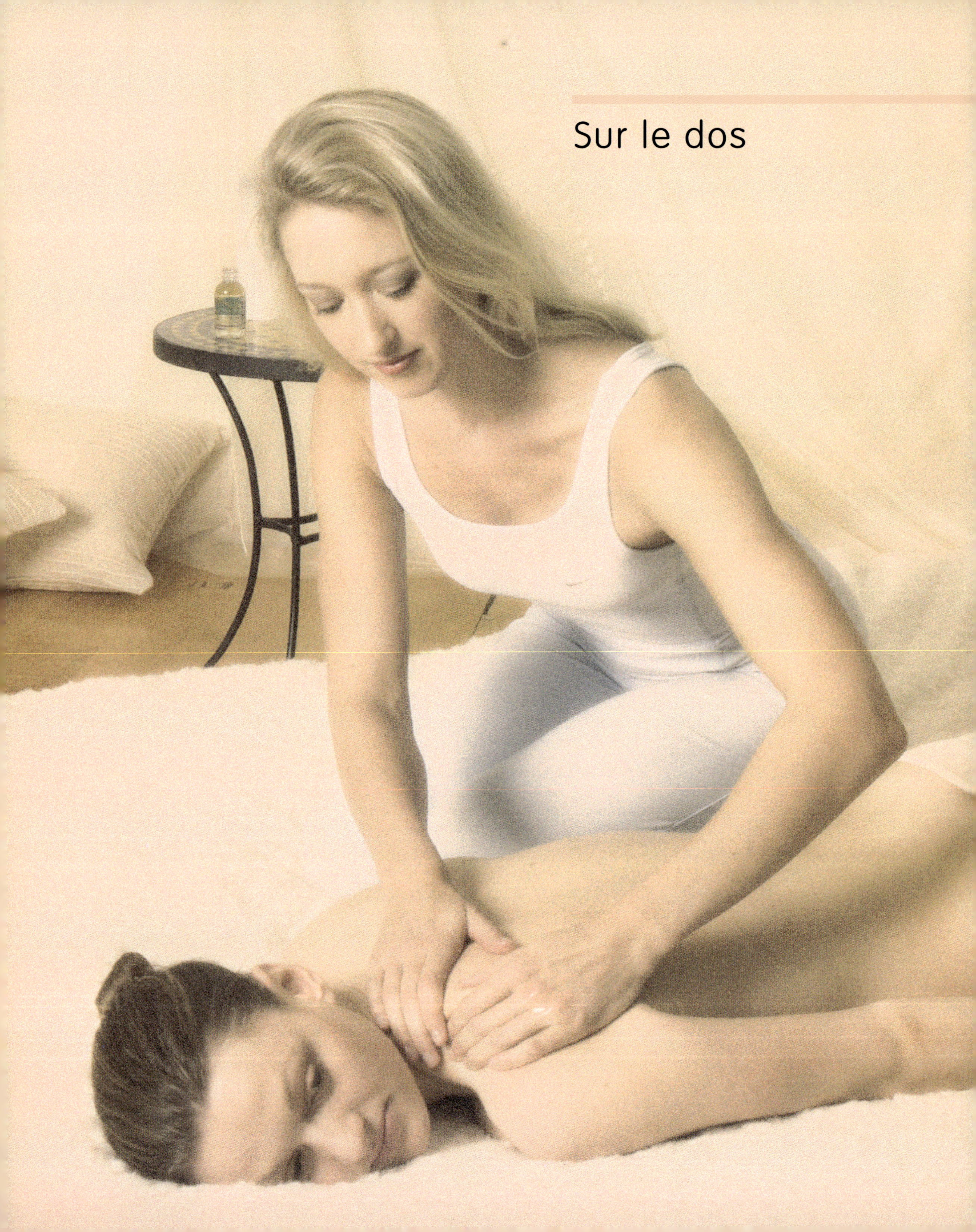

Placez-vous à côté de la personne massée. Posez lentement une main entre les omoplates et l'autre à la base de la colonne sur la serviette. Cette position des mains sur le dos facilite la création d'un lien avec votre partenaire et lui laisse savoir que la séance de massage a commencé.

1 **Application de l'huile :** repliez la serviette vers le bas du corps afin de découvrir le dos jusqu'en haut des fesses. Versez une petite quantité d'huile dans une main.

1

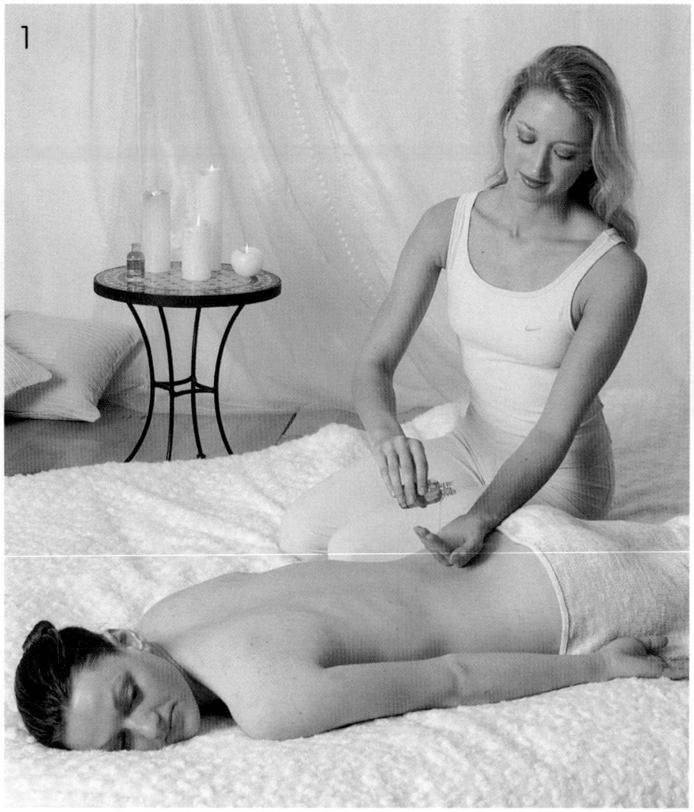

2

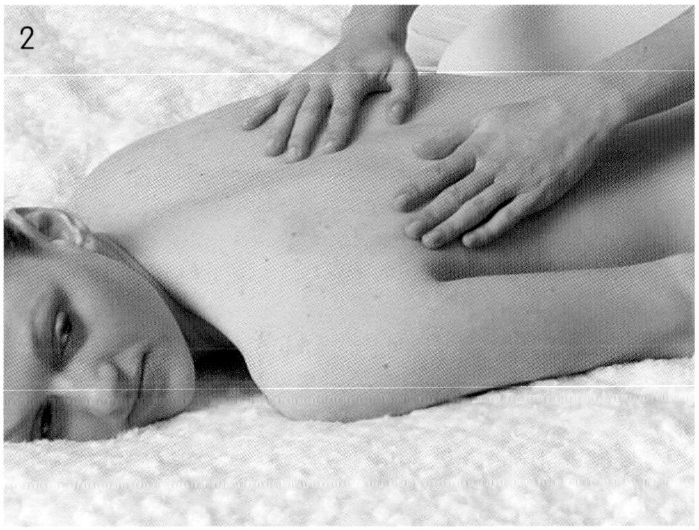

2 **Frottement des mains :** frottez-vous les mains pour réchauffer l'huile avant de l'appliquer sur la personne massée. Ne versez jamais d'huile directement sur la peau : elle pourrait être froide et produire une sensation désagréable ! Étendez l'huile uniformément en progressant vers le haut du dos.

3 **Effleurage de base :** mettez-vous à genoux à côté de votre partenaire en orientant le haut de votre corps vers sa tête. Placez les deux mains à la base de la colonne, doigts orientés vers la tête, y compris les pouces, collés l'un contre l'autre. Faites glisser délicatement vos mains de part et d'autre de la colonne jusqu'à la nuque, puis chaque main vers le bord d'une épaule. Effectuez ensuite un léger glissement sur le dos près des flancs, en direction du bassin. Ramenez les mains ensemble en bas de la colonne pour refaire la manœuvre. La pression exercée sur le dos devrait augmenter peu à peu en direction de la nuque et demeurer légère lorsque les mains redescendent. Laissez vos mains épouser les contours du dos afin d'en sentir toutes les tensions et les raideurs. Répétez cette manœuvre trois fois.

3

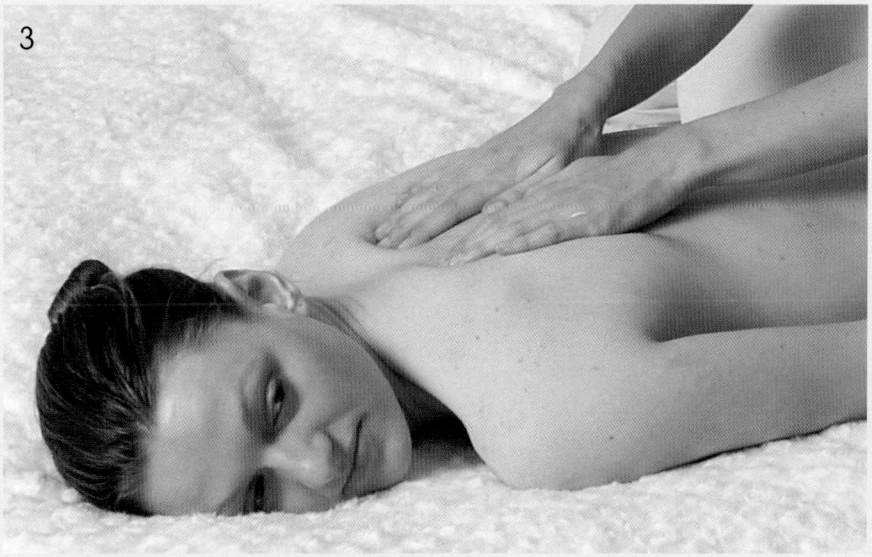

4 Pétrissage des flancs : à genoux à côté de votre partenaire, perpendiculairement à son corps, placez les mains sur le flanc du côté opposé, doigts orientés vers le sol, sauf les pouces, qui sont légèrement écartés. Ouvrez ensuite les coudes.

Saisissez alors de la chair d'une seule main en vous imaginant en train de pétrir de la pâte. Serrez délicatement cette chair tandis que vous la déplacez vers l'autre main, puis lâchez-la. À l'instant où vous lâchez la chair, saisissez-la avec la seconde main et répétez l'opération. Effectuez un transfert de poids synchronisé avec la manœuvre pour atténuer la tension dans vos bras. Pétrissez le flanc pendant environ 30 secondes et changez de côté.

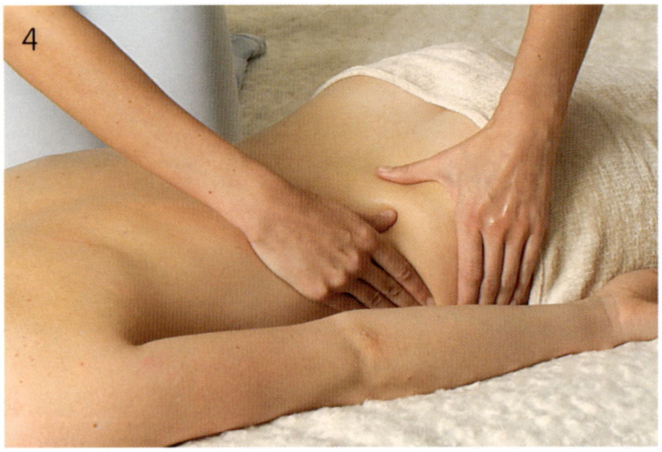
4

5 Friction le long de la colonne vers le cou : à genoux près d'une hanche de la personne massée, votre corps orienté vers sa tête, placez les pouces à la base de la colonne, de part et d'autre de celle-ci. Raidissez-les et utilisez les bras pour décrire de petits cercles en progressant vers la nuque. Enfoncez les pouces dans la zone charnue qui longe la colonne. Faites glisser ensuite les mains à plat sur le dessus des épaules vers les bras, puis sur le dos près des flancs et jusqu'en bas de la colonne. Veillez à ce que la pression appliquée soit forte lorsque vous dirigez vos mains vers la nuque, mais légère sur les épaules et au moment où vous les ramenez à leur point de départ. Répétez cette opération trois fois.

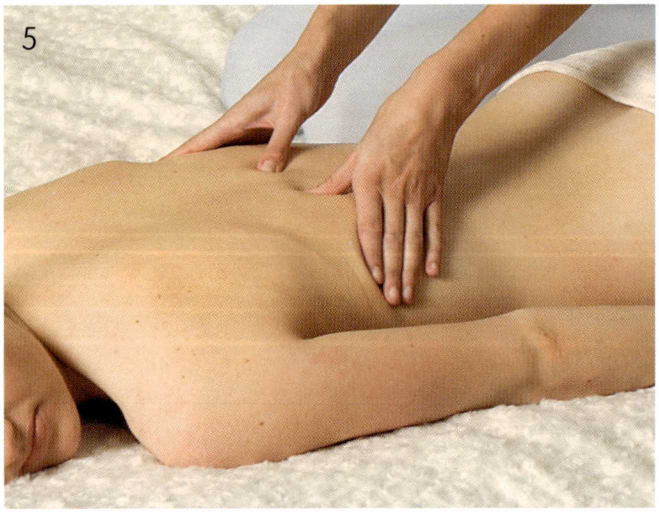
5

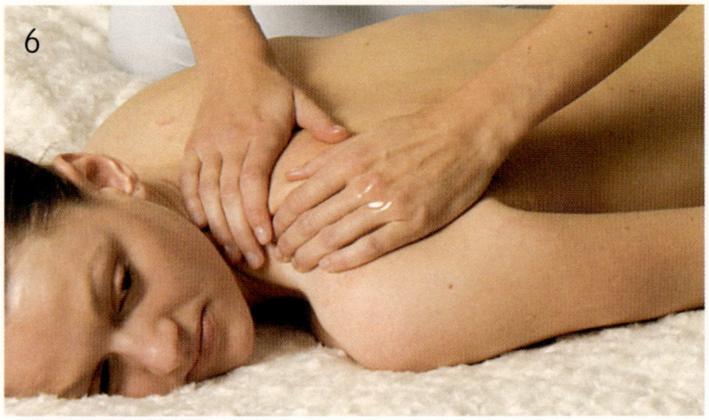
6

6 Pétrissage des épaules et de la nuque : placez les deux mains sur une épaule et saisissez de la chair d'une seule main. Serrez délicatement cette chair pendant que vous la déplacez vers l'autre main. Lâchez-la à l'instant où vous la saisissez avec la seconde main. Répétez l'opération pendant environ 30 secondes en y allant de mouvements réguliers et continus. Cette partie du corps est généralement tendue. Appliquez d'abord une pression légère et augmentez-la ensuite lentement. Répétez la manœuvre sur l'autre épaule. Pétrissez ensuite la nuque avec une main. Placez le pouce sur un côté du cou et les autres doigts sur le côté opposé. Massez les muscles de la nuque délicatement en essayant de faire disparaître toute tension.

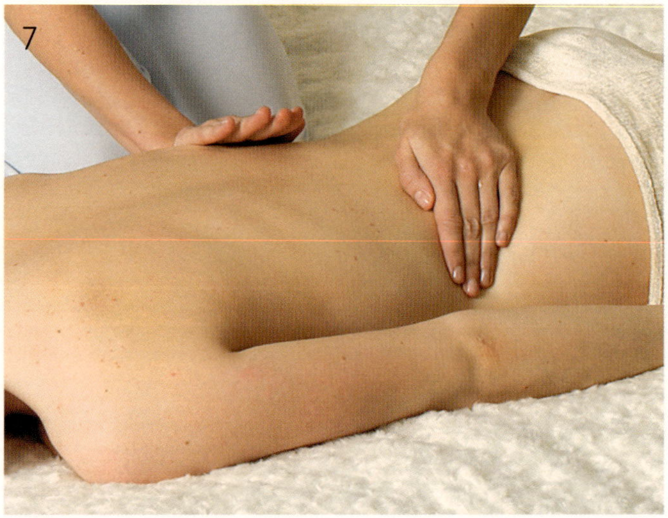
7

7 Pétrissage-torsion du dos : à genoux à côté de votre partenaire, perpendiculairement à son corps, placez les mains sur son dos près des flancs, doigts orientés dans la direction du regard. Soulevez les muscles des deux mains cependant que vous les rapprochez l'une de l'autre, en imaginant par ailleurs que vous êtes en train de tordre une serviette. Assurez-vous que vos mains sont séparées d'au moins 5 cm au moment où elle se croisent afin de tordre les muscles sans leur faire mal. Continuez le glissement des mains jusque de l'autre côté du torse. Exécutez cette manœuvre en pensant à détacher les muscles des os quand vous les soulevez. Répétez-la quelques fois.

8 Friction du dos en bas de la colonne : placez les pouces sur le haut des fesses, de part et d'autre de la colonne. Décrivez des petits cercles de chaque côté de la colonne en maintenant les pouces raides et en utilisant toute la longueur des bras. Les zones de convergence de la colonne et du bassin peuvent contenir beaucoup de tension. Pensez à masser les muscles à l'aide des petits cercles décrits en vous éloignant de la colonne. N'oubliez pas qu'il ne faut pas appliquer de pression directement sur la colonne.

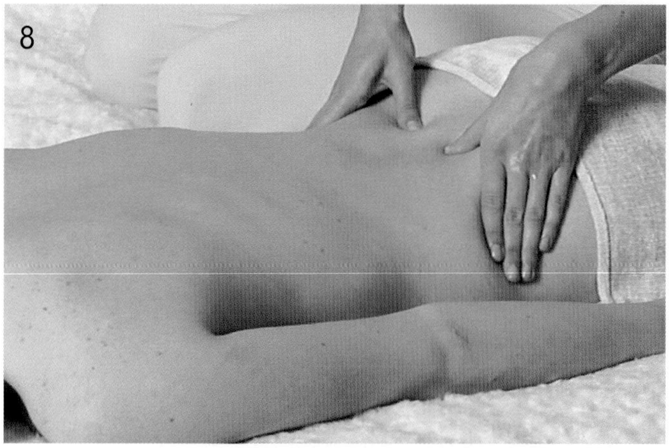

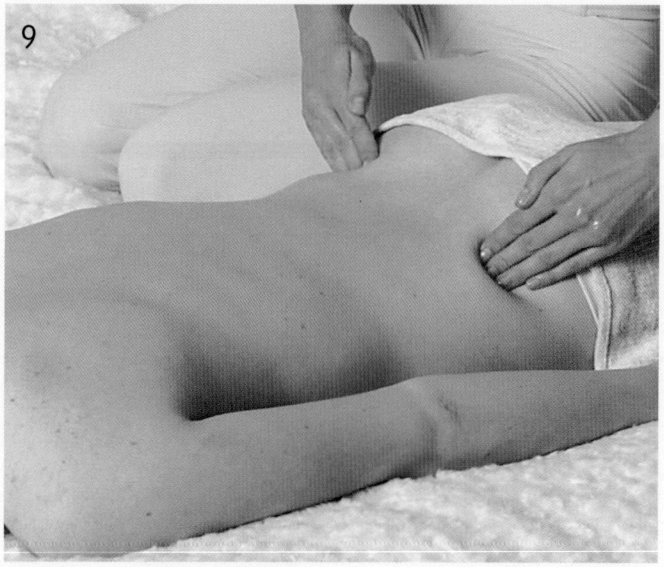

9 Friction avec les doigts : placez les doigts sur les hanches et la partie supérieure des fesses. Décrivez des cercles avec le bout des doigts en pénétrant dans la zone charnue où commencent les fesses. Faites des cercles autour des hanches et sur le haut des fesses.

10 Autre type d'effleurage : placez les deux mains à la base de la colonne, de part et d'autre de celle-ci. Faites glisser une main le long de la colonne, puis sur l'épaule vers le bras. Alors que la main redescend en glissant près du flanc, commencez à faire glisser l'autre main vers le haut du dos, mais de l'autre côté de la colonne. Pensez au roulement des vagues de l'océan pendant que vous exécutez cette manœuvre au rythme relaxant et calmant.

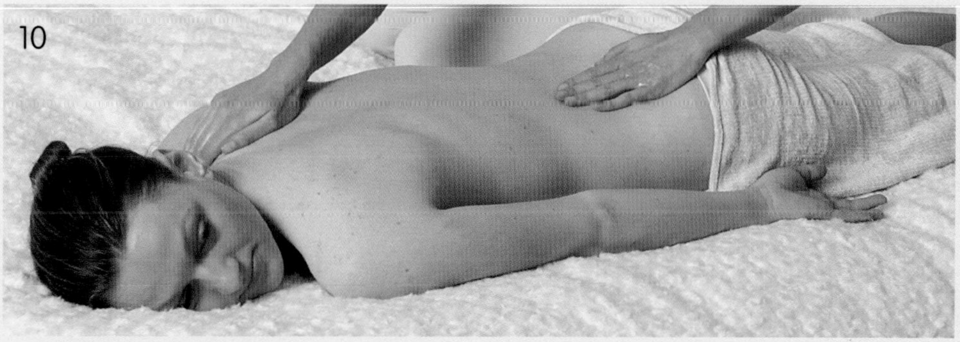

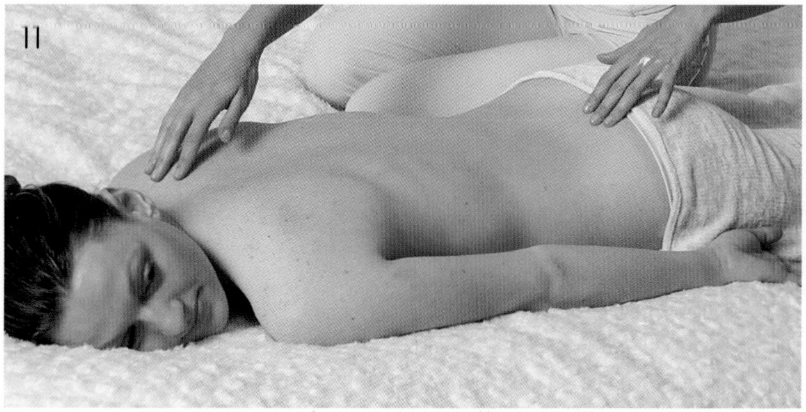

11 Caresse de la plume : placez une main près du dos de façon à ce que le bout des doigts en effleure la partie supérieure. Écartez les doigts, puis faites-les glisser délicatement vers le bas du dos. Lorsqu'ils ont presque atteint le bas de la colonne, commencez à faire glisser les doigts de l'autre main de la même façon. Répétez cette manœuvre quelques fois.

Fin : recouvrez le dos avec une serviette. Si vous n'avez pas utilisé d'huiles essentielles, pressez légèrement la serviette contre le dos sur toute sa surface afin d'y absorber tout surplus d'huile. Si vous vous êtes servis d'huiles essentielles, vous avez intérêt à les laisser aussi longtemps que possible sur la peau afin qu'elles la pénètrent et se retrouvent dans le sang.

Sur l'arrière des jambes

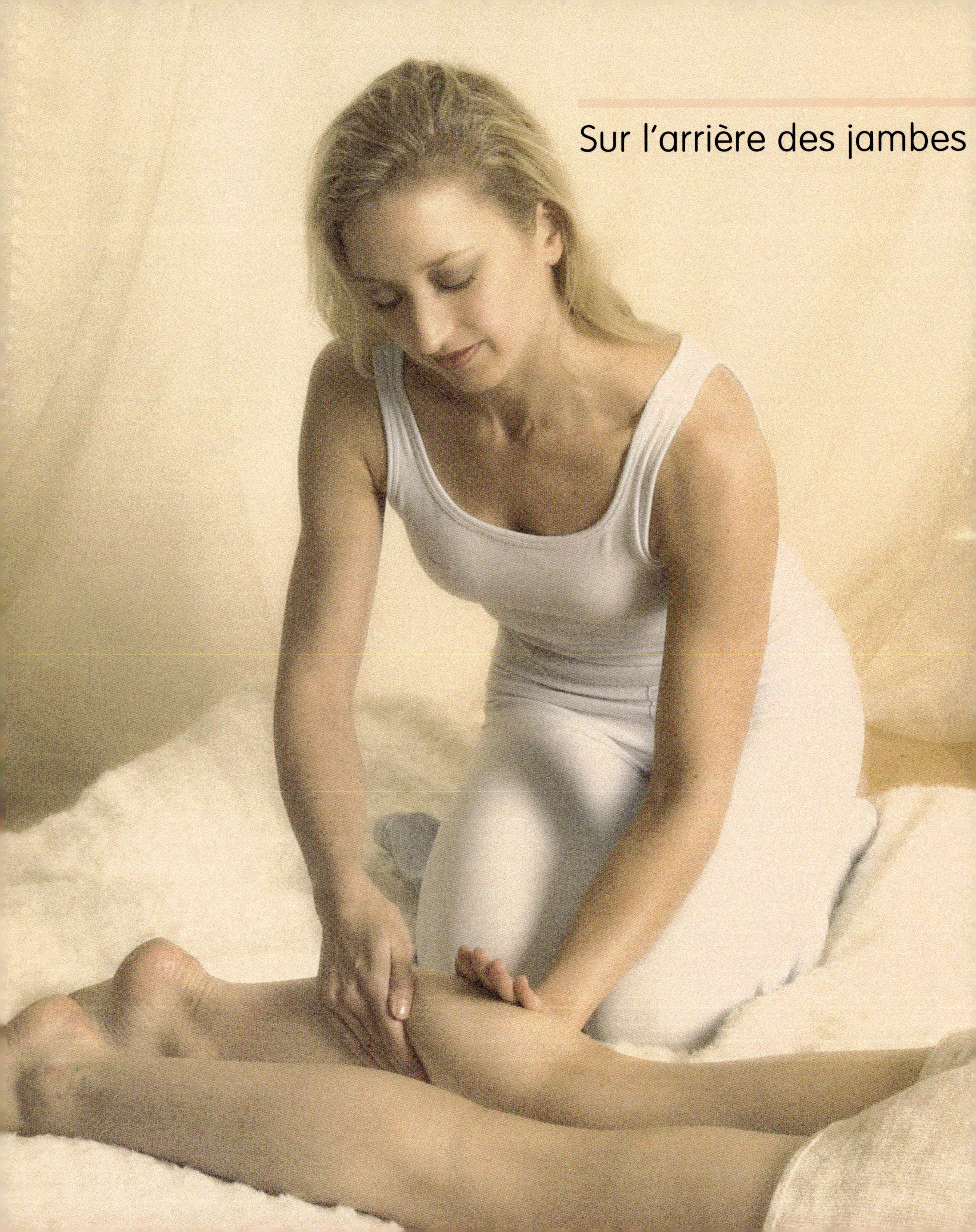

Application de l'huile : commencez par découvrir la jambe que vous allez masser. Vous devez exposer l'articulation de la hanche, mais sans que cela porte atteinte à la dignité de votre partenaire. Versez-vous une petite quantité d'huile dans la paume et frottez vos mains l'une contre l'autre. Étendez ensuite l'huile sur la jambe depuis la cheville jusqu'à la hanche.

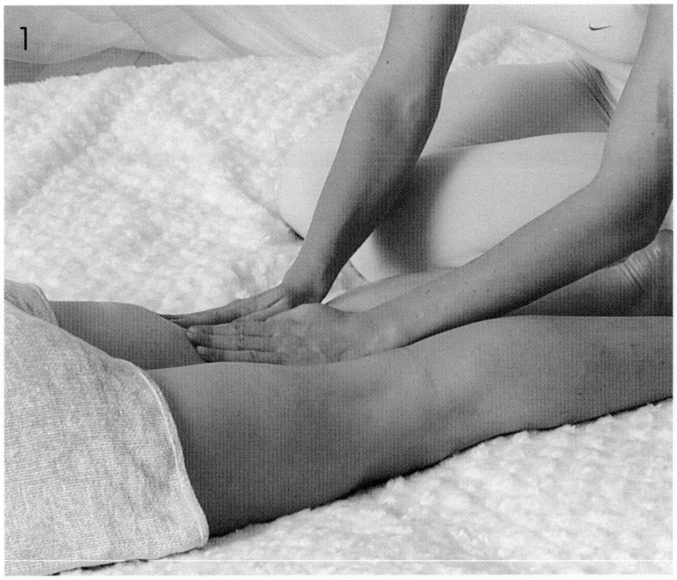

1

1 **Effleurage de base :** placez les deux mains l'une à côté de l'autre sur la jambe à la hauteur de la cheville, doigts orientés vers la hanche. Faites-les glisser ensemble le long de la jambe jusqu'à la hanche. Séparez ensuite les mains pour exécuter un léger glissement sur les côtés de la jambe jusqu'au point de départ. En évitant l'arrière du genou, appliquez une pression énergique lorsque les mains se dirigent vers la hanche, mais légère quand elles redescendent. Répétez cette opération quelques fois, seulement sur la cuisse, cependant, en vue de la préparer pour la manœuvre suivante.

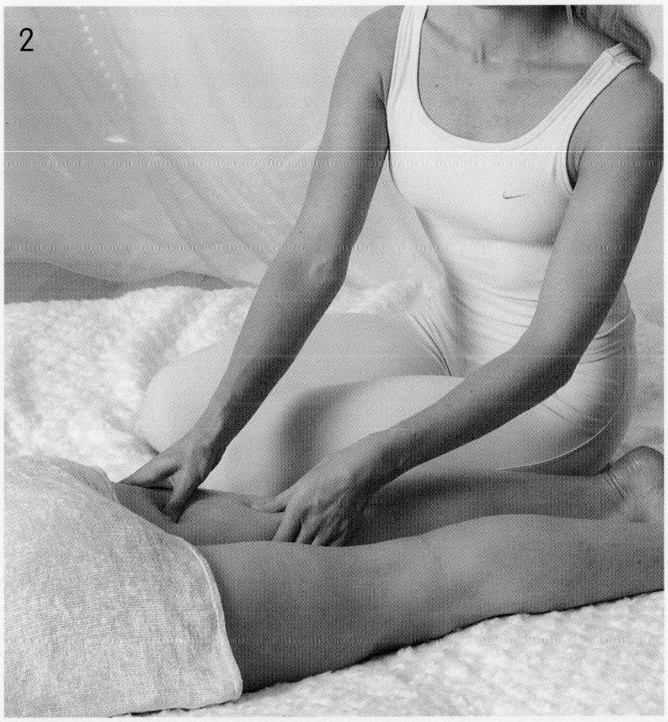

2

2 **Friction de la cuisse :** placez les pouces sur la jambe juste en haut du genou et les autres doigts sur les côtés. Faites des petits cercles avec les pouces sur tout l'arrière de la cuisse, en les faisant alterner. Si vous maintenez les pouces raides de façon à décrire les cercles avec les bras, la pression exercée sur le ventre du muscle ischio-jambier est plus pénétrante et permet une manipulation en profondeur. Prenez soin de vérifier auprès de votre partenaire si cette pression est désirable.

3 **Pétrissage de l'intérieur de la cuisse :** mettez-vous à genoux face aux cuisses de votre partenaire. Placez ensuite les mains sur le côté intérieur de la cuisse découverte. Les doigts devraient être orientés vers le sol, sauf les pouces, qui sont écartés. Les coudes sont ouverts. Pétrissez l'intérieur de la cuisse en saisissant de la chair d'une main et en la déplaçant vers l'autre main. Transférez latéralement le poids de votre corps dans un mouvement alternatif synchronisé avec le rythme de l'opération.

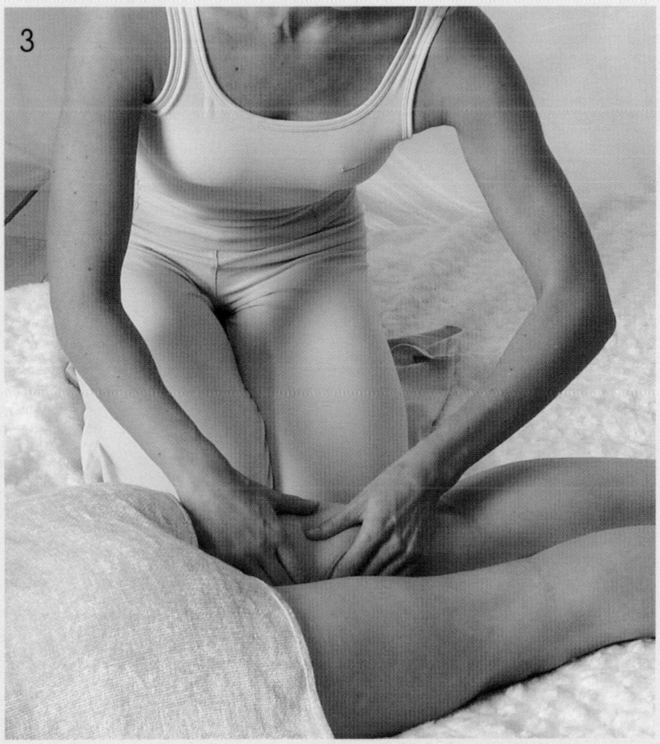

3

4 Pétrissage-torsion de la cuisse : placez les mains sur les côtés de la cuisse juste en haut du genou, doigts orientés dans la direction du regard. Soulevez le muscle de la cuisse, cependant que vos mains glissent l'une vers l'autre. La chair devrait se tordre légèrement sous leur action. Faites en sorte qu'il y ait une distance de 5 cm entre les mains lorsqu'elles se croisent. Relâchez-les quand elles atteignent l'autre côté du membre et répétez l'opération dans la direction opposée, puis en progressant vers la hanche.

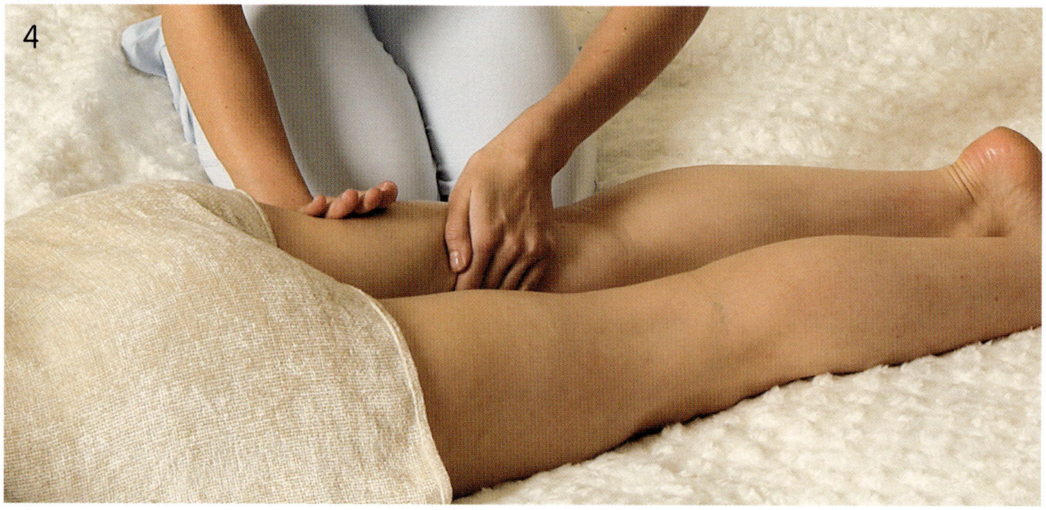

5 Effleurage de base : effleurez la cuisse depuis le haut du genou jusqu'à la hanche afin de libérer plus facilement les toxines, qui sont ensuite absorbées par les ganglions lymphatiques. Répétez l'opération deux fois : effleurez d'abord la jambe de la cheville à la hanche en évitant l'arrière du genou, puis le mollet seulement de la cheville au commencement du genou.

6 Friction du mollet : placez les pouces sur la jambe à la hauteur de la cheville et les autres doigts sur les côtés. Décrivez, sans vous arrêter, des cercles sur le mollet avec les pouces en progressant vers le genou. Assurez-vous d'en faire partout sur le mollet. L'opération peut être douloureuse de sorte qu'il faut vérifier auprès de votre partenaire si la pression appliquée est la bonne.

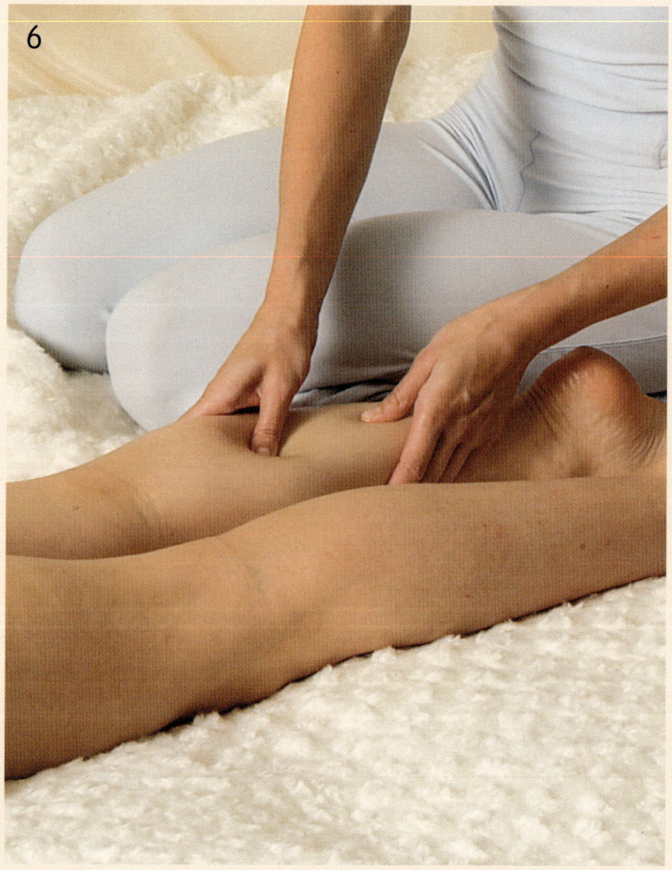

7 Pétrissage-torsion du mollet : installez-vous à côté de votre partenaire et placez les mains sur les deux côtés de la cheville. Les doigts devraient être orientés dans la direction du regard. Soulevez le muscle en pensant à le détacher de l'os, tandis que vous déplacez vos mains l'une vers l'autre. Veillez à ce que les lignes de déplacement des mains jusqu'au côté opposé du membre soient écartées l'une de l'autre. Répétez cette opération en progressant vers le genou et en ne cessant de mouvoir les mains alternativement.

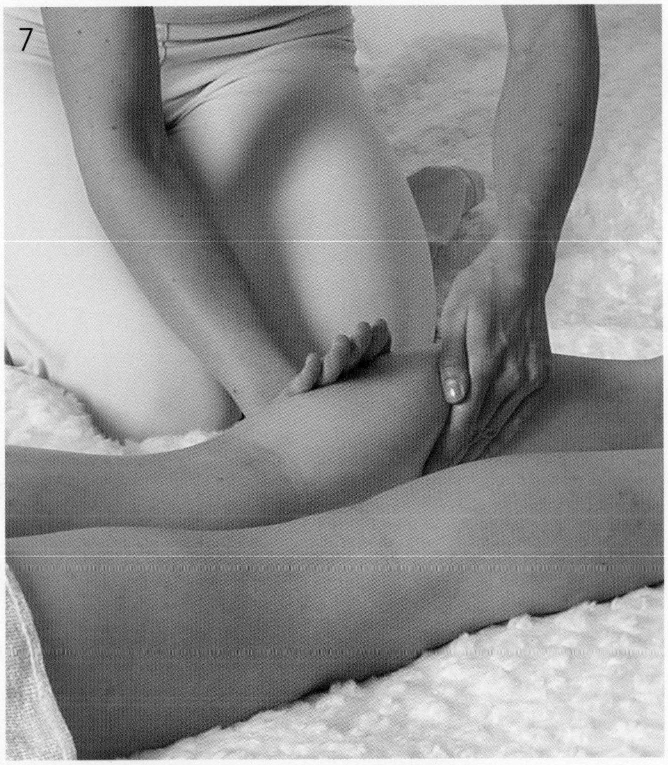

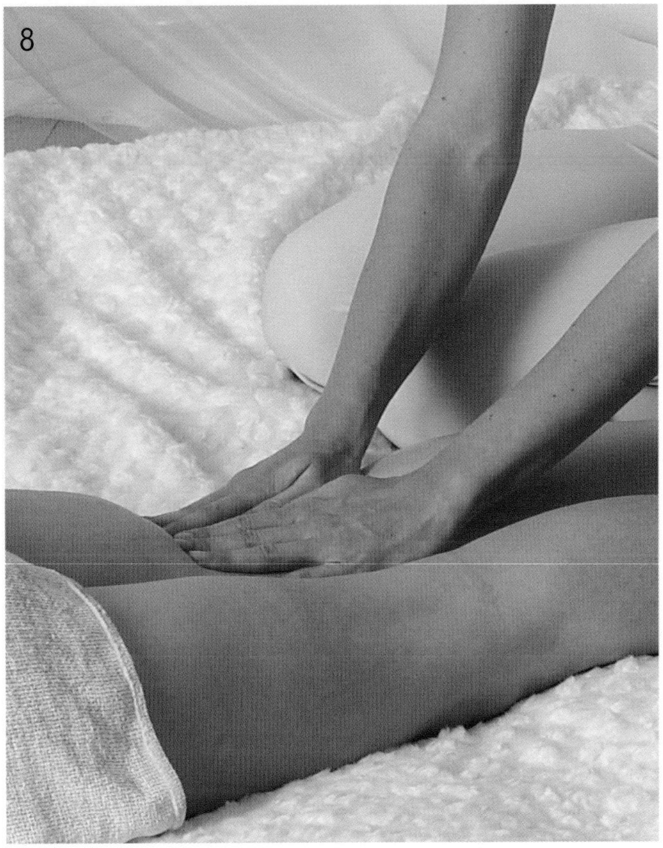

8 Autre type d'effleurage : placez les mains sur la cheville, doigts orientés vers la hanche. Faites glisser une main sur la jambe en direction de la hanche, puis ramenez-la en effectuant un glissement sur le côté extérieur du membre et en évitant l'arrière du genou. Comme la main arrive au genou, faites glisser l'autre main de la même manière. Répétez la manœuvre quelques fois en y allant de mouvements lents et fluides.

9 Caresse de la plume : placez une main près la cuisse de façon à ce que le bout des doigts en effleure la partie supérieure. Caressez alors délicatement la jambe de haut en bas. Lorsque la main arrive à la cheville, commencez à faire glisser de la même manière les doigts de l'autre main. Répétez la manœuvre plusieurs fois.

Fin : recouvrez la jambe et répétez la série de manœuvres entière sur l'autre jambe. Soulevez ensuite légèrement la serviette en diagonale et en l'éloignant de vous pour permettre à votre partenaire de se retourner sur le dos.

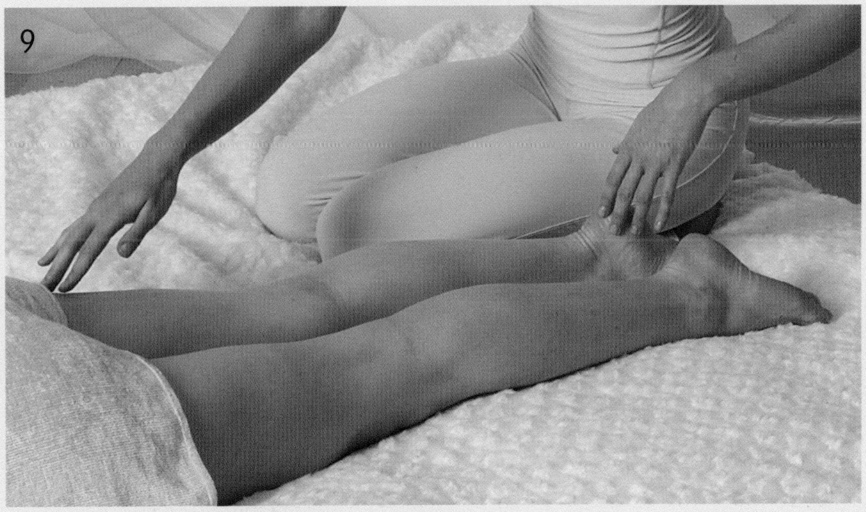

Sur l'avant des jambes

Application de l'huile : découvrez une jambe suffisamment pour exposer la hanche de votre partenaire, mais sans que cela porte atteinte à sa dignité. Versez-vous un peu d'huile dans la paume et frottez vos mains l'une contre l'autre. Étendez ensuite l'huile sur la jambe découverte, depuis la cheville jusqu'à la hanche.

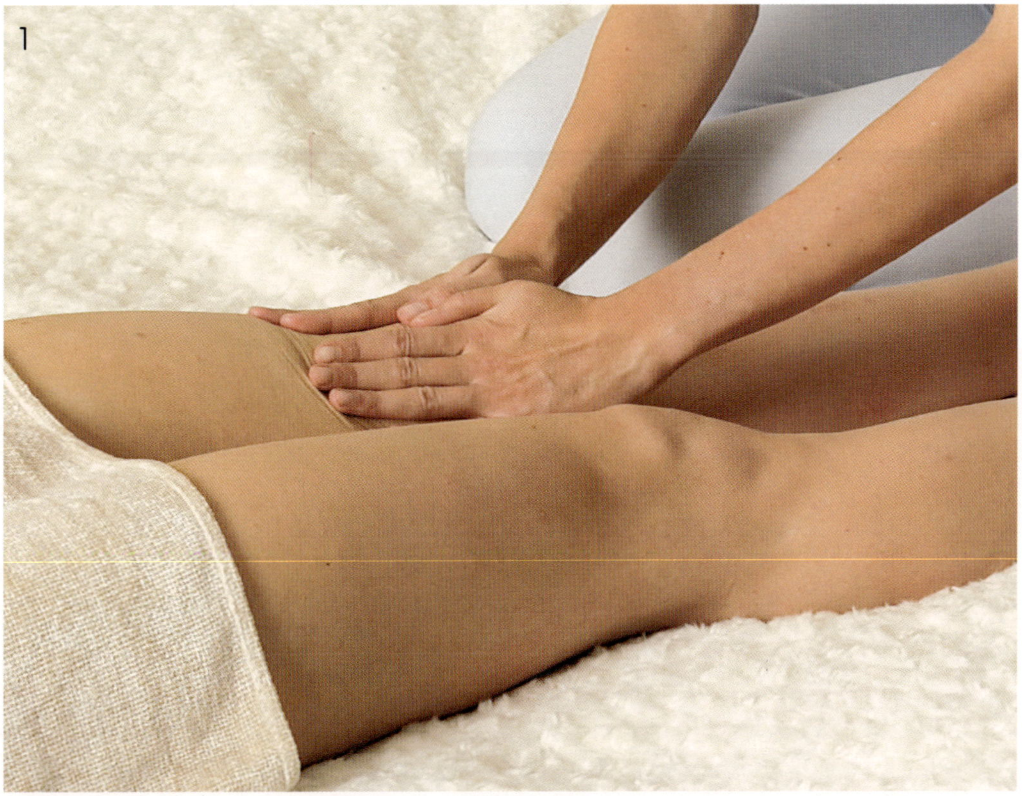
1

1 **Effleurage de base :** placez les deux mains sur la jambe à la hauteur de la cheville, doigts orientés vers la hanche, y compris les pouces, collés l'un contre l'autre. Faites glisser vos mains sur la jambe jusqu'à la hanche, en évitant les rotules. Séparez les mains et ramenez-les en exécutant un glissement sur les côtés de la jambe. Répétez cette opération quelques fois. Placez ensuite les mains en haut du genou et répétez la manœuvre uniquement sur le dessus de la cuisse.

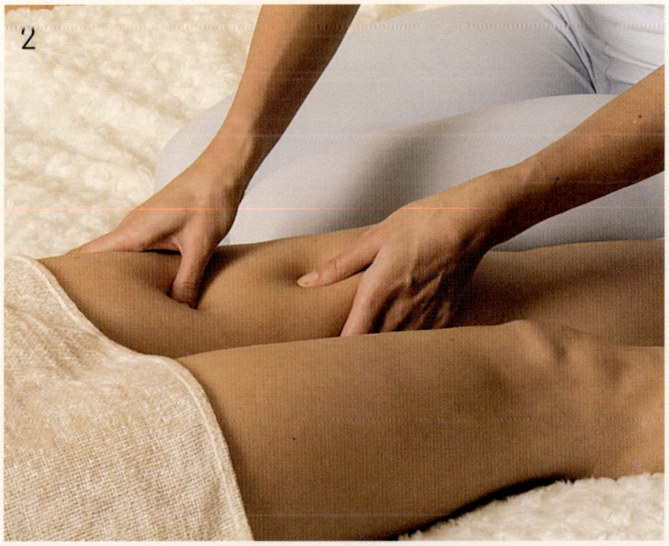
2

2 **Friction de la cuisse :** placez les pouces sur la jambe juste en haut du genou et utilisez-les pour effectuer des petits cercles sur tout l'avant de la cuisse. Cette manœuvre permet de pénétrer profondément dans le muscle, où elle libère les toxines et élimine toute tension détectée. Prenez soin de vérifier auprès de votre partenaire si la pression appliquée est confortable.

3 **Pétrissage de l'intérieur de la cuisse :** mettez-vous à genoux face aux cuisses de votre partenaire. Placez les mains sur le côté intérieur de la cuisse découverte, doigts orientés dans la direction du regard, sauf les pouces, qui sont écartés. Ouvrez ensuite les coudes. Saisissez de la chair d'une seule main et pressez-la délicatement, tandis que vous la déplacez vers l'autre main. Au moment où vous la lâchez, saisissez-la avec la seconde main. Transférez latéralement le poids de votre corps dans un mouvement alternatif synchronisé avec le rythme du mouvement des mains.

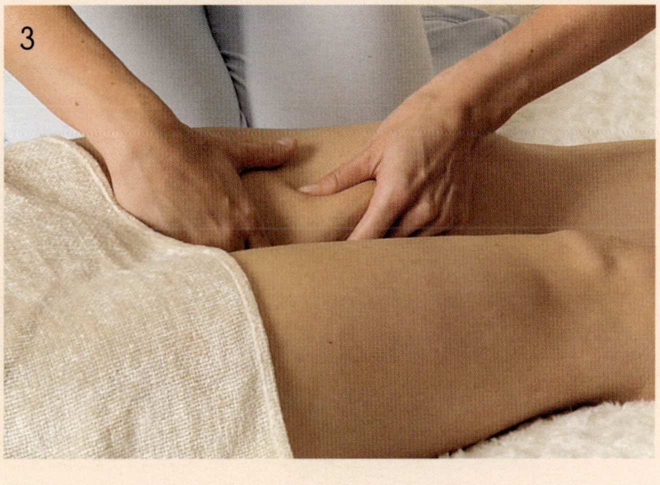
3

4 Pétrissage-torsion de la cuisse : placez les mains sur les côtés de la cuisse, doigts orientés dans la direction du regard. Soulevez délicatement le muscle en pensant à le détacher de l'os, cependant que vous faites glisser vos mains transversalement et dans des directions opposées sur la cuisse jusqu'au côté opposé. Veillez à ce qu'il y ait une distance d'au moins 5 cm entre les lignes de déplacement des mains afin que les torsions musculaires ne causent pas de douleur.

5 Friction de l'extérieur de la cuisse : le côté extérieur des jambes est souvent tendu. Mettez-vous à côté de la jambe découverte de votre partenaire et tenez la cheville avec votre main la plus près. Placez le pouce de l'autre main sur le côté extérieur de la jambe, en haut du genou, et utilisez-le pour décrire des petits cercles jusqu'à la hanche. Ramenez ensuite la main en la faisant glisser jusqu'à son point de départ. Répétez la manœuvre deux fois.

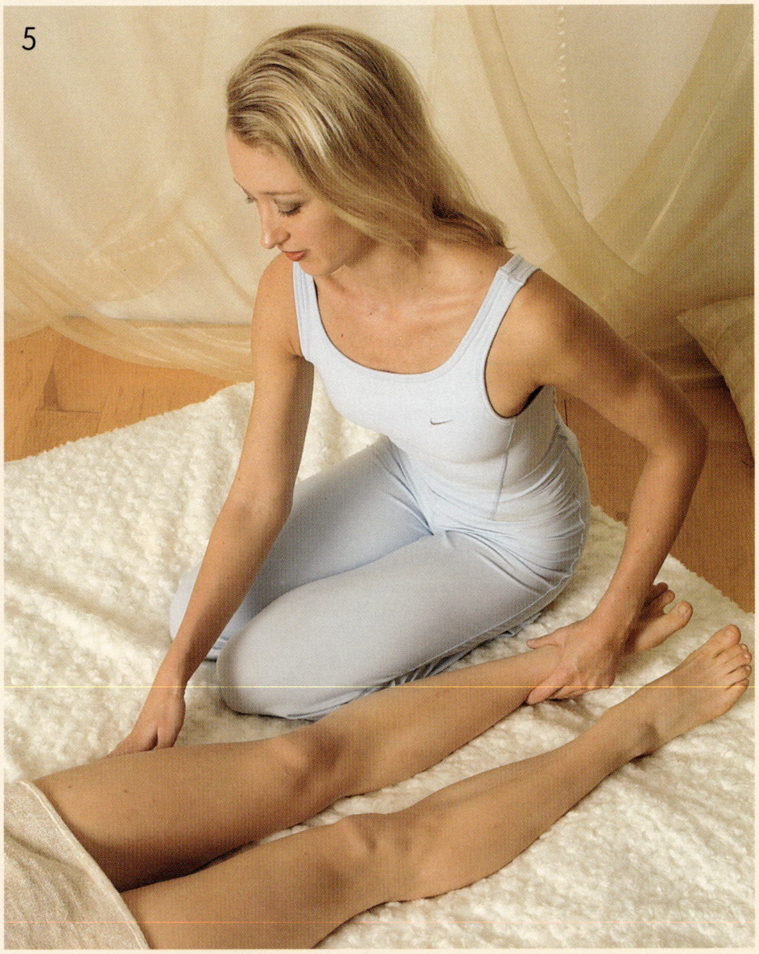

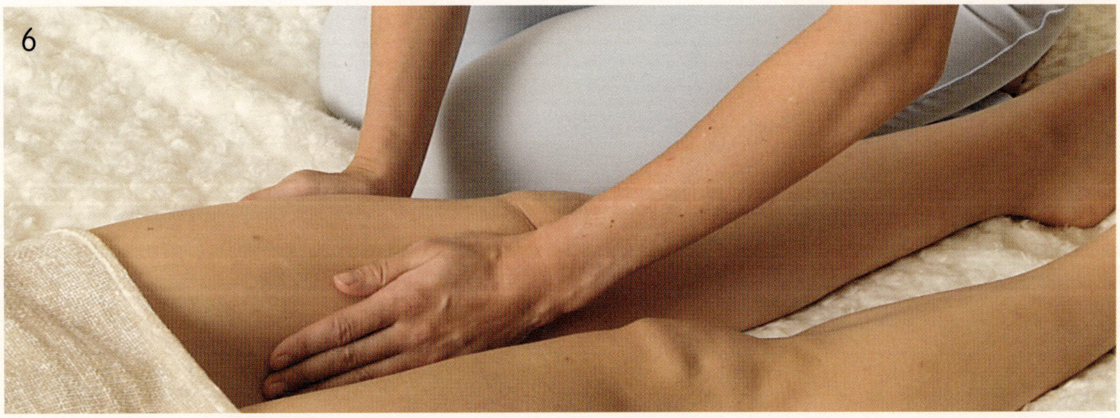

6 Effleurage de base : placez les mains sur la jambe en haut du genou, doigts orientés vers la tête. Faites glisser vos mains jusqu'à la hanche, séparez-les et ramenez-les en exécutant un glissement sur les côtés de la jambe. Répétez l'opération quelques fois afin de libérer en plus grande quantité les toxines éventuellement dégradées, qui sont ensuite absorbées par les ganglions lymphatiques.

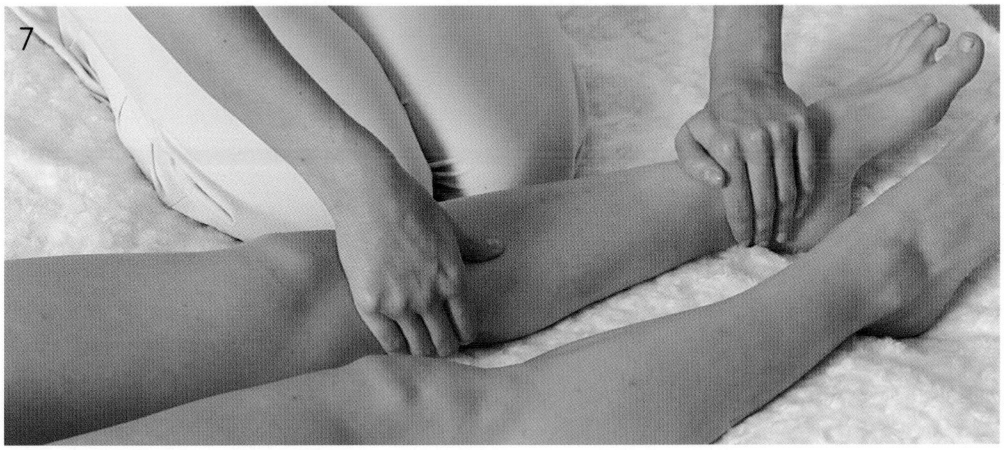

7 Friction de la région du tibia : placez une main sur la jambe à la hauteur de la cheville et l'autre main sur le côté intérieur de la jambe, juste en bas du genou. Les doigts de la seconde main devraient être légèrement repliés sous les mollets, sauf le pouce, placé sur le dessus de la jambe et touchant au tibia. Décrivez des cercles avec le pouce de cette main en progressant vers la cheville, tandis que vous appliquez une pression sur le mollet avec les autres doigts. Pensez, en faisant des cercles, à pousser sur les muscles pour les éloigner du tibia. Lorsque vous arrivez à la cheville, décrivez trois cercles autour de la malléole avec le pouce. Répétez trois fois cette suite d'opérations.

8 Autre type d'effleurage : placez les deux mains sur la cheville, doigts orientés vers la hanche. Faites glisser une main sur la jambe jusqu'à la hanche en évitant le dessus du genou, puis ramenez-la en exécutant un glissement sur le côté extérieur du membre. Répétez immédiatement cette manœuvre avec l'autre main. Votre partenaire devrait sentir le roulement rythmique de vagues sur sa jambe.

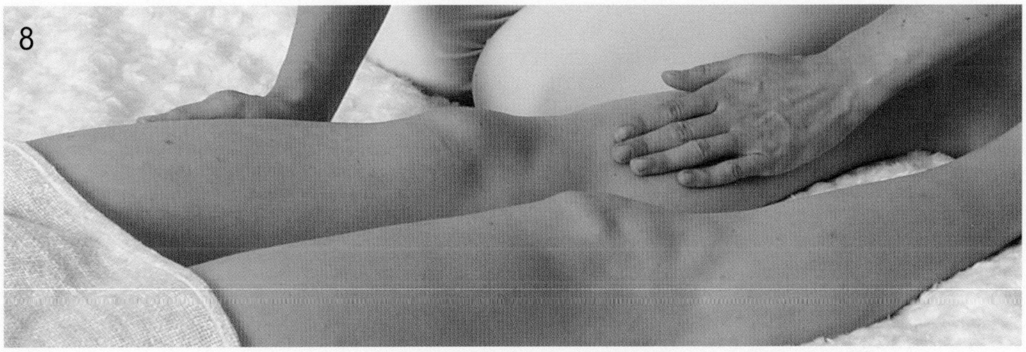

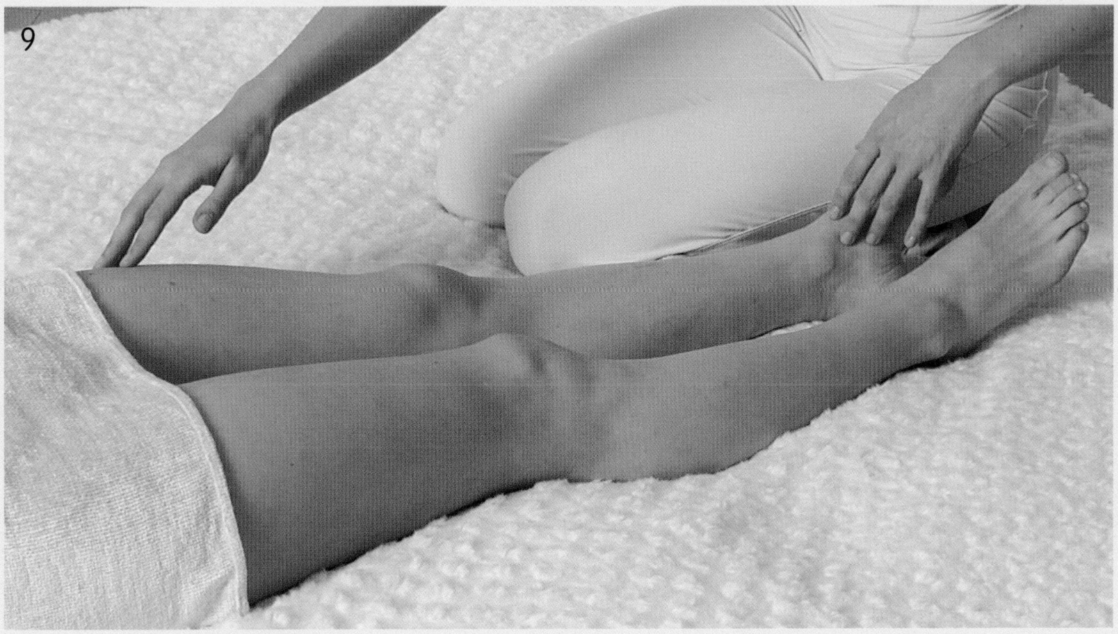

9 Caresse de la plume : placez le bout des doigts d'une main en haut de la jambe. Caressez-la alors en dirigeant votre main vers la cheville. Avant que la main n'ait terminé son parcours, commencez à faire glisser les doigts de l'autre main de la même façon.

Fin : recouvrez la jambe exposée et déplacez-vous de l'autre côté de votre partenaire. Découvrez ensuite l'autre jambe et répétez la série de manœuvres en entier.

Sur les pieds

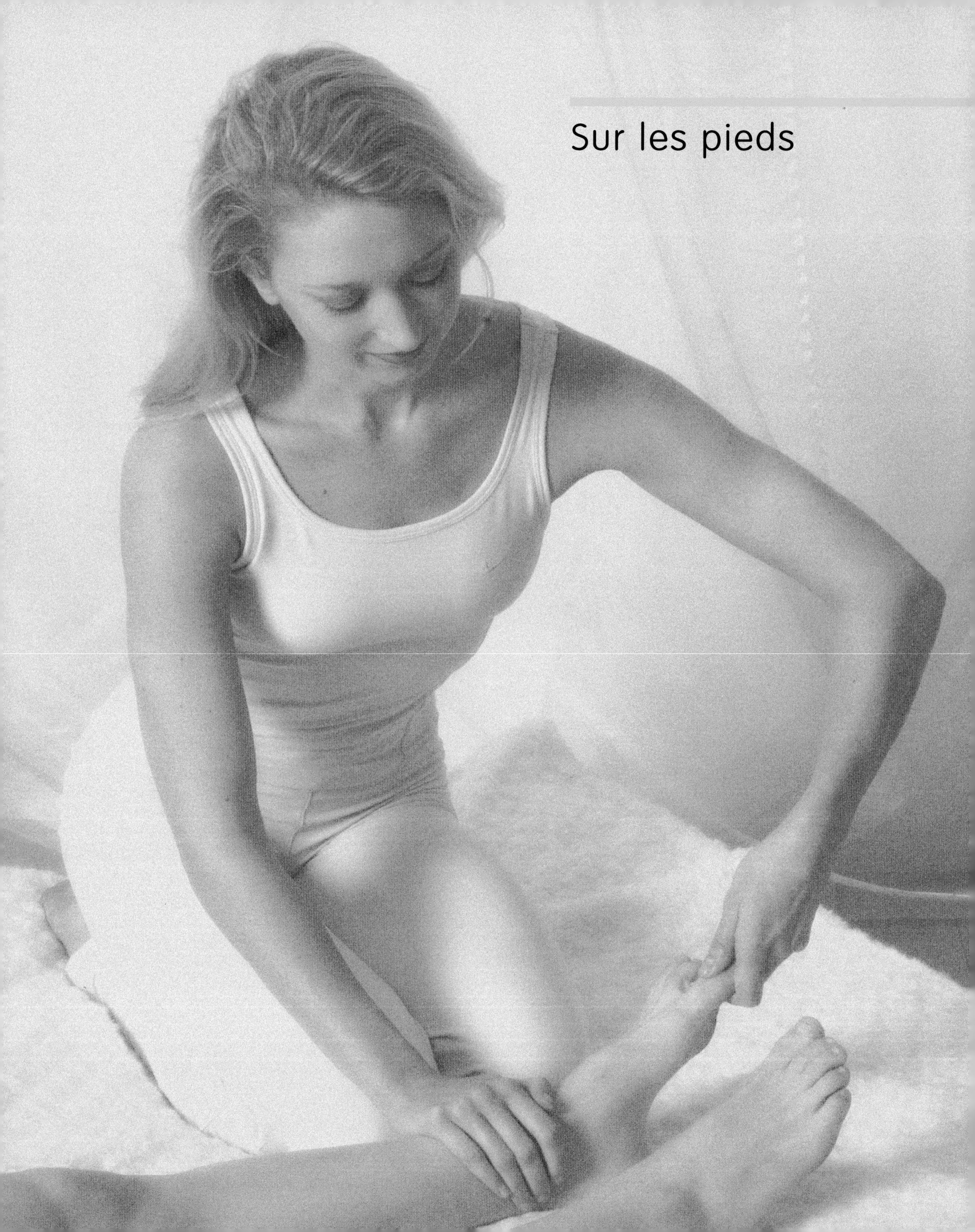

Application de l'huile : versez-vous un peu d'huile dans la paume et frottez vos mains l'une contre l'autre. Étendez ensuite l'huile sur le pied découvert.

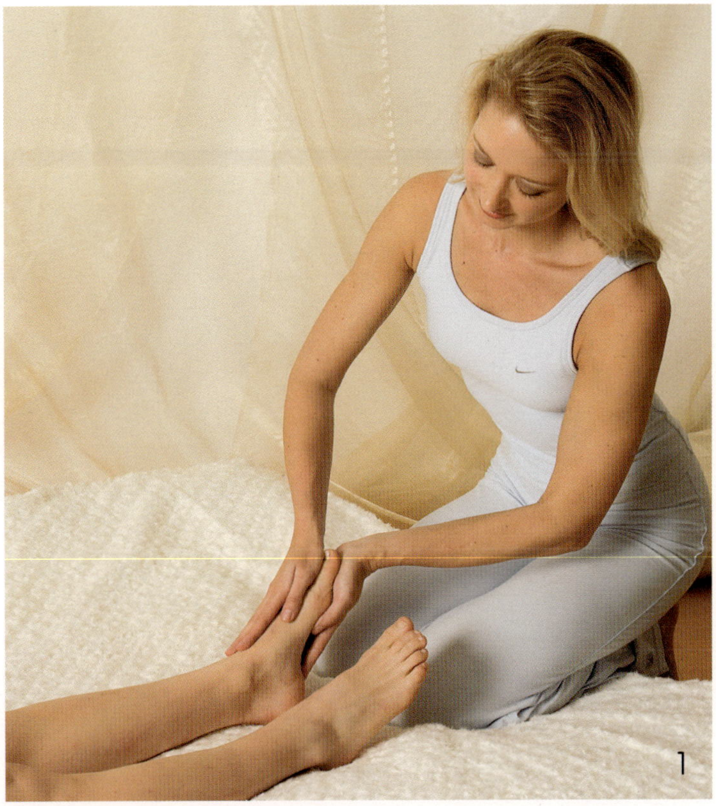

1

1 Main dessus, mains dessous : placez une main sur la face supérieure du pied et l'autre main sur la face inférieure. Les paumes devraient être aplaties contre le pied et les doigts orientés vers la cheville. Faites glisser vos mains en les rapprochant de vous jusqu'à les réunir, puis en les éloignant de vous, tandis que vous exercez une pression vers l'intérieur du pied. Permutez les mains et répétez la manœuvre en les déplaçant l'une après l'autre.

2 Friction : placez les pouces sur la face supérieure du pied et utilisez-les pour y faire des petits cercles partout. Répétez l'opération sur la face inférieure.

3 Massage des orteils : placez le pouce et l'index d'une main à la racine d'un orteil, un doigt sur le dessus et l'autre en dessous. Pressez l'orteil délicatement, tandis que vous décrivez des cercles avec vos deux doigts jusqu'à son extrémité et que vous pincez et tirez doucement au moment où vous lâchez prise. Passez à l'orteil suivant et ainsi de suite jusqu'à ce que tous les orteils aient été massés.

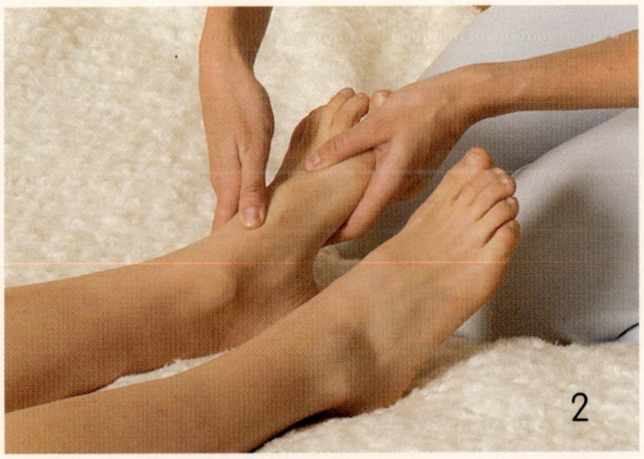

2

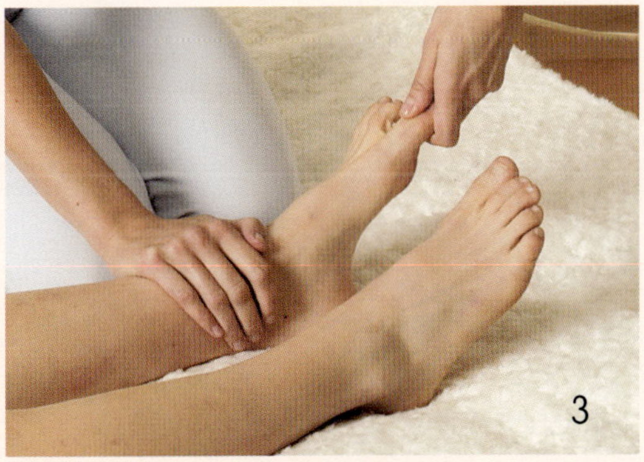

3

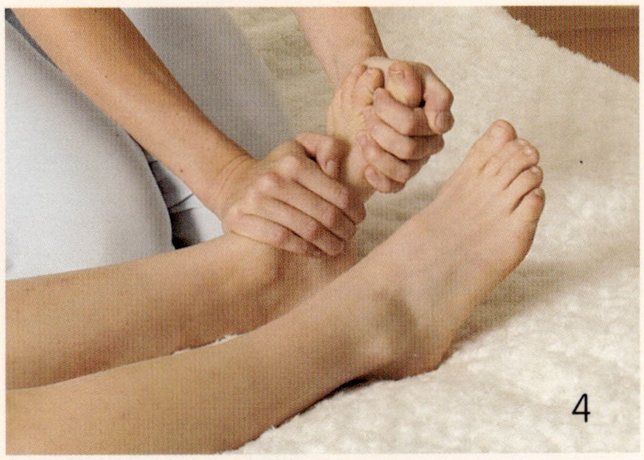

4

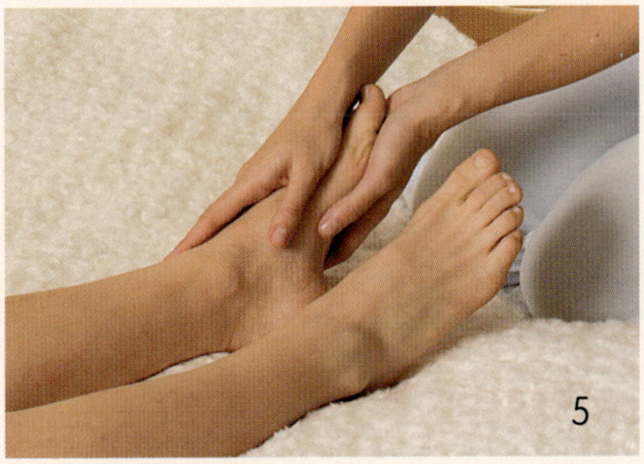

5

4 Pression du pied : enveloppez le pied avec vos mains et pressez-le. Répétez la manœuvre quelques fois en permutant vos mains à chaque répétition.

5 Prise du pied : placez doucement vos mains sur les faces supérieure et inférieure du pied et tenez-le quelques instants.

Fin : recouvrez le pied avec une serviette et répétez la série de manœuvres sur l'autre pied.

Sur l'estomac

La région de l'estomac est très sensible. Aussi la masserez-vous délicatement sans utiliser de manœuvre invasive. Comme le confort de votre partenaire importe énormément, faites plus attention que d'habitude lorsque vous ne découvrez que l'estomac. Si vous massez une femme, placez une serviette sur sa poitrine par-dessus celle qui couvre déjà son corps. Déplacez cette dernière vers le bas du corps afin d'exposer l'estomac.

Application de l'huile : versez une petite quantité d'huile dans une main et frottez-vous ensuite les mains ensemble avant d'étendre l'huile sur l'estomac.

1 **Cercles autour du nombril :** la meilleure image illustrant cette manœuvre est le mélange d'un pudding. Posez les mains à plat sur l'estomac et utilisez-les pour décrire des cercles dans le sens horaire, tout en les levant et en les replaçant au besoin. Effectuez des mouvements lents et rythmiques. Cette opération sert de point de transition entre les autres manœuvres, de sorte que vous vous en servirez encore souvent.

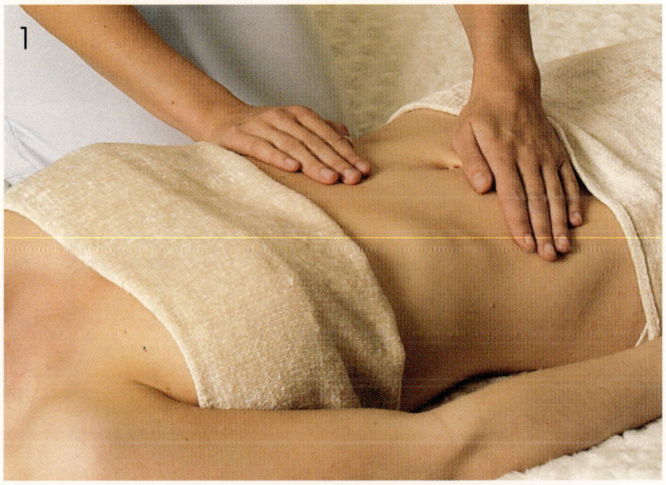

3 **Cercles autour du nombril :** répétez l'étape 1

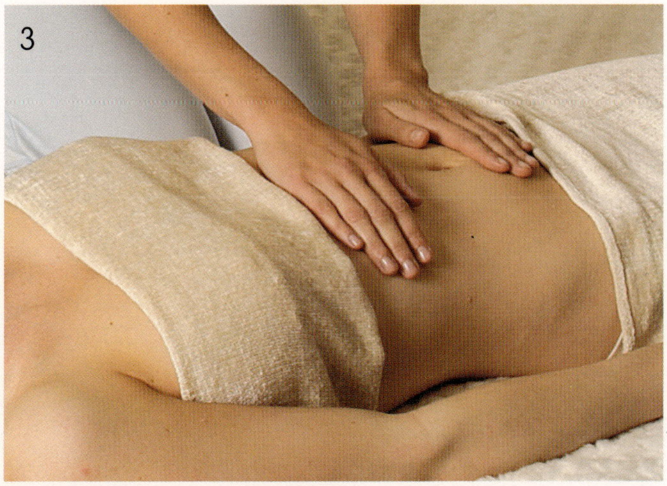

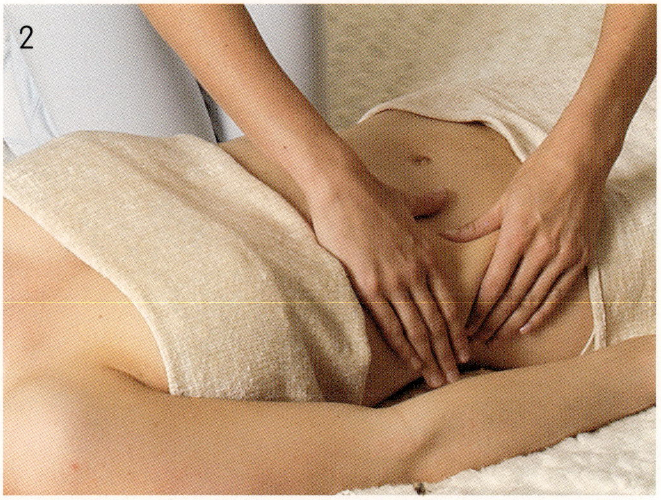

2 **Pétrissage de la taille :** placez les deux mains sur la taille du côté opposé à celui où vous êtes installé, doigts orientés vers le sol, sauf les pouces, qui sont écartés. En y allant avec délicatesse, saisissez de la chair d'une main et pressez-la en même temps que vous la déplacez vers l'autre main. À l'instant où vous la lâchez, saisissez-la avec la seconde main et répétez l'opération. N'oubliez pas d'exécuter un transfert de poids synchronisé avec la manœuvre.

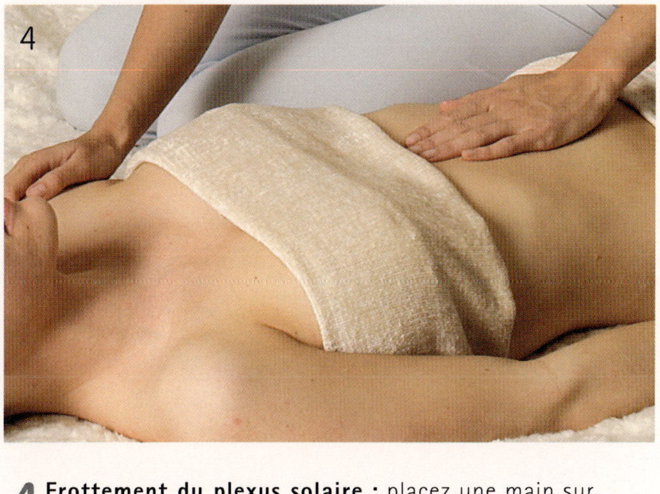

4 **Frottement du plexus solaire :** placez une main sur votre partenaire de manière à ce que le bout des doigts se trouve juste sous le point de terminaison de la cage thoracique et les paumes, au-dessus du nombril. Faites des petits cercles avec les doigts dans le sens horaire en exerçant une légère pression.

Fin : recouvrez l'estomac avec la serviette.

Sur les bras

Application de l'huile : découvrez un bras et placez-le sur la serviette. Versez-vous un peu d'huile dans la paume et frottez vos mains l'une contre l'autre. Étendez ensuite l'huile sur le bras, en commençant au niveau du poignet. Assurez-vous d'en mettre sur toute la surface du bras, étant donné que vous allez en massez tous les côtés.

1 **Effleurage :** tenez le poignet d'une main et posez l'autre main à plat sur le même poignet, doigts orientés vers l'épaule. Faites glisser votre main libre vers cette épaule en la laissant épouser les contours du bras. Passez autour de l'épaule en utilisant toute la surface de la main, que vous ramenez ensuite en exécutant un glissement sur le côté extérieur du bras. Permutez les mains et répétez la manœuvre. Appliquez une faible pression lorsque vous effectuez un glissement vers l'épaule, mais plus faible encore vers le poignet.

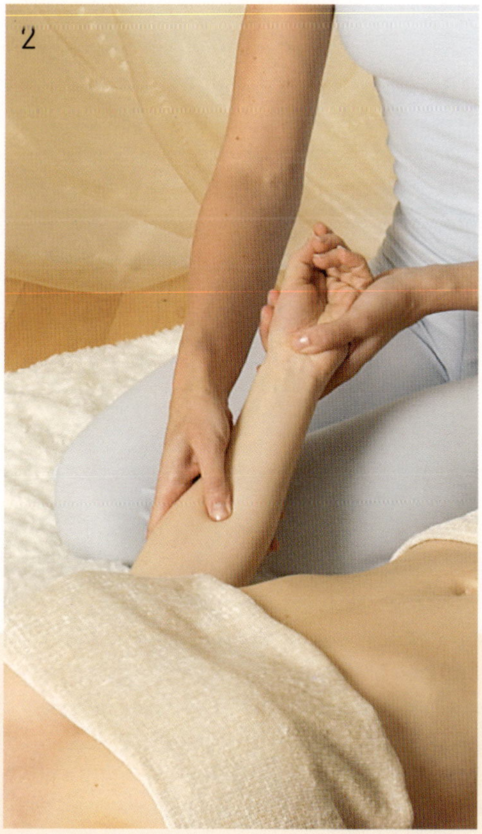

2 **Friction de l'avant-bras :** tenez toujours le poignet, mais retournez la main pour voir la paume. Placez le pouce de votre main libre sur le poignet et utilisez-le pour décrire des petits cercles en progressant vers le coude. Arrêtez avant d'arriver au coude. Répétez l'opération deux fois. Retournez encore la main et répétez la manœuvre sur l'autre côté de l'avant-bras.

3 **Friction de la région de l'humérus :** tenez le haut du bras avec vos deux mains, juste en haut du coude, en plaçant les pouces sur le dessus du bras et les autres doigts en dessous. Faites des cercles avec les pouces jusqu'à l'épaule, tandis que vous pressez la chair sous le bras avec les autres doigts.

4 **Effleurage de base :** déposez le bras et placez les paumes des mains à la hauteur du poignet, doigts orientés vers l'épaule. Faites glisser vos mains vers le haut du bras, où vous les séparez ensuite pour effectuer un glissement jusqu'au poignet. Répétez l'opération quelques fois.

5 Friction de la main : tenez la main de votre partenaire avec les deux mains. Placez les pouces sur le dos de la main et utilisez-les ensuite pour y faire des cercles partout, y compris sur le poignet. Retournez la main pour voir la paume, sur laquelle vous répétez la même opération.

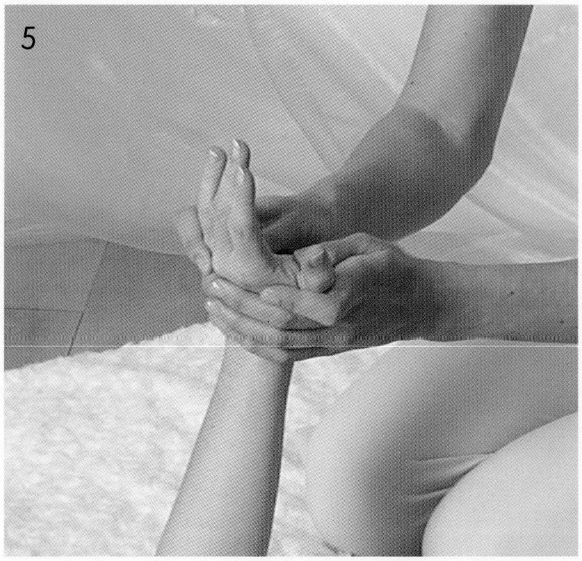

5

6 Massage des doigts : tenez le poignet d'une main et placez le pouce et l'index de votre main libre à la racine d'un doigt. Massez le doigt de la racine à l'extrémité en faisant des petits cercles. Passez au doigt suivant et ainsi de suite, jusqu'à ce que tous les doigts aient été massés.

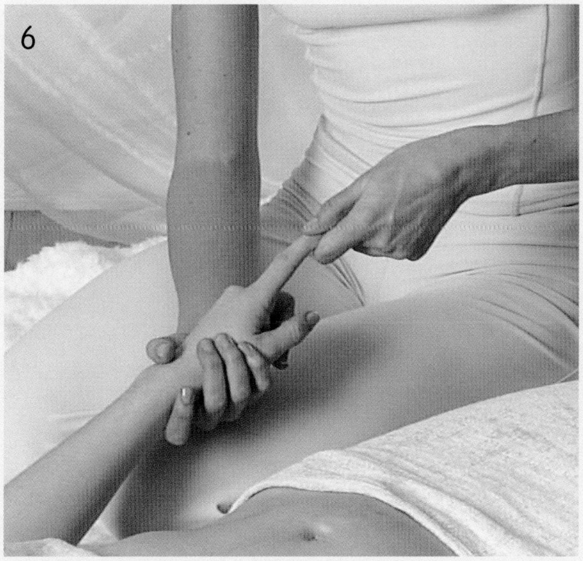

6

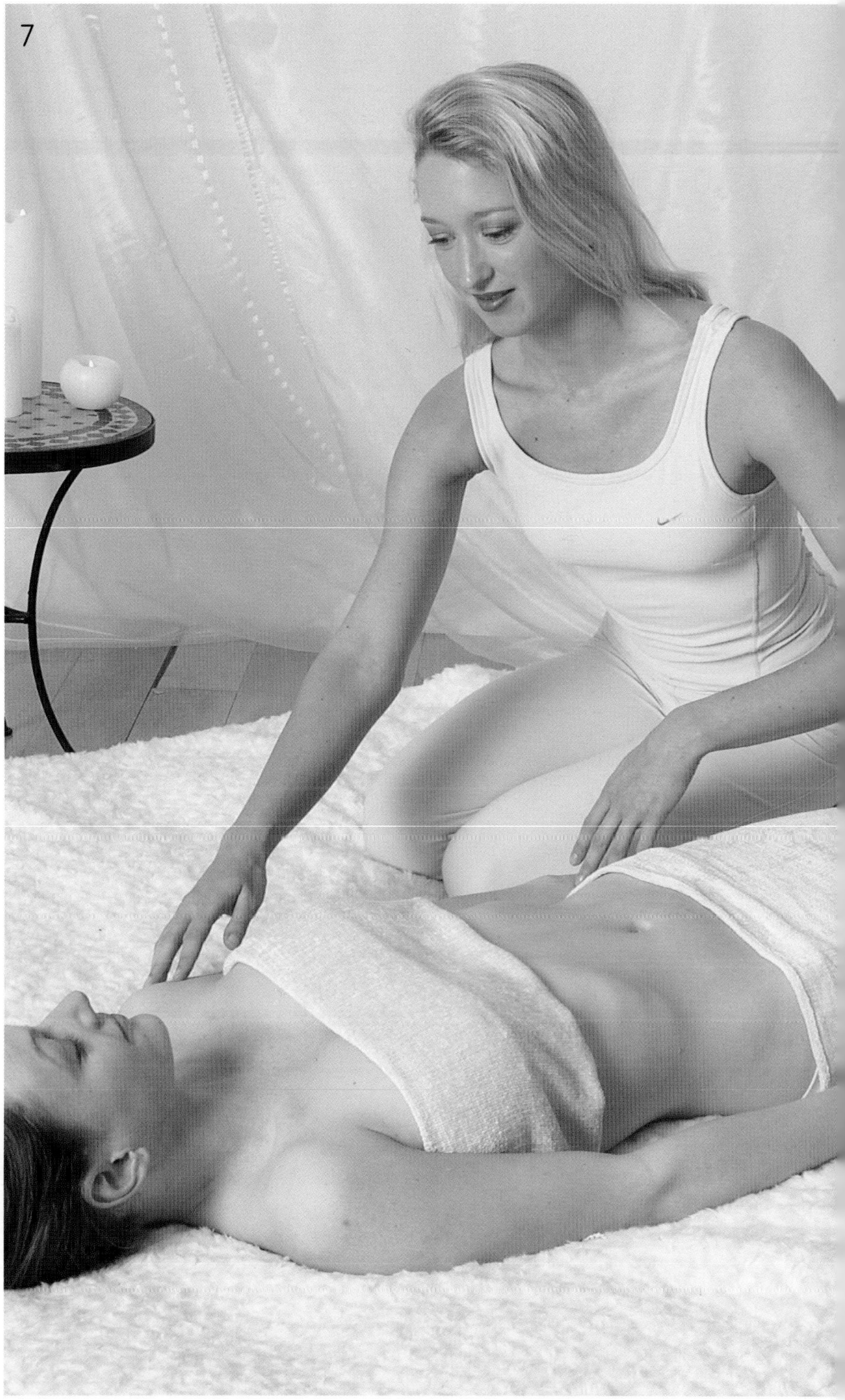

7

7 Caresse de la plume : placez les doigts d'une main en haut d'un bras. Caressez-le ensuite en faisant glisser délicatement vos doigts vers le poignet. Répétez cette opération avec l'autre main.

Fin : recouvrez le bras avec la serviette et déplacez-vous de l'autre côté de la personne massée pour répéter cette série de manœuvres sur l'autre bras.

Sur le thorax

Le thorax est une région délicate. Repliez la serviette pour le masser sans exposer une trop grande surface. Appliquez sur cette partie du corps une pression légère tout en évitant l'avant du cou. Si vous vous en approchez trop, votre partenaire pourrait avoir l'impression qu'on l'étouffe.

1

Application de l'huile : versez une faible quantité d'huile dans une main. Après vous être frotté les mains ensemble, posez-les sur le thorax en orientant les doigts d'une main vers ceux de l'autre, puis ouvrez les coudes. Déplacez alors vos mains vers les épaules pour étendre l'huile en appliquant une légère pression. Placez-les ensuite sous le cou et faites-les glisser le long de la nuque en direction des épaules. Répétez cette opération sur le dessus et le dessous des épaules jusqu'à ce que l'huile soit étendue uniformément.

1 **Effleurage :** placez la main droite sur le thorax en bas du cou, doigts orientés vers l'épaule gauche. Faites glisser cette main vers l'épaule droite tout en exerçant une pression. Répétez la manœuvre en déplaçant cette fois la main gauche vers l'épaule gauche. Allez-y de mouvements lents et rythmiques à chaque exécution.

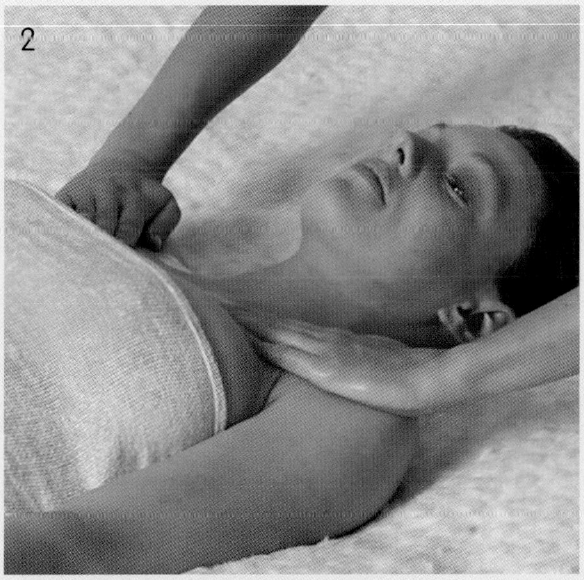
2

2 **Massage du thorax, de la nuque et des épaules :** placez les deux mains sur le thorax de façon à ce qu'elles se touchent du bout des doigts, puis ouvrez les coudes. Faites alors glisser les mains dans des directions opposées, chacune vers une épaule. Passez-les ensuite autour pour les diriger vers le bas de la nuque. À cet endroit, collez vos mains l'une contre l'autre et effectuez un glissement sur la nuque jusqu'à la base de la tête. Refaites ce massage quelques fois encore.

3 **Friction des pectoraux :** placez le bout des doigts sur les articulations reliant les bras aux épaules. Décrivez lentement des cercles sur toute la zone avec la partie charnue des doigts.

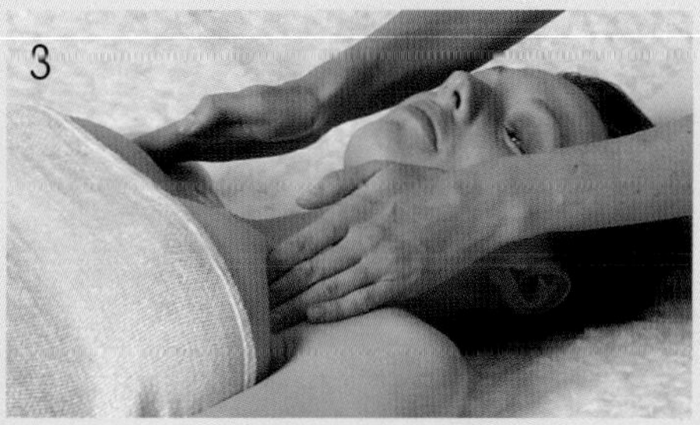
3

4 **Massage du thorax, de la nuque et des épaules :** répétez l'étape 2

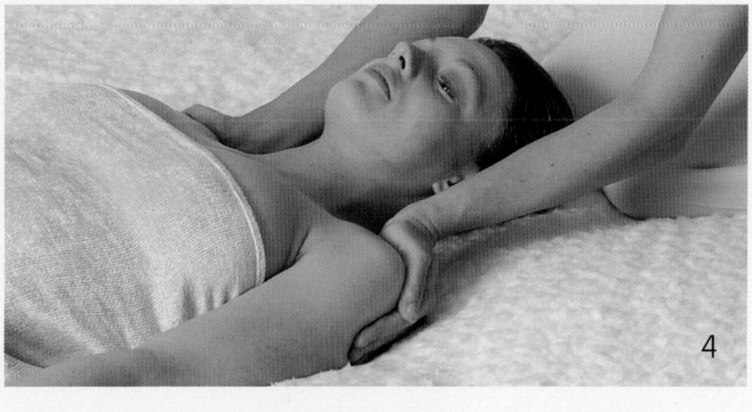
4

Sur la nuque et la tête

1 Faites rouler doucement la tête vers la droite. Placez la main droite sous le côté droit de la tête afin qu'elle ne bouge pas. Assurez-vous que la tête ne bascule pas et reste dans cette position.

1

2 **Effleurage avec une main :** placez votre main gauche à la base du crâne, doigts orientés vers le sol, sauf le pouce, qui est écarté. Faites glisser cette main le long de la nuque vers l'épaule en laissant le pouce suivre la courbe du trajet. Enveloppez l'épaule avec votre main, puis faites-la de nouveau glisser vers la nuque, mais en sens inverse, exactement de la même manière que la première fois. Les doigts devraient tout le temps être orientés vers le sol, excepté le pouce, toujours écarté. Gardez la main plate et utilisez la partie charnue de l'index pour masser la nuque.

2

3

3 **Friction de la base de la tête :** placez le bout des doigts de la main gauche dans le creux situé à la base de la tête. Écartez ensuite les doigts de manière à former une patte ample. Décrivez lentement des petits cercles avec la partie charnue des doigts. Enlevez ensuite l'huile de vos mains avec une serviette.

4

4 **Massage de la tête :** formez de nouveau une patte avec votre main gauche. Décrivez lentement des petits cercles avec le bout des doigts en commençant à la base du crâne. Ne pensez pas à un lavage de tête et faites plutôt en sorte de déplacer le cuir chevelu. Le but est de faire bouger la peau enveloppant le crâne. Continuez en progressant lentement vers le haut de la tête. Répétez l'opération, cette fois en commençant plus près de l'oreille.

Fin : faites lentement rouler la tête vers l'autre côté et répétez cette série de manœuvres en entier.

Sur le visage

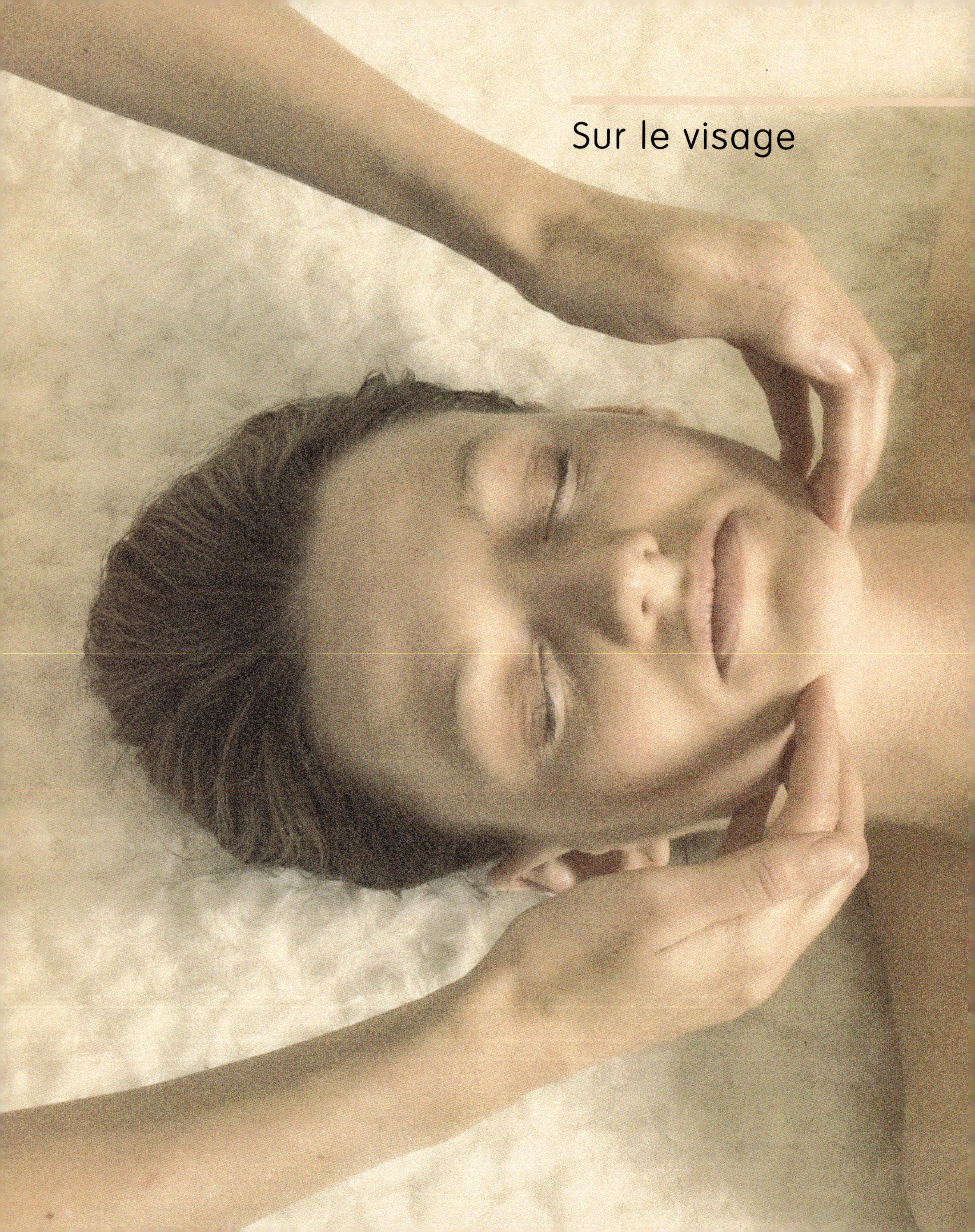

Le visage est une autre partie corporelle très délicate. Massez-le avec beaucoup de délicatesse et de précaution.

Application de l'huile : ne versez qu'une goutte ou deux sur le bout de vos doigts. Plus que cela et vos doigts glisseront probablement sur le visage de votre partenaire sans faire pénétrer l'huile dans les pores de la peau.

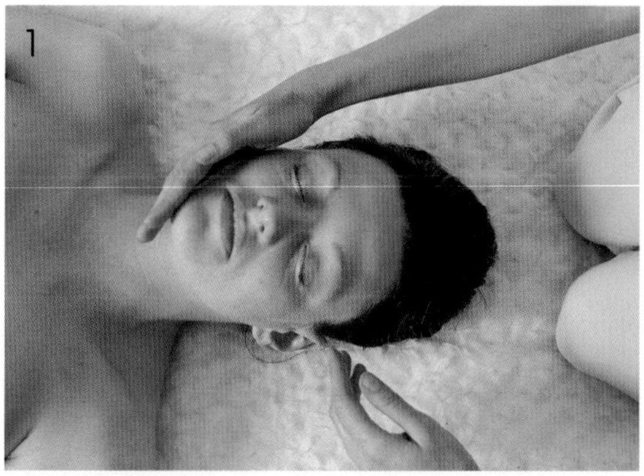

1 Effleurage du menton : placez doucement le bout des doigts sous le menton et ouvrez les coudes. Caressez alors le visage avec une main, du menton jusqu'à l'oreille. Faites de même avec l'autre main, que vous faites glisser vers l'autre oreille. Allez-y de glissements doux et longs. Répétez l'opération en utilisant alternativement les deux mains pour caresser le même côté du visage, du menton à l'oreille. Faites ensuite l'autre côté avec les deux mains.

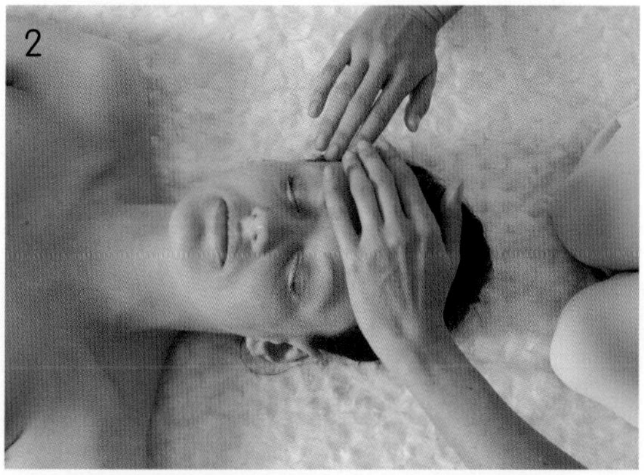

2 Effleurage du front : posez doucement une main en travers du front. Faites-la glisser légèrement sur le front de part en part et enchaînez avec l'autre main.

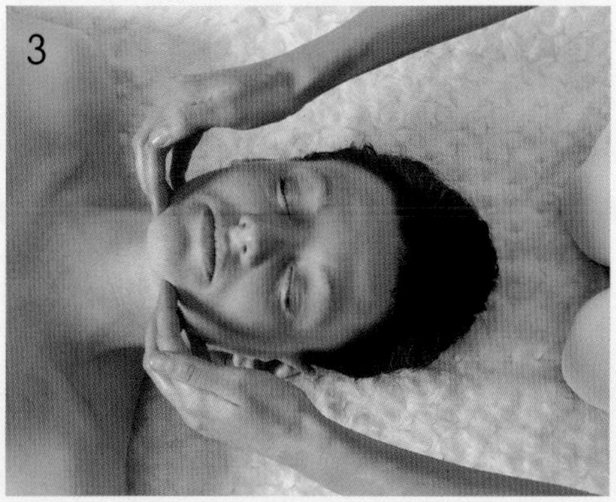

3 Friction : placez le bout des dix doigts sous le menton. Écartez-les et décrivez des petits cercles en restant au même endroit. Déplacez ensuite les doigts jusqu'à la mâchoire et faites de même. Déplacez-les encore, cette fois jusqu'au voisinage de la lèvre supérieure. Puis, placez-les dans la zone séparant la lèvre inférieure et le menton. À chaque endroit, faites des cercles.

4 Massage des oreilles : placez les doigts d'une main, y compris le pouce, sur une oreille et utilisez-les séparément pour la frotter tout en la tirant délicatement. Massez l'autre oreille de la même façon.

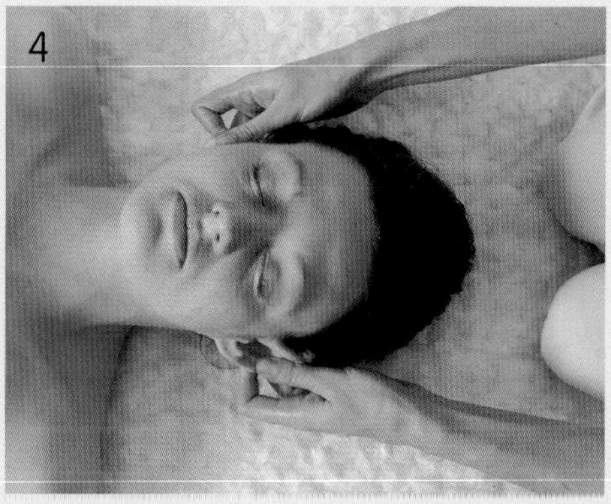

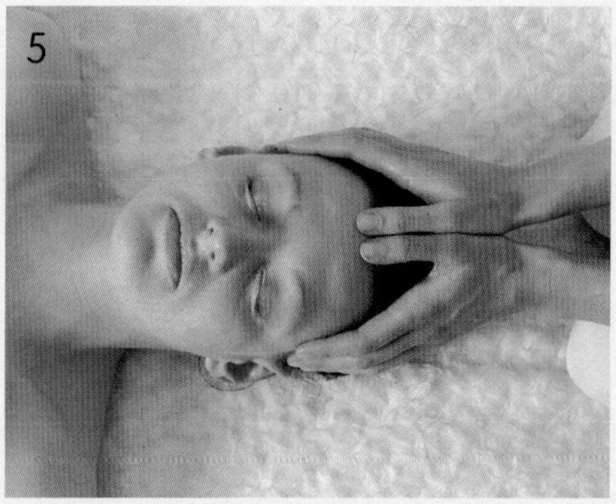

5 Fin : placez les pouces sur le front et les autres doigts autour de la tête en orientant ceux-ci vers les oreilles. Tenez la tête ainsi pendant quelques instants.

Fin du massage

Installez-vous à côté de votre partenaire. Placez les mains sur ses épaules et pressez-les délicatement. Faites ensuite glisser vos mains sur son corps jusqu'aux lèvres et pressez-les elles aussi délicatement. Exécutez un autre glissement des mains, cette fois jusqu'aux genoux, et répétez l'opération. Déplacez encore les mains de la même façon jusqu'aux pieds, que vous tenez alors pendant un moment. Lâchez-les et secouez vos mains.

Aide-mémoire – Sur le dos

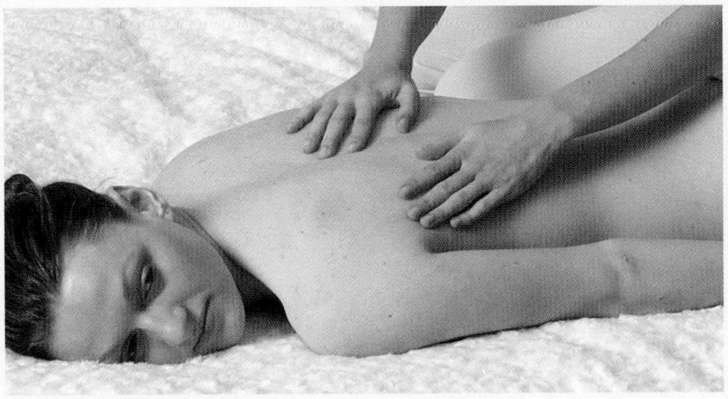

1. Application de l'huile

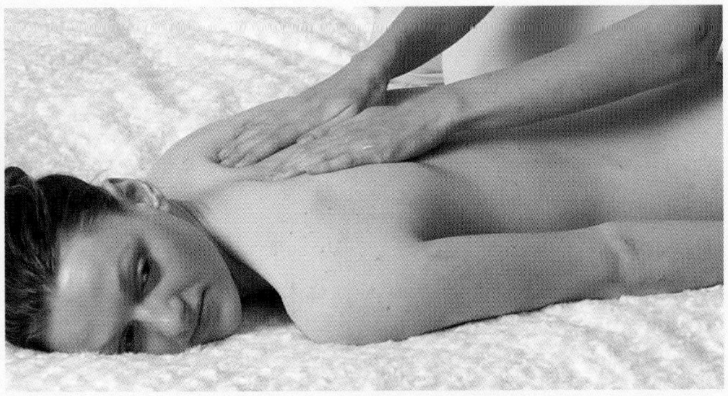

2. Effleurage de base

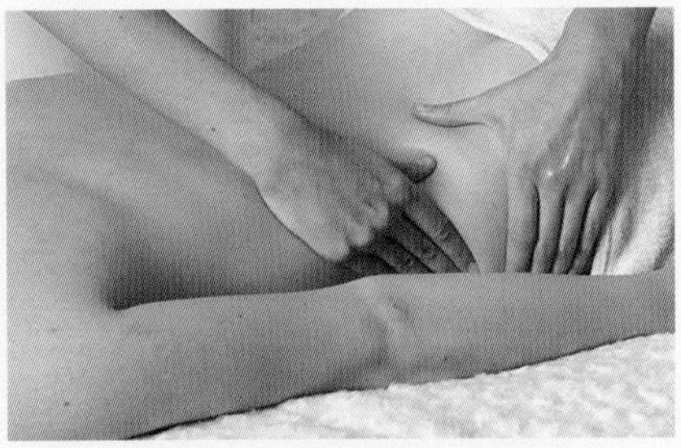

3. Pétrissage des flancs

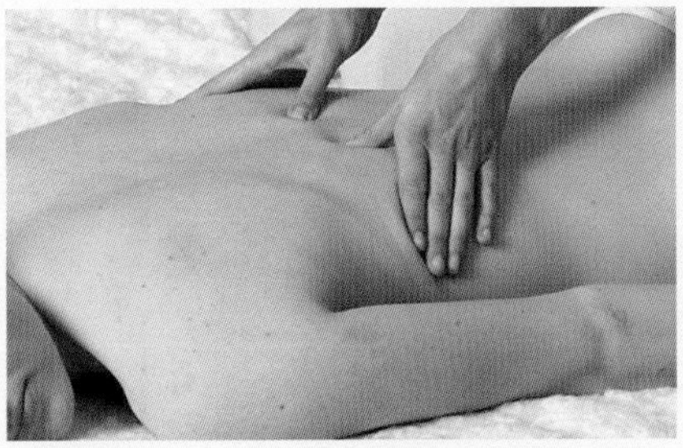

4. Friction le long de la colonne vers le cou

5. Pétrissage des épaules et de la nuque

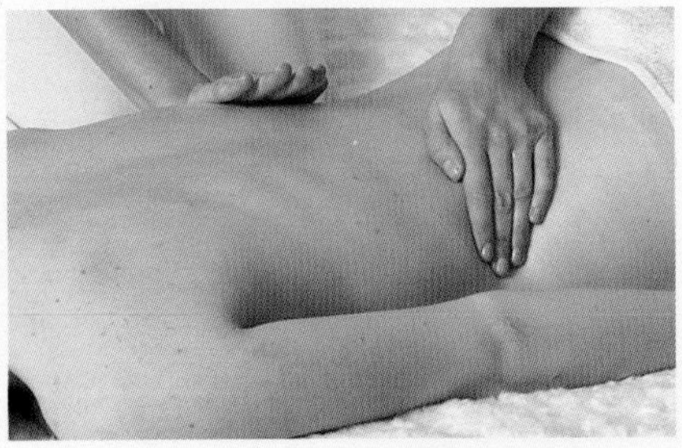

6. Pétrissage-torsion du dos

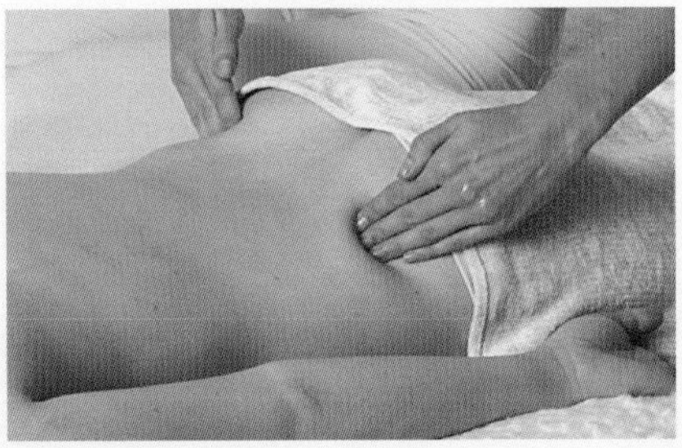

7. Friction du dos en bas de la colonne

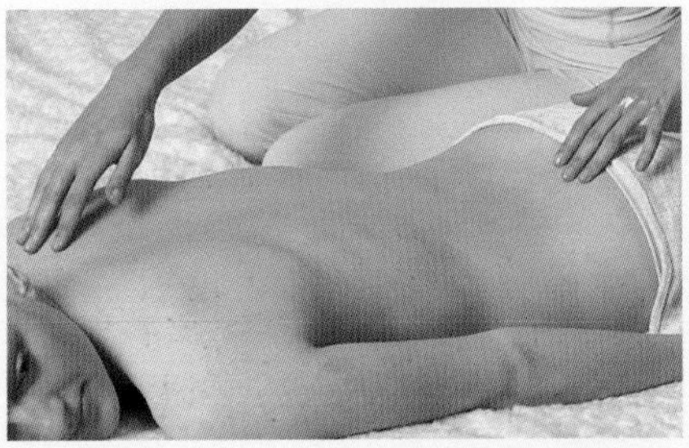

8. Friction avec les doigts

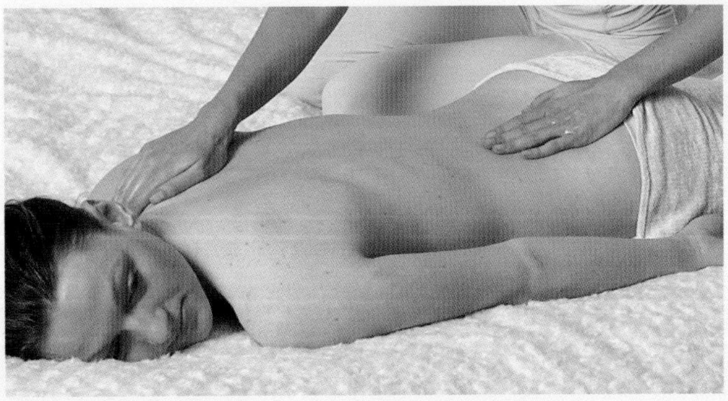

9. Autre type d'effleurage

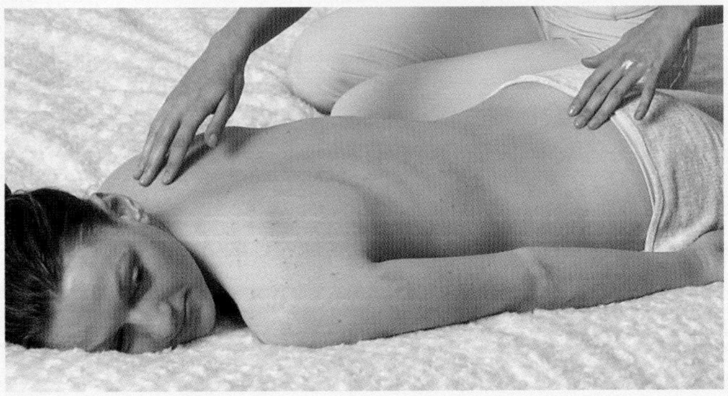

10. Caresse de la plume

Aide-mémoire – Sur l'arrière des jambes

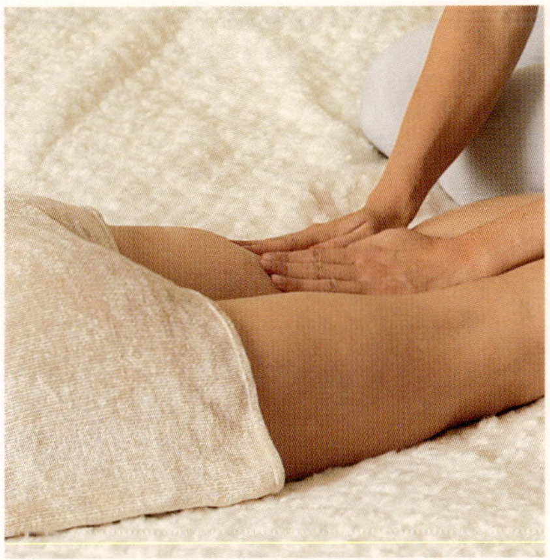

1. Effleurage de base

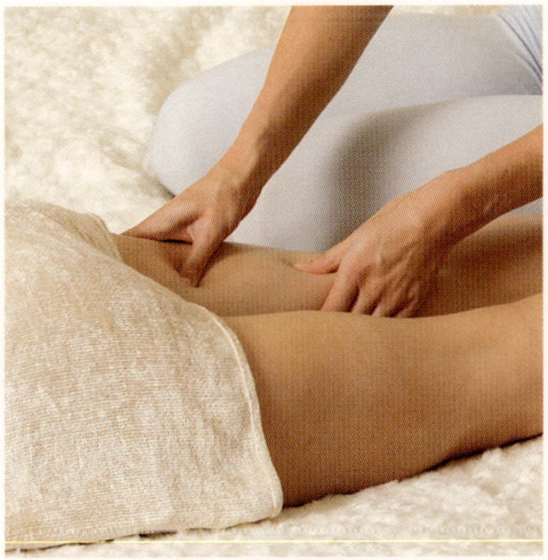

2. Friction de la cuisse

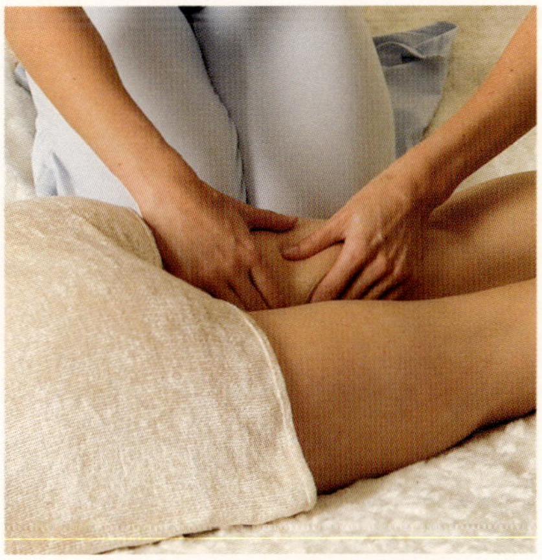

3. Pétrissage de l'intérieur de la cuisse

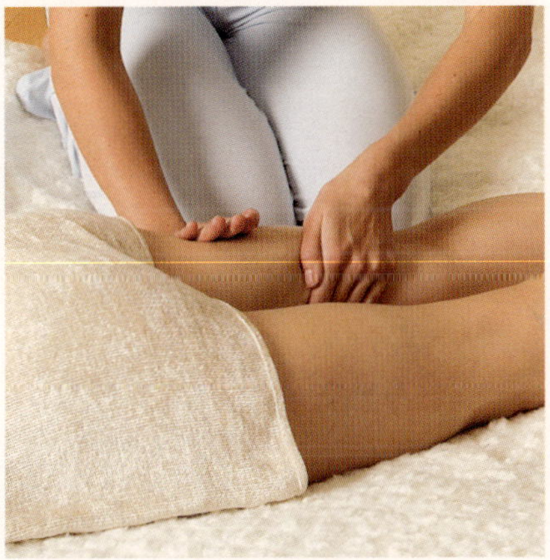

4. Pétrissage-torsion de la cuisse

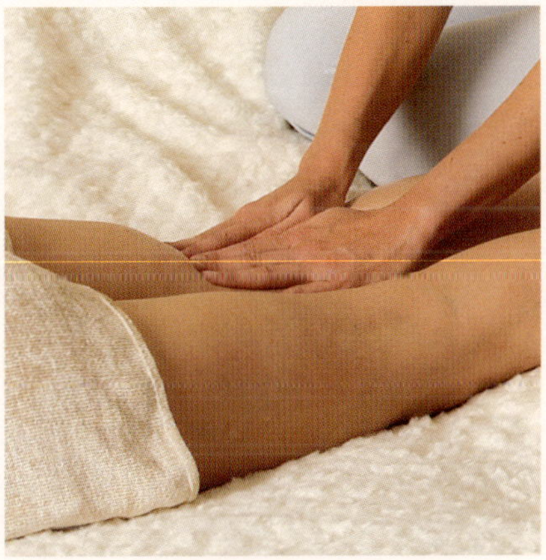

5. Effleurage de base

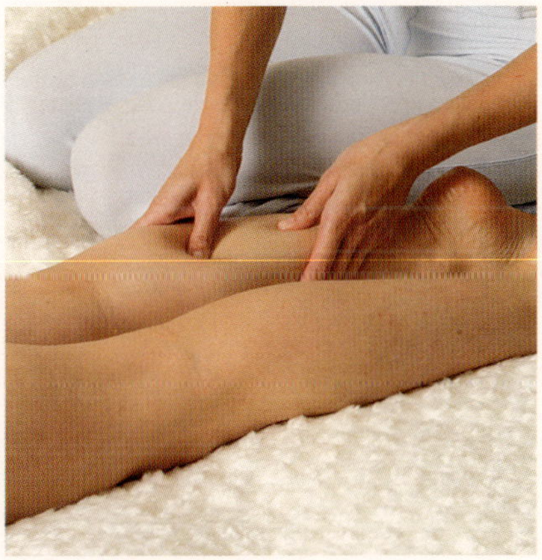

6. Friction du mollet

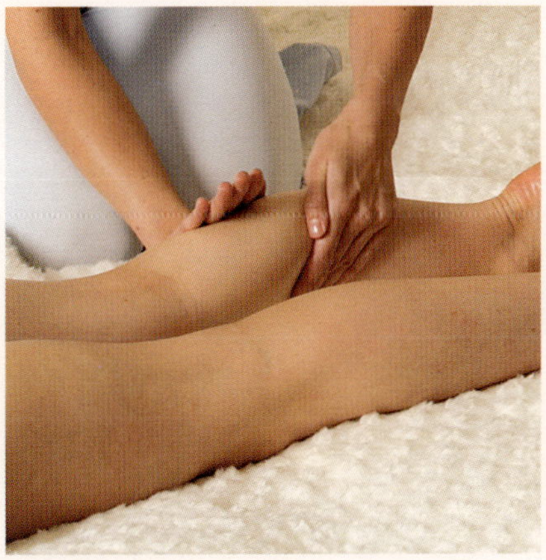

7. Pétrissage-torsion du mollet

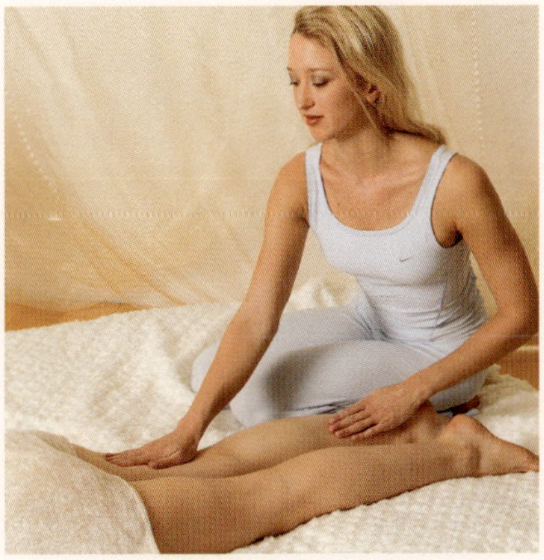

8. Autre type d'effleurage

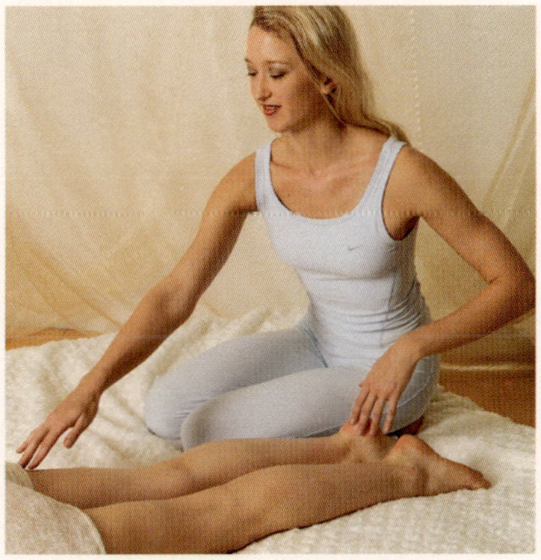

9. Caresse de la plume

Aide-mémoire – Sur l'avant des jambes

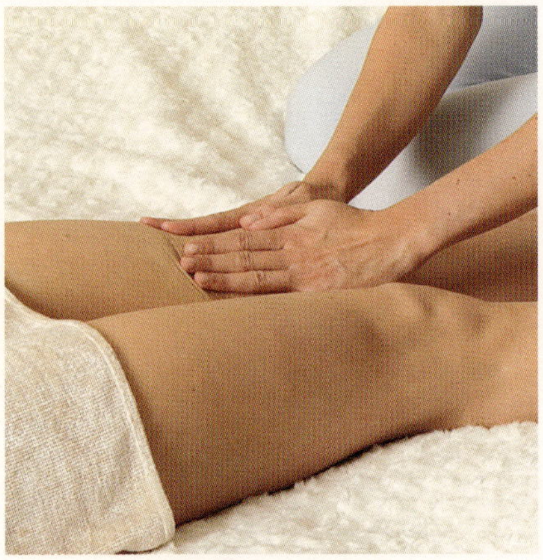

1. Effleurage de base

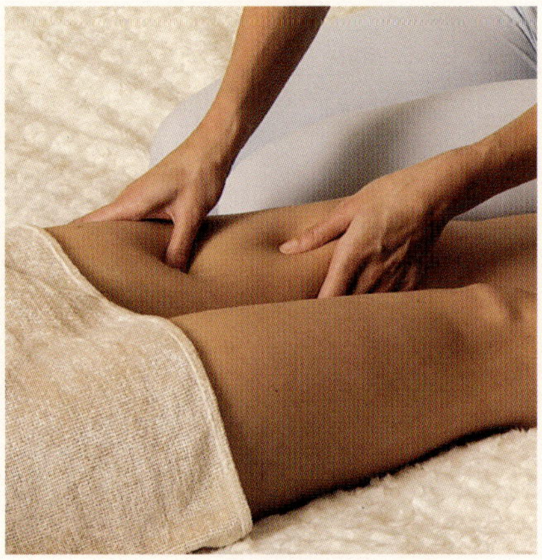

2. Friction de la cuisse

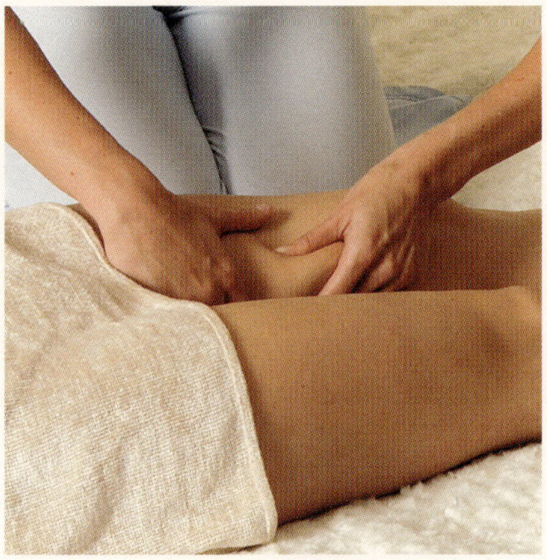

3. Pétrissage de l'intérieur de la cuisse

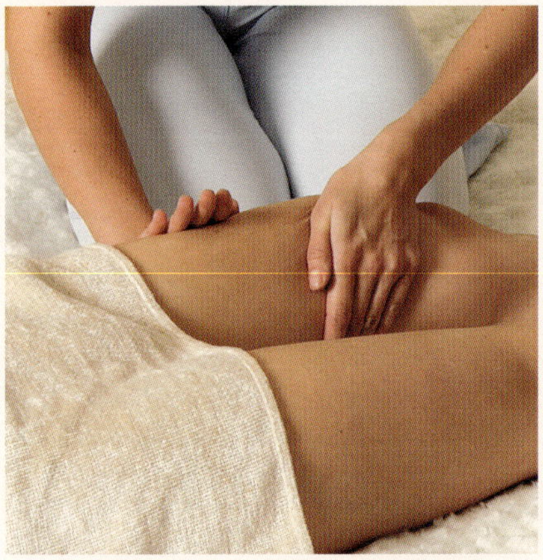

4. Pétrissage-torsion de la cuisse

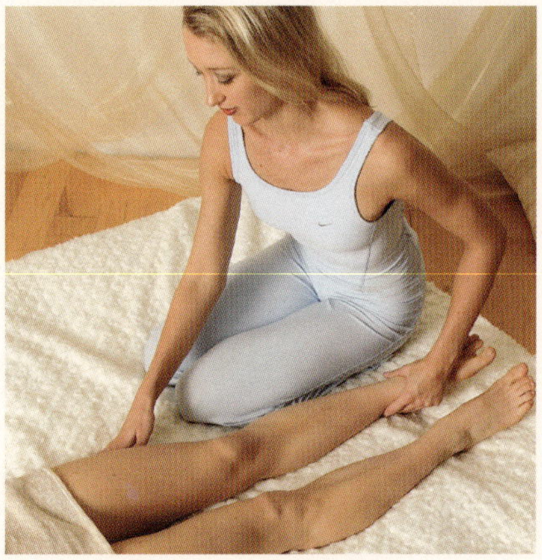

5. Friction de l'extérieur de la cuisse

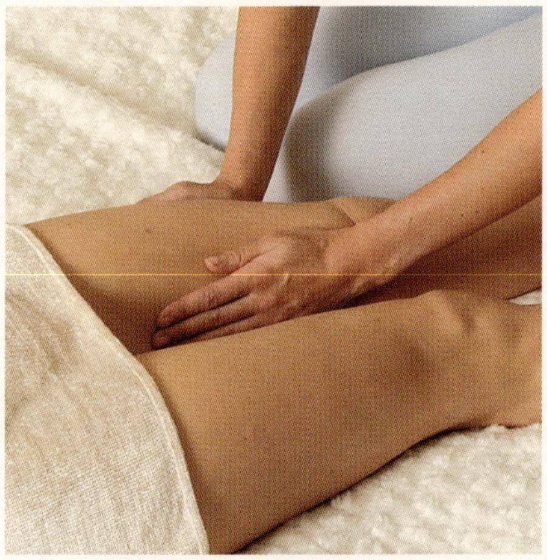

6. Effleurage de base

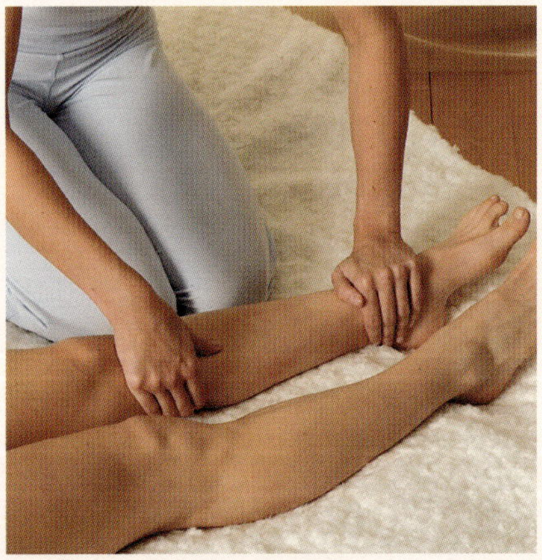

7. Friction de la région du tibia

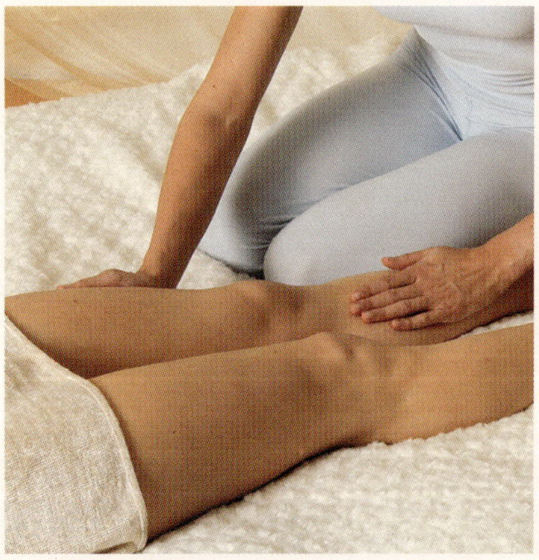

8. Autre type d'effleurage

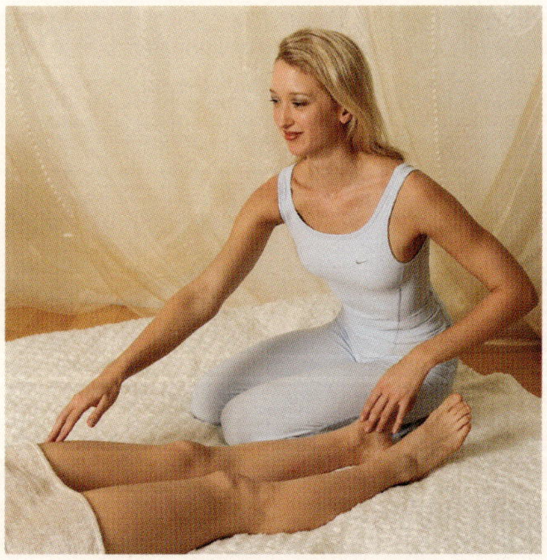

9. Caresse de la plume

Aide-mémoire – Sur les pieds

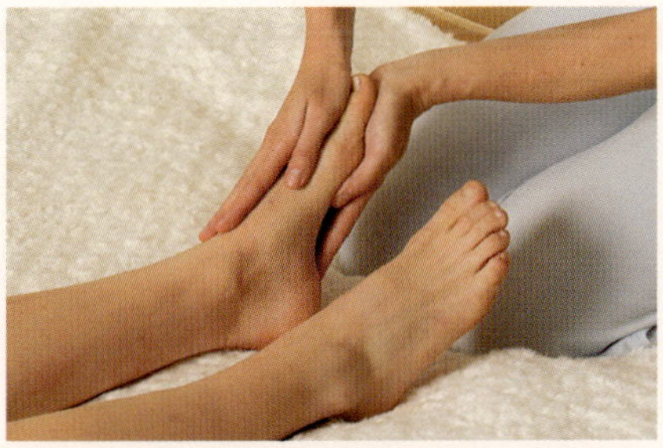

1. Main dessus, mains dessous

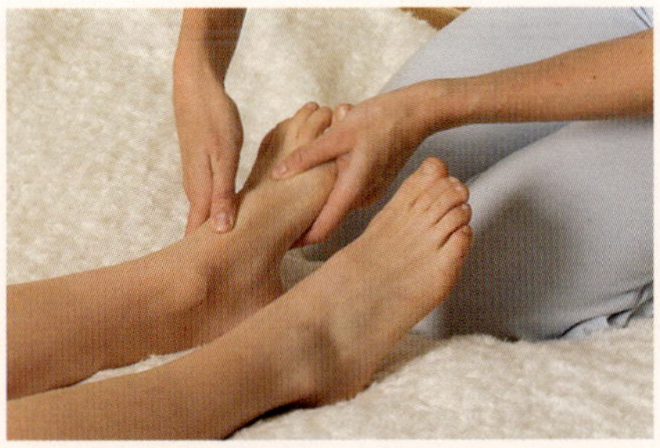

2. Friction

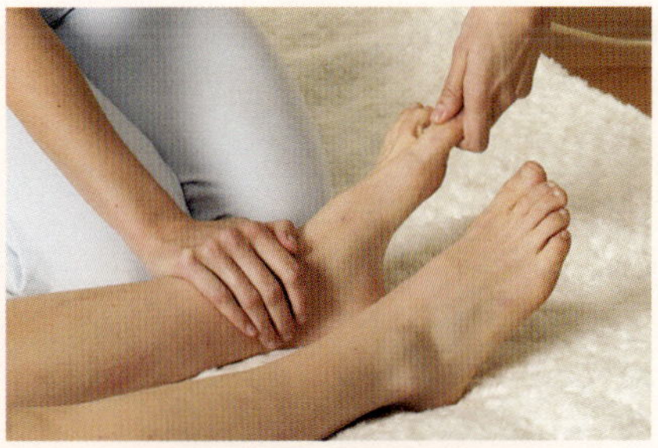

3. Massage des orteils

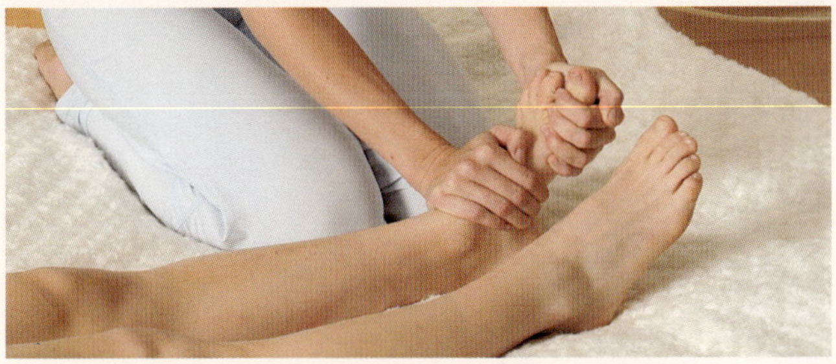

4. Pression du pied

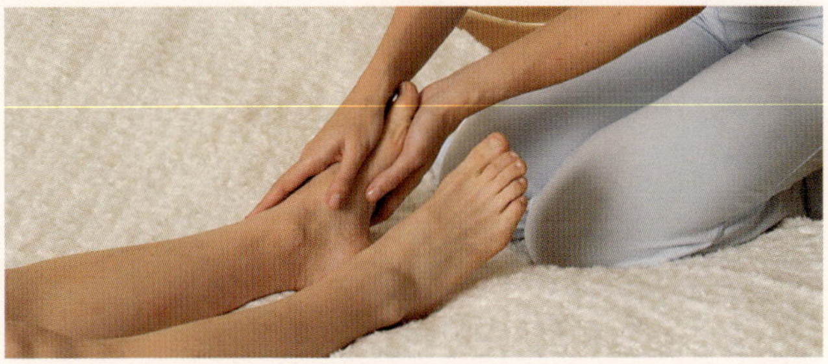

5. Prise du pied

Aide-mémoire – Sur l'estomac

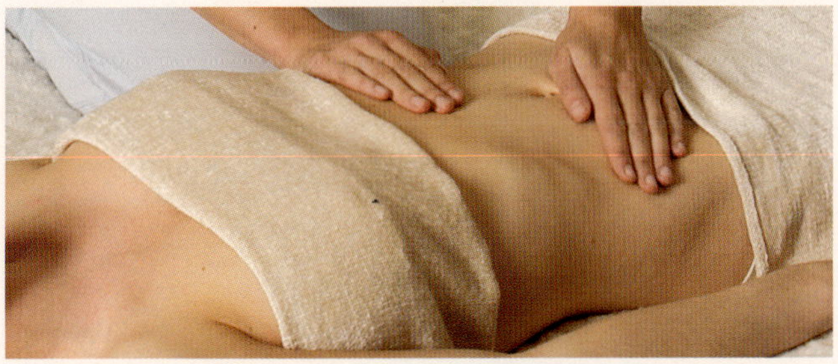

1. Cercles autour du nombril

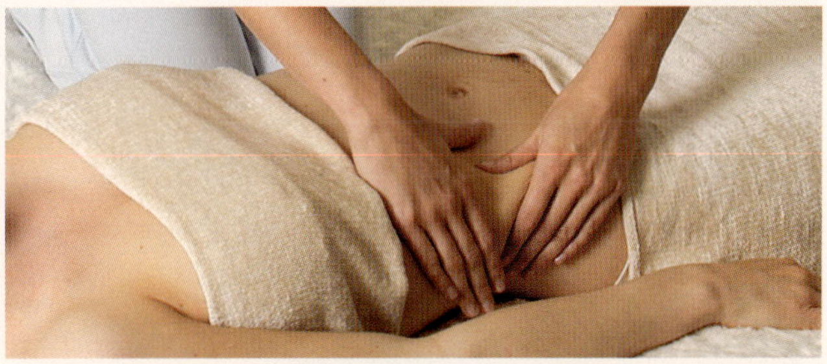

2. Pétrissage de la taille

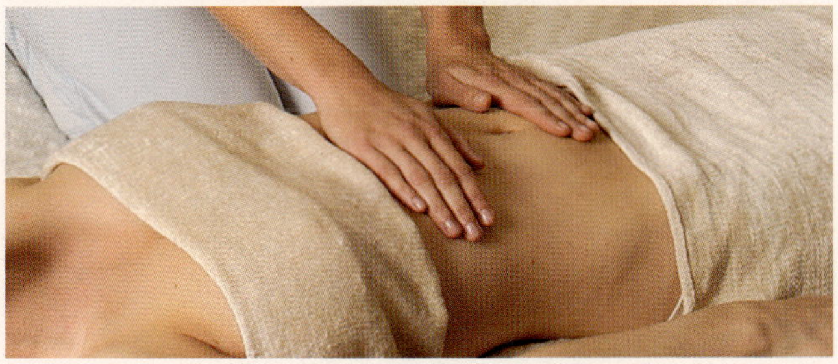

3. Cercles autour du nombril

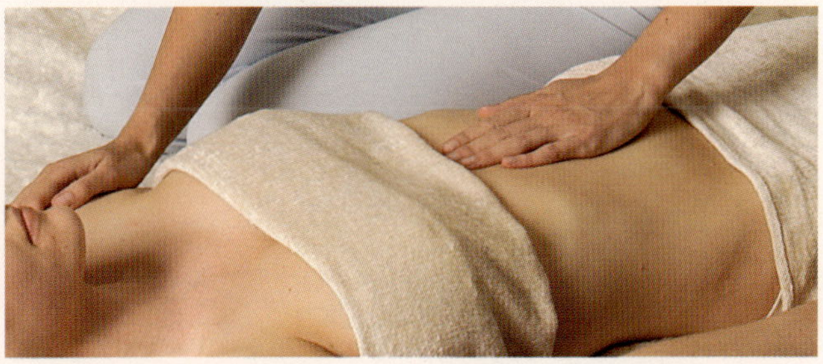

4. Frottement du plexus solaire

Aide-mémoire – Sur les bras

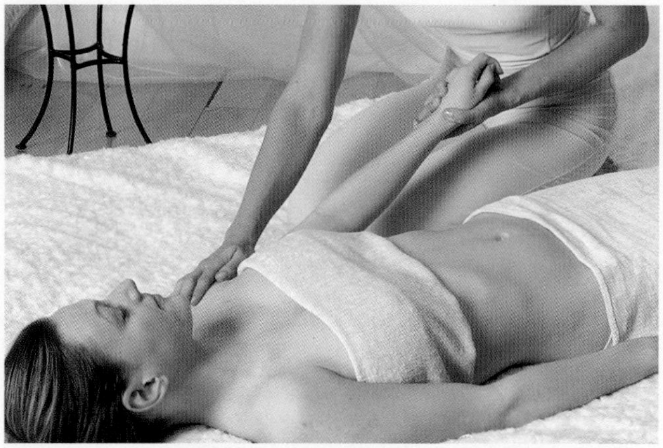

1. Effleurage

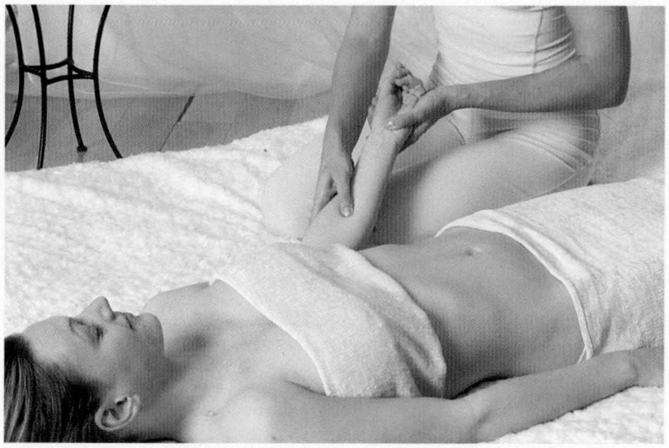

2. Friction de l'avant-bras

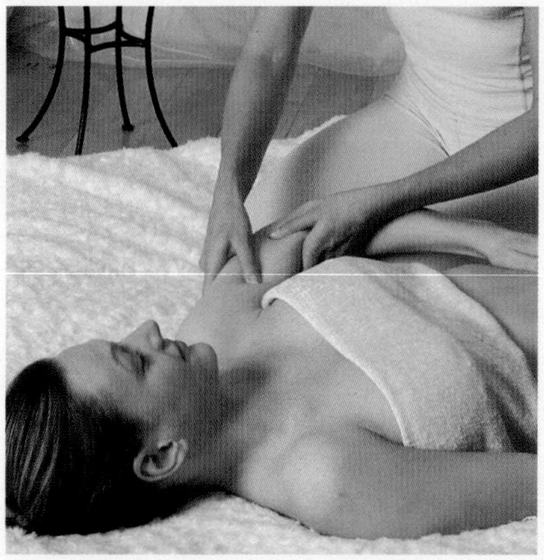

3. Friction de la région de l'humérus

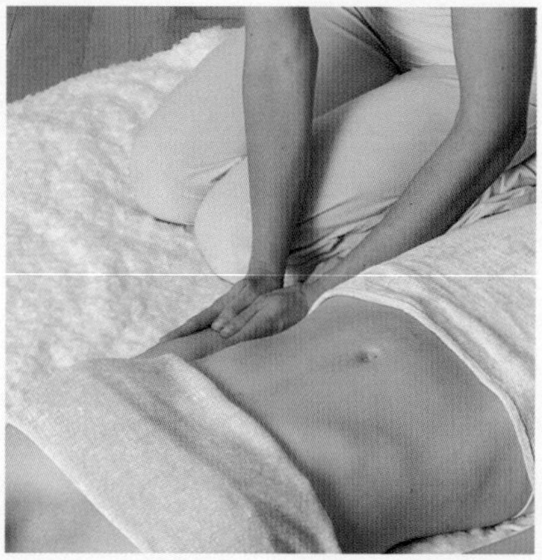

4. Effleurage de base

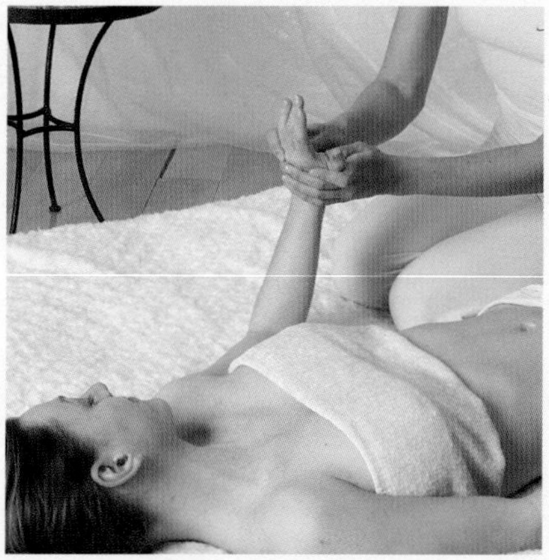

5. Friction de la main

6. Massage des doigts

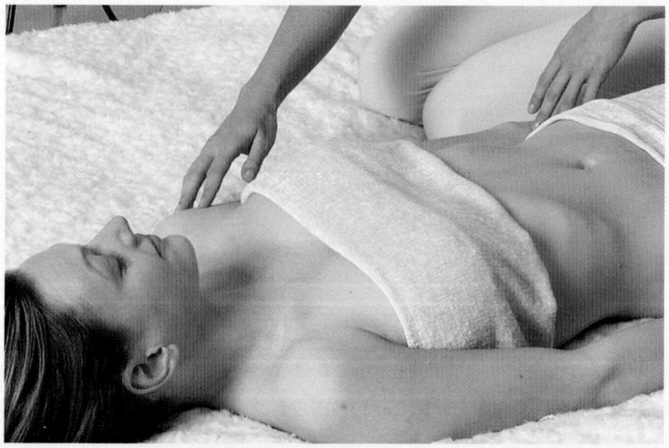

7. Caresse de la plume

Aide-mémoire – Sur le thorax

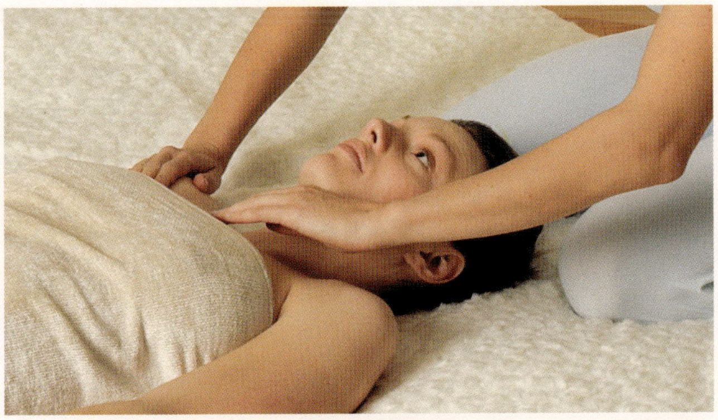

1. Effleurage

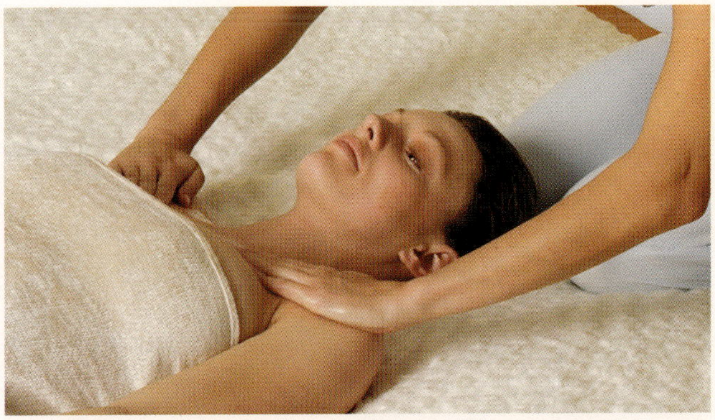

2. Massage du thorax, de la nuque et des épaules

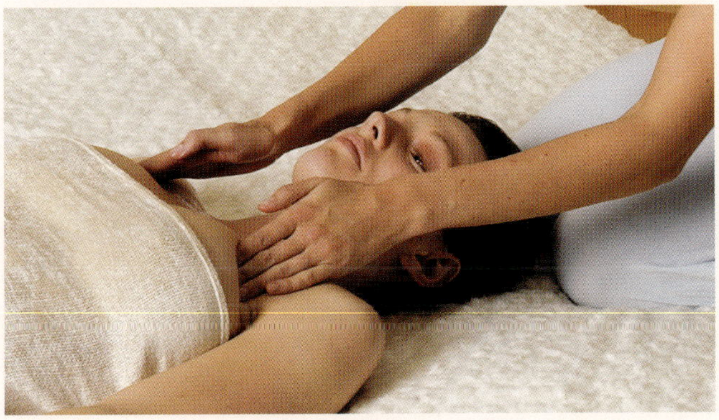

3. Friction des pectoraux

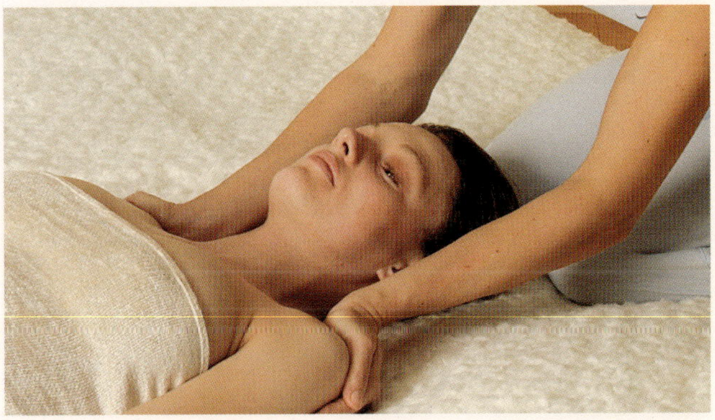

4. Massage du thorax, de la nuque et des épaules

Aide-mémoire – Sur la nuque et la tête

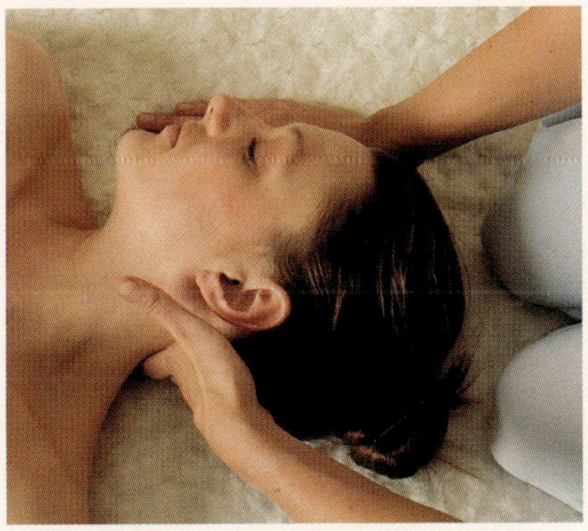

1. Effleurage avec une main

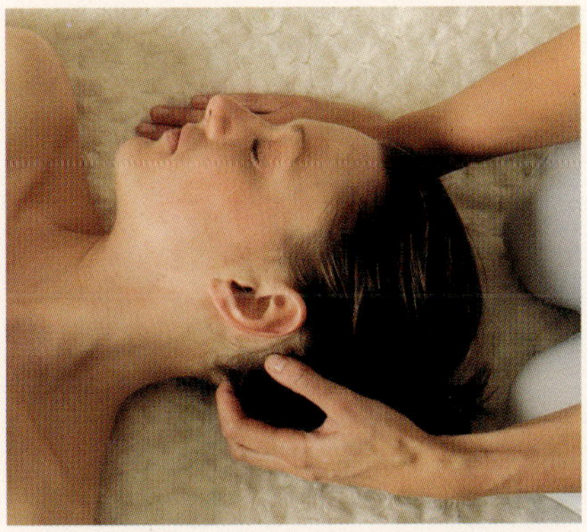

2. Friction de la base de la tête

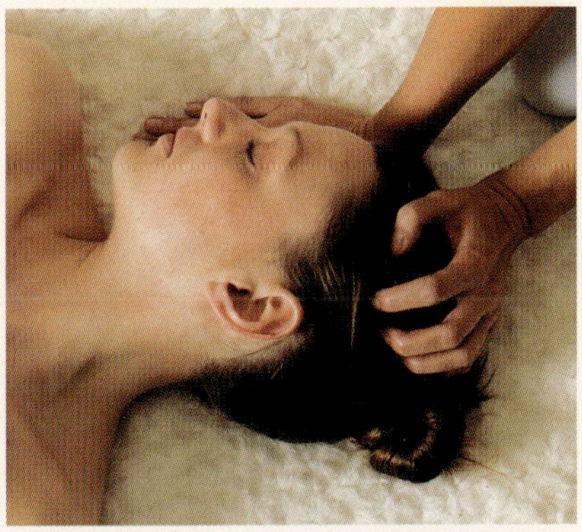

3. Massage de la tête

Aide-mémoire – Sur le visage

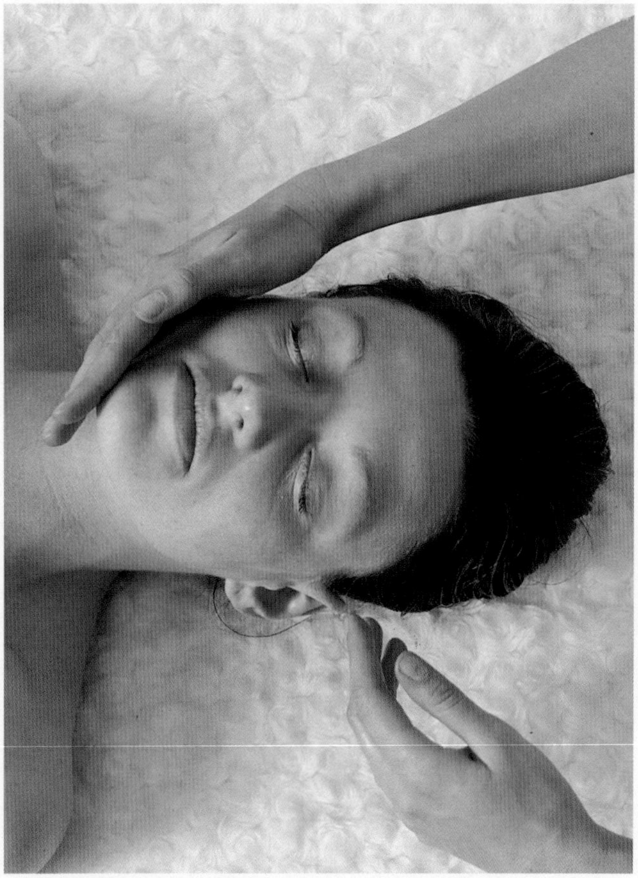

1. Effleurage du menton

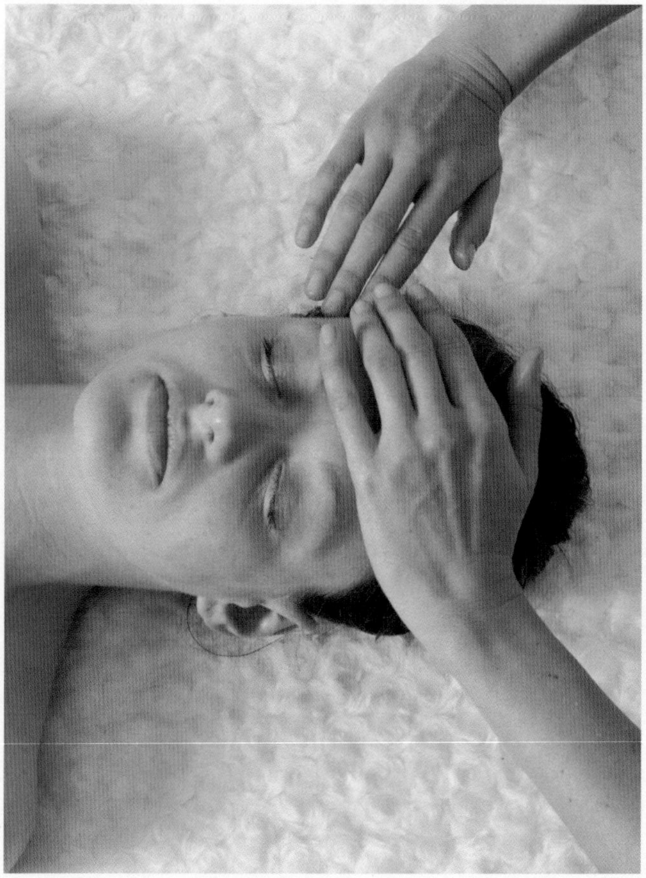

2. Effleurage du front

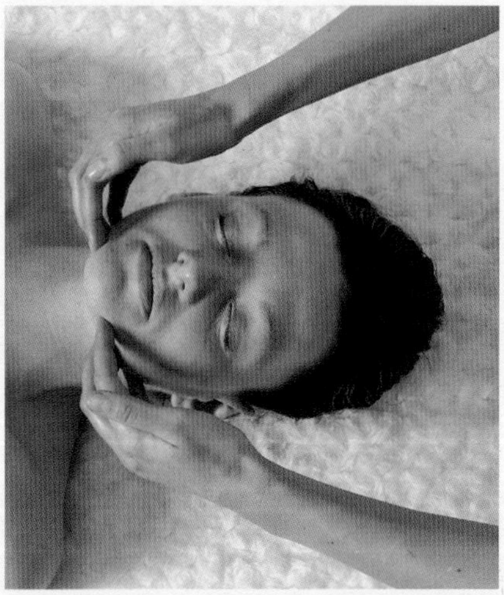

3. Friction

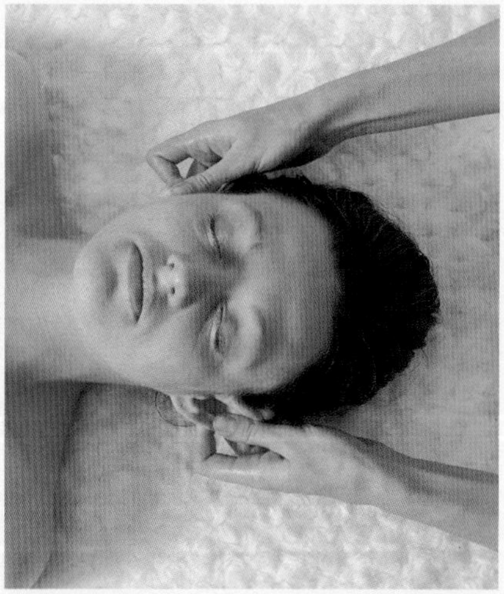

4. Massage des oreilles

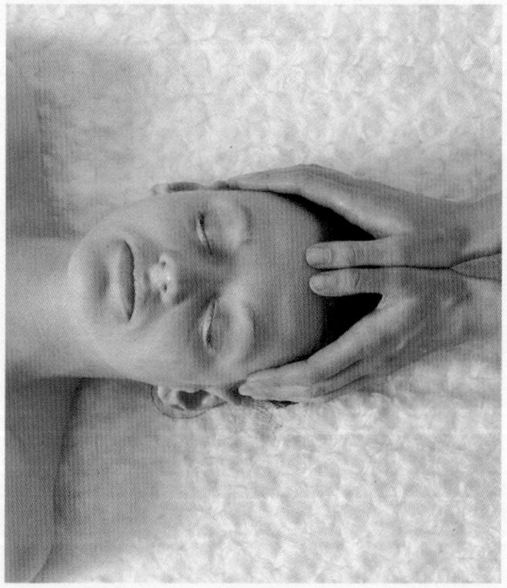

5. Fin

Autres techniques

Lorsque vous avez maîtrisé les manœuvres de base, vous pouvez sans tarder passer à d'autres techniques. Les manœuvres présentées dans cette section sont plus avancées que les précédentes. Alors que les techniques de base relaxent et apaisent, certaines des nouvelles techniques sont plus énergisantes, car effectuées plus rapidement. Elles revigorent les muscles en faisant monter le sang vers la surface de la peau.

Manœuvres

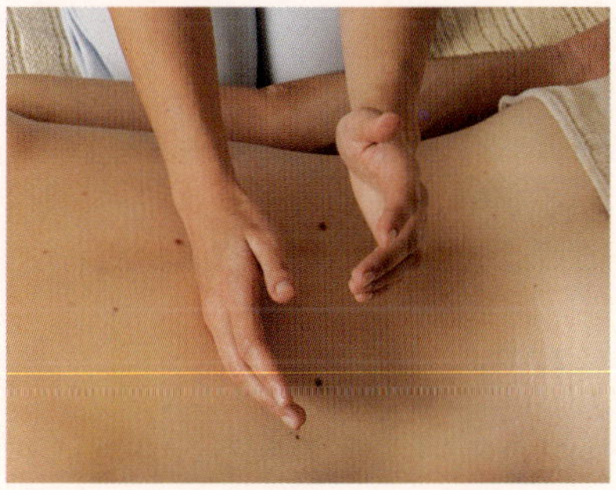

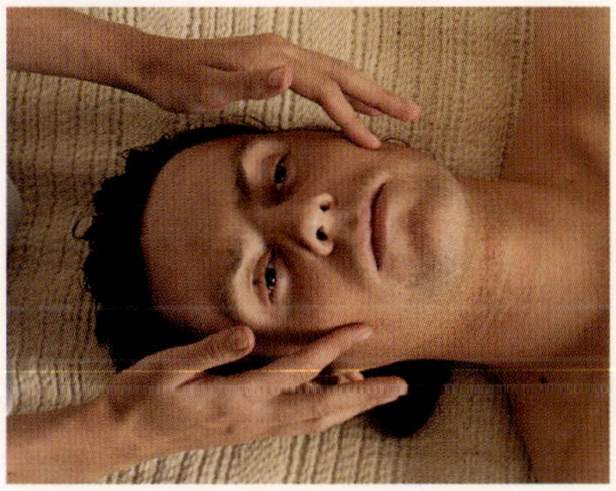

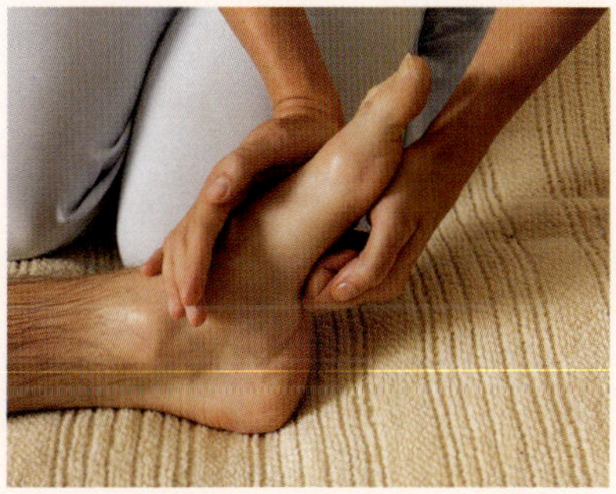

Les manœuvres qui suivent représentent un plus grand défi que les précédentes, mais permettent cependant de masser plus en profondeur. Entraînez-vous d'abord à exécuter ces nouvelles manœuvres individuellement comme vous l'avez fait dans le cas des techniques de base. Réunissez-les ensuite en différentes séquences. La séquence qui est présentée dans cette section après la description des nouvelles manœuvres ne sert que de ligne directrice et ne saurait donc être considérée comme un modèle strict. À cette étape, vous savez probablement quelles sont les techniques que vous préférez. Soyez créatifs et servez-vous de la séquence en question comme point de départ.

Assouplissement

Ne découvrez pas la région à assouplir, mais seulement lorsqu'elle est assouplie. L'assouplissement prépare la région en question en la relaxant et en l'habituant à se faire toucher.

Sur le dos

1 Mettez-vous à genoux à côté de votre partenaire, perpendiculairement à son corps. Placez les deux mains en bas et à gauche ou à droite de la colonne. Appliquez ensuite une légère pression avec les paumes dans la zone charnue qui borde la colonne, puis relâchez les mains.

2 Continuez la manœuvre en progressant lentement jusqu'à la base de la nuque. Répétez ensuite l'opération de l'autre côté de la colonne.

3 Posez les mains à plat sur le dos, non découvert. Frottez-le vigoureusement sur toute sa surface.

1
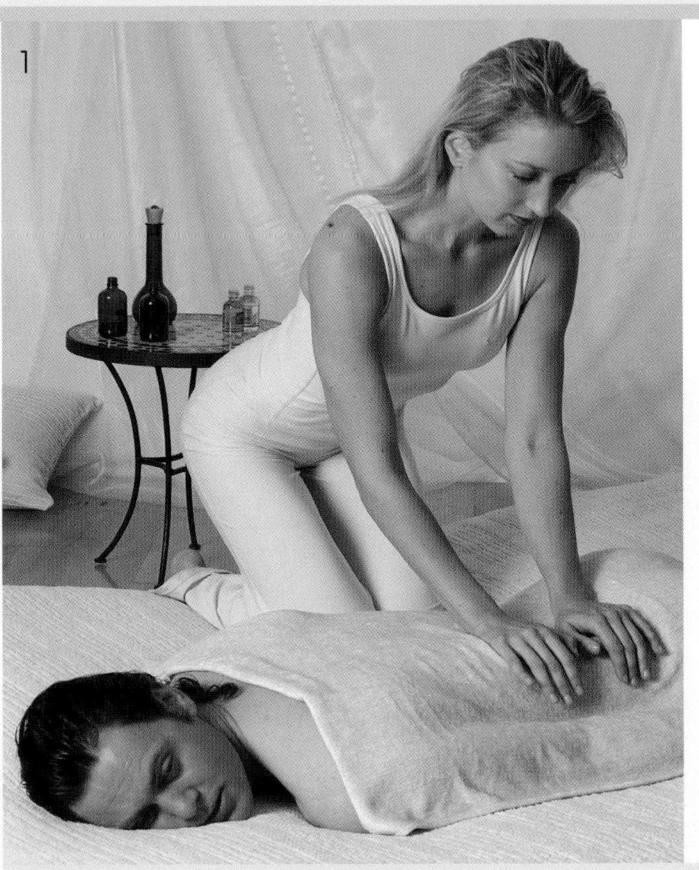

2
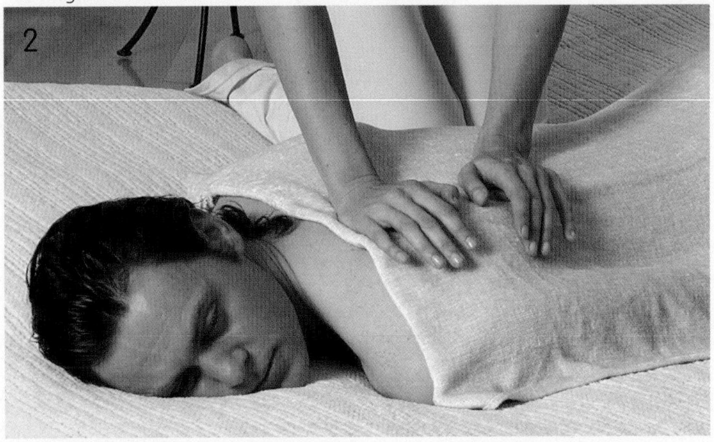

3
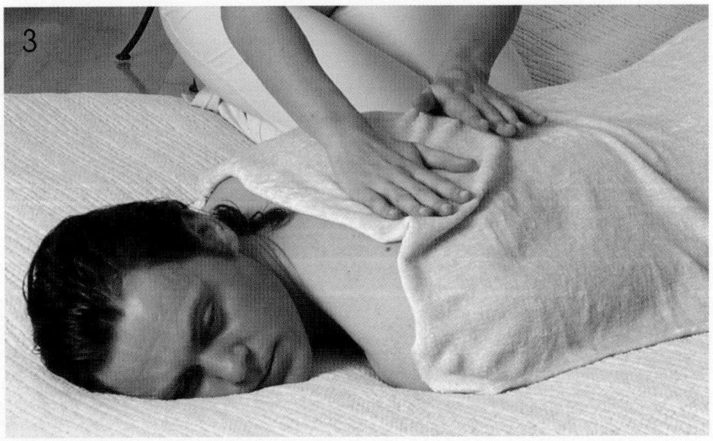

Sur les bras et les jambes

Placez les mains sur un membre sans le découvrir. Pincez la chair sous la serviette, puis lâchez-la. Continuez à exécuter cette manœuvre tout le long du membre, de bas en haut et de haut en bas. Le membre toujours couvert avec la serviette, frottez-le ensuite de manière vigoureuse de bas en haut et de haut en bas.

Effleurage une main sur l'autre

Cette manœuvre pénètre un peu plus profondément les muscles que l'effleurage de base en raison de la pression plus localisée exercée à l'aide du poids de votre corps.

Sur le dos

1 Placez les mains l'une sur l'autre et posez-les en bas et à côté de la colonne, sur la zone charnue qui la borde.

2 Déplacez les mains le long de la colonne jusqu'en haut du dos en exerçant une pression avec les paumes.

3 Faites glisser ensuite les deux mains sur l'épaule (située du même côté que les mains) vers le bras, puis ramenez-les vers le bas du dos en exécutant un léger glissement. Le bout des doigts devrait suivre les contours du corps lorsque vos mains glissent dessus.

Répétez cette manœuvre trois fois, puis refaites-la de l'autre côté de la colonne. Exécutez la manœuvre en faisant de grands cercles continus. De plus, appliquez une pression énergique lorsque les mains glissent vers les épaules, mais plus légère quand elles redescendent.

1

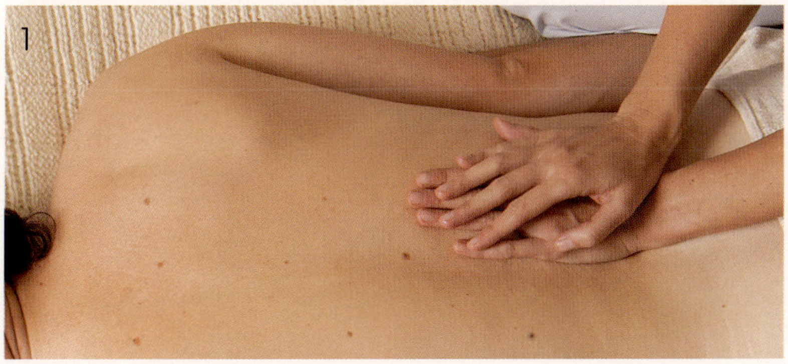

2

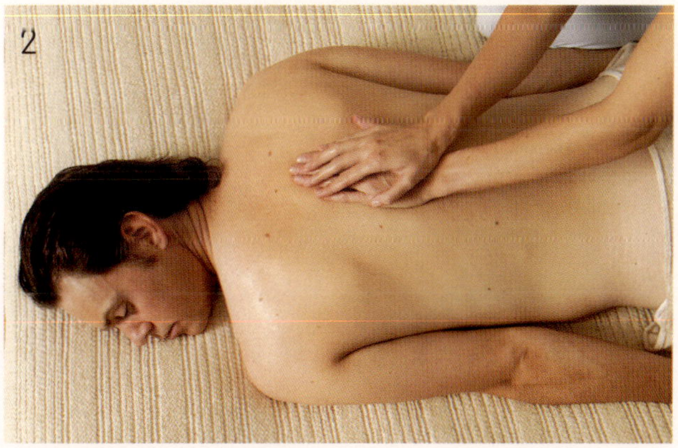

3

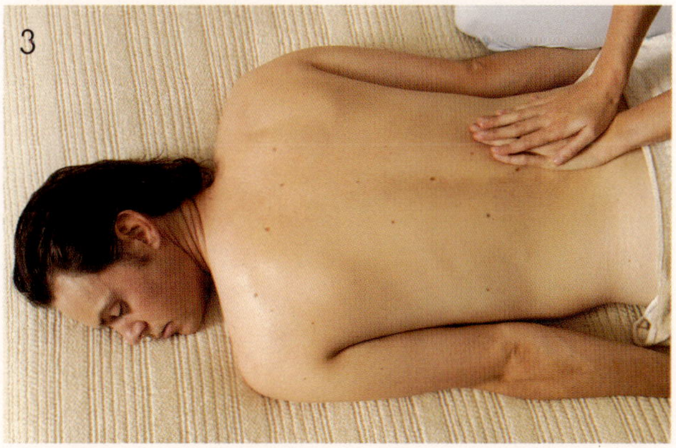

Traction

Il s'agit d'une manœuvre très apaisante, que l'on peut effectuer de différentes manières.

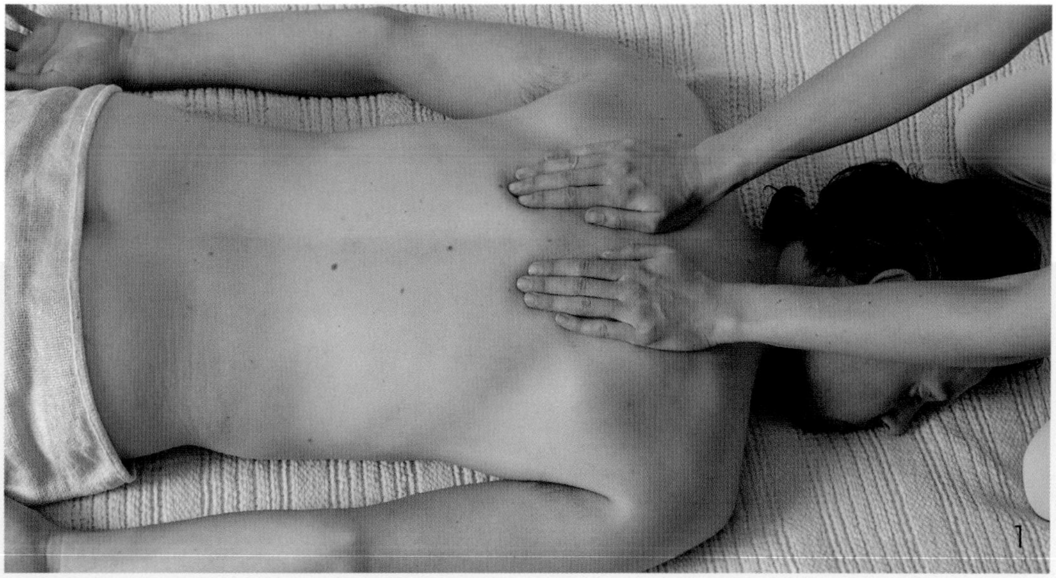

Sur tout le dos

1 Mettez-vous à genoux devant la tête de votre partenaire, face à ses pieds. Posez vos mains à plat sur le dos près de la nuque, de part et d'autre de la colonne.

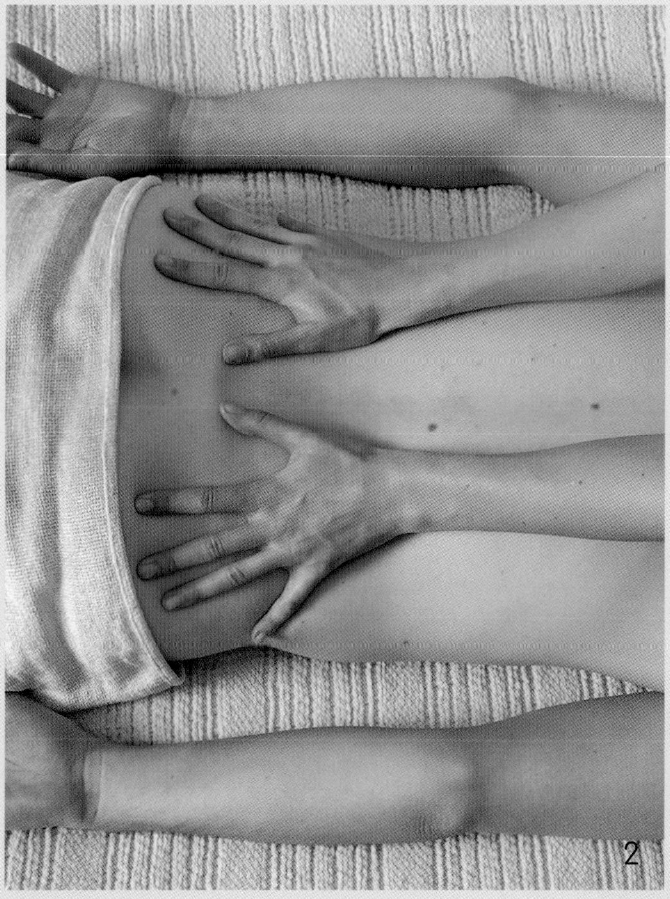

2 Très doucement, faites glisser vos mains jusqu'aux fesses et sur les hanches.

3 Changez la position de vos mains de façon à tenir les hanches (placez le pouce sur le corps de votre partenaire et les autres doigts en dessous). Tirez vos mains avec énergie le long des flancs jusqu'aux épaules.

Répétez cette manœuvre trois fois.

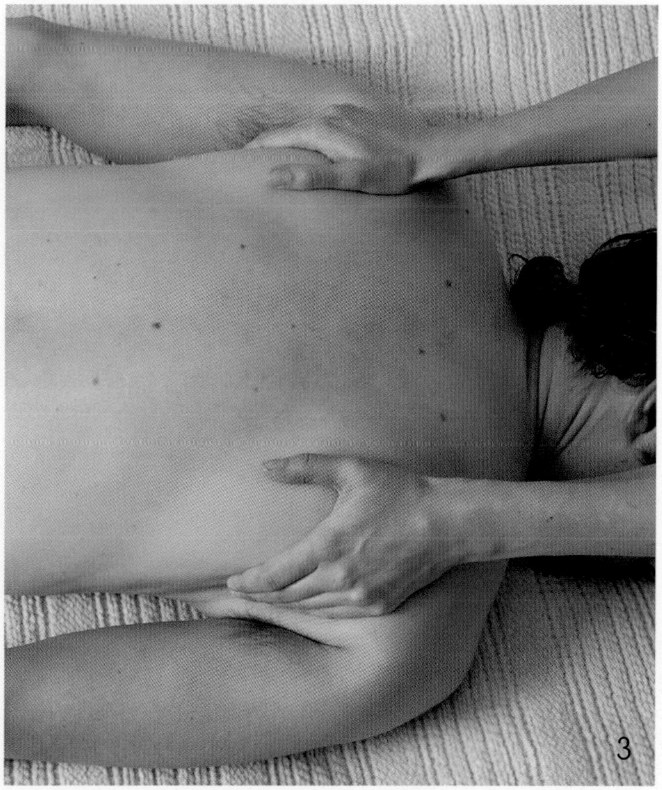

Sur la taille

La traction est exécutée sur le dos si votre partenaire est étendu sur le ventre, ou vice-versa.

Mettez-vous à genoux à côté de votre partenaire (étendu sur le dos). Placez vos mains sur le flanc du côté opposé à celui où vous êtes installé. Tirez vos mains, une après l'autre, en pensant à soulever la chair du dessous. Appliquez une pression régulière tout en y allant de mouvements détendus.

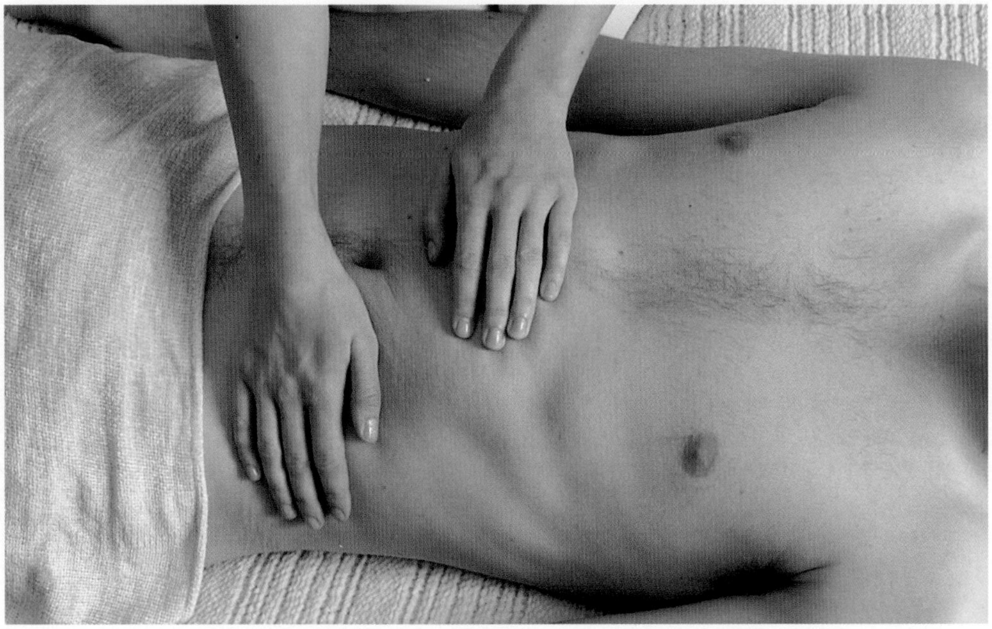

Sur les épaules

Mettez-vous à genoux, à côté de votre partenaire (étendu sur le ventre), en orientant le haut de votre corps vers sa tête. Placez doucement une main légèrement sous l'épaule, doigts orientés vers le sol. Appliquez une légère pression sur l'épaule, tandis que vous faites glisser votre main vers le bassin. Au moment où elle atteint le bas de l'épaule, remplacez-la par l'autre main. Faites glisser alternativement les deux mains sur la même épaule. Répétez ensuite l'opération sur l'autre épaule.

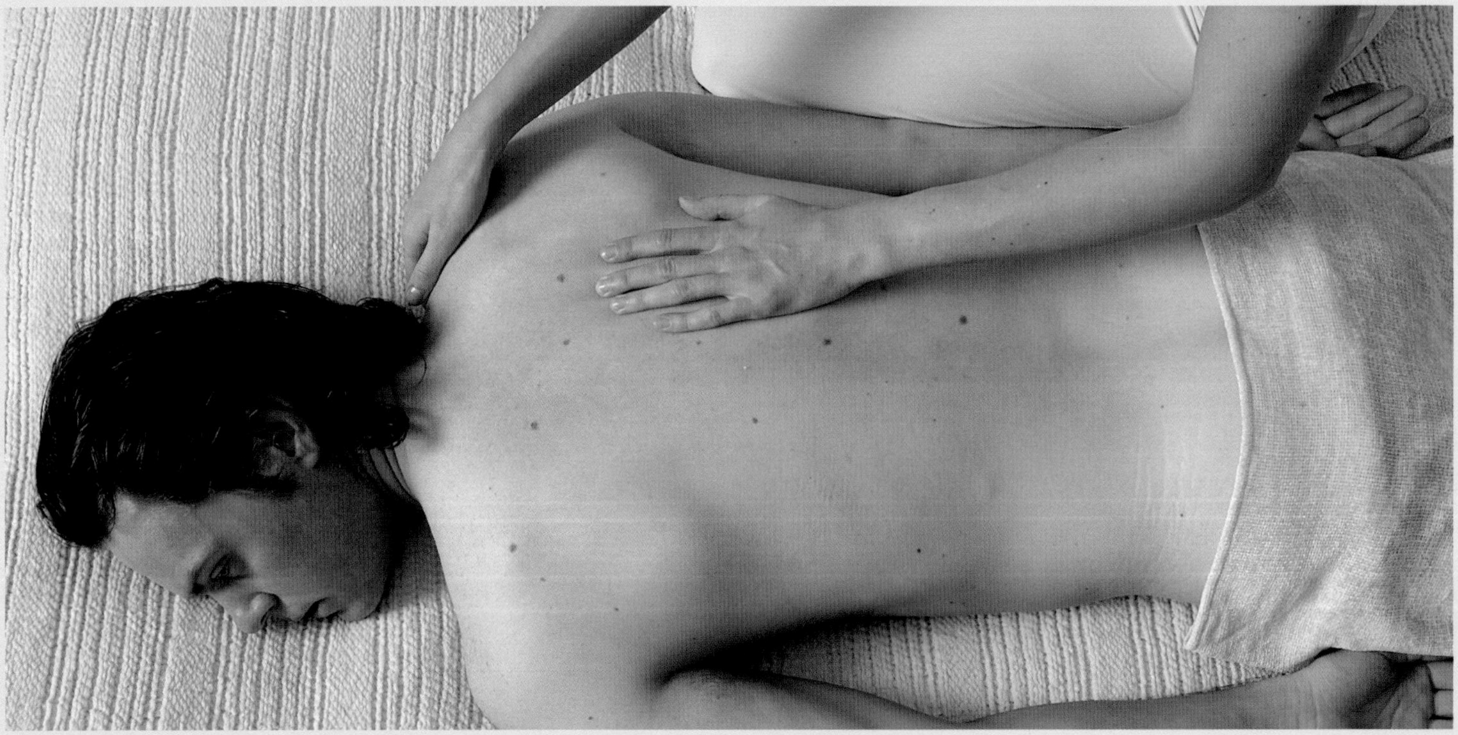

Doigts écartés

Cette manœuvre est exécutée sur le dos.

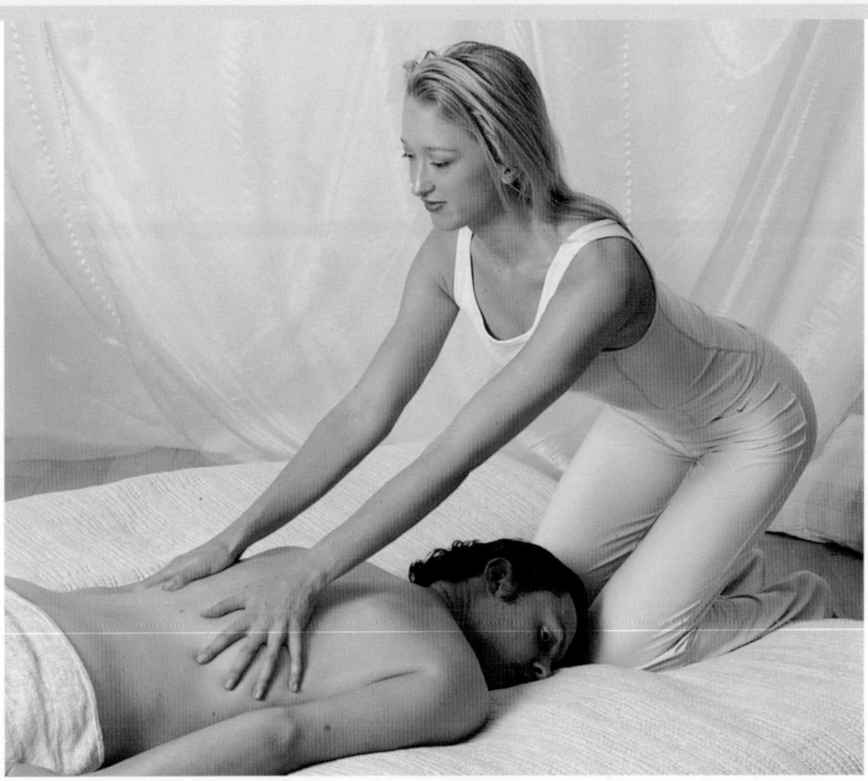

1 Mettez-vous à genoux devant la tête de votre partenaire, face à ses pieds. Posez les mains à plat sur le dos près de la nuque, de part et d'autre de la colonne.

2 Faites glisser légèrement les mains jusqu'en bas de la colonne, puis écartez les doigts des mains. Décrivez lentement trois petits cercles du bout des doigts. Déplacez les mains vers le haut du dos jusqu'à ce qu'elles enveloppent la cage thoracique. Faites encore trois cercles. Déplacez de nouveau les mains, cette fois jusqu'à l'endroit où les bras rejoignent les épaules. Décrivez trois autres cercles.

Répétez cette manœuvre trois fois.

1

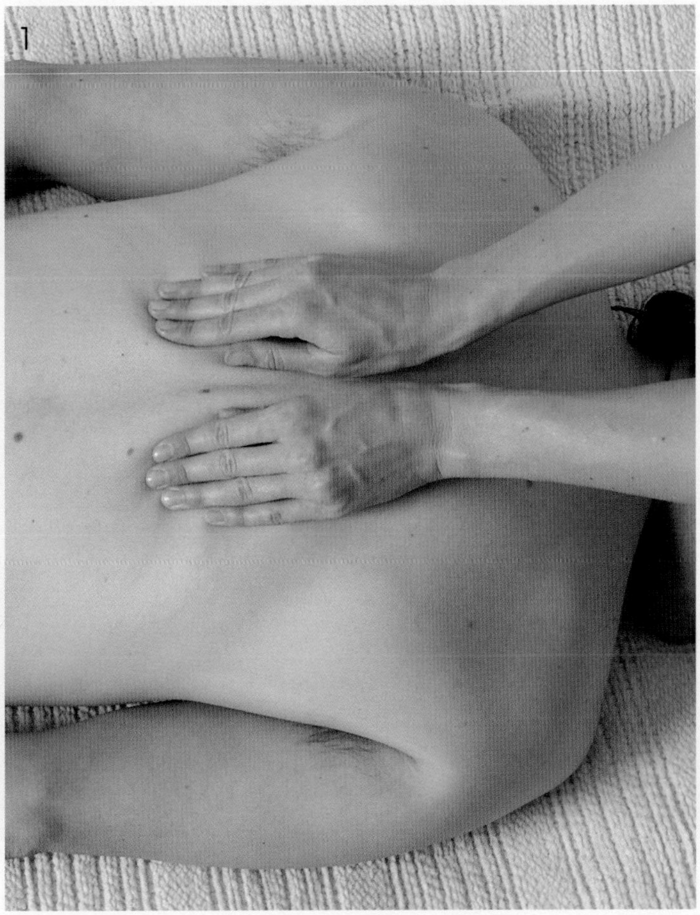

2

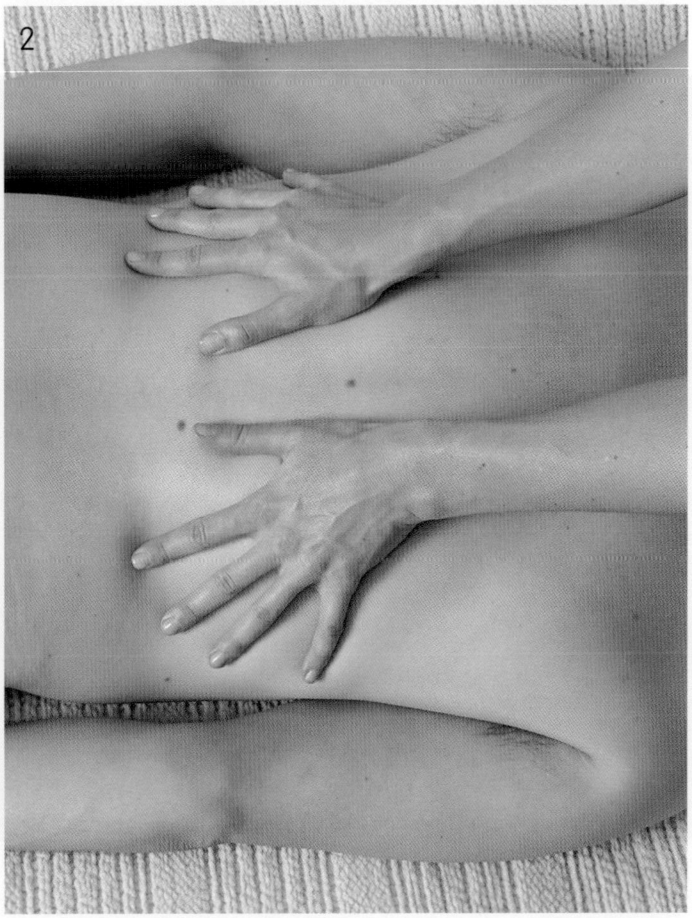

Ouverture

Cette manœuvre produit un effet merveilleusement apaisant et devrait être exécutée sur les plus petites parties du corps comme les mains, les pieds et les genoux.

Sur les genoux

1 Allongez les pouces sur un genou en les collant l'un contre l'autre et en les orientant vers la tête de votre partenaire.

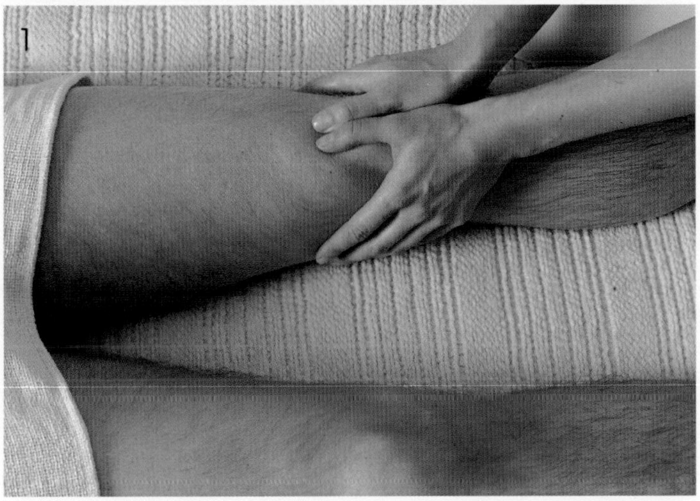

2 Écartez-les l'un l'autre en faisant glisser la partie charnue des deux doigts autour de la rotule. Pendant ce déplacement, exercez une légère pression vers les côtés avec les pouces.

Répétez cette manœuvre trois fois.

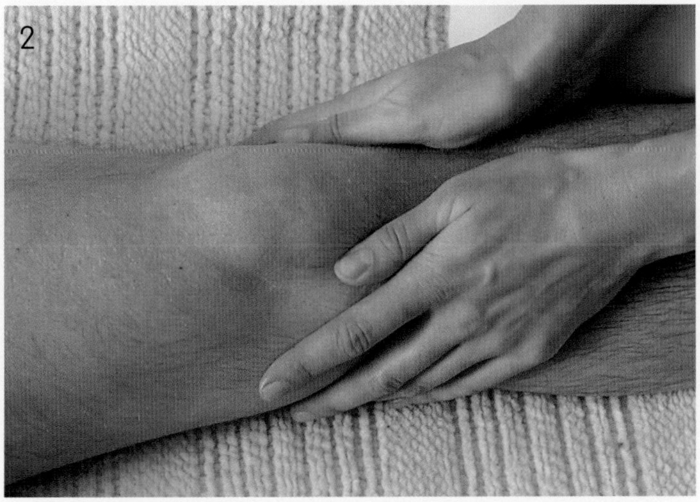

Sur les pieds

Posez les paumes des mains sur la face supérieure d'un pied et les doigts autour, de façon à l'envelopper jusque sous la face inférieure. Appliquez alors une pression sur le pied avec les mains en faisant rouler les doigts vers les côtés. Imaginez-vous en train d'ouvrir le pied comme on ouvre un livre.

Sur les mains

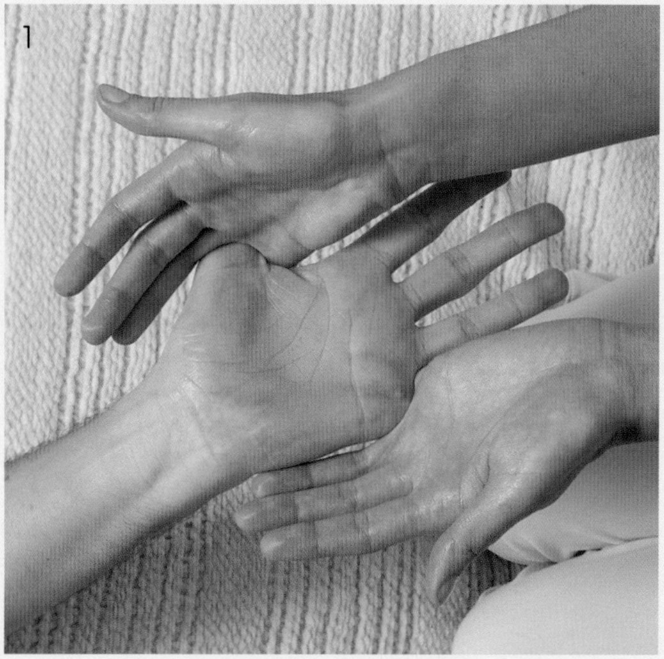

1 Retournez l'une des mains de votre partenaire pour voir la paume et avec vos deux mains, enlacez vos auriculaires autour de son pouce et de son auriculaire.

2 Allongez les pouces au centre de la paume, collés l'un sur l'autre.

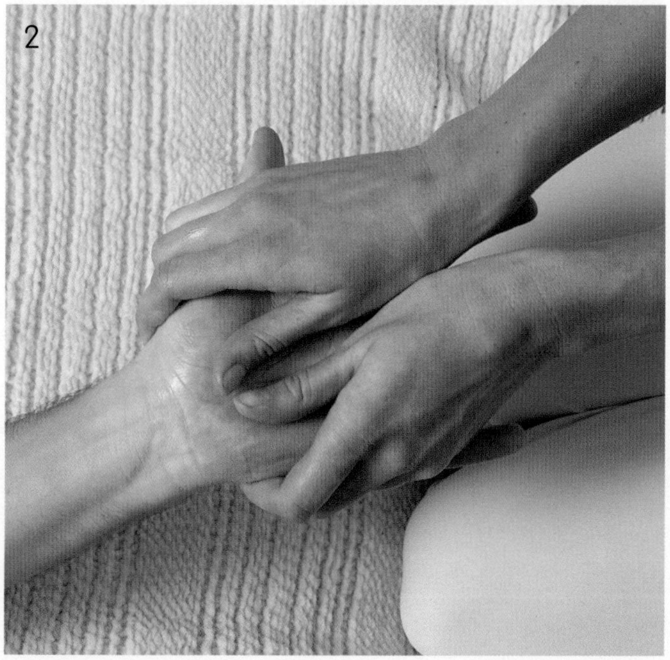

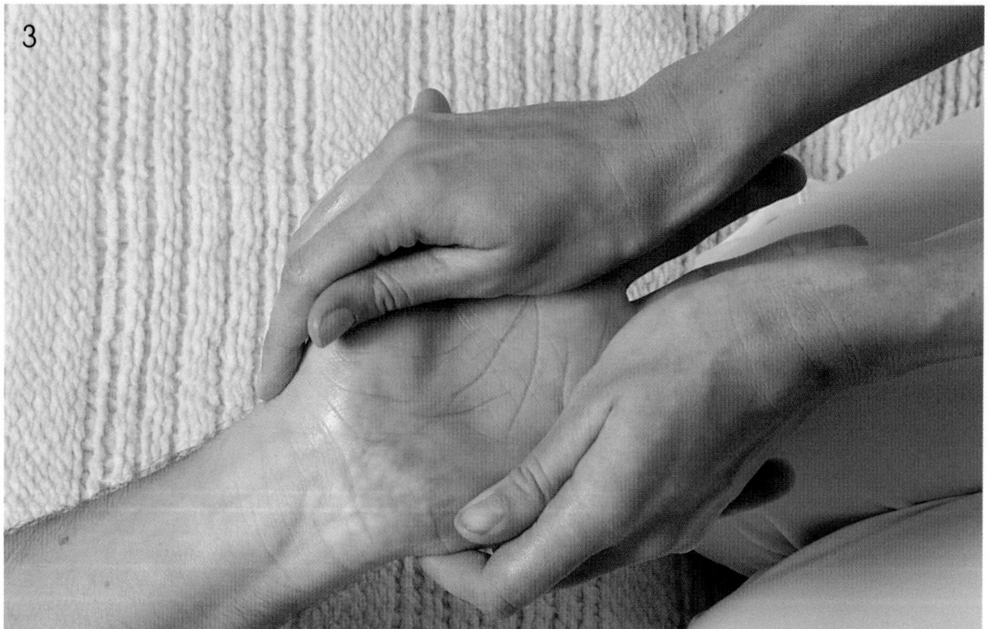

3 Appliquez une légère pression sur la paume avec vos pouces pendant que vous les écartez en étirant la main.

Note : Maintenez la main de la personne massée dans cette position et massez la paume en y faisant des cercles avec vos pouces. Merveilleux !

Vibration

La vibration permet d'éliminer la tension du corps et, partant, de l'apaiser. Elle fait monter le sang vers la surface de la peau et aide la personne massée à se laisser aller.

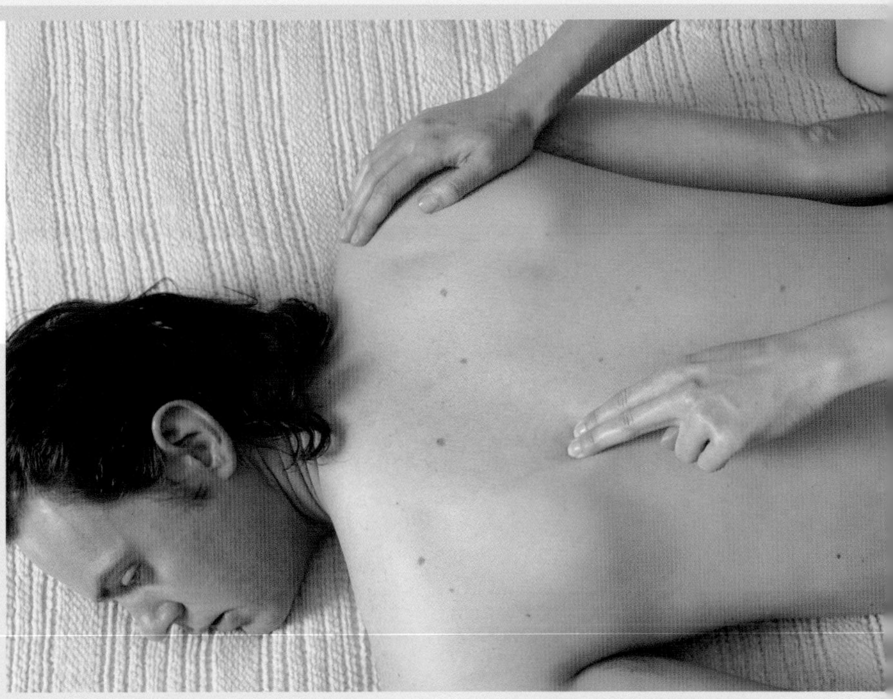

Sur le dos

Mettez-vous à genoux à côté de votre partenaire. Raidissez l'index et le majeur d'une main et repliez les autres doigts. Placez les deux premiers doigts près de la colonne, à sa gauche ou à sa droite, et utilisez-les pour faire des zigzags rapides en progressant vers le bas du dos. Faites vibrer la chair avec vos deux doigts pendant l'opération. Arrivé en bas de la colonne, retirez votre main et replacez-la en haut du dos pour recommencer la manœuvre. Changez à chaque fois de point de départ afin de faire vibrer tout le dos.

Pour plus de vibration, suivez ces étapes :

1. Placez l'une des mains de la personne massée sur son dos.
2. Placez une de vos mains sous son épaule.
3. Faites vibrer son épaule.

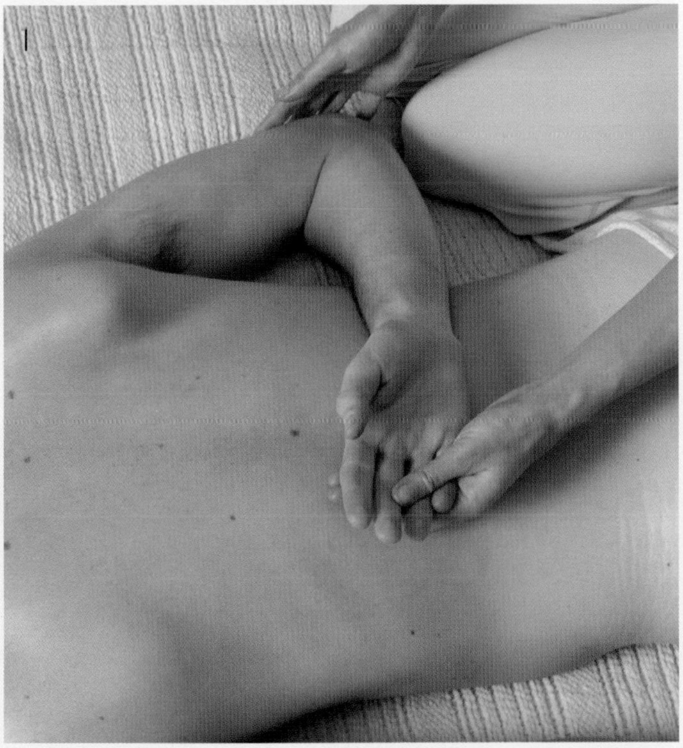

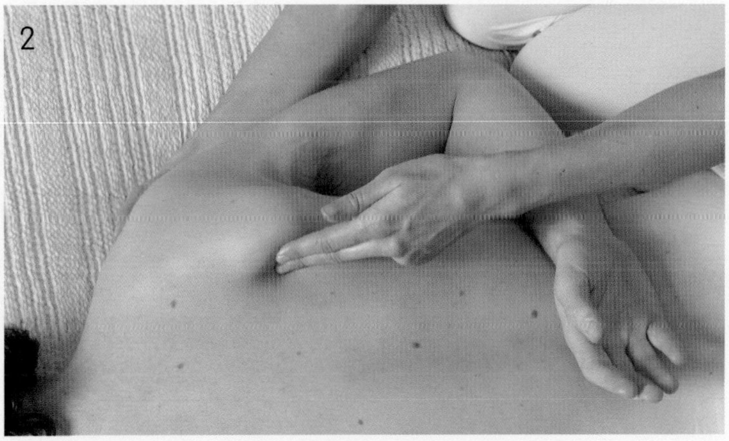

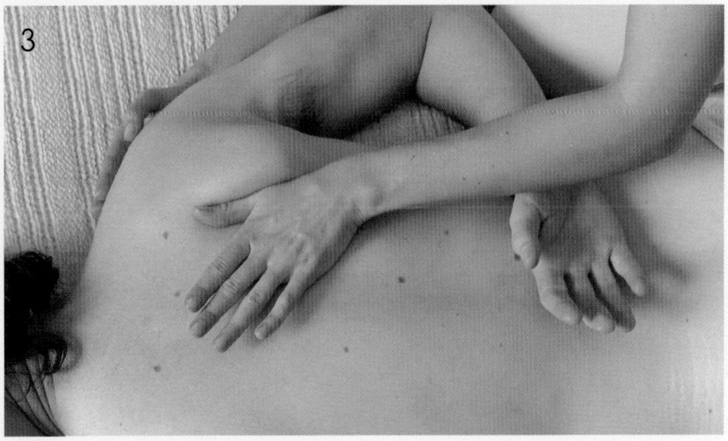

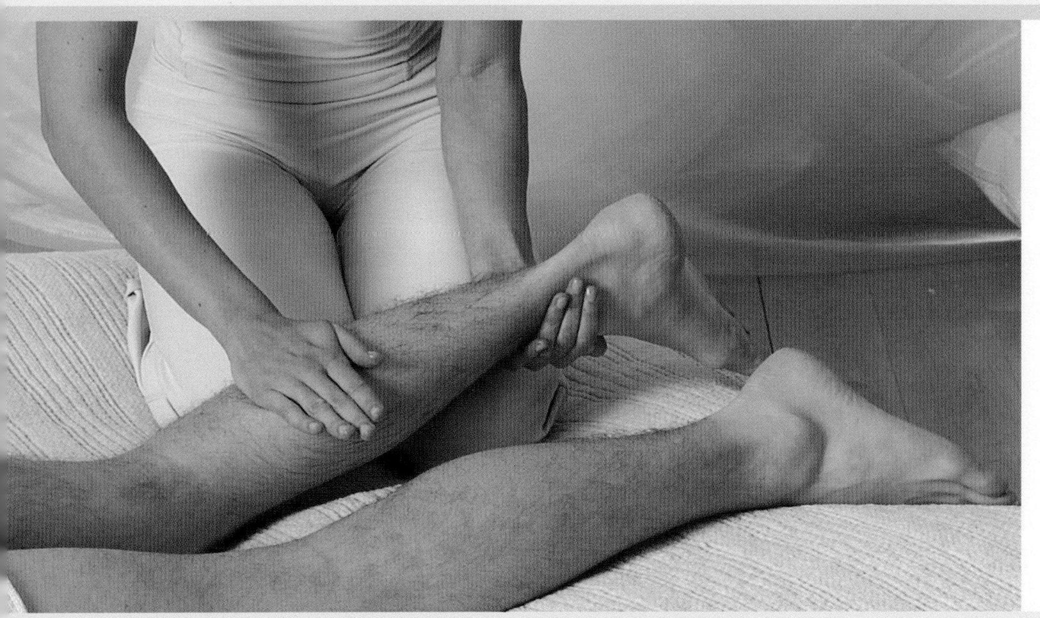

Sur le mollet

Soulevez un pied d'une main. Posez l'autre main à plat sur la région la plus volumineuse du mollet, doigts orientés dans la direction du regard. Secouez vigoureusement le mollet avec cette main dans un mouvement de va-et-vient transversal.

Sur le pied

1 Mettez-vous à genoux aux pieds de votre partenaire, face à sa tête. Allongez les deux mains de chaque côté d'un pied, paumes face à face.

2 Secouez le pied avec vigueur en éloignant et en rapprochant alternativement les mains de vous.

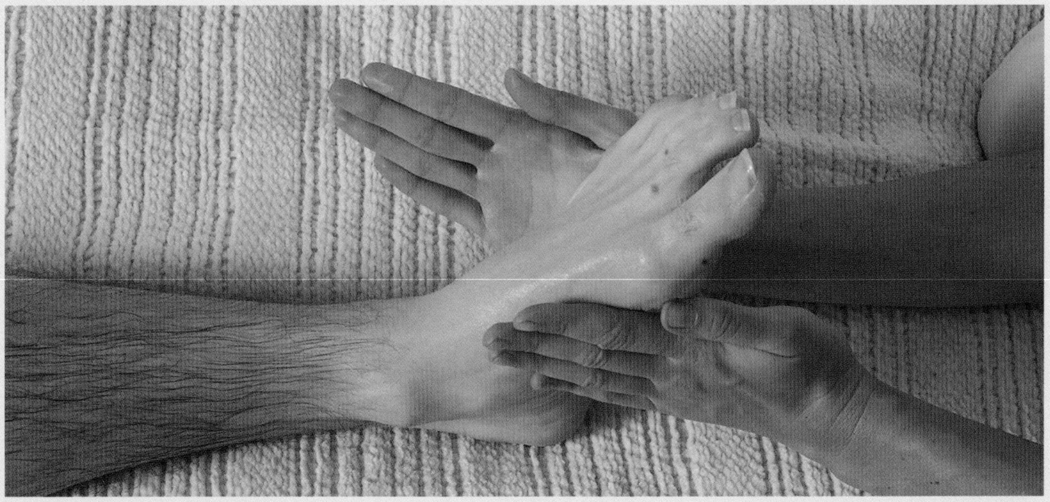

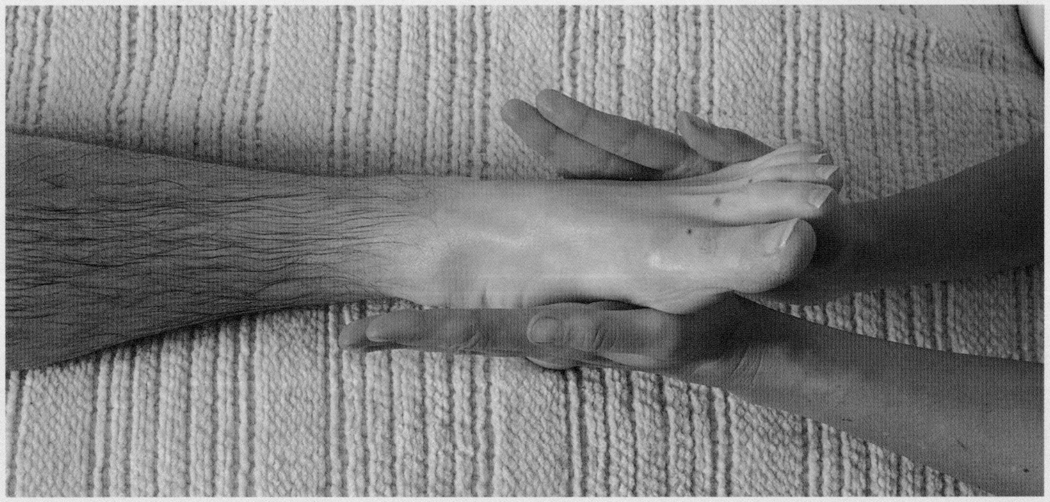

Percussion

Cette manœuvre consiste en une série de chocs rythmiques exécutés rapidement et destinés à réveiller ou à ranimer les muscles. Les mains donnent des coups vifs et légers sur la peau afin, d'une part, d'activer la circulation sanguine en faisant monter le sang vers la surface du corps et, d'autre part, de provoquer la dégradation des toxines. Il importe d'adopter la bonne posture en exécutant cette manœuvre. Mettez-vous à genoux, perpendiculairement à votre partenaire, en allongeant à la fois le haut de votre dos et le cou pour que la tête pointe vers le plafond. Nous avons tous tendance à courber le dos dans cette position, ce qui occasionne de la raideur et des tensions excessives dans cette partie du corps.

Hachure

Pour effectuer cette manœuvre, approchez les paumes l'une de l'autre jusqu'à ce qu'une distance de 8 cm les sépare. Tapotez le corps avec le bord des mains, du côté de l'auriculaire, en effectuant des petits mouvements rapides avec les poignets vers le haut, puis vers le bas. Faites alterner rapidement les mains, tandis que vous les déplacez le long du corps.

Sur le dos

Mettez-vous à genoux à côté de votre partenaire, face à son dos. Placez les mains face à face au-dessus du dos pour que les auriculaires se trouvent à 5 cm de celui-ci. Tapotez ensuite le dos en effectuant des petits mouvements vifs avec les poignets vers le haut, puis vers le bas. Déplacez rapidement les mains le long du dos. Ce tapotement devrait produire un son percutant tout en ayant un effet apaisant.

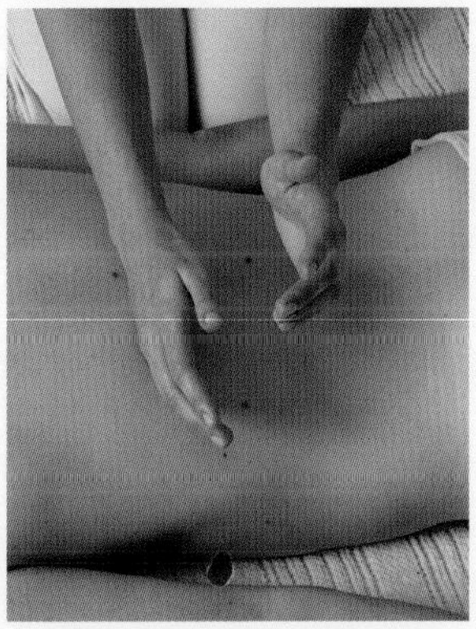

Note : évitez de tapoter la région des reins.

Sur les jambes

Mettez-vous à genoux à côté de votre partenaire, face à ses cuisses. Placez les mains face à face au-dessus d'une cuisse pour que les auriculaires soient très rapprochés de celle-ci. Tapotez la cuisse sur toute sa longueur avec les mains en exécutant de petits mouvements rapides avec les poignets.

Répétez cette manœuvre sur le mollet.

Tapotement avec les doigts

Il s'agit d'un type de percussion très léger, exécuté sur tout le thorax et sur le visage, et qui n'implique que le bout des doigts. Placez les mains au-dessus de la région à tapoter, puis, en y allant doucement mais rapidement, laissez les doigts tomber dessus un par un. Le tapotement devrait produire la même sensation que des gouttes de pluie légères tombant sur la peau.

Sur le thorax

Assoyez-vous ou mettez-vous à genoux devant la tête de votre partenaire, face à ses pieds. Placez le bout des doigts au-dessus du thorax, près de celui-ci, et laissez-les tomber un par un sur cette région ainsi que le long des épaules, comme le feraient des gouttes de pluie sur la peau.

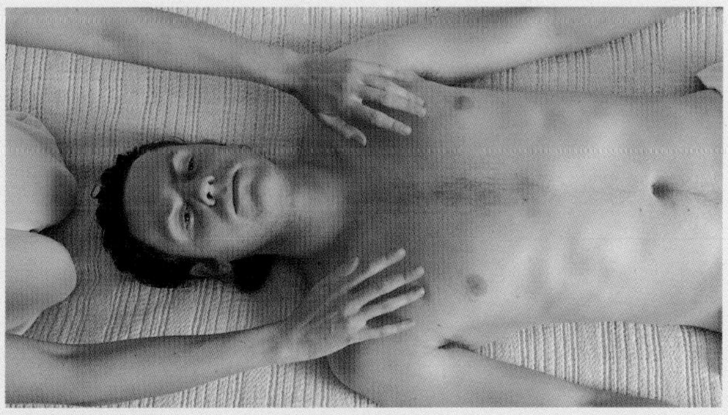

Sur le visage

Placez vos mains au-dessus du visage de la personne massée et tapotez le front, les joues et le menton, en laissant tomber séparément vos doigts. Évitez de tapoter les yeux, le nez et la bouche.

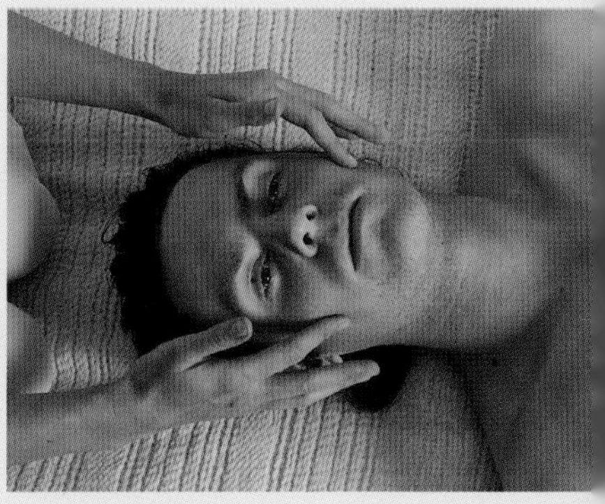

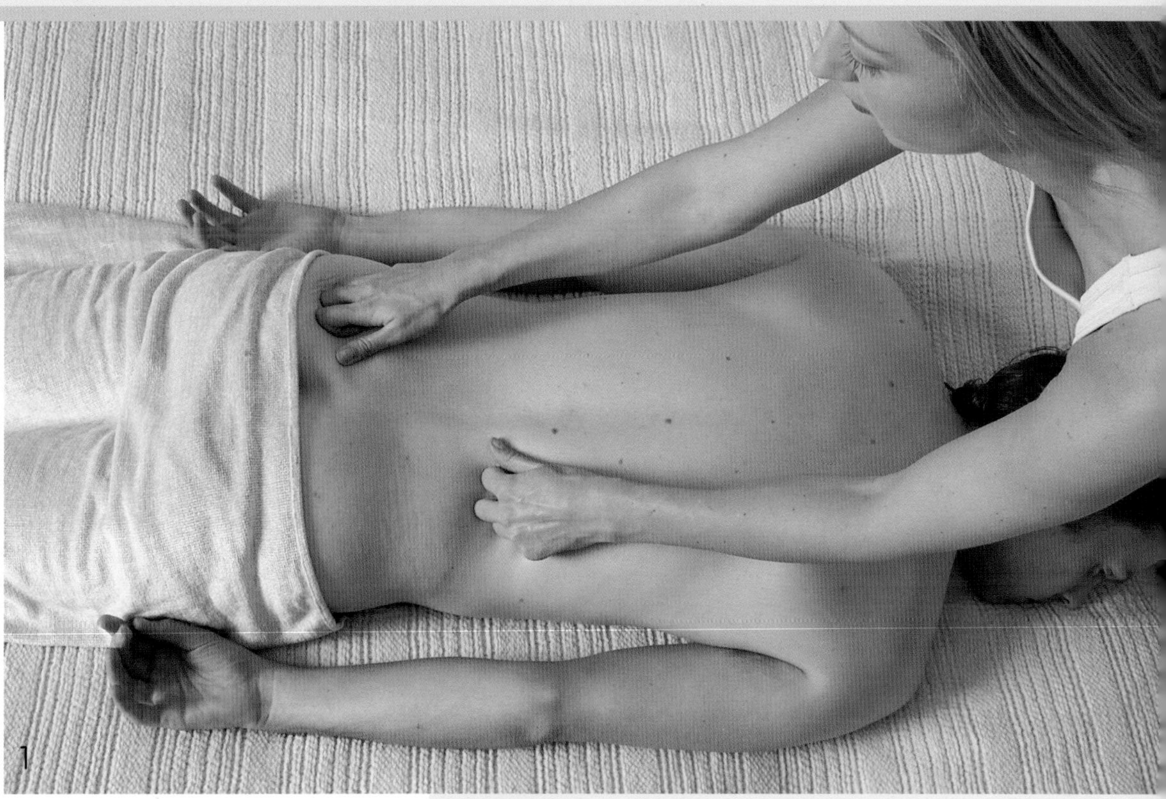

Roulement des jointures

Cette manœuvre élimine les tensions et libère les toxines. Elle constitue une excellente solution de rechange quand les doigts, fatigués, ont besoin d'un bref repos.

Sur le dos

1 Mettez-vous à genoux devant la tête de votre partenaire, face à ses pieds. Repliez les phalanges distales et médianes des doigts afin de pouvoir toucher le dos avec les jointures. Placez ensuite une main en haut de chacune des fesses.

2 Faites rouler vos jointures sur les hanches et la région située de part et d'autre de la colonne, à sa base. Allez-y à la fois doucement et avec énergie, en faisant alterner vos mains.

Note : La pression exercée dépend du degré de tolérance de votre partenaire. Demandez-lui comment il se sent et ajustez-vous en conséquence.

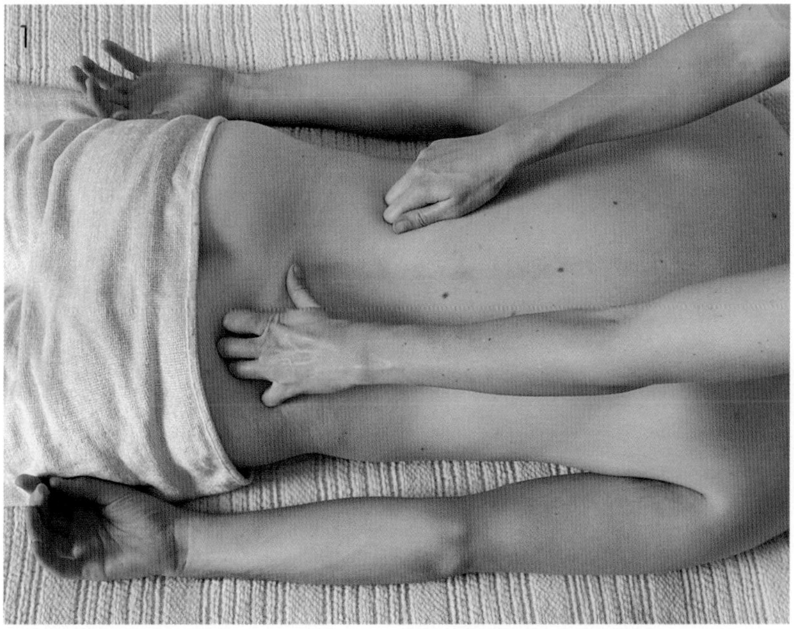

Sous les pieds

Repliez les doigts d'une main pour qu'ils touchent la paume, puis placez la main contre la face inférieure d'un pied. Massez ensuite cette face en y faisant rouler les jointures de votre main. Ne massez pas toujours le même endroit et faites toute la face inférieure du pied.

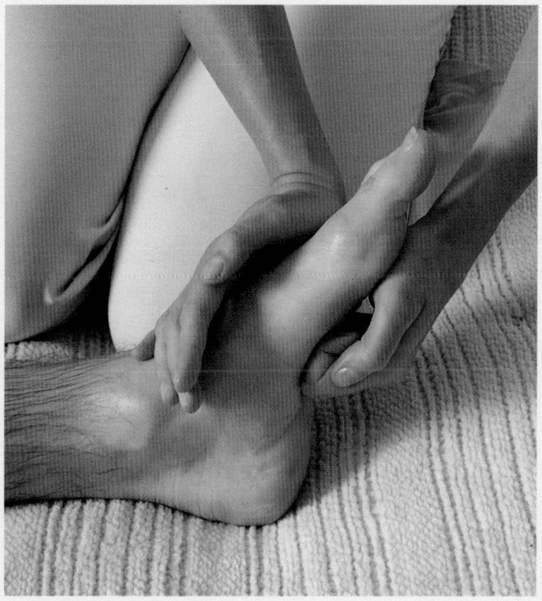

Glissement des jointures

Manœuvre formidable pour le massage des grandes surfaces charnues. Elle peut remplacer l'effleurage ou être utilisée chaque fois que vous avez besoin de reposer vos doigts.

Sur le dos

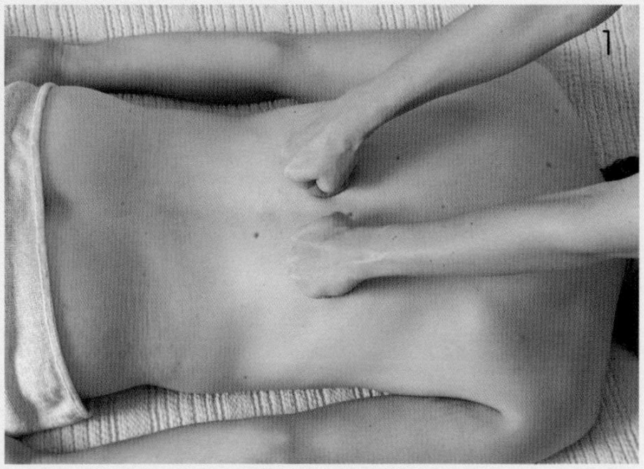

1 Mettez-vous à genoux devant la tête de votre partenaire, face à ses pieds. Repliez les doigts des deux mains jusqu'aux paumes pour former des poings. Posez la partie plate de vos poings, correspondant aux phalanges proximales, sur le dos près de la nuque, de part et d'autre de la colonne. Faites glisser vos jointures le long de la colonne vers le bassin.

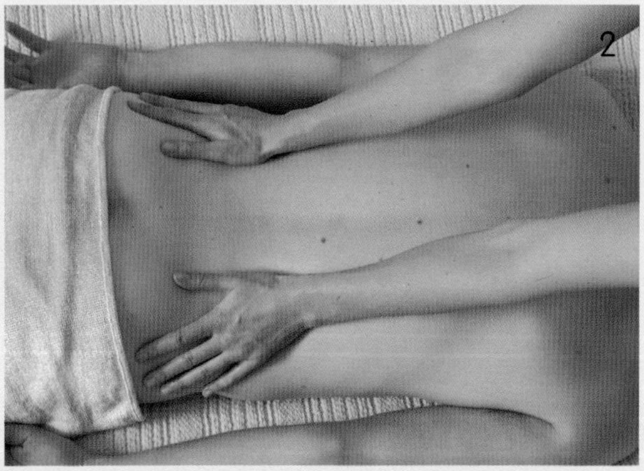

2 Dépliez les doigts, puis posez les paumes à plat sur le dos à la base de la colonne, de part et d'autre de celle-ci. Faites ensuite glisser vos mains sur le bassin jusqu'aux hanches, puis vers le haut jusqu'au point de départ.

Sur les jambes

Fermez les mains. Placez un des poings sur une jambe en haut du genou ou à la base du mollet (tout dépendant de la partie que vous massez). Faites glisser le poing sur la jambe vers la hanche (ou vers le genou si vous le faites glisser sur le mollet). Dès qu'il termine son parcours, recommencez avec l'autre poing. Veillez à ce qu'il y ait toujours un poing en contact avec la jambe de la personne massée.

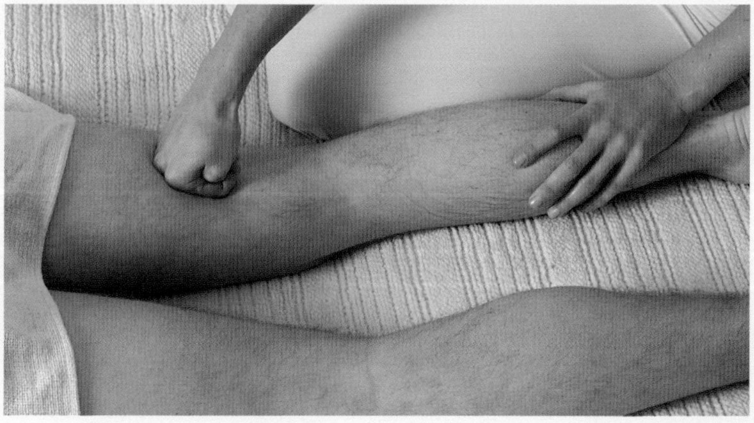

Pattes de lion

Sur les épaules

1 Mettez-vous à genoux, du côté opposé à celui où se trouve l'épaule à masser. Formez des pattes de lion avec les mains, que vous placez ensuite légèrement sous l'épaule.

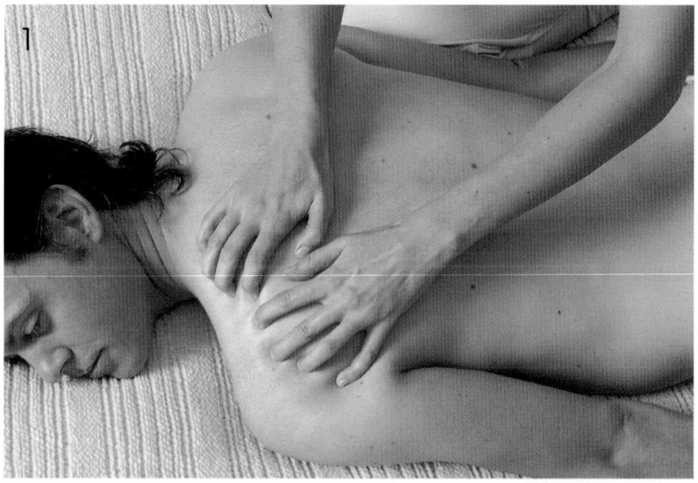

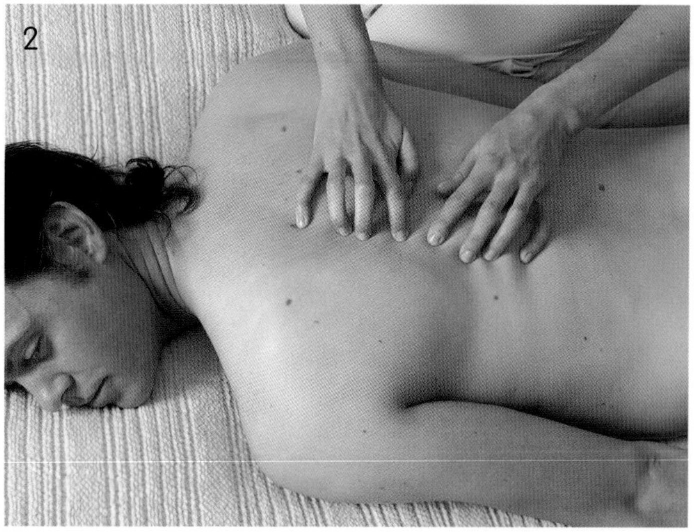

2 En maintenant vos mains courbées en pattes de lion, traînez-les en diagonale sur le dos vers la colonne.

Répétez cette manœuvre trois fois. Passez ensuite à l'autre épaule.

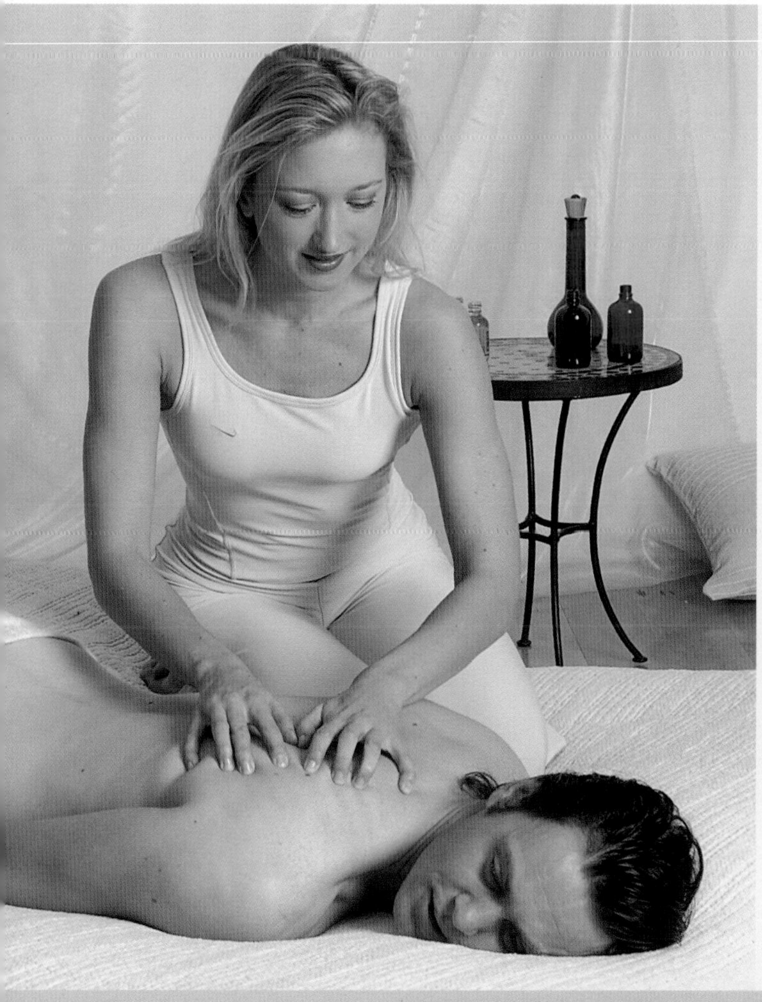

Rotation des mains

1 Placez une main sur la face supérieure d'un pied et la seconde main sur la face inférieure. Les paumes devraient envelopper les orteils, juste en haut de l'avant-pied.

2 Faites tourner lentement les mains l'une autour de l'autre en touchant le pied avec les paumes. Le pied de votre partenaire devrait effectuer une légère rotation.

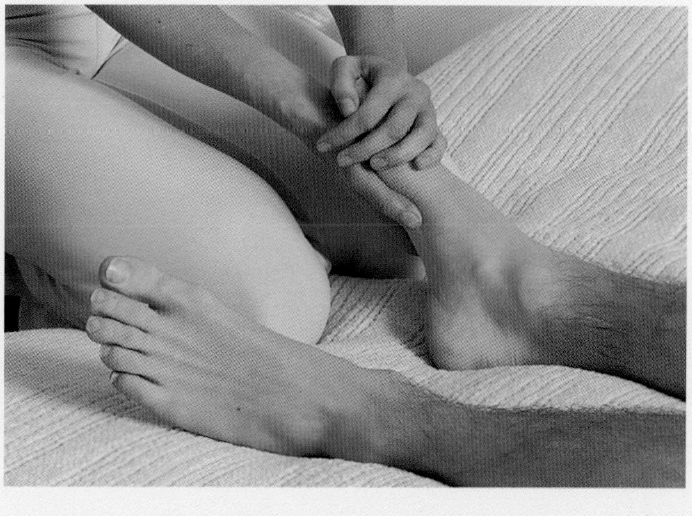

Massage stimulant

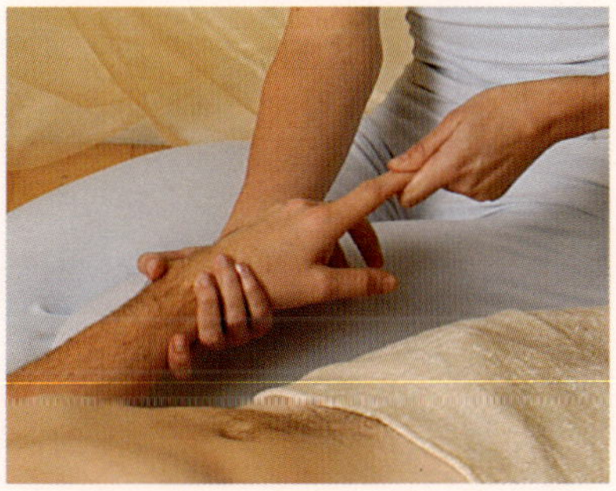

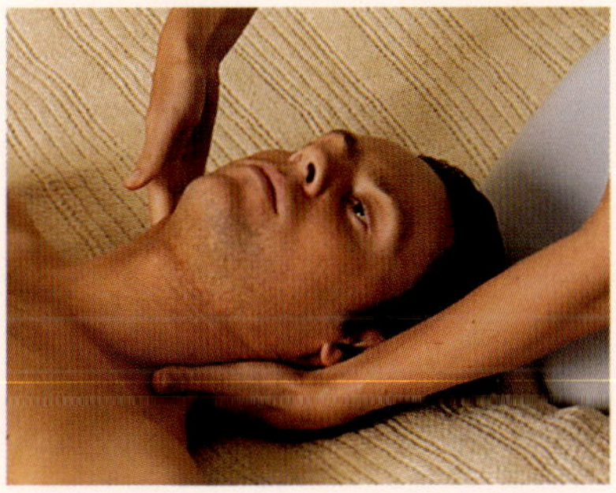

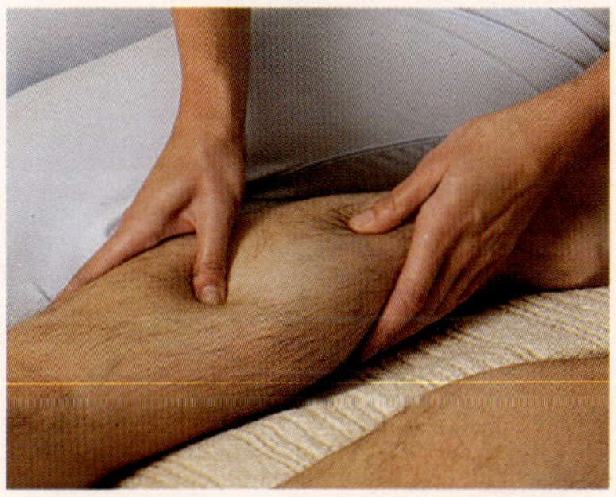

Cette séquence de massage comporte toutes les techniques enseignées jusqu'à maintenant, tout en offrant de légères variations que vous pouvez expérimenter. Développez votre propre style et adoptez votre propre rythme, tout en utilisant les techniques qui fonctionnent pour vous. Vérifiez de temps en temps auprès de votre partenaire si la pression n'est pas trop forte ni trop faible.

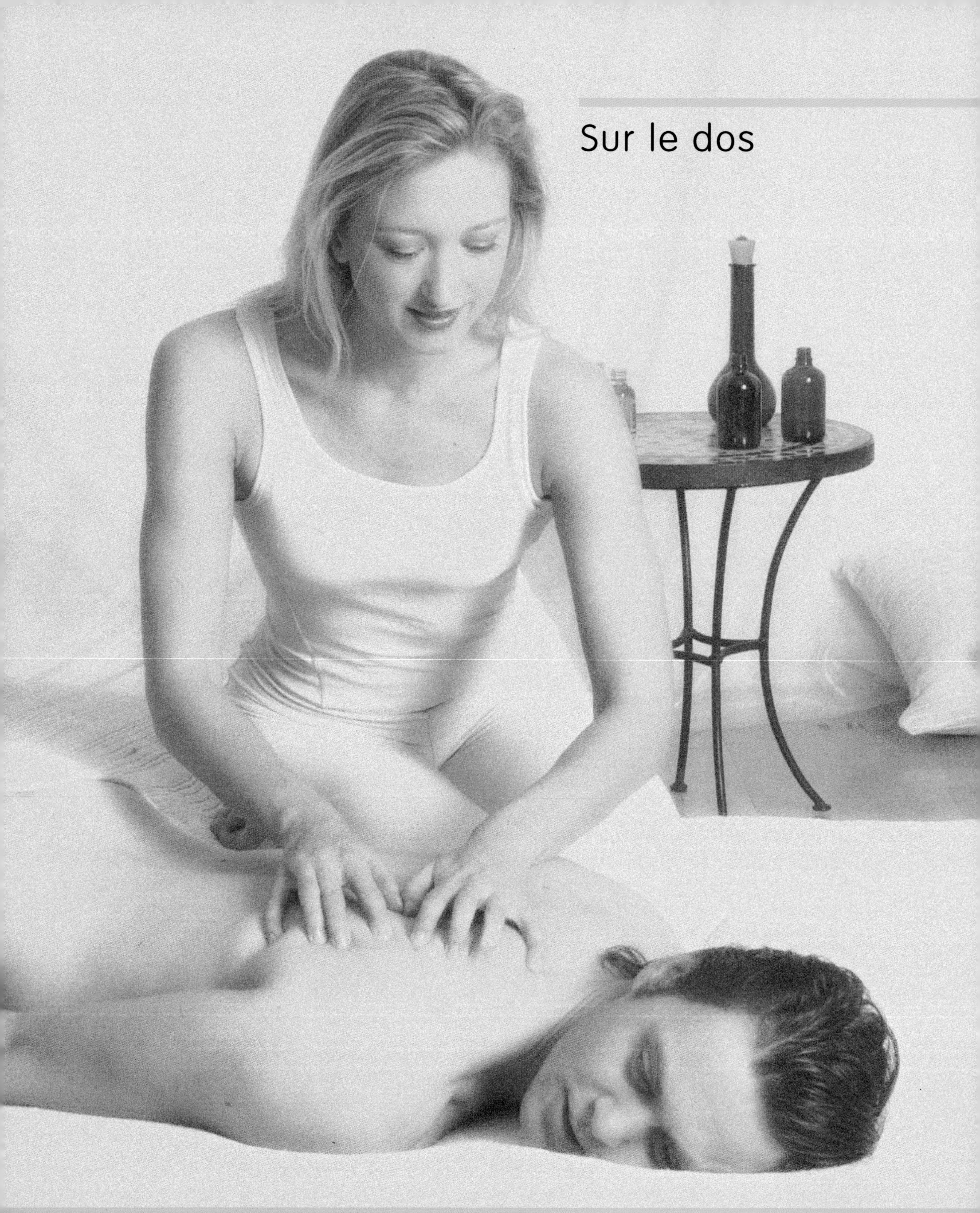

Sur le dos

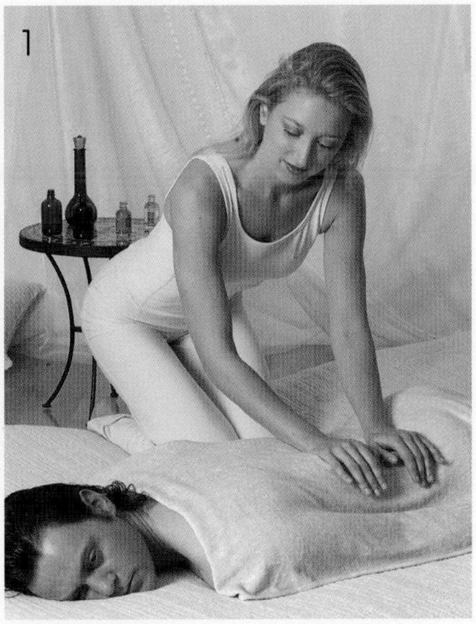

1 Assouplissement : mettez-vous à genoux à côté de votre partenaire, face à son dos non découvert. Placez les paumes en bas et à gauche ou à droite de la colonne, sur la zone charnue qui la longe. Appliquez une pression sur cette zone, puis relâchez les mains. Continuez la manœuvre jusqu'à atteindre la nuque, puis répétez-la de l'autre côté de la colonne. Posez ensuite les mains à plat sur le dos, toujours caché, et frottez-le vigoureusement sur toute sa surface. Faites glisser enfin la serviette vers le bas du corps pour exposer le dos jusqu'en haut des fesses.

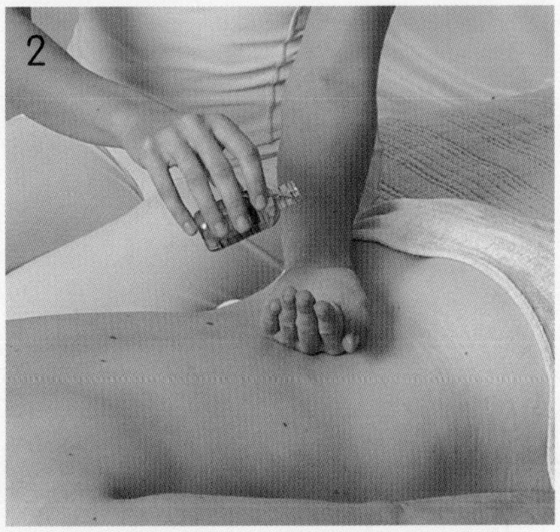

2 Application de l'huile : mettez-vous à genoux à côté de votre partenaire en orientant le haut de votre corps vers sa tête. Versez un peu d'huile dans une main et frottez-vous les mains ensemble. Étendez ensuite l'huile, d'abord dans le bas du dos, puis en progressant vers les épaules.

3 Effleurage : placez les deux mains à la base de la colonne, doigts orientés vers la tête, y compris les pouces, collés l'un contre l'autre. Faites glisser vos mains jusqu'à la nuque, puis une main sur chaque épaule. Effectuez ensuite un léger glissement sur le dos près des flancs, jusqu'aux hanches. Ramenez enfin les mains en bas de la colonne en effectuant un mouvement circulaire. Répétez la manœuvre trois fois.

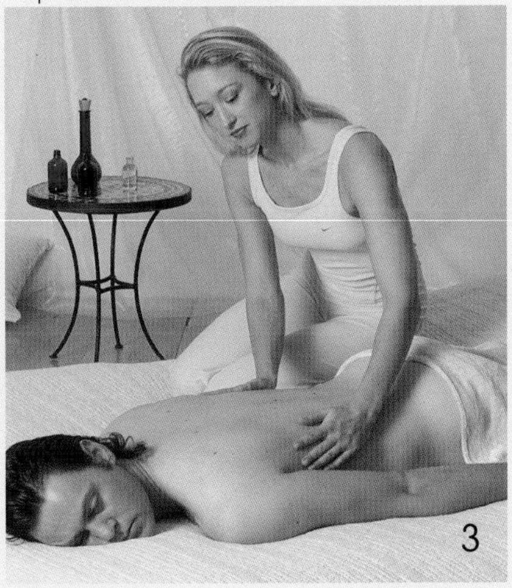

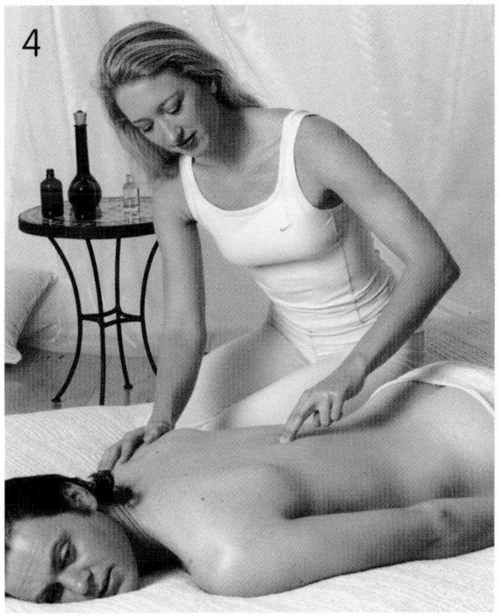

4 Vibration : collez l'index et le majeur d'une main et placez-les en haut du dos à gauche ou à droite de la colonne. Utilisez-les ensuite pour frotter vigoureusement le dos en effectuant des zigzags serrés jusqu'à la hanche. Recommencez l'opération après avoir éloigné le point de départ de la colonne, en haut du dos. Éloignez-le davantage encore et refaites la manœuvre. Répétez-la enfin de l'autre coté de la colonne.

5 Pétrissage-torsion du dos : placez les mains de chaque côté de la taille, doigts orientés dans la direction du regard. Effectuez un massage transversal du dos en n'oubliant pas de maintenir une distance de quelques centimètres entre les mains. Répétez la manœuvre quelques fois.

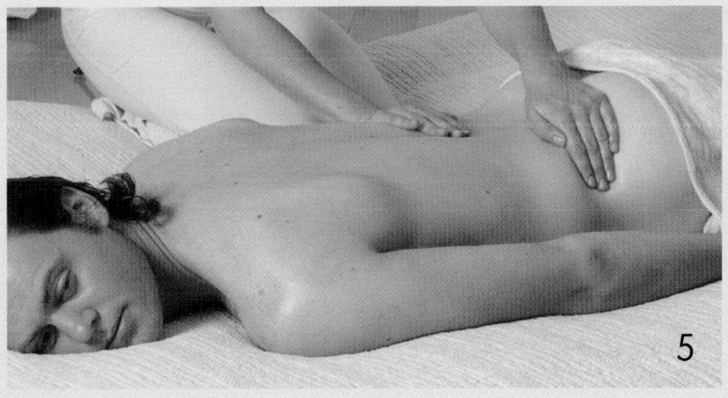

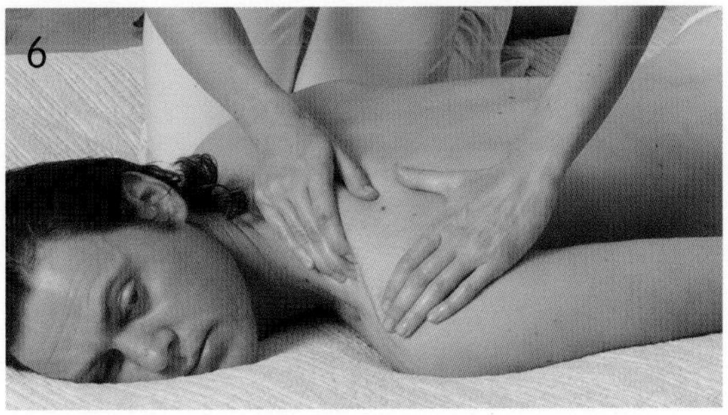

6 Pétrissage des épaules et de la nuque : placez les deux mains sur une épaule et faites glisser la chair entre elles dans un mouvement de va-et-vient, afin d'éliminer toute tension. Exécutez cette opération pendant 30 secondes sur chaque épaule. N'oubliez pas de ne masser la nuque qu'avec une seule main.

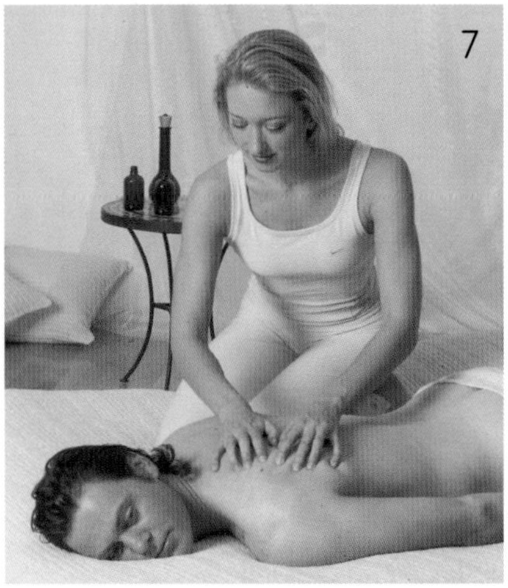

7 **Pattes de lion :** formez des pattes de lion avec les mains, que vous placez ensuite sur l'épaule du côté opposé à celui où vous êtes à genoux. Tirez ensuite la chair en diagonale vers la colonne. Répétez la manœuvre quelques fois, puis changez de côté.

9 **Friction de l'omoplate :** mettez-vous à genoux, du côté droit de votre partenaire. Prenez sa main droite et déposez-la sur son dos. Placez votre main droite sous son épaule droite. Soulevez légèrement l'épaule afin que l'omoplate fasse saillie. Placez ensuite deux doigts de la main gauche entre l'omoplate et la colonne et utilisez-les pour faire des petits cercles sur le côté intérieur de l'omoplate, en progressant vers le haut. Pensez alors à détacher le muscle massé de l'os. Répétez cette manœuvre deux fois.

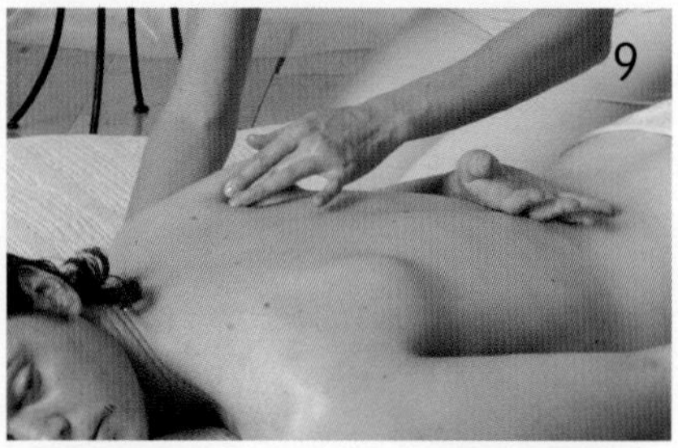

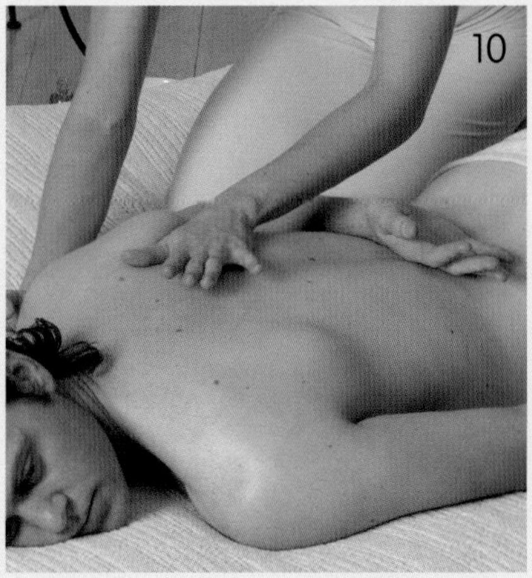

10 **Vibration de l'omoplate :** gardez la main droite sous l'épaule droite. Changez cependant votre main de position afin que le pouce soit allongé le long de l'arête de l'omoplate. Faites vibrer délicatement et rapidement la main contre l'omoplate.

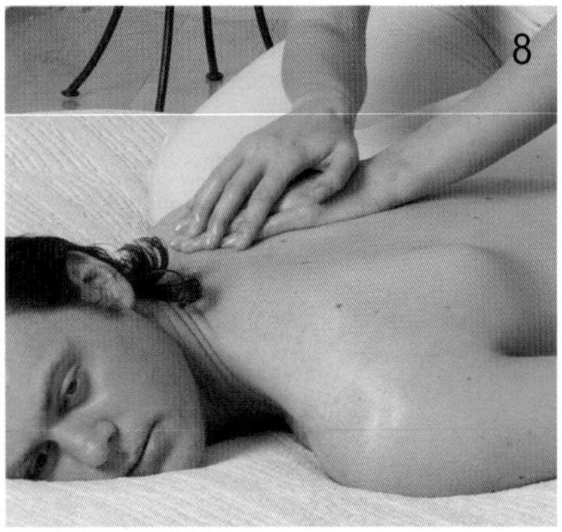

8 **Effleurage de l'épaule une main sur l'autre :** mettez-vous à genoux du côté droit de votre partenaire afin de masser son épaule droite. Placez la main droite sur le revers de la main gauche, que vous posez au préalable sur le côté intérieur de l'omoplate gauche. Déplacez les mains vers la nuque, puis passez-les le long de l'épaule en appliquant une pression. Faites glisser ensuite les deux mains vers le bas autour de l'omoplate jusqu'à leur point de départ. Exercez une pression énergique lorsque vos mains glissent vers le haut et sur les épaules, mais plus légère quand elles suivent une trajectoire circulaire pour retourner à leur point départ.

11 Déplacez-vous de l'autre côté de votre partenaire et répétez les étapes 8 à 10.

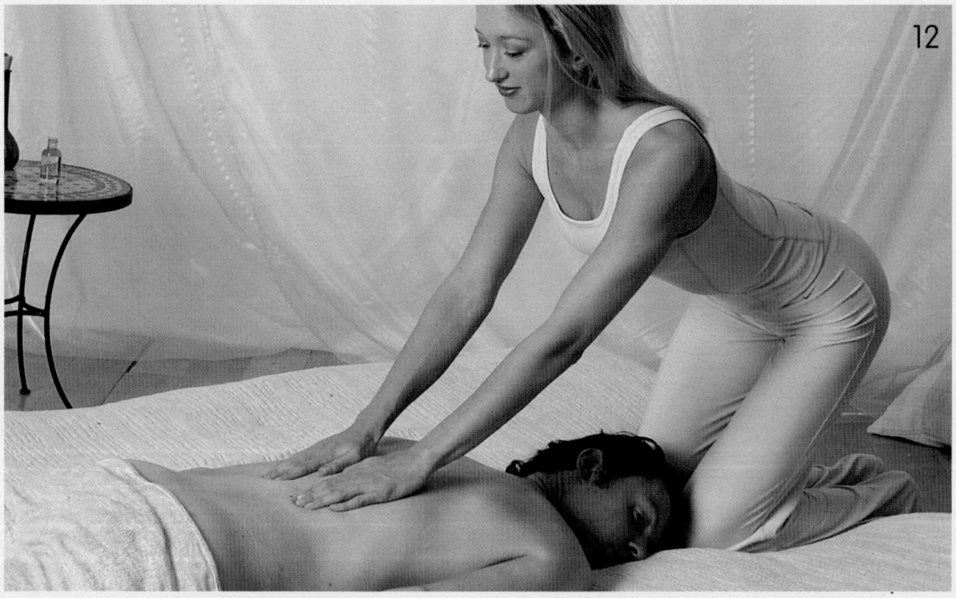

12 **Traction :** mettez-vous à genoux devant la tête de votre partenaire, face à ses pieds. Faites glisser vos mains vers le bas du dos, puis vers les hanches. Tenez ensuite les hanches et ramenez vos mains en tirant la chair. Répétez l'opération trois fois.

13 Roulement des jointures : toujours à genoux devant la tête de votre partenaire, face à ses pieds, faites glisser les mains le long de la colonne. Lorsque les doigts atteignent le bas de la colonne, repliez-les pour que les jointures touchent la peau. Exécutez alors un roulement des jointures en décrivant une trajectoire circulaire le long des hanches, dans le bas du dos et sur les fesses.

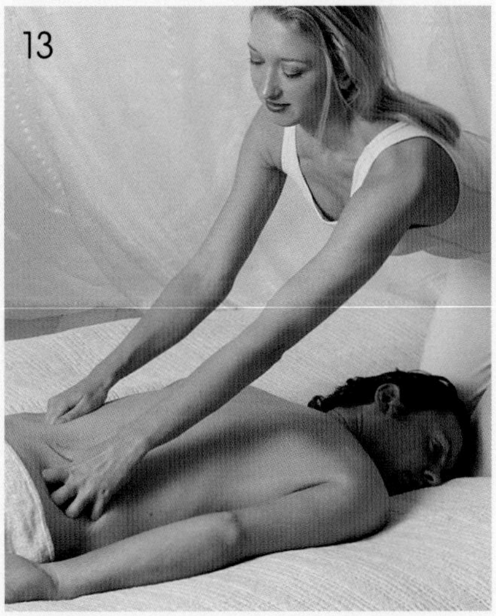

14 Doigts écartés : à genoux au même endroit, face aux pieds de votre partenaire, faites glisser les mains vers le bas du dos. Écartez ensuite les doigts en bas de la colonne et utilisez-les pour esquisser trois cercles. Déplacez les mains jusqu'à la cage thoracique et effectuez trois autres cercles. Déplacez de nouveau les mains, cette fois jusqu'aux épaules, et faites encore trois cercles. Répétez cette manœuvre trois fois.

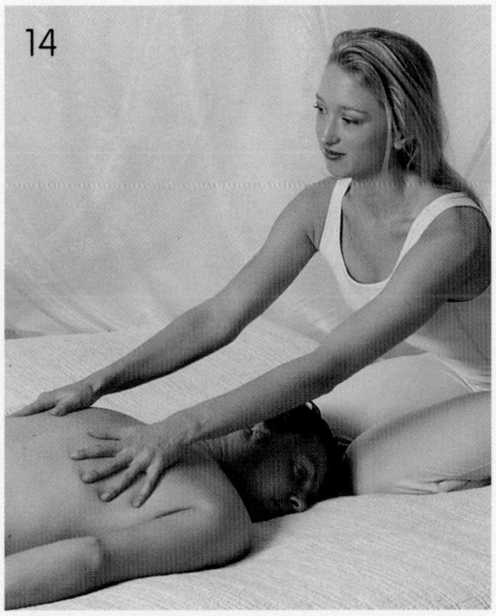

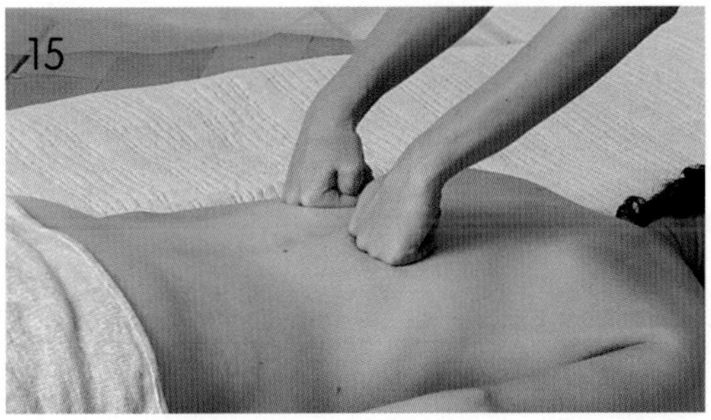

15 Glissement des jointures : restez à genoux au même endroit tout en gardant la même orientation du corps. Fermez vos mains et posez la partie plate des poings sur le dos près de la nuque, de part et d'autre de la colonne. Faites glisser ensuite vos jointures vers le bassin. Ouvrez vos mains pour les faire glisser sur le bassin vers les hanches, puis vers leur point de départ.

16 Hachure : mettez-vous à genoux à côté de votre partenaire, face à son dos. Tenez les mains l'une en face de l'autre, 5 cm au-dessus de votre partenaire. Tapotez ensuite le dos avec les auriculaires au moyen de petits mouvements vifs des poignets et en faisant alterner les mains. Déplacez les mains le long de la colonne tout en évitant de tapoter la région des reins.

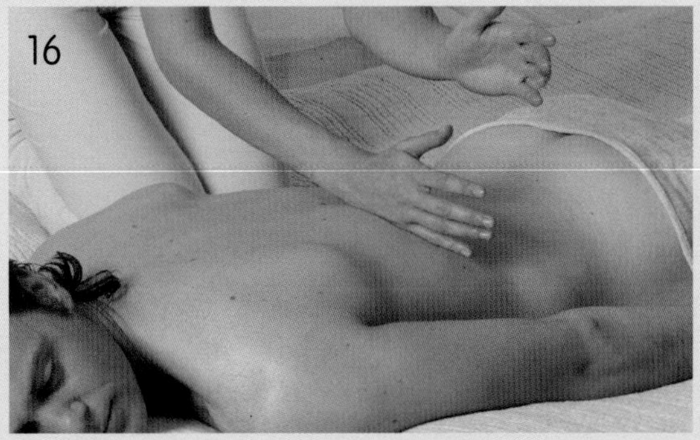

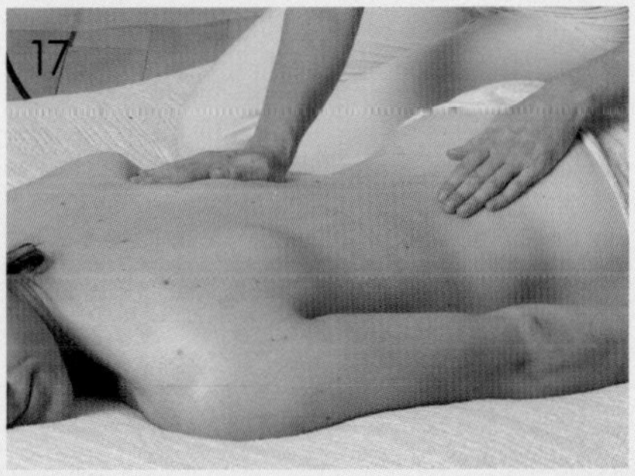

17 Autre type d'effleurage : placez les deux mains à la base de la colonne, de part et d'autre de celle-ci, doigts orientés vers la tête. Faites glisser une main vers le haut du dos, puis sur l'épaule vers le bras et enfin, près du flanc vers le bas du dos. Répétez l'opération avec l'autre main. Effectuez des mouvements réguliers et rythmiques.

18 Caresse de la plume : faites glisser légèrement le bout des doigts sur le dos, de haut en bas. Faites alterner les mains.

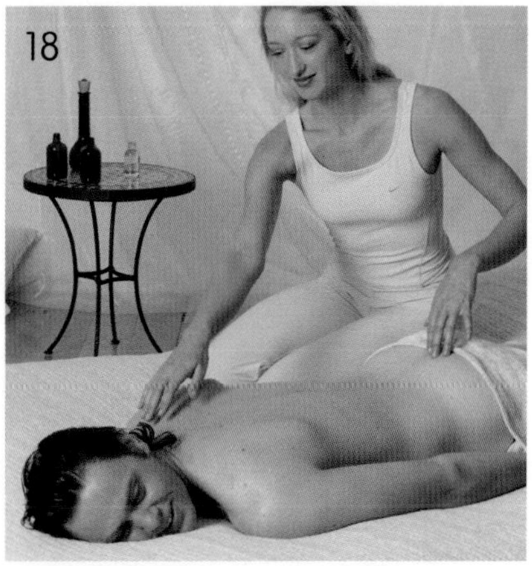

Fin : recouvrez le dos avec la serviette. Posez une main entre les omoplates et l'autre à la base de la colonne. Exercez alors une pression à la fois vers le côté et vers le bas en essayant d'étirer la colonne

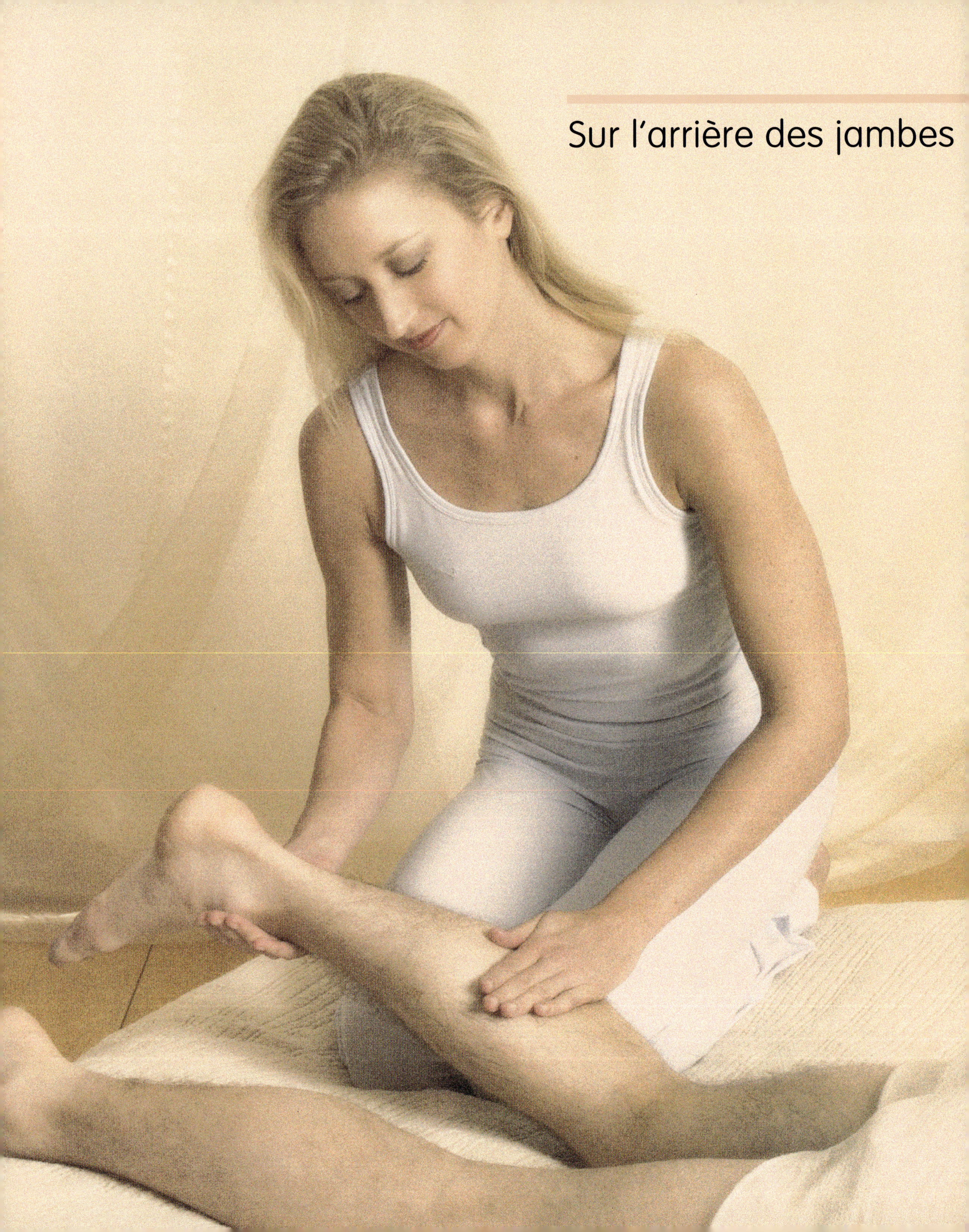

Sur l'arrière des jambes

Assouplissement : placez les mains en travers d'une jambe sans la découvrir. Pressez la chair sous la serviette, puis lâchez-là. Déplacez les mains vers une autre partie de la jambe et pressez-la. Recommencez jusqu'à ce que vous ayez pressé tout l'arrière de la jambe. Mettez ensuite les mains à plat sur la jambe, toujours couverte avec la serviette, et frottez-la avec vigueur.

Application de l'huile : découvrez la jambe jusqu'à exposer la hanche, mais sans que cela porte atteinte à la dignité de votre partenaire. Versez-vous une petite quantité d'huile dans la paume et frottez vos mains l'une contre l'autre. Étendez ensuite l'huile sur la jambe, depuis la cheville jusqu'à la hanche.

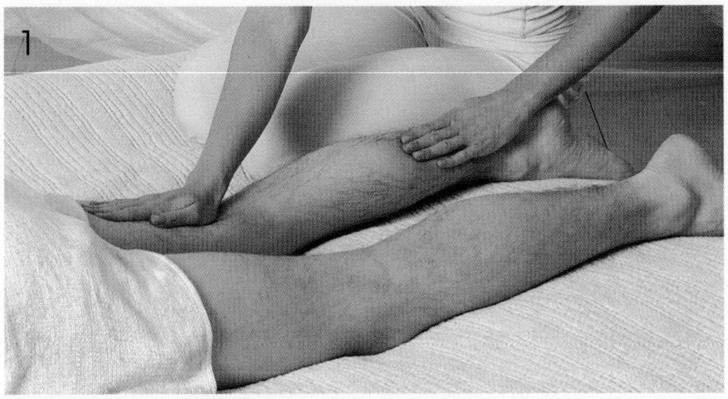

1 **Effleurage :** placez les deux mains sur la cheville, doigts orientés vers la hanche. Faites glisser une main sur la jambe jusqu'à la hanche, en évitant l'arrière du genou, puis sur le côté extérieur du membre jusqu'au point de départ. Comme la main arrive à la cheville, faites glisser l'autre main de la même manière. N'oubliez pas d'exercer une pression énergique lorsque les mains glissent vers le haut de la jambe, mais légère quand elles redescendent.

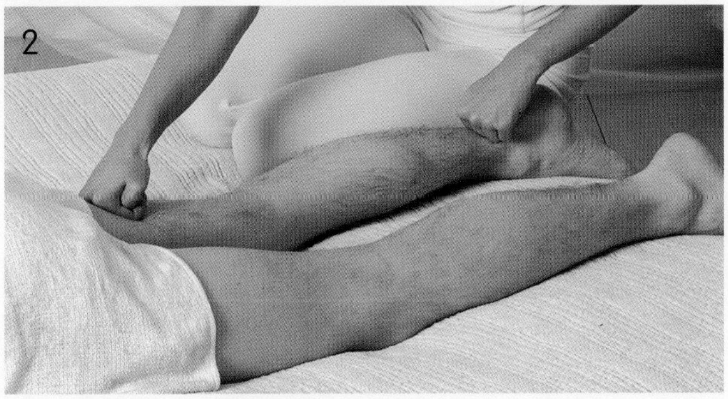

2 **Glissement des jointures :** fermez les mains. Posez la partie plate d'un des poings, correspondant aux phalanges proximales, sur la jambe à la hauteur de la cheville. Faites glisser ensuite le poing jusqu'à la hanche, en évitant l'arrière du genou. Comme il termine son parcours, recommencez avec l'autre poing. Répétez la manœuvre quelques fois en imaginant que des vagues roulent vers le haut de la jambe.

3 **Pétrissage de l'intérieur de la cuisse :** mettez-vous à genoux à côté de votre partenaire, face à ses cuisses. Placez les mains sur le côté intérieur de la cuisse découverte, doigts orientés vers le sol, sauf les pouces, qui sont écartés. Saisissez alors de la chair d'une main et déplacez-la vers l'autre main. Lâchez la chair au moment où vous la saisissez avec la seconde main. Transférez le poids de votre corps tout au cours de cette opération et imaginez-vous en train de pétrir de la pâte.

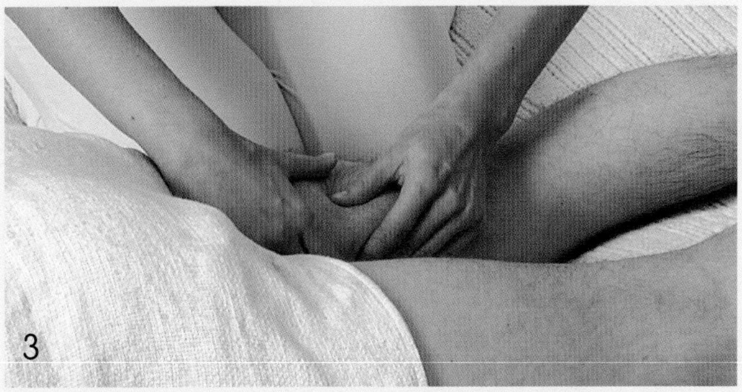

4 **Pétrissage-torsion de la cuisse :** placez les mains sur les côtés de la cuisse, doigts orientés dans la direction du regard. Soulevez le muscle en pensant à le détacher de l'os, tandis que vous déplacez vos mains dans des directions opposées et les faites se croiser. N'oubliez pas de maintenir une distance de quelques centimètres entre elles afin que les torsions musculaires ne causent pas de sensation de brûlure.

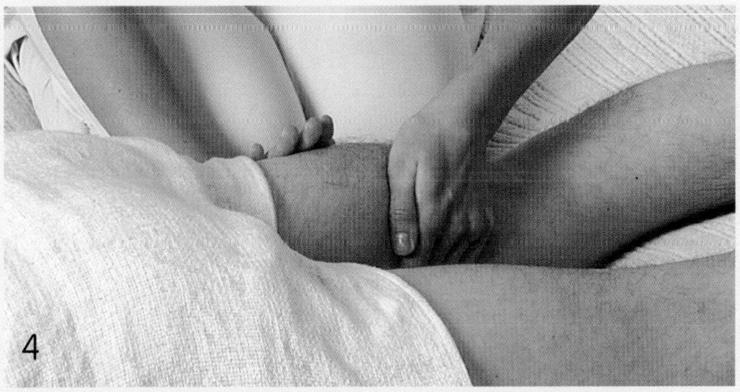

5 **Friction de la cuisse :** placez les pouces sur la jambe découverte juste en haut du genou et les autres doigts sur les côtés. Utilisez les pouces puis faites des cercles sur tout l'arrière de la cuisse.

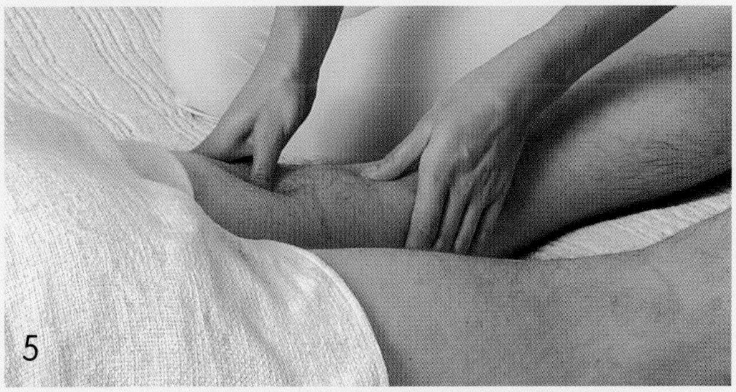

6 Hachure : mettez-vous à genoux à côté de votre partenaire, face à ses cuisses. Tenez les mains l'une en face de l'autre, à quelques centimètres au-dessus de la cuisse découverte. Tapotez-la rapidement avec les auriculaires seulement et en faisant alterner les mains.

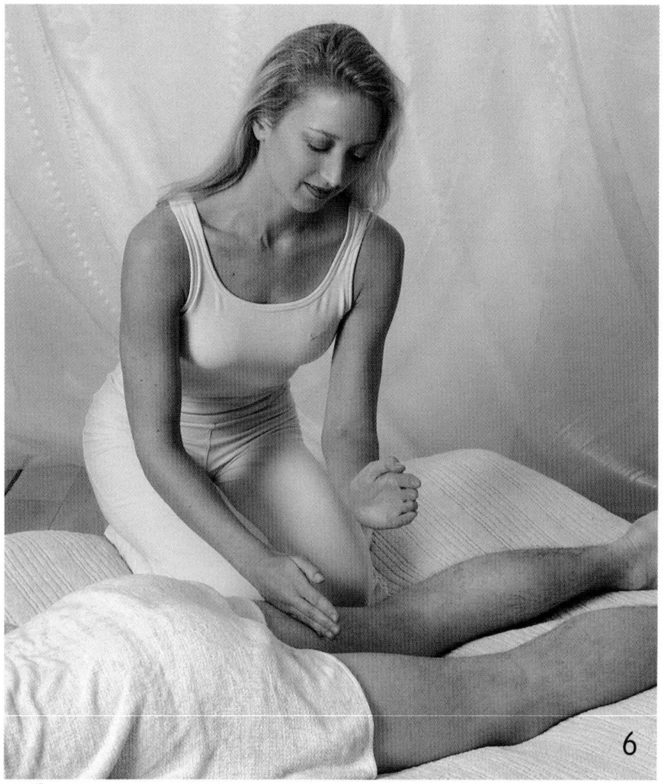

6

7 Effleurage de base : placez les deux mains sur la jambe découverte juste en haut du genou, doigts orientés vers la hanche. Faites glisser vos mains le long de la jambe jusqu'à la hanche, où vous les séparez ensuite pour exécuter un glissement sur les côtés du membre, vers leur point de départ. Répétez l'opération trois fois. Refaites ensuite la manœuvre tout le long de la jambe, à partir de la cheville, puis sur le mollet seulement.

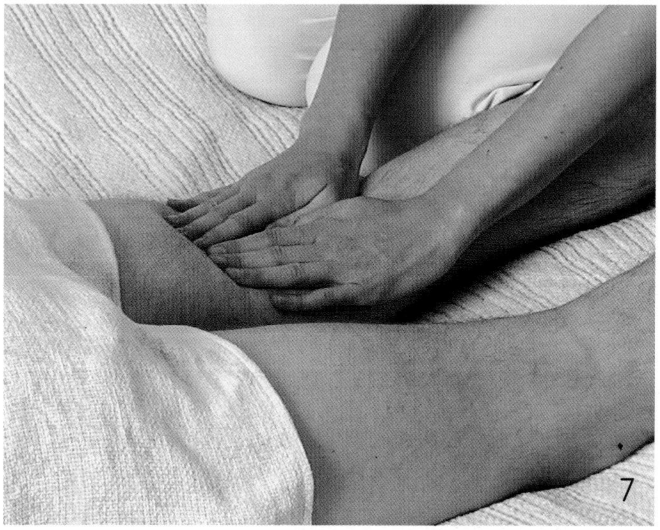

7

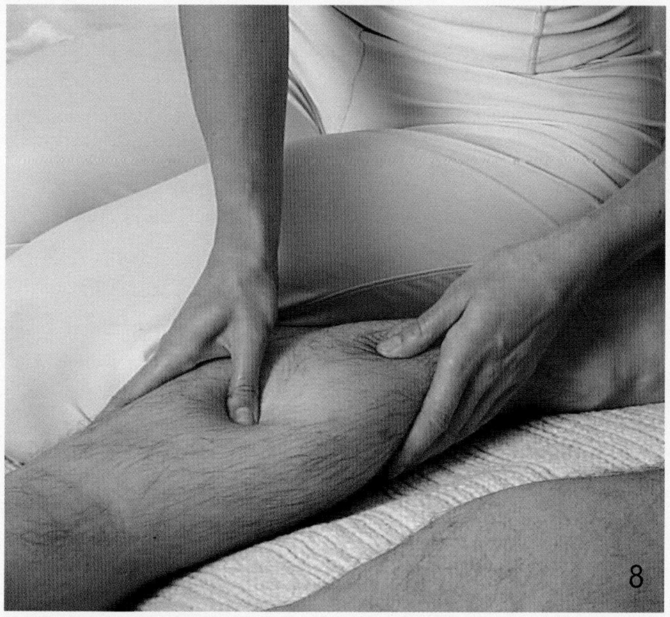

8

8 Friction du mollet : placez les pouces sur la jambe à la hauteur de la cheville et les autres doigts sur les côtés. Décrivez des cercles avec les pouces partout sur le mollet, en utilisant toute la longueur des bras. Allez-y doucement, car cette partie du corps pourrait être sensible.

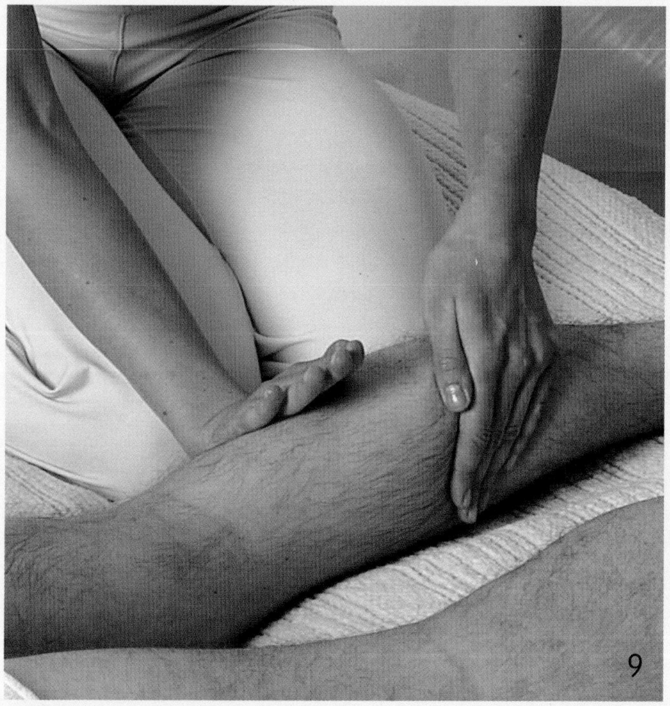

9

9 Pétrissage-torsion du mollet : assoyez-vous ou mettez-vous à genoux à côté de votre partenaire, face à ses mollets. Placez les mains sur les deux côtés du mollet découvert, doigts orientés dans la direction du regard. Massez le mollet en maintenant une distance de quelques centimètres entre les mains, lesquelles tordent le muscle en se déplaçant dans des directions opposées.

10 Vibration : soulevez le pied découvert avec la main gauche, s'il s'agit du pied droit, ou vice-versa. Pendant que vous le soulevez, posez l'autre main à plat sur le ventre du mollet. Secouez vigoureusement le mollet avec cette main, dans un mouvement de va-et-vient transversal, pour le faire vibrer. Faites-le vibrer pendant 10 secondes, puis déposez la jambe.

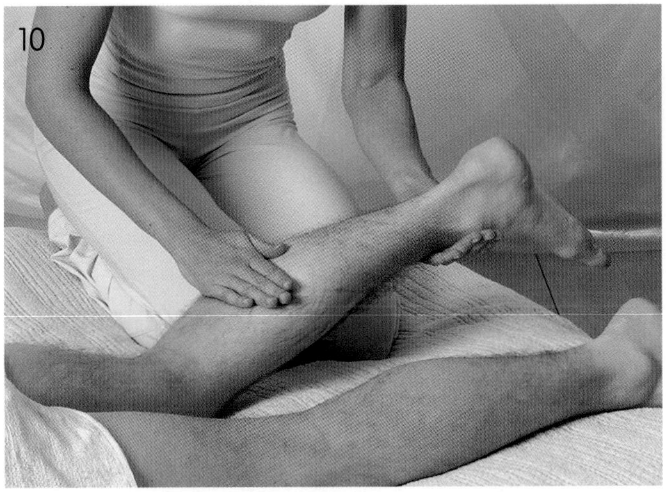
10

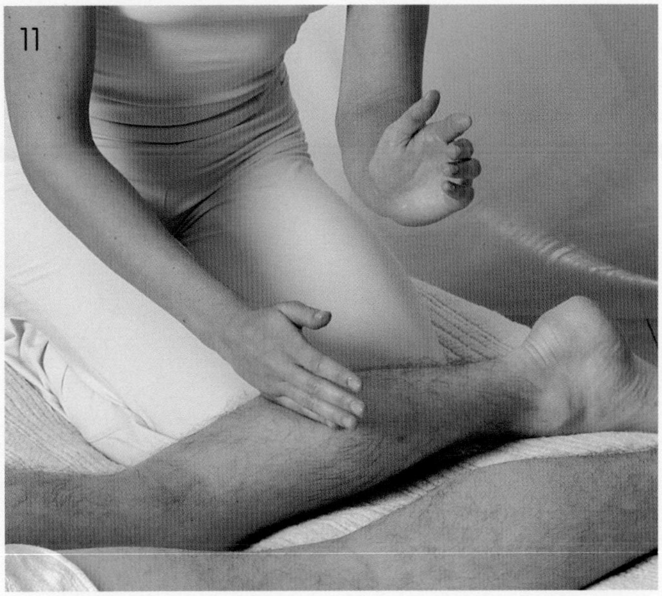
11

11 Hachure : placez les mains face à face et tapotez la partie la plus charnue du mollet. Exécutez des mouvements rapides et rythmiques en faisant alterner les mains, afin de réveiller le muscle.

12 Autre type d'effleurage : placez les deux mains sur la cheville, doigts orientés vers la hanche. Faites glisser une main sur la jambe jusqu'à la hanche, en évitant l'arrière du genou, puis sur le côté extérieur du membre jusqu'au point de départ. Comme la main arrive à la cheville, faites glisser l'autre main de la même manière. N'oubliez pas d'exercer une pression énergique lorsque les mains glissent vers le haut de la jambe, mais légère quand elles redescendent.

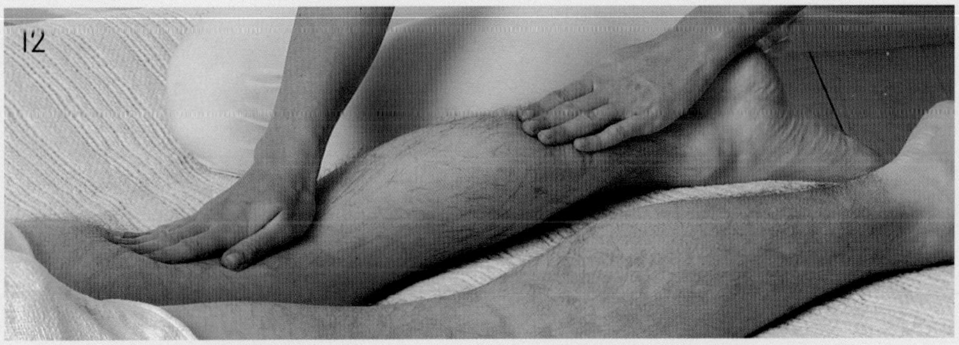
12

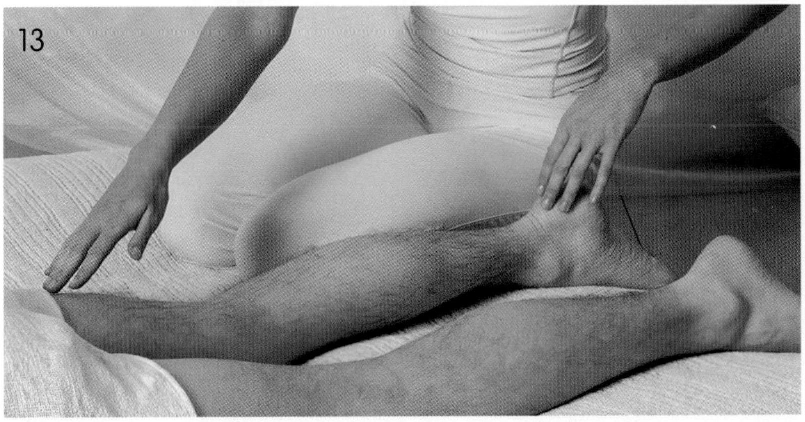
13

13 Caresse de la plume : placez une main près la jambe de façon à ce que le bout des doigts en effleure la partie supérieure. Caressez alors la jambe de haut en bas en l'effleurant à peine. Lorsque la main arrive à la cheville, commencez à faire glisser de la même manière les doigts de l'autre main.

Fin : recouvrez la jambe et placez-vous de l'autre côté de votre partenaire. Découvrez l'autre jambe, hanche comprise, et répétez la série de manœuvres en entier.

Aidez ensuite votre partenaire à se retourner. Soulevez légèrement la serviette en diagonale et en l'éloignant de vous pour permettre à votre partenaire de se retourner facilement, sans se prendre dans sa couverture.

Sur l'avant des jambes

Assouplissement : assoyez-vous ou mettez-vous à genoux à côté de votre partenaire, face à ses jambes. Posez les mains en travers d'une jambe sans la découvrir. Saisissez de la chair, puis lâchez-là. Recommencez jusqu'à ce que vous ayez fait tout l'avant de la jambe. Mettez ensuite les mains à plat sur la jambe et frottez-la avec vigueur.

Application de l'huile : découvrez la jambe jusqu'à l'articulation de la hanche. Versez-vous une petite quantité d'huile dans la main et frottez vos mains l'une contre l'autre. Étendez ensuite l'huile sur la jambe, depuis la cheville jusqu'à la hanche.

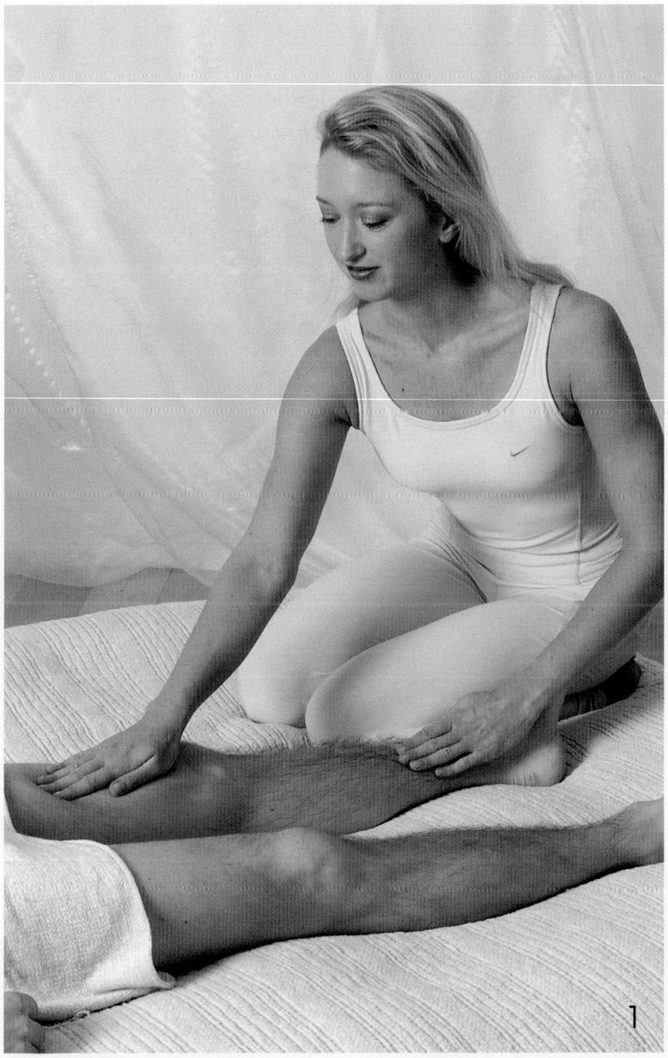

1

1 **Effleurage :** placez les mains sur la cheville. Faites glisser une main sur la jambe jusqu'à la hanche, en évitant l'arrière du genou. Déplacez-la ensuite vers le côté extérieur du membre où vous exécutez alors un glissement jusqu'à la cheville. Refaites la manœuvre avec l'autre main. Répétez-la ensuite quelques fois.

2 **Glissement des jointures :** fermez les mains. Posez la partie plate d'un des poings juste en haut du genou. Faites glisser ensuite le poing jusqu'à la hanche, tandis que vous placez l'autre poing en haut du genou. Comme vous soulevez le premier poing pour le ramener à son point de départ et le faire glisser de nouveau, exécutez un glissement avec le second poing de la même façon.

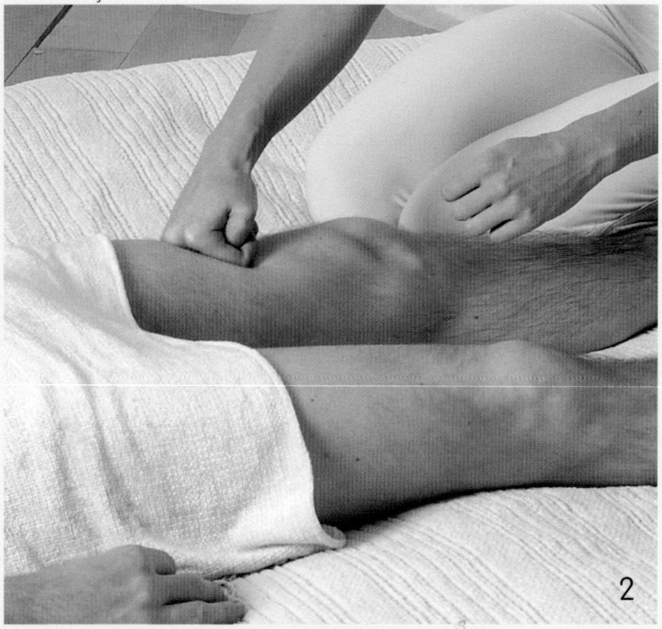

2

3 **Pétrissage-torsion de la cuisse :** à genoux face aux cuisses de votre partenaire, placez les mains sur les deux côtés de la cuisse découverte, doigts orientés dans la direction du regard. Faites glisser les mains transversalement sur le membre et dans des directions opposées afin que la chair se torde au moment où elles se croisent. Soulevez la chair en pensant à la détacher de l'os. Répétez l'opération.

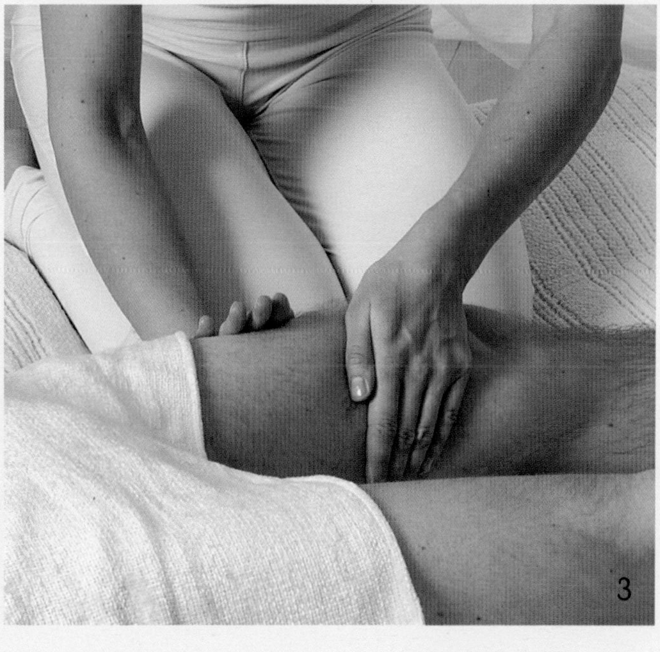

3

4 **Hachure :** toujours à genoux face aux cuisses, tenez les mains l'une en face de l'autre, à quelques centimètres au-dessus de la cuisse découverte. Tapotez rapidement l'avant de la cuisse sur toute sa longueur en faisant alterner les mains.

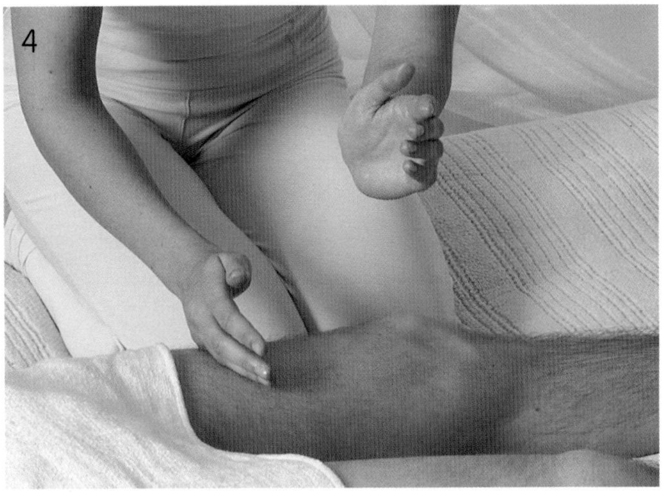

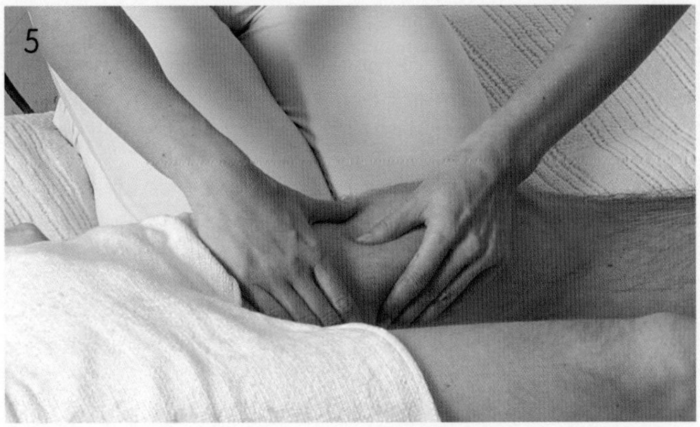

5 **Pétrissage de l'intérieur de la cuisse :** à genoux face aux cuisses, placez les mains sur le côté intérieur de la cuisse découverte, doigts orientés vers le sol, sauf les pouces, qui sont écartés. Saisissez alors de la chair d'une main et pressez-la délicatement pendant que vous la faites glisser vers l'autre main. Au moment où vous lâchez la chair, saisissez-la avec la seconde main. Continuez à faire glisser la chair d'une main à l'autre en même temps que vous opérez un transfert de poids latéral synchronisé avec la manœuvre.

6 **Friction de la cuisse :** placez les pouces sur la jambe, juste en haut du genou. Raidissez-les ensuite pour esquisser de petits cercles en utilisant toute la longueur des bras. Servez-vous de la partie charnue des pouces pour faire des cercles sur tout l'avant de la cuisse.

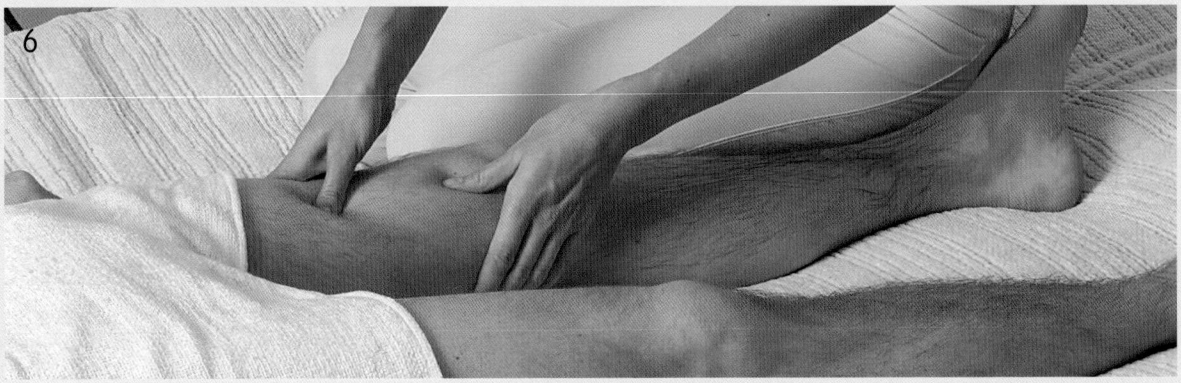

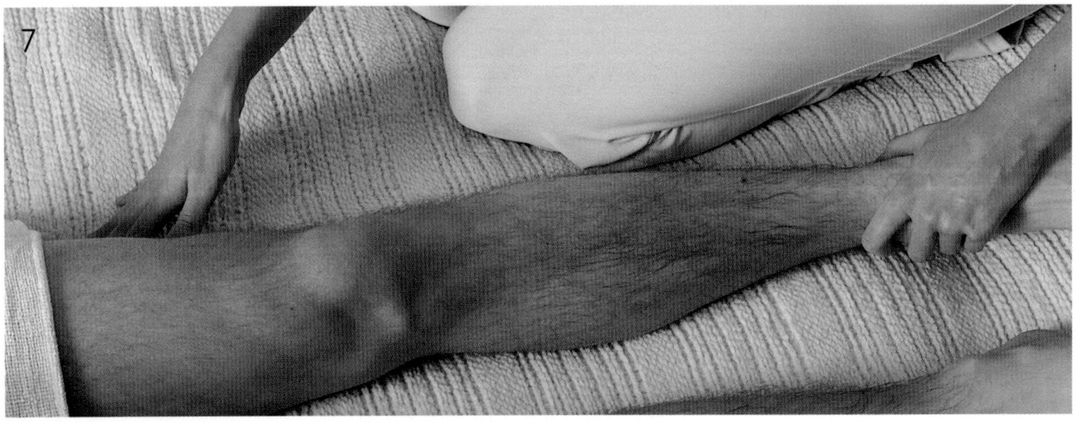

7 **Friction sur le côté extérieur de la jambe :** placez une main sur la cheville et faites tourner légèrement la jambe découverte vers l'intérieur. Placez le pouce de l'autre main sur le côté extérieur de la jambe, juste en haut du genou. Faites des petits cercles avec le pouce en progressant vers la hanche, sur laquelle vous en décrivez ensuite également quelques-uns. Répétez l'opération deux fois.

8 Ouverture du genou : allongez les pouces sur la rotule en les orientant vers la hanche et placez les autres doigts sur les côtés du genou. Écartez les pouces en faisant glisser la partie charnue des deux doigts autour de la rotule. Répétez l'opération trois fois.

8

9 Pétrissage du mollet : mettez-vous à genoux face aux jambes de votre partenaire. Placez les mains sur la jambe découverte du côté intérieur du tibia et saisissez la chair du mollet avec une main. Faites glisser cette main vers l'autre main tout en déplaçant la chair dans la même direction. Au moment où vous lâchez la chair, saisissez-la avec la seconde main pour la faire glisser vers la première main, et ainsi de suite.

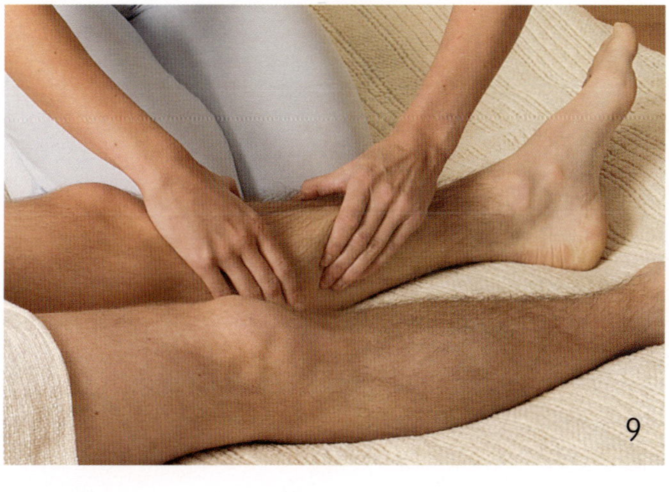

9

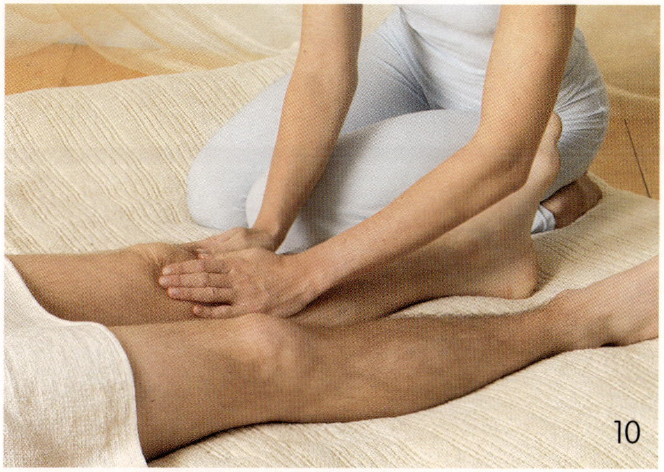

10

10 Effleurage de base : placez les deux mains sur la jambe à la hauteur des chevilles, doigts orientés vers la hanche. Faites glisser vos mains le long de la jambe jusqu'à la hanche, en évitant le genou. Séparez-les ensuite pour exécuter un glissement sur les côtés du membre jusqu'à leur point de départ. Répétez l'opération trois fois. Placez ensuite les mains juste en haut du genou et répétez la manœuvre sur la cuisse seulement.

11

11 Caresse de la plume : placez une main près la jambe, de façon à ce que le bout des doigts en effleure la partie supérieure. Caressez alors la jambe de haut en bas en laissant le bout des doigts en suivre les contours. Lorsque la main arrive à la cheville, commencez à faire glisser de la même manière les doigts de l'autre main.

Fin : recouvrez la jambe et répétez cette série de manœuvres sur l'autre jambe.

Sur les pieds

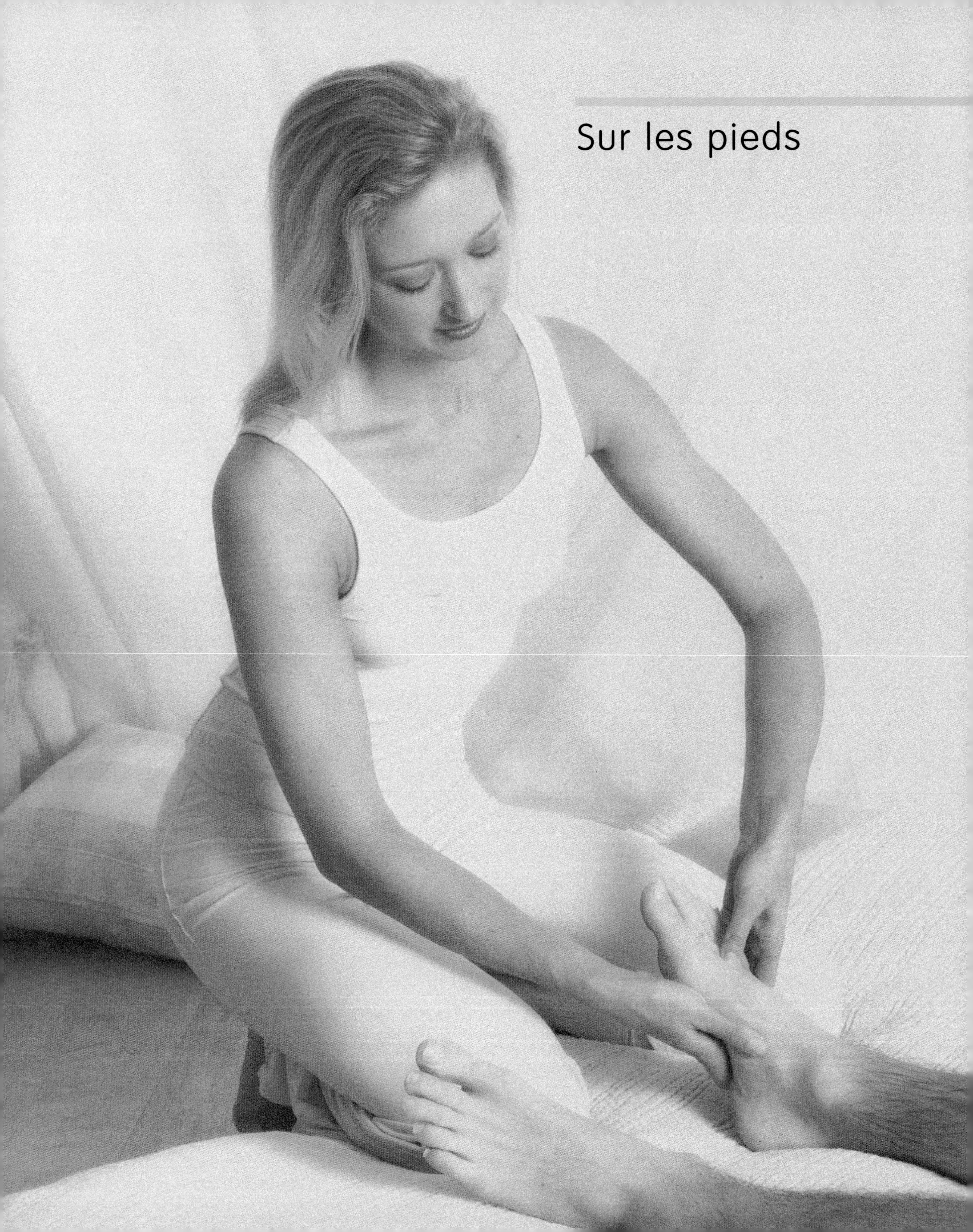

Application de l'huile : versez dans votre main une quantité d'huile correspondant au volume d'un pois. Frottez-vous les mains l'une contre l'autre et étendez l'huile sur toute la surface du pied découvert.

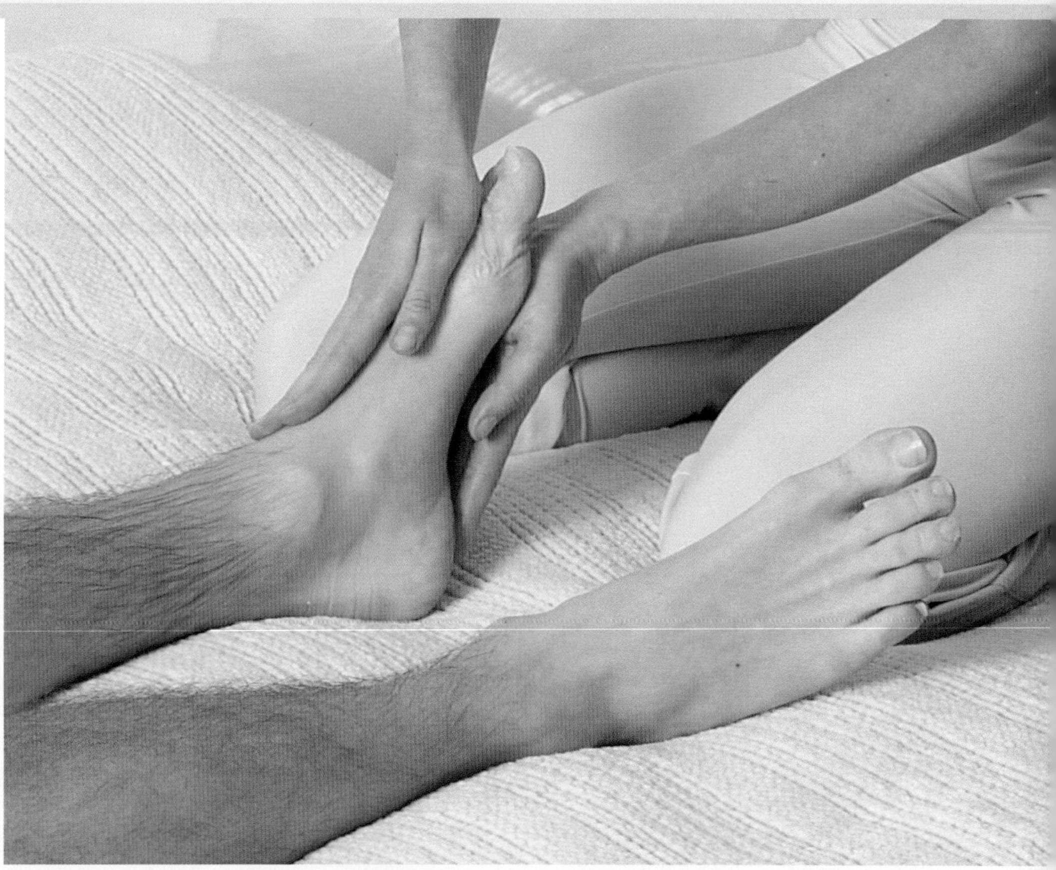

1 Mains dessus, mains dessous : placez une main sur la face supérieure du pied et l'autre main sur la face inférieure en orientant les doigts vers la cheville. Faites glisser vos mains en les rapprochant de vous jusqu'à réunir les paumes, tandis que vous exercez une pression sur le pied. Permutez les mains et répétez la manœuvre.

2 Cercles autour des malléoles : placez le bout des 10 doigts de chaque côté de la cheville. Décrivez lentement des cercles autour des malléoles. Cette manœuvre est incroyablement relaxante.

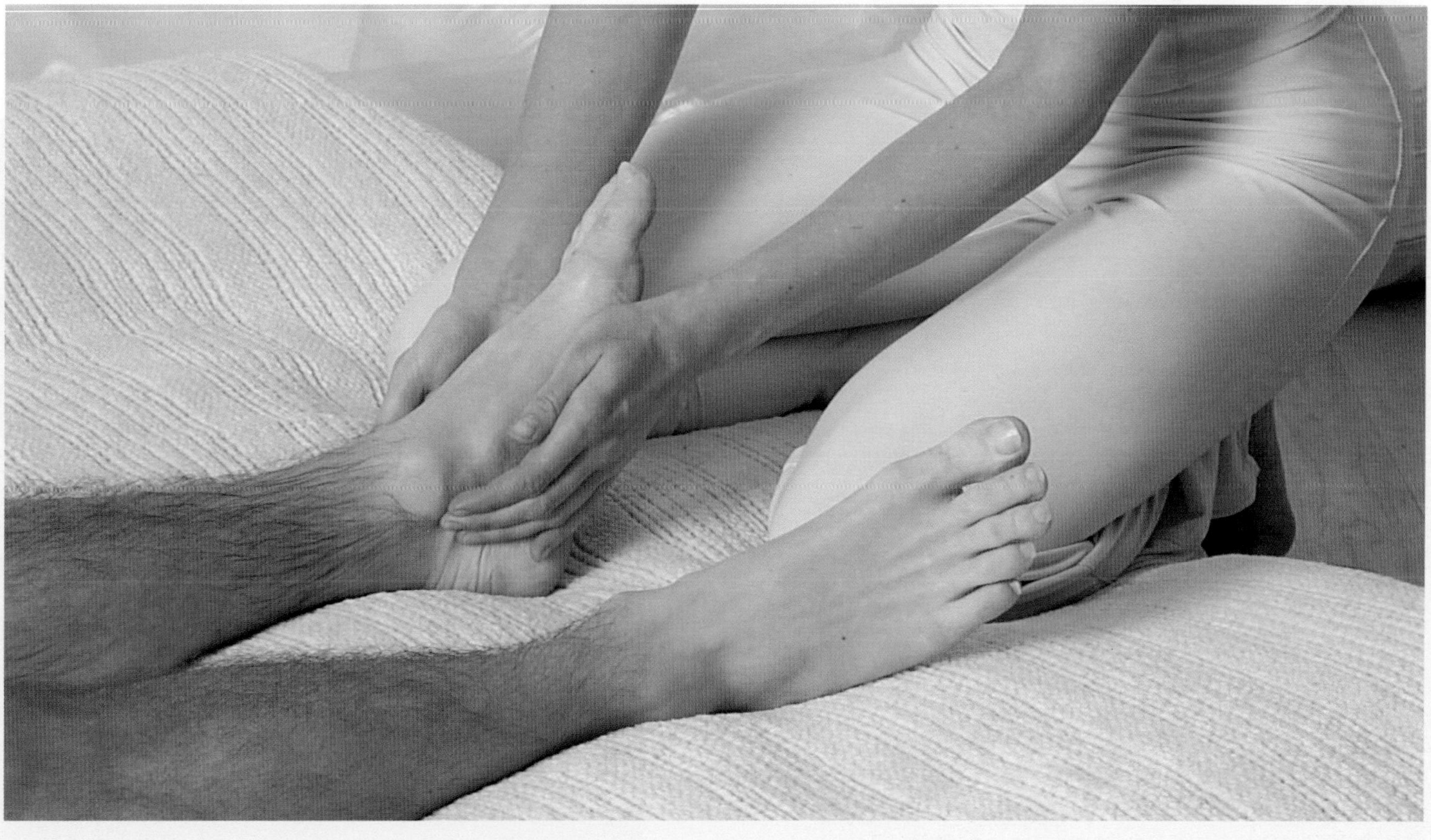

3 Friction : placez les pouces sur la face supérieure du pied et utilisez-les pour y faire des petits cercles partout. Placez-les ensuite sur la face inférieure du pied et répétez la même opération, tout en essayant de briser tout nœud détecté.

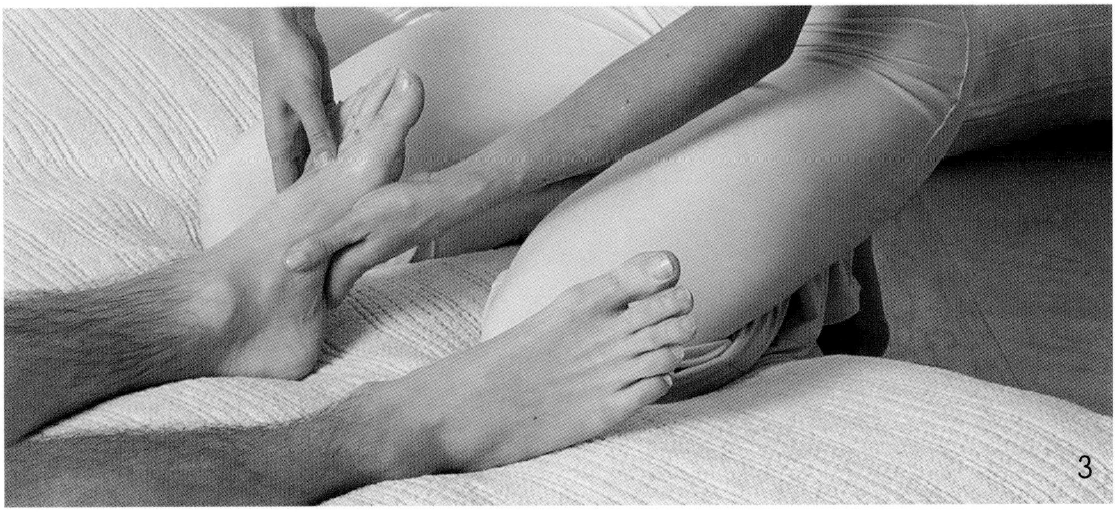

3

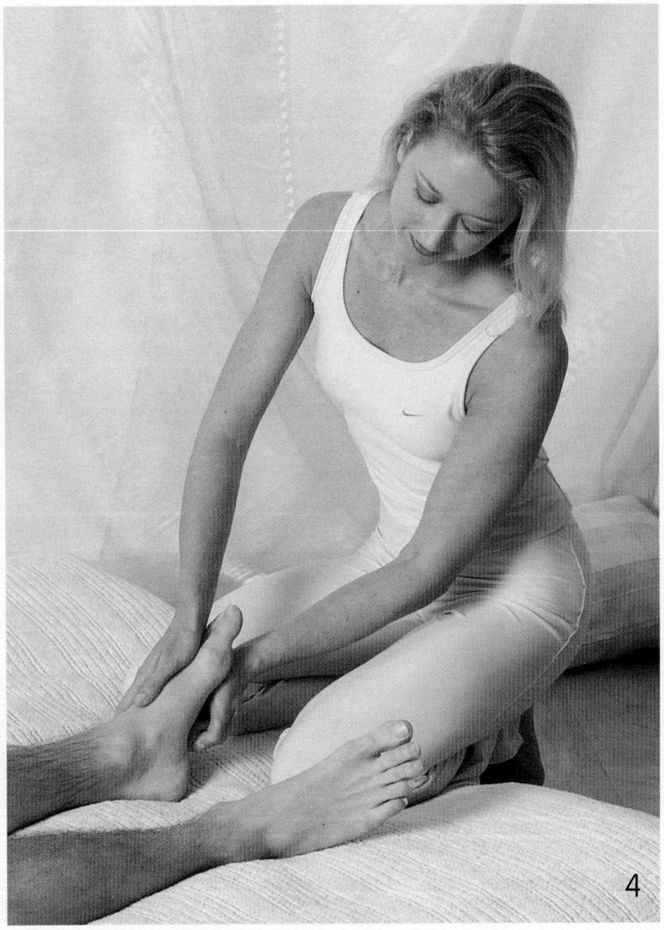

4

4 Roulement des jointures sous le pied : repliez les doigts d'une main pour qu'ils touchent la paume, puis placez la main contre la face inférieure du pied en orientant les jointures vers le sol. Massez ensuite le dessous du pied en faisant rouler les jointures sur toute sa longueur.

5 Massage des orteils : placez le pouce et l'index d'une main à la racine d'un orteil, un doigt sur le dessus et l'autre en dessous. Tirez l'orteil délicatement, tandis que vous décrivez des cercles avec vos deux doigts jusqu'à son extrémité et que vous pincez au moment où vous lâchez prise. Passez à l'orteil suivant et ainsi de suite jusqu'à ce que tous les orteils aient été massés.

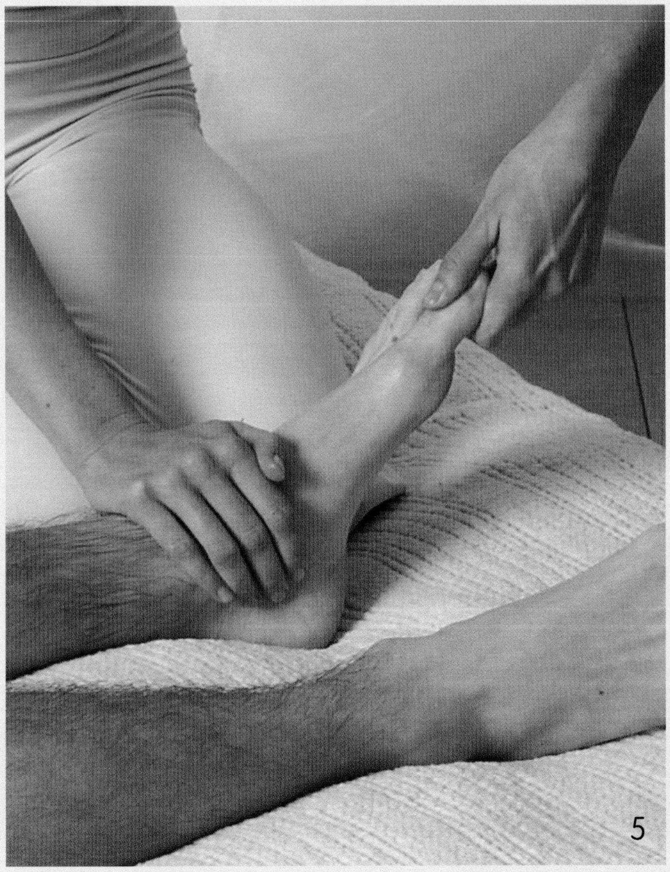

5

6 **Vibration :** allongez les deux mains des deux côtés du pied, paumes face à face. Le centre des paumes devrait toucher aux bords du pied. Faites bouger le pied rapidement jusqu'à le faire vibrer en éloignant et en rapprochant alternativement les mains de vous.

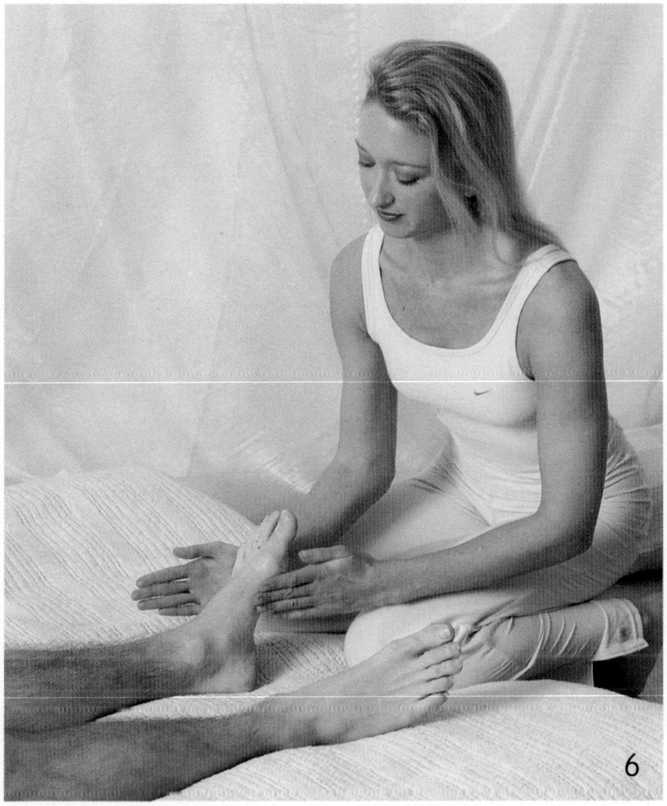

6

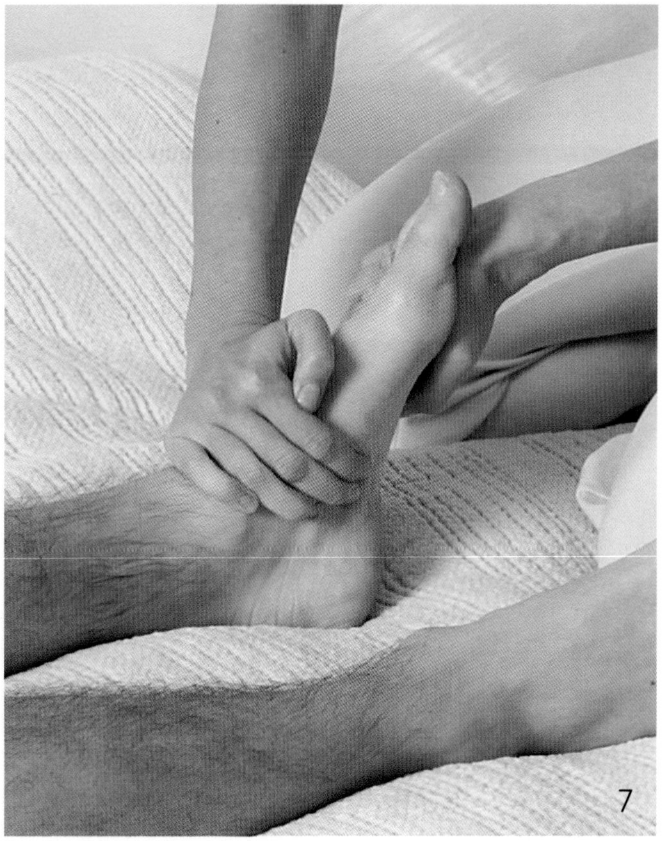

7

7 **Pression du pied :** entourez tout le pied avec vos mains et pressez-le délicatement. Répétez l'opération quelques fois en permutant vos mains à chaque répétition.

8 **Prise du pied :** enveloppez le pied avec vos mains et tenez-le quelques secondes. Cette manœuvre est très réconfortante et très bénéfique pour votre partenaire.

Fin : recouvrez le pied et répétez cette série de manœuvres sur l'autre pied.

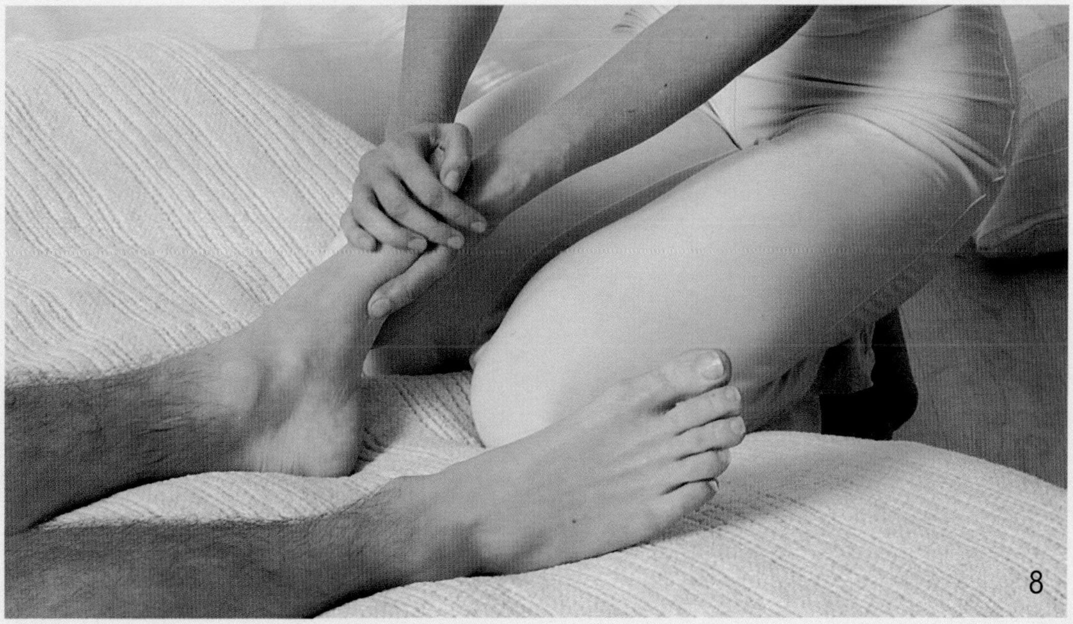

8

Sur l'estomac

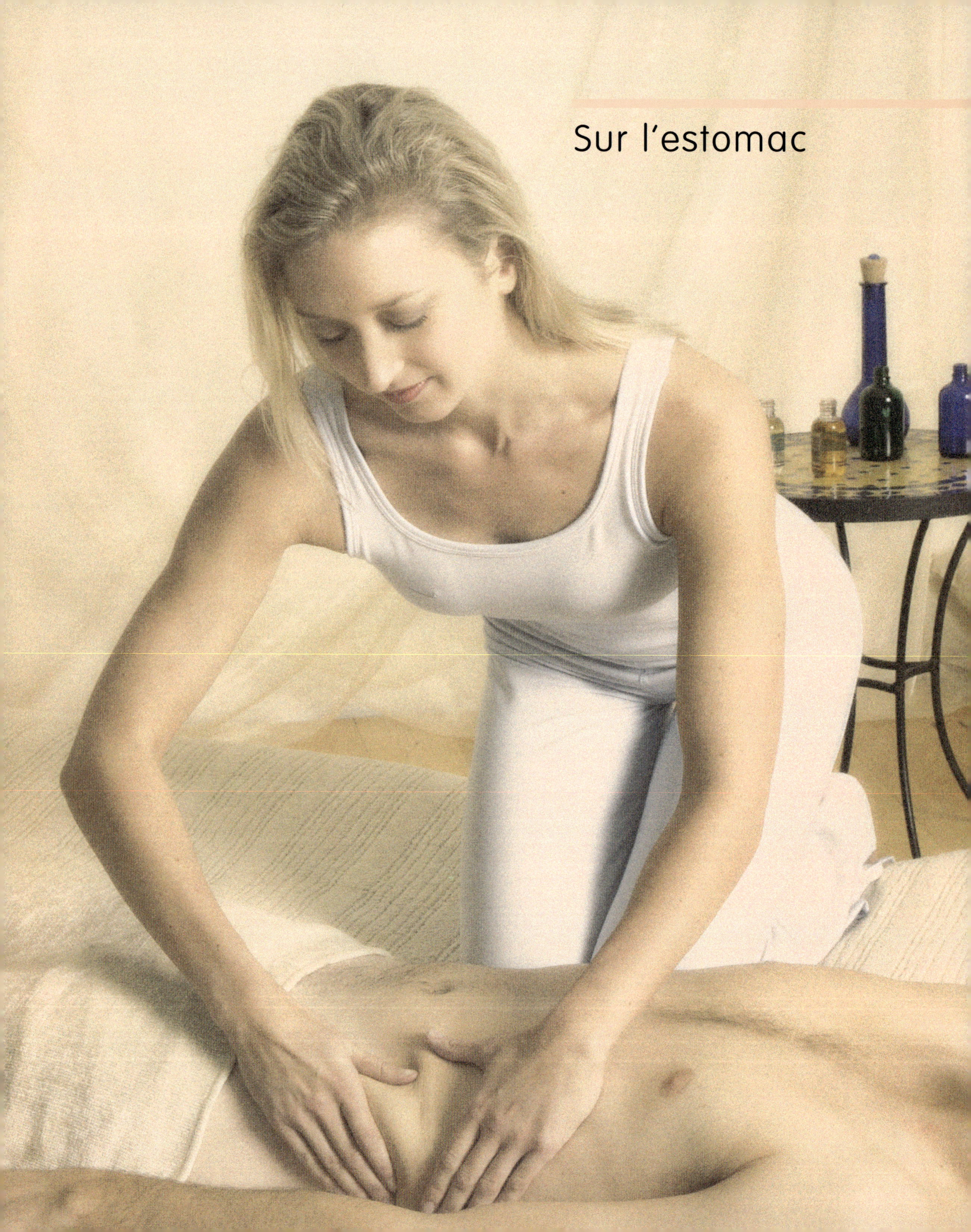

Application de l'huile : si vous massez une femme, placez une serviette sur sa poitrine, par-dessus celle qui couvre déjà son corps. Déplacez légèrement cette dernière vers le bas du corps, sans que la première serviette ne bouge. Repliez alors la serviette déplacée jusqu'aux hanches afin d'exposer l'estomac. Versez ensuite dans votre paume une quantité d'huile correspondant au volume d'un pois et frottez vos mains l'une contre l'autre.

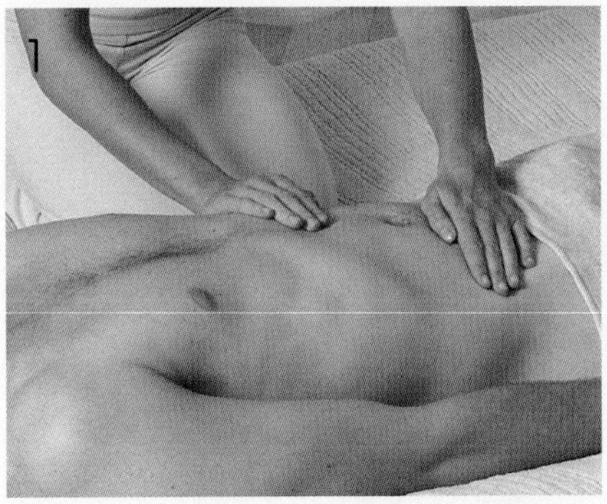

1 **Cercles autour du nombril :** posez les mains à plat sur l'estomac de votre partenaire, de part et d'autre du nombril, et utilisez-les pour décrire des cercles dans le sens horaire, tout en les levant et les replaçant au besoin.

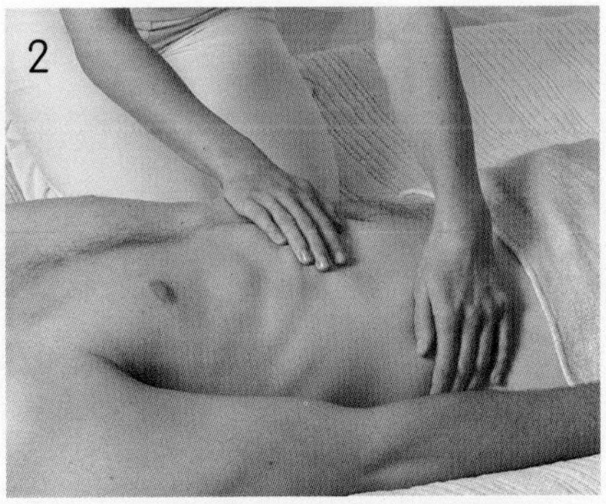

2 **Traction :** placez vos mains sous la taille du côté opposé à celui où vous êtes installé, doigts orientés vers le sol. Avec une main, tirez la chair de part en part de l'estomac. Tandis que vous remettez la main sous la taille, faites glisser l'autre main vers le nombril. Continuez cette manœuvre en y allant de mouvements réguliers et rythmiques.

3 **Pétrissage de la taille :** placez les deux mains sur la taille, du côté opposé à celui où vous êtes installé, doigts orientés vers le sol, sauf les pouces qui sont écartés. Saisissez délicatement de la chair d'une main, puis pressez-la en même temps que vous effectuez un glissement vers l'autre main. À l'instant où vous la lâchez, saisissez-la avec la seconde main. Faites glisser la chair d'une main à l'autre tout en exécutant un transfert de poids synchronisé avec la manœuvre.

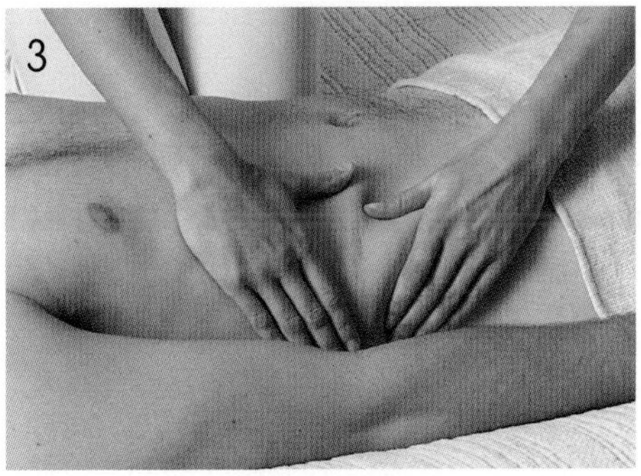

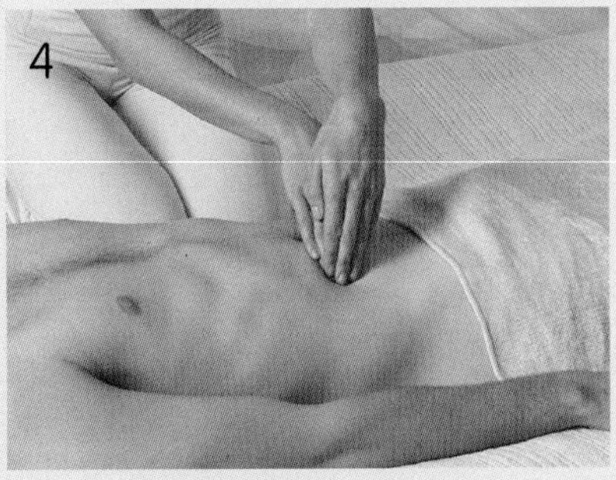

4 **Cercles à deux mains :** mettez-vous à genoux du côté droit de votre partenaire. Placez les mains l'une sur l'autre et posez le bout des doigts sur l'estomac, tout juste en bas du nombril, à sa droite. Imaginez ensuite un carré autour de ce nombril. Vous devez décrire des cercles minuscules le long de trois côtés du cercle. Faites d'abord l'un des côtés verticaux vers le haut, ensuite le côté supérieur, en haut du nombril, et enfin, l'autre côté vertical vers le bas. Répétez l'opération trois fois. Cette manœuvre masse le tube digestif.

5 **Cercles autour du nombril :** répétez l'étape 1.

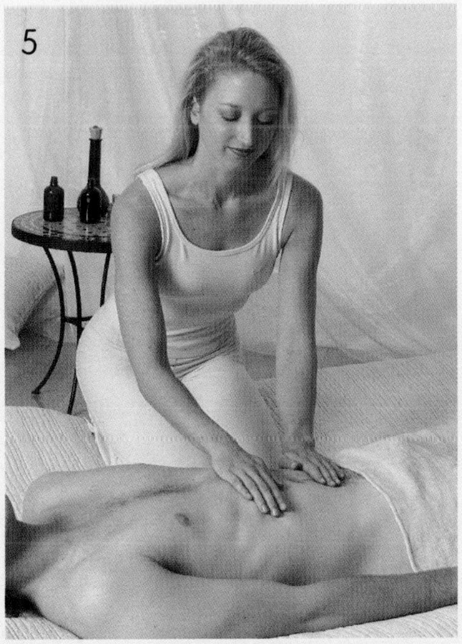

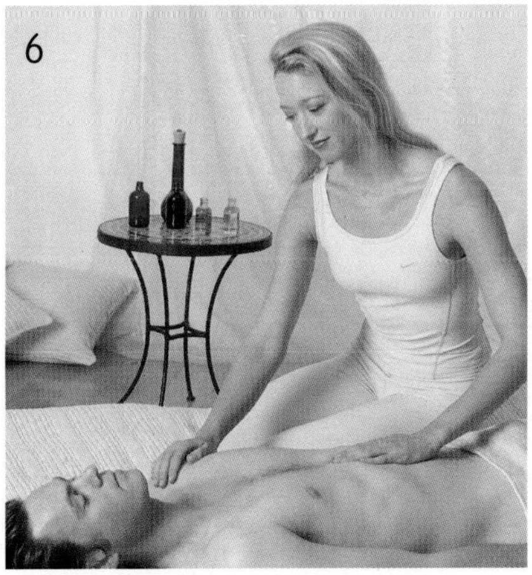

6 **Frottement du plexus solaire :** placez une main juste en bas du sternum, doigts orientés vers la tête. Décrivez lentement de petits cercles à peine perceptibles en utilisant toute la main. Cette manœuvre produit un effet vraiment bénéfique.

Fin : dépliez la serviette pour recouvrir l'estomac, puis le thorax. Si votre partenaire est une femme, enlevez la serviette déposée sur sa poitrine en la faisant glisser avec précaution sous l'autre serviette.

Sur les bras

Assouplissement : placez les mains en travers d'un bras, sans le découvrir. Pressez la chair sous la serviette en utilisant toute la surface des mains, puis lâchez-la. Répétez cette opération sur toute la longueur du bras, que vous frottez ensuite vigoureusement.

Application de l'huile : placez les mains sur l'épaule et le poignet non découverts. Pressez le bras sur toute sa longueur avec les mains, à la fois délicatement et avec énergie. Découvrez ensuite le bras. Versez-vous un peu d'huile dans la paume et frottez vos mains l'une contre l'autre. Étendez l'huile sur le bras, depuis le poignet jusqu'à l'épaule. Assurez-vous d'en mettre partout sur les deux côtés du bras.

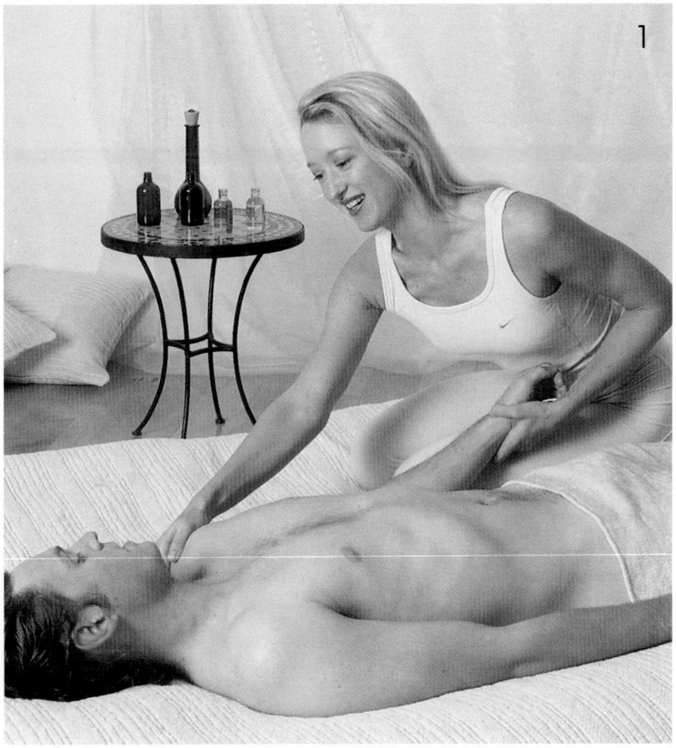

1

1 **Effleurage :** tenez le poignet d'une main et faites glisser l'autre main vers l'épaule. Passez autour de l'épaule en utilisant toute la surface de la main, que vous ramenez ensuite en exécutant un glissement jusqu'au poignet. Permutez les mains et répétez la manœuvre. Appliquez une pression énergique lorsque vous effectuez un glissement vers le haut du bras, mais légère vers le bas.

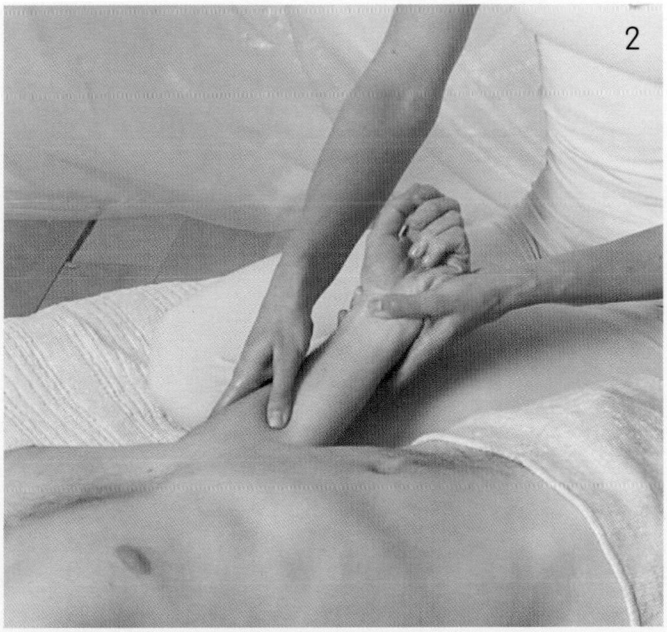

2

2 **Friction de l'avant-bras :** retournez la main pour voir la paume. Placez le pouce de votre main libre sur le côté intérieur du bras à la hauteur du poignet, puis faites de petits cercles avec ce doigt en progressant vers le coude. Répétez cette manœuvre deux fois, de manière à décrire des cercles partout sur l'intérieur de l'avant-bras. Retournez encore la main et répétez la manœuvre sur l'extérieur de l'avant-bras.

3 **Friction de la région de l'humérus :** tenez le haut du bras dans vos deux mains, juste en haut du coude, en plaçant les pouces sur le dessus du bras et les autres doigts en dessous. Faites des cercles avec les pouces jusqu'à l'épaule, tandis que vous pressez la chair sous le bras avec les autres doigts.

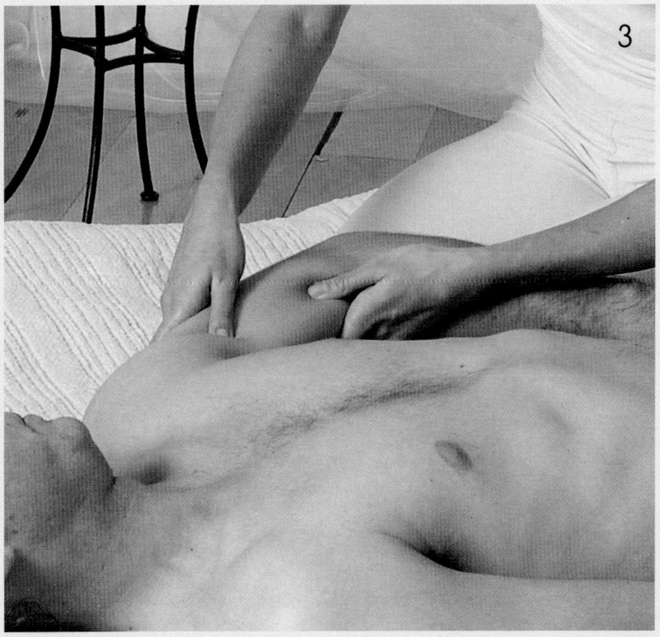

3

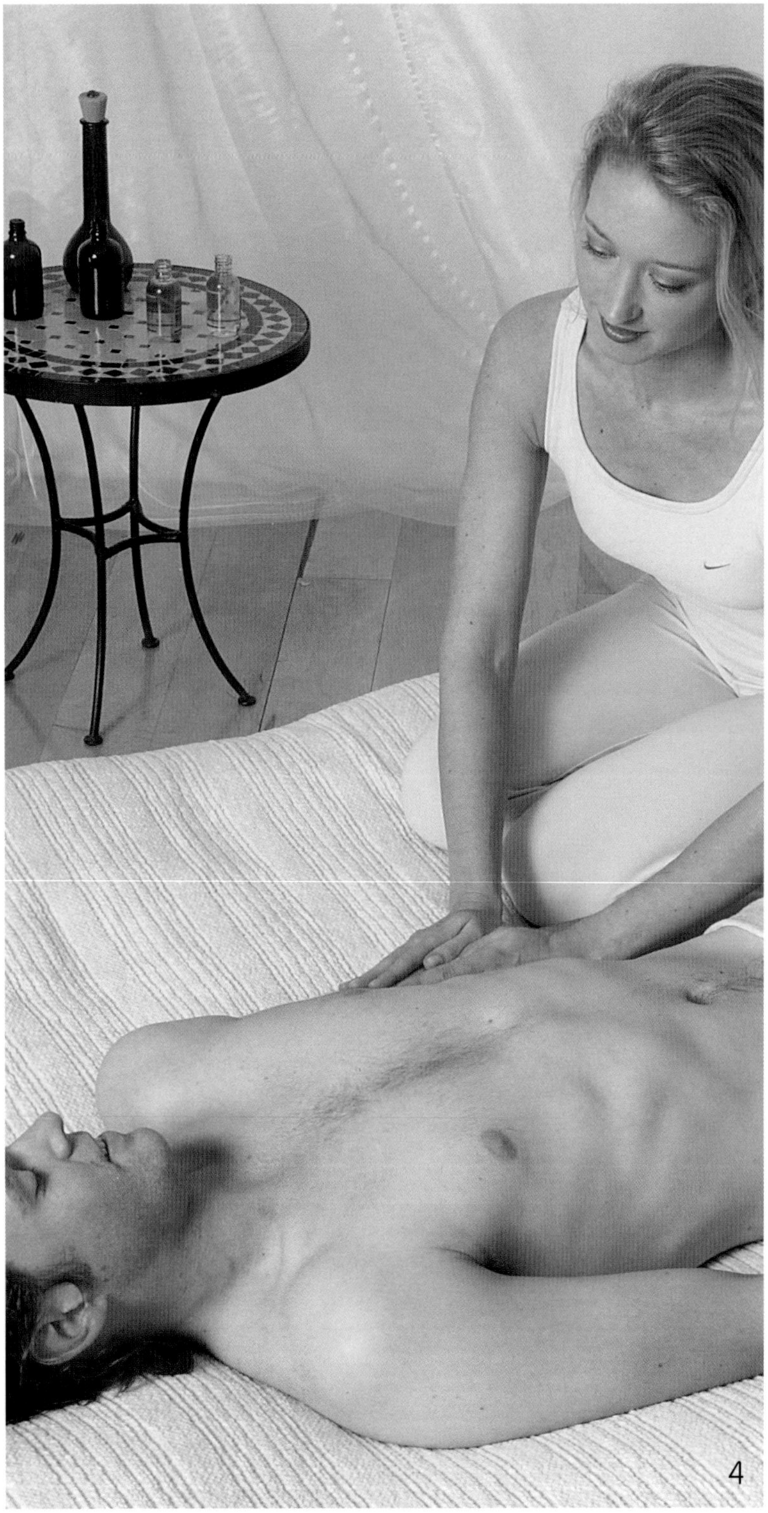

4

4 Effleurage de base : déposez le bras et placez les paumes des mains à la hauteur du poignet, doigts orientés vers l'épaule. Faites glisser vos mains vers le haut du bras où vous les séparez ensuite pour effectuer un glissement jusqu'au poignet. Répétez l'opération quelques fois.

5 Friction de la main : tenez la main de votre partenaire dans les vôtres. Placez les pouces sur le dos de la main et les autres doigts autour des côtés. Esquissez des cercles avec les pouces sur tout le revers de la main, y compris la région du poignet. Retournez la main pour voir la paume, sur laquelle vous répétez ensuite la même opération.

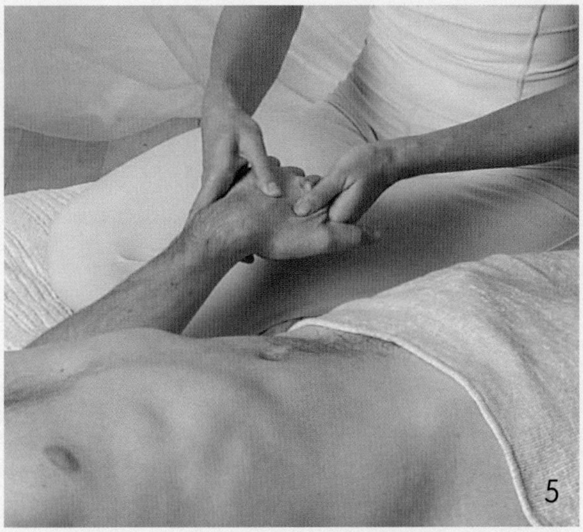

5

6 Ouverture : tenez la main de votre partenaire pour voir la paume, et enlacez vos auriculaires dans son pouce et son auriculaire. Allongez les pouces sur la paume près du poignet, en les collant l'un sur l'autre. Écartez-les alors l'un de l'autre, tandis que vous ouvrez la main toute grande avec vos auriculaires. Répétez cette opération quelques fois. Continuez à tenir la main de la même façon et décrivez des cercles avec les pouces, partout sur la paume.

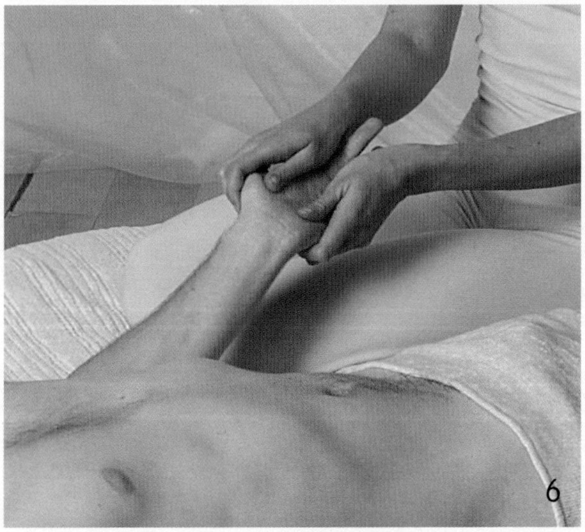

6

7 Massage des doigts : tenez un doigt à la racine avec votre pouce et votre index. Faites de petits cercles en progressant vers l'extrémité du doigt. Pincez le bout du doigt au moment où vous le lâchez. Passez au doigt suivant et ainsi de suite, jusqu'à ce que tous les doigts aient été massés.

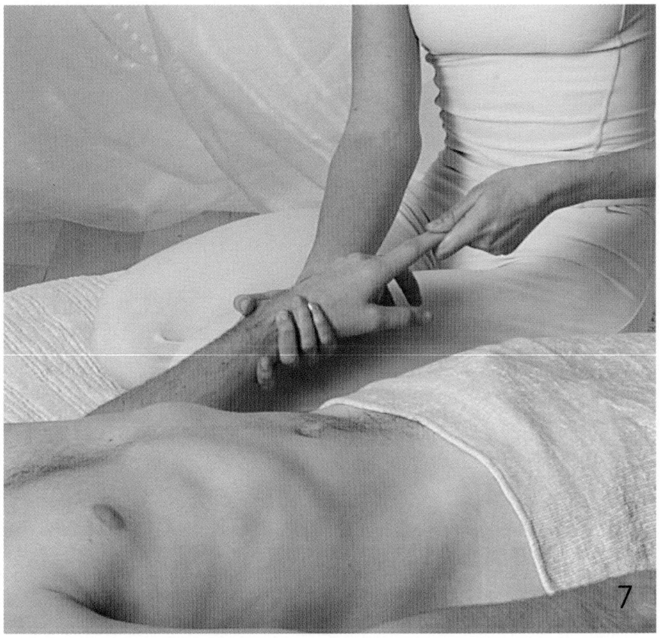

7

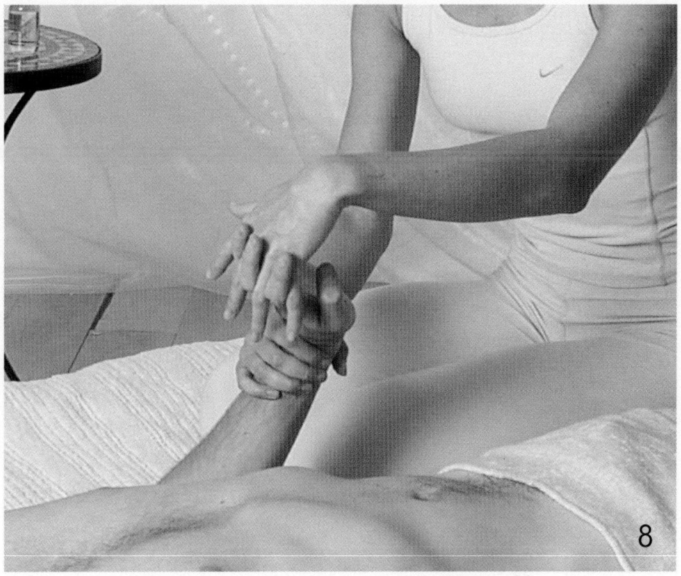

8

8 Entrelacement des doigts : tenez le bras gauche à la hauteur du poignet avec la main gauche, ou vice-versa. Enlacez lâchement les doigts de l'autre main dans ceux de votre partenaire, de manière à ce que les paumes soient face à face. Faites tourner lentement sa main en maintenant son poignet immobile. Décrivez trois cercles dans chaque sens. Pliez et dépliez ensuite la main de la personne massée – n'oubliez pas de libérer son poignet au préalable. Déposez enfin son bras.

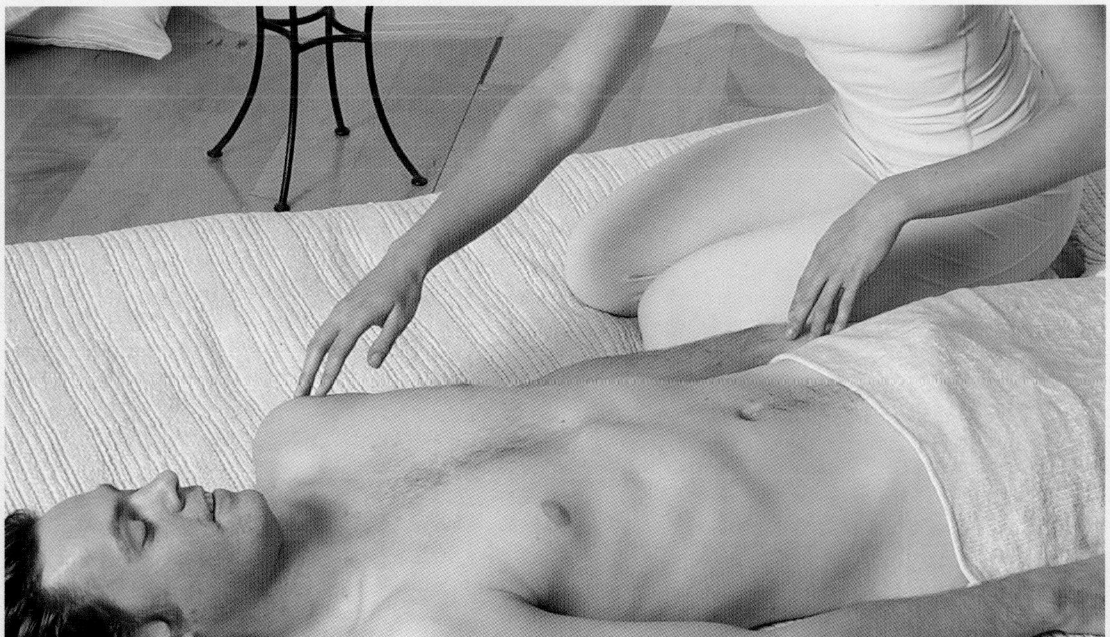

9

9 Caresse de la plume : placez une main près du bras, de façon à ce que le bout des doigts en effleure la partie supérieure. Caressez-le ensuite en faisant glisser délicatement vos doigts vers le bas. Répétez cette opération plusieurs fois en faisant alterner les mains.

Fin : recouvrez le bras avec la serviette et répétez la série de manœuvres sur l'autre bras.

Sur le thorax

1 Bercement : mettez-vous à genoux sur vos talons ou assoyez-vous les jambes croisées devant la tête de votre partenaire, face à ses pieds. Placez les paumes des mains sur les épaules, doigts orientés vers ses mains. Poussez légèrement une épaule vers le bas du corps avec la paume d'une main. Comme vous relâchez la main, faites la même chose sur l'autre épaule avec la seconde main, et ainsi de suite, de manière à bercer délicatement les épaules. Étendez ensuite l'huile.

2 Massage du thorax, de la nuque et des épaules : posez les mains au centre du thorax, de façon à ce qu'elles se touchent du bout des doigts, puis ouvrez les coudes. Déplacez alors les mains vers les épaules en appliquant une pression. Passez-les autour des épaules pour effectuer ensuite un déplacement sous celles-ci vers le bas de la nuque. À cet endroit, collez vos mains l'une contre l'autre, puis faites-les glisser sur la nuque jusqu'à la base de la tête. Répétez ce massage deux fois.

3

3 **Massage de la nuque une main après l'autre :** placez une main autour de la nuque, à sa base. Tenez lâchement la nuque pendant que vous faites glisser votre main jusqu'en bas de la tête. Pendant que vous exécutez ce glissement, enchaînez avec la seconde main, et ainsi de suite afin de masser la nuque.

4 **Effleurage de l'épaule une main sur l'autre :** mettez-vous à genoux à côté de votre partenaire. Placez les mains l'une sur l'autre et posez-les sur le thorax, en orientant les doigts des deux mains dans la direction du regard. Faites alors glisser les mains vers l'épaule située du côté opposé à celui où vous êtes installé. Faites le tour de l'épaule, puis ramenez les mains à leur point de départ en appliquant toujours une légère pression. Répétez cette manœuvre quelques fois. Déplacez-vous ensuite de l'autre côté de votre partenaire et répétez l'opération en entier.

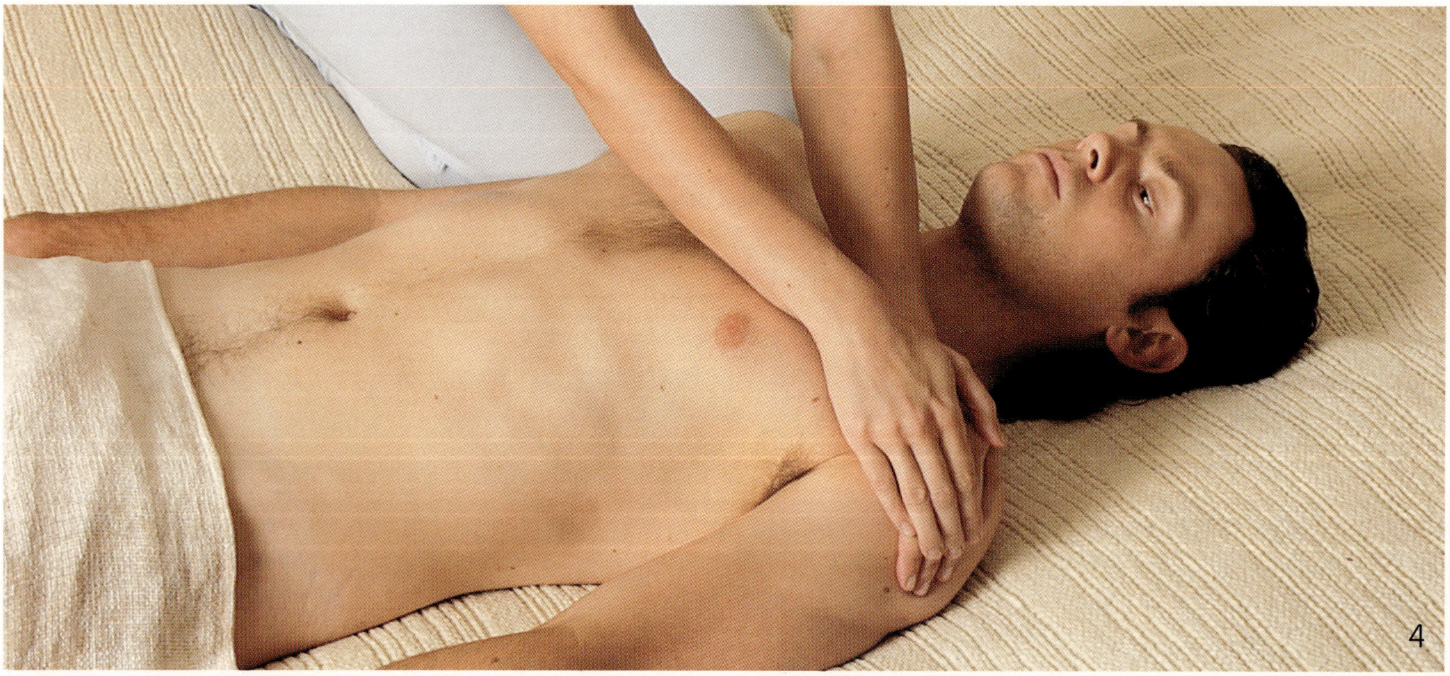
4

5 Friction des épaules : placez les pouces juste en haut des clavicules et les huit autres doigts sous les épaules. Massez les épaules en décrivant des cercles avec ces huit doigts, alors que vous maintenez les pouces immobiles. Répétez cette opération après avoir mis les pouces sous les épaules et les autres doigts en haut des clavicules. Ce sont, cette fois, les pouces qui font des cercles, alors que les huit autres doigts restent immobiles.

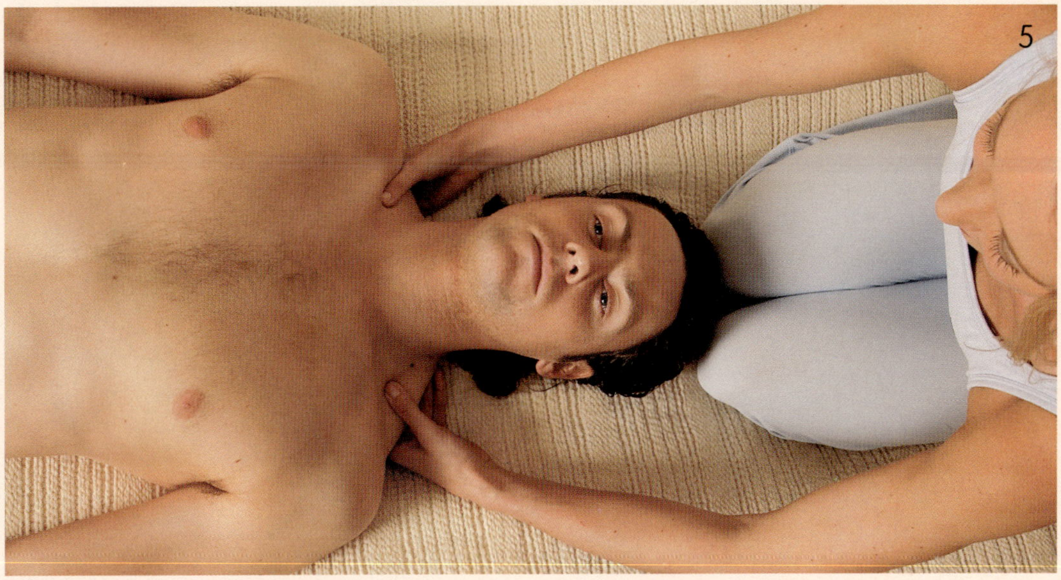

6 Tapotement avec les doigts : tenez vos doigts au-dessus du thorax et tapotez-le en les laissant tomber dessus un à un. Imaginez des gouttes de pluie tombant légèrement sur la peau.

7 Massage du thorax, de la nuque et des épaules : répétez l'étape 2

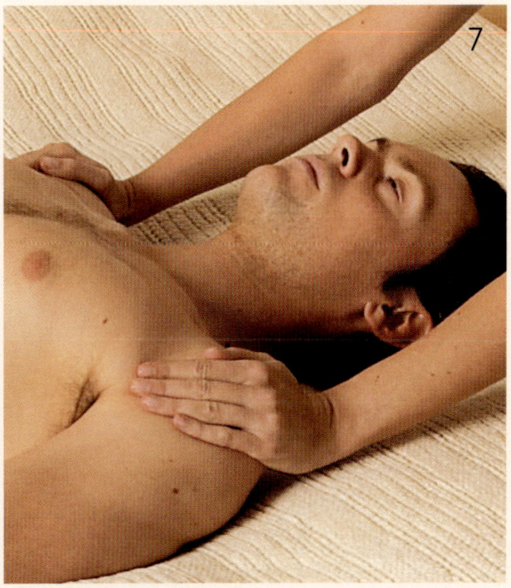

Sur la nuque et la tête

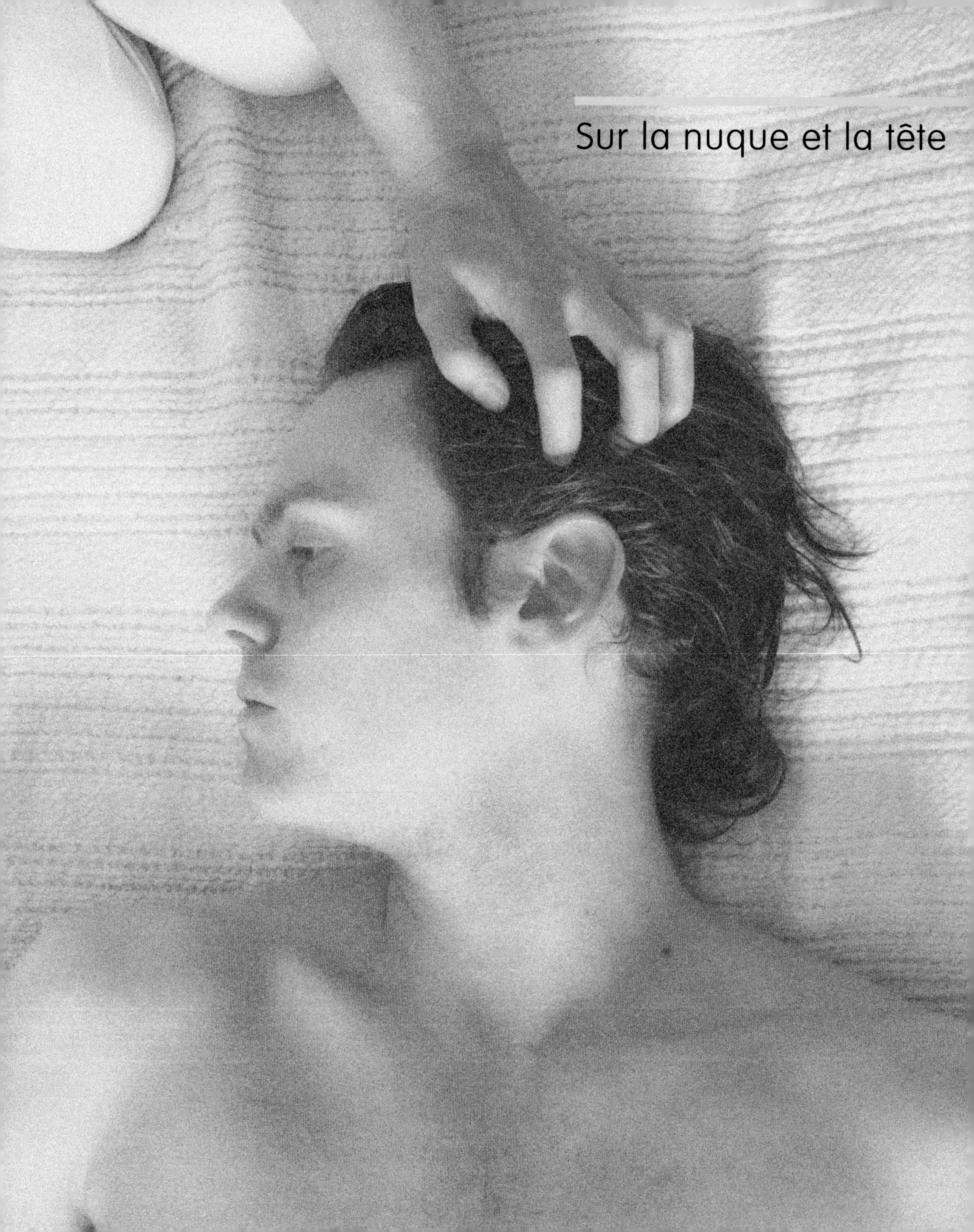

1 Tête sur le côté : tournez doucement la tête sur un côté afin d'exposer le côté du cou.

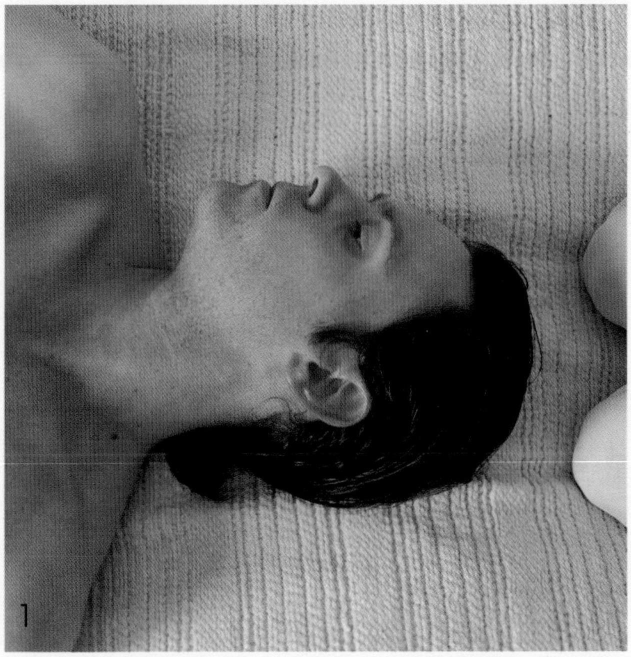

1

2 Effleurage avec une main : posez une main à plat contre la base du crâne, doigts orientés vers le sol, sauf le pouce, qui est écarté. Faites glisser la partie plate de cette main le long de la nuque jusqu'à l'épaule en laissant le pouce suivre la courbe du trajet. Enveloppez ensuite l'épaule avec vos doigts, puis faites le chemin inverse de la même manière, en gardant le pouce écarté, placé sur le dessus du corps, et les autres doigts orientés vers le sol. Répétez la manœuvre quelques fois.

3 Glissement des jointures : repliez les phalanges distales et médianes des doigts de la main gauche pour que leurs extrémités touchent la paume. Placez ensuite les jointures de cette main sous la nuque, à l'endroit où elle rejoint l'épaule. En gardant votre poignet raide, décrivez un mouvement circulaire avec le bras afin de masser la nuque et le dessous des épaules.

4 Friction de la base de la tête : placez le bout des doigts d'une main à la base du crâne et formez une patte. Décrivez des cercles minuscules avec la main en faisant bouger le cuir chevelu. Enlevez ensuite l'huile de vos mains avec une serviette avant de masser la tête au niveau des cheveux.

5 Friction de la tête : formez une patte avec une main que vous placez ensuite à la base du crâne. Décrivez alors de petits cercles avec les doigts en faisant bouger le cuir chevelu.

Répétez la manœuvre en progressant vers le haut de la tête jusqu'au front.

Fin : tournez doucement la tête vers l'autre côté et répétez la série de manœuvres.

2

3

4

5

Sur le visage

Application de l'huile : versez une ou deux gouttes d'huile sur les doigts et frottez-vous les bouts des doigts ensemble.

1 Effleurage du menton : collez vos doigts les uns contre les autres et placez-les sous le menton, puis ouvrez les coudes. Faites alors glisser doucement une main jusqu'à l'oreille, puis l'autre main vers l'autre oreille. Répétez l'opération quelques fois. La nature rythmique de la manœuvre peut être très apaisante et relaxante.

2 Effleurage du front : posez une main en travers du front. Effectuez un léger glissement et, lorsqu'elle termine son parcours, enchaînez avec l'autre main. Tâchez de penser à apaiser et à détendre le front. Répétez l'opération quelques fois.

3 Tapotement avec les doigts : posez légèrement le bout des doigts sur le front. Tapotez ensuite le front avec la partie charnue du bout des doigts en les laissant tomber dessus un à un. Continuez le tapotement, tandis que vous déplacez les mains autour des joues et du menton. Évitez de frapper les yeux, le nez et la bouche.

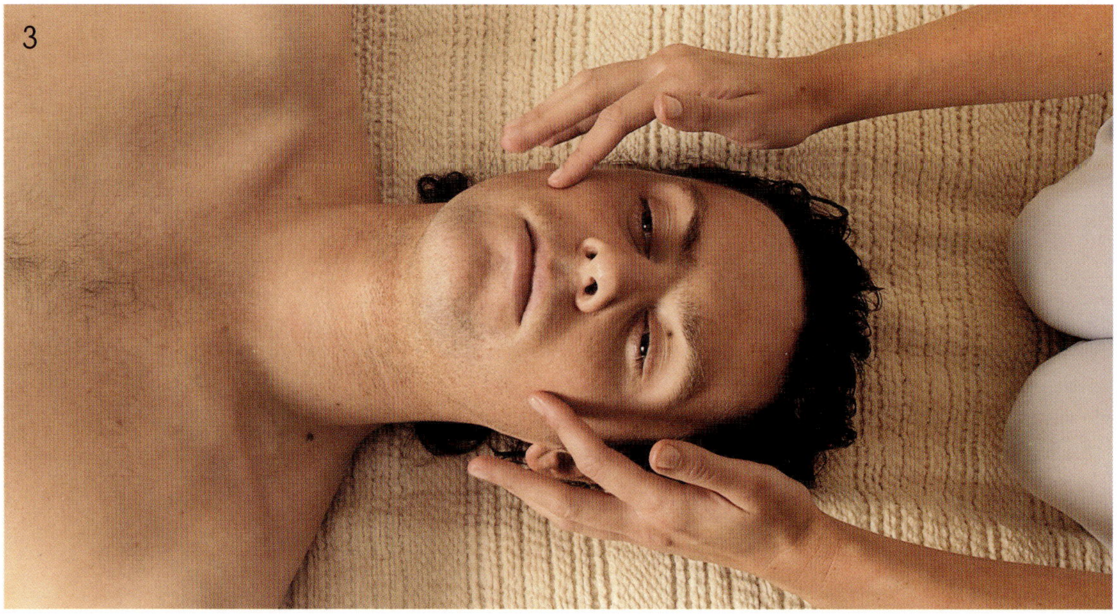

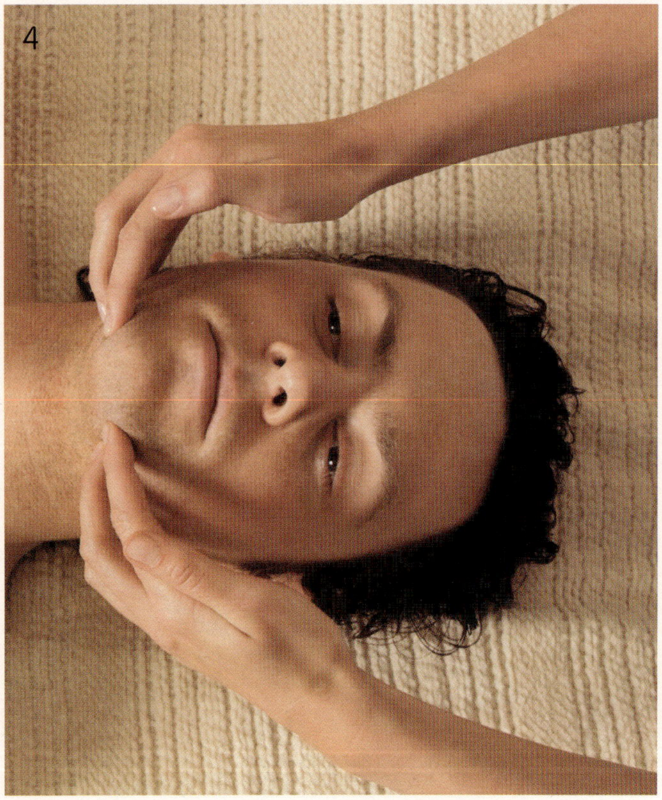

4 Friction : écartez les doigts et placez leur extrémité sur la ligne de la mâchoire. Décrivez doucement de minuscules cercles en bougeant à peine les doigts. Déplacez-les sur la mâchoire, puis sur les joues, et faites des cercles après chaque déplacement.

5 Pincement du menton : placez les index et les majeurs en dessous du menton et les pouces sur le menton. Pincez délicatement le menton, en glissant les doigts les uns vers les autres. Répétez cette manœuvre quelques fois.

6 Cercles autour des oreilles : placez les deux mains sous le menton, de manière à ce que les doigts soient face à face. Faites glisser les mains dans des directions opposées vers les oreilles. Décrivez ensuite des cercles avec les doigts, en avant des oreilles et partout en arrière. Pincez délicatement les lobes des oreilles avec les pouces et les index, puis tirez-les vers le cou en laissant les doigts glisser dessus jusqu'à atteindre leur extrémité. Lâchez prise ensuite. Répétez quelques fois cette suite d'opérations.

7 Massage des oreilles : placez les pouces sur les pavillons des oreilles et pliez vos index sous celles-ci. Massez les oreilles en faisant des cercles avec ces deux doigts. Tirez ensuite délicatement l'oreille en l'éloignant de la tête.

Fin du massage : tenez la tête de votre partenaire pendant un instant en plaçant les pouces sur le front, collés l'un contre l'autre, et en orientant les autres doigts vers les oreilles. Déplacez-vous ensuite à côté de la personne massée et pressez ses épaules. Puis, placez vos mains sur ses hanches et pressez-les doucement. Déplacez-vous encore, cette fois jusqu'aux genoux et pressez-les. Dirigez-vous enfin vers les pieds et tenez-les un moment.

Aide-mémoire – Sur le dos

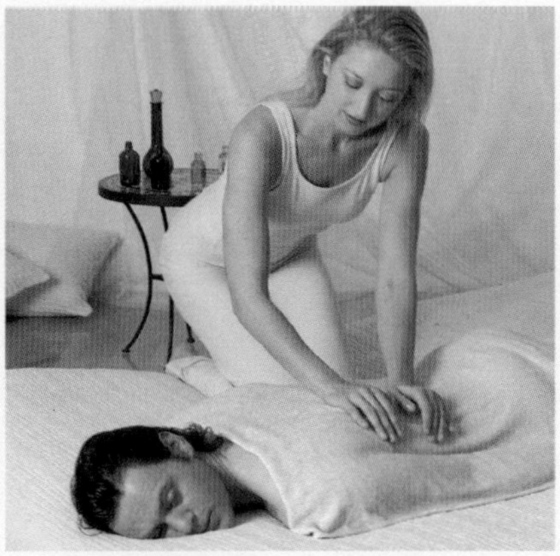

1. Assouplissement

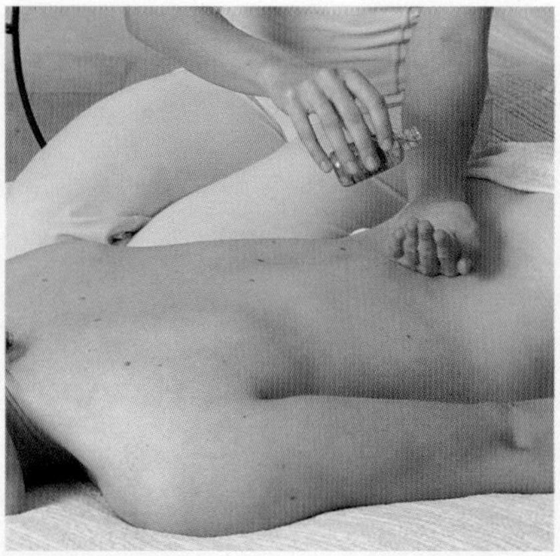

2. Application de l'huile

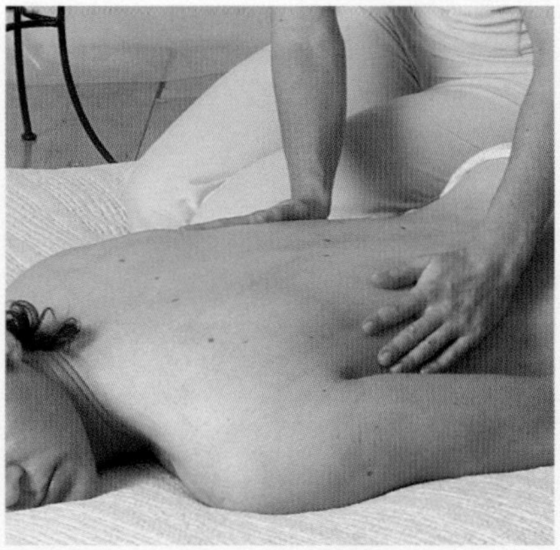

3. Effleurage

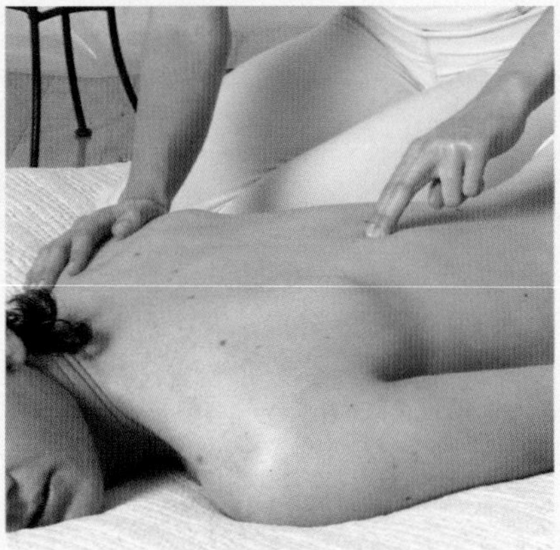

4. Vibration

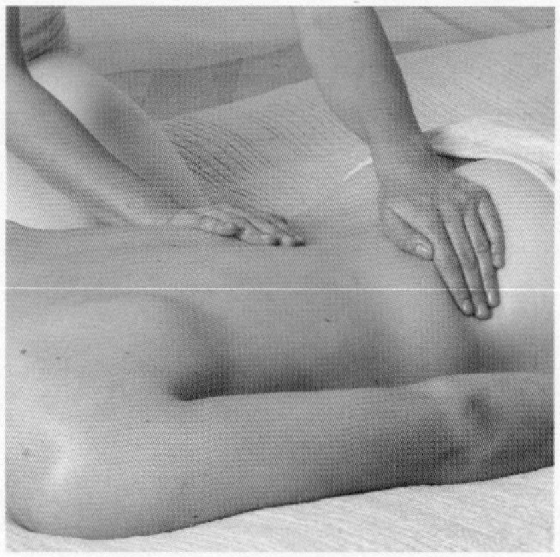

5. Pétrissage-torsion du dos

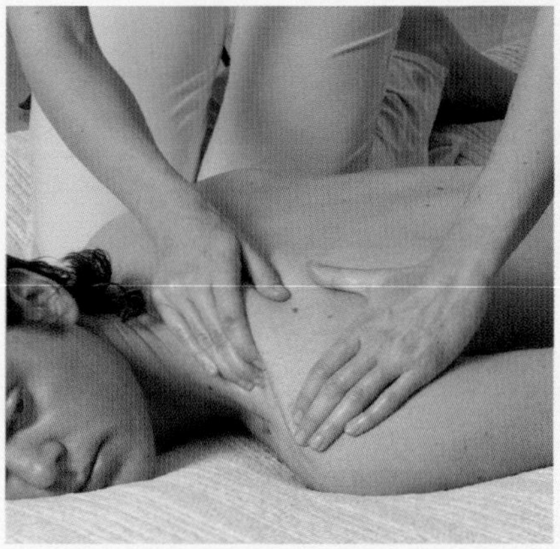

6. Pétrissage des épaules et de la nuque

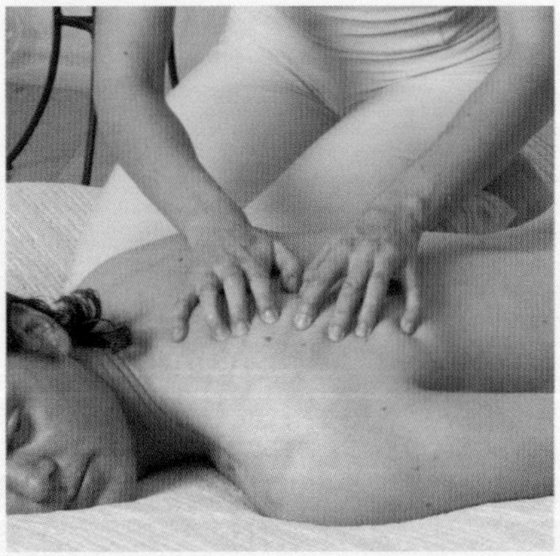

7. Pattes de lion

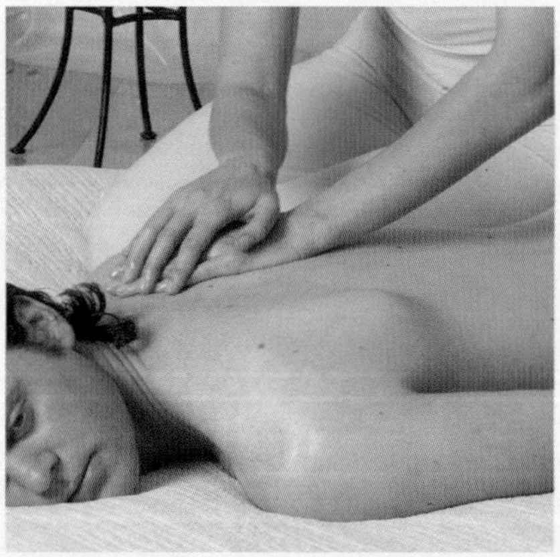

8. Effleurage de l'épaule une main sur l'autre

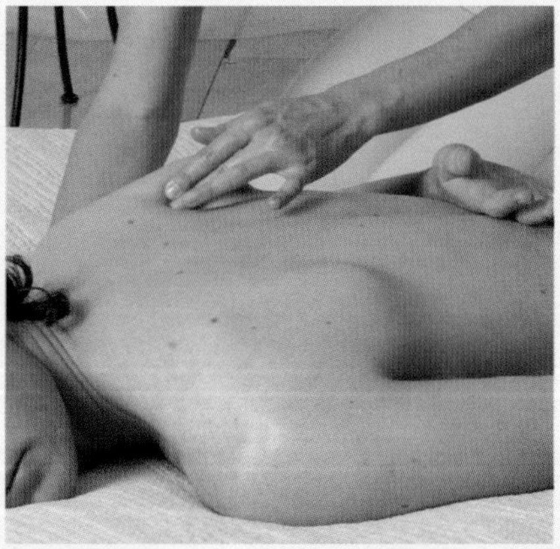

9. Friction de l'omoplate

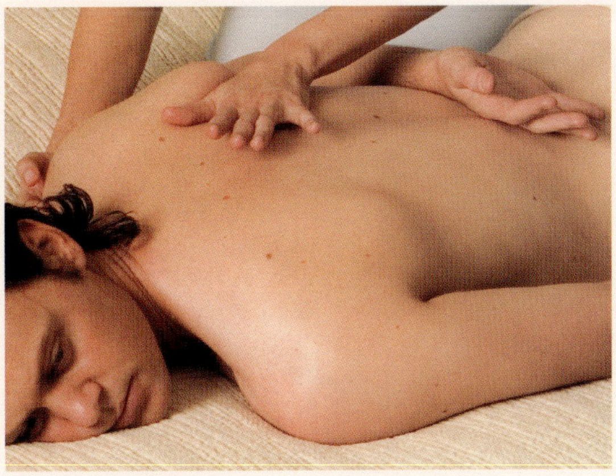

10. Vibration de l'omoplate

11. Déplacez-vous de l'autre côté de votre partenaire et répétez les étapes 8 à 10.

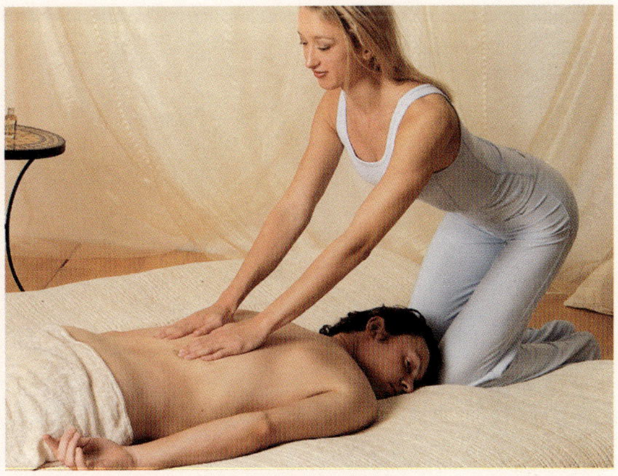

12. Traction

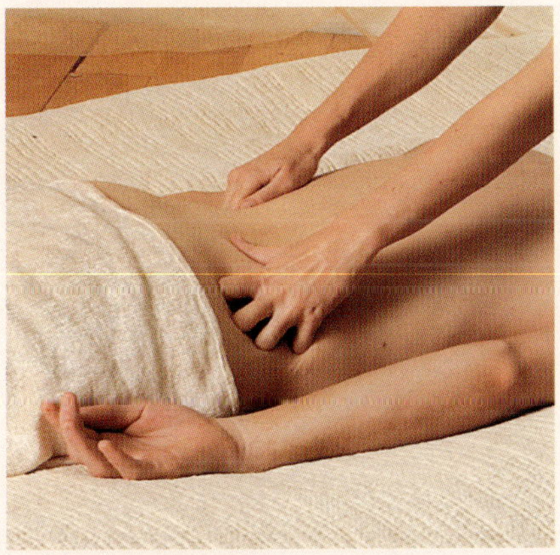

13. Roulement des jointures

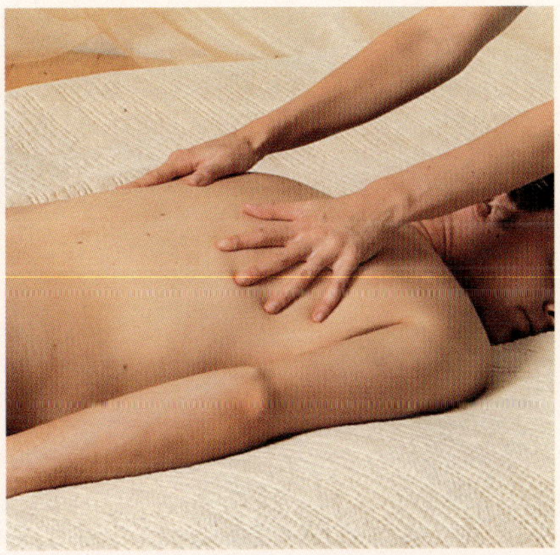

14. Doigts écartés

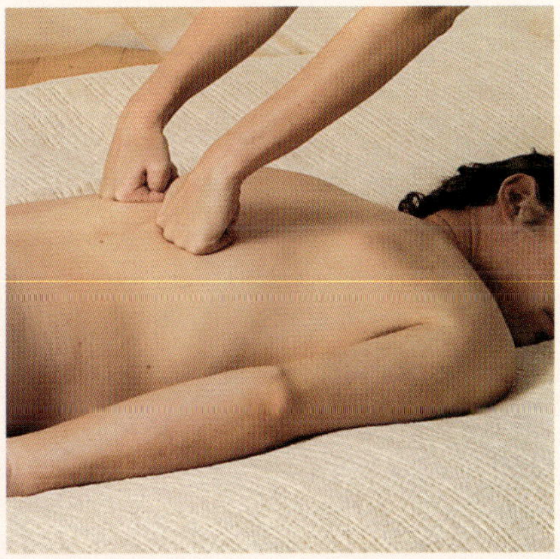

15. Glissement des jointures

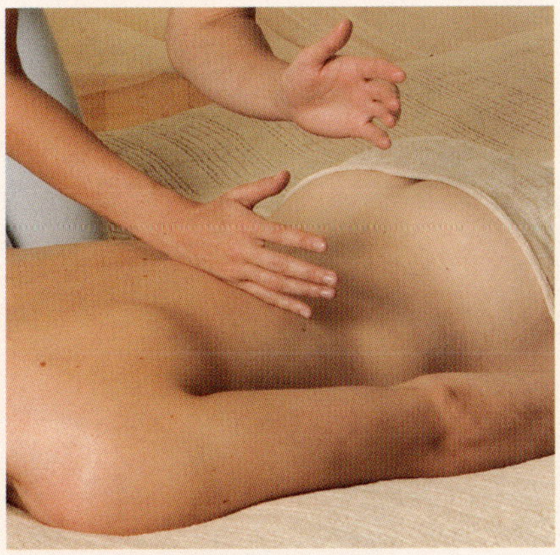

16. Hachure

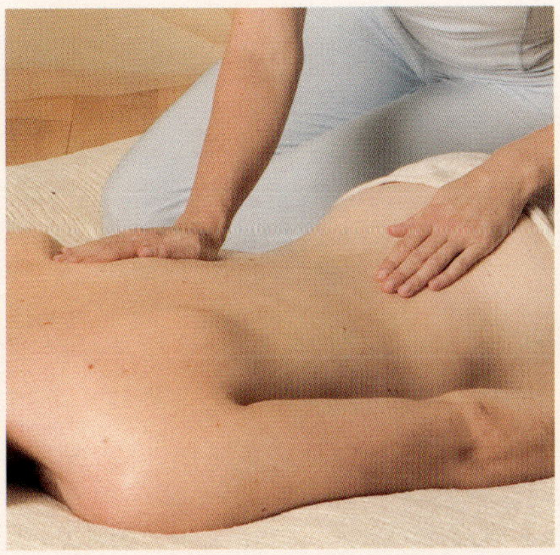

17. Autre type d'effleurage

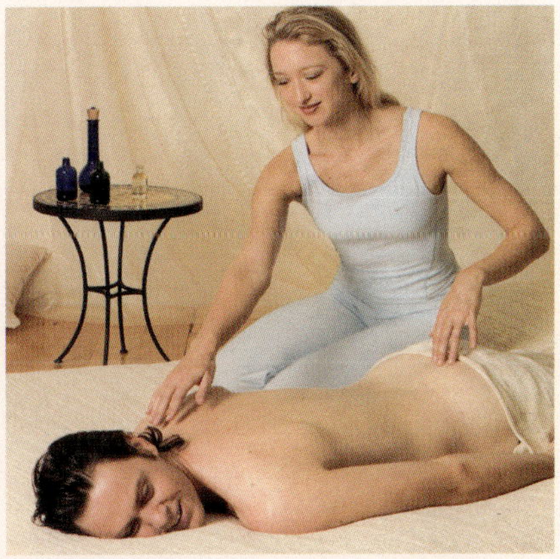

18. Caresse de la plume

Aide-mémoire – Sur l'arrière des jambes

1. Assouplissement

2. Application de l'huile

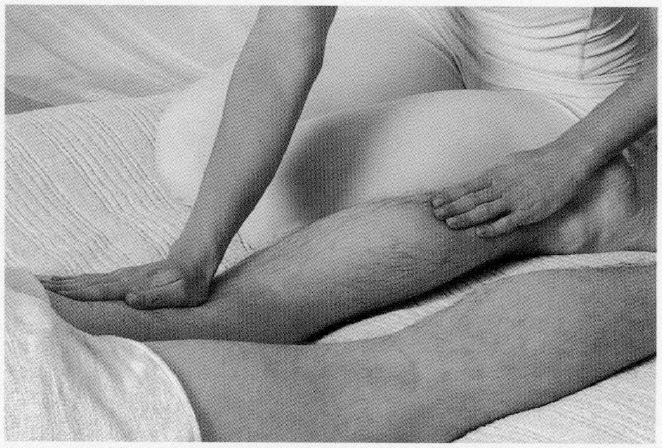

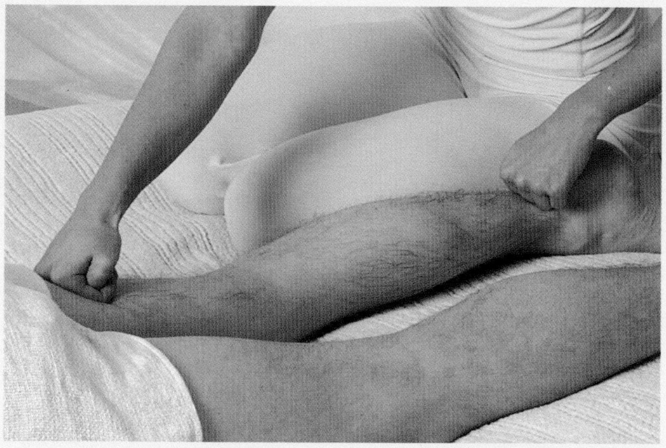

3. Effleurage

4. Glissement des jointures

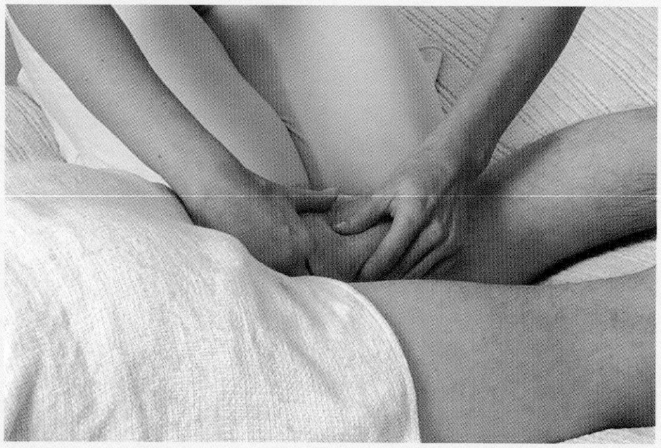

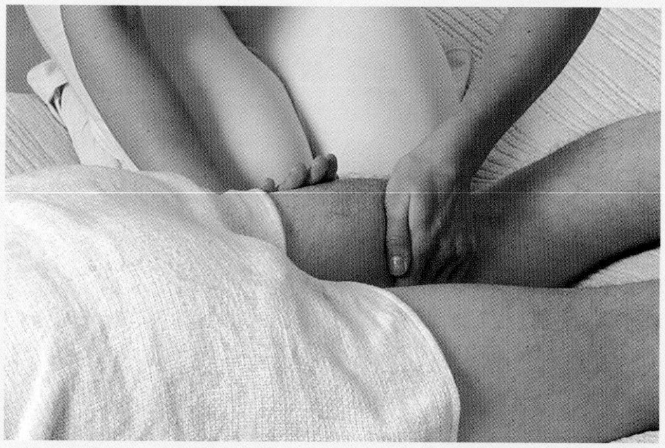

5. Pétrissage de l'intérieur de la cuisse

6. Pétrissage-torsion de la cuisse

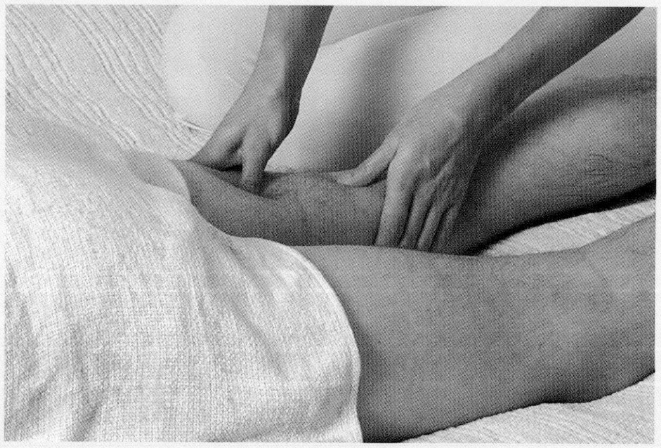

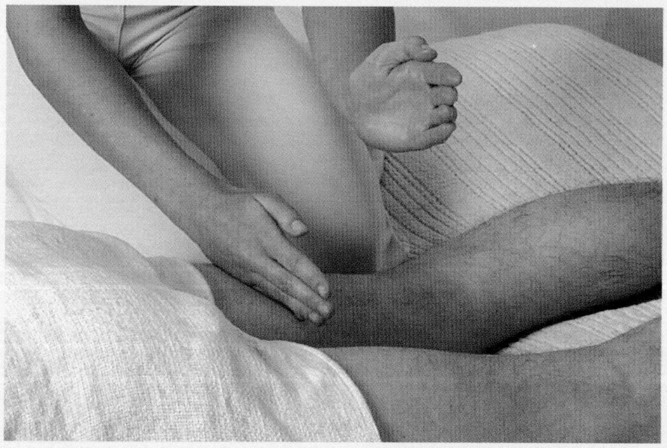

7. Friction de la cuisse

8. Hachure

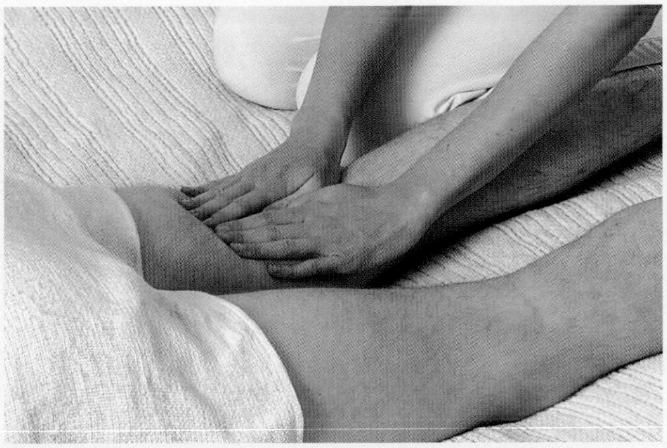

9. Effleurage de base

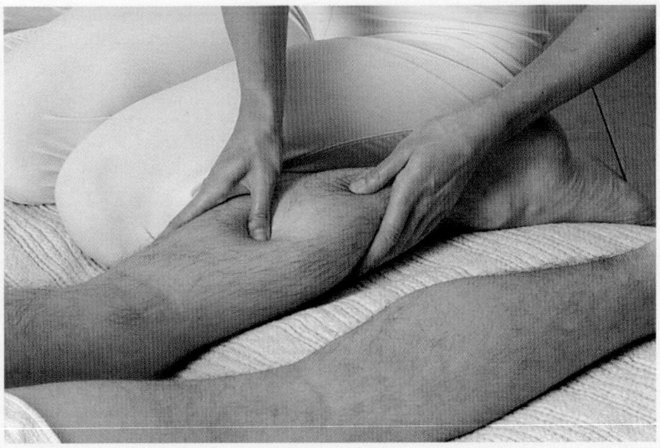

10. Friction du mollet

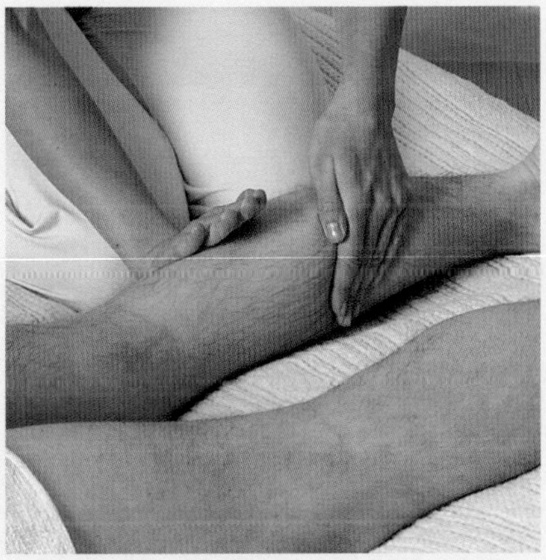

11. Pétrissage-torsion du mollet

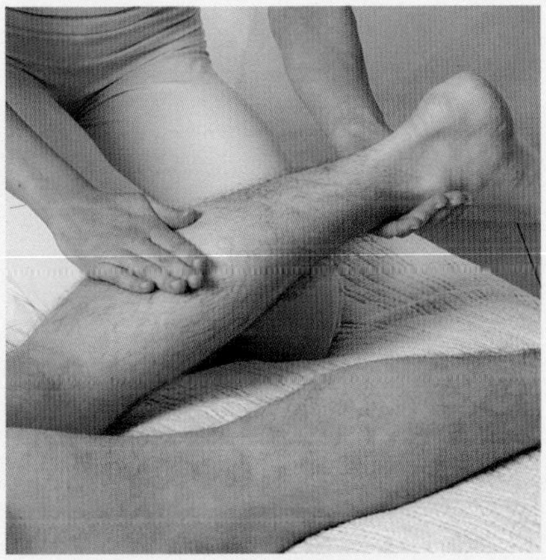

12. Vibration

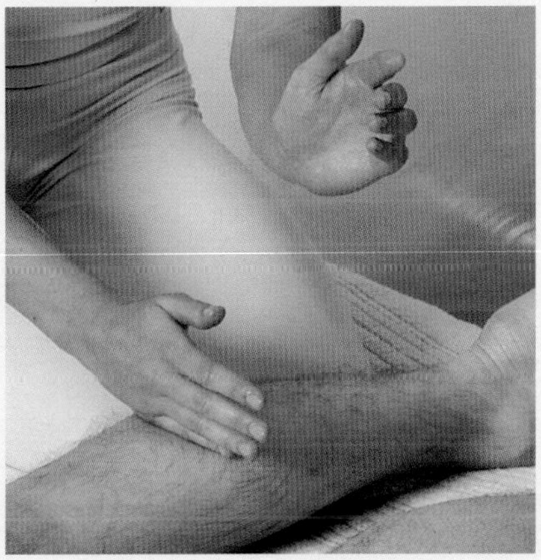

13. Hachure

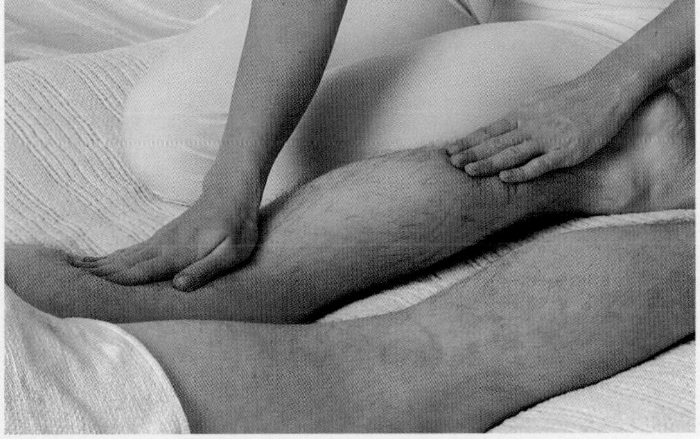

14. Autre type d'effleurage

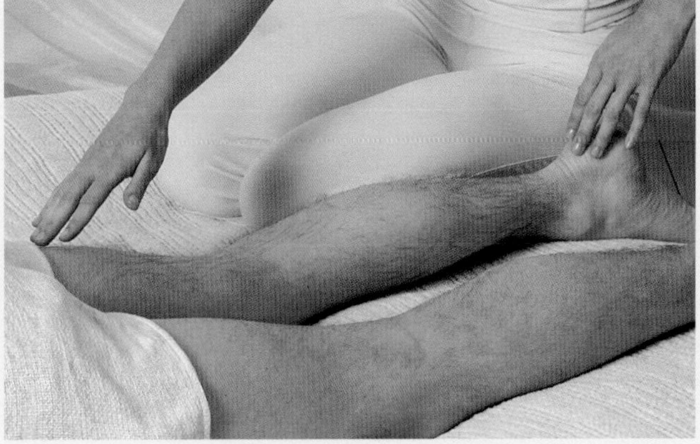

15. Caresse de la plume

Aide-mémoire – Sur l'avant des jambes

1. Assouplissement

2. Application de l'huile

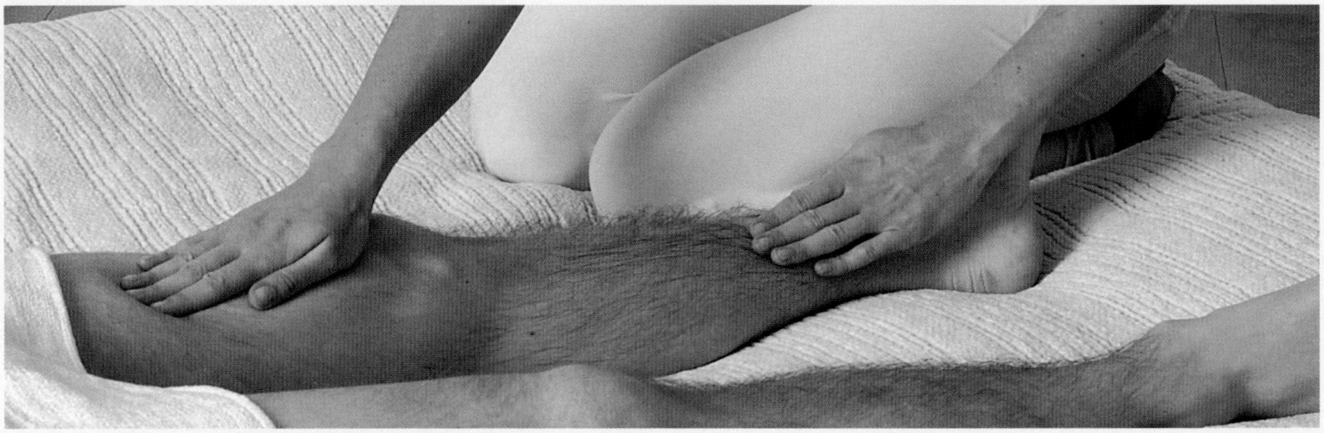

3. Effleurage

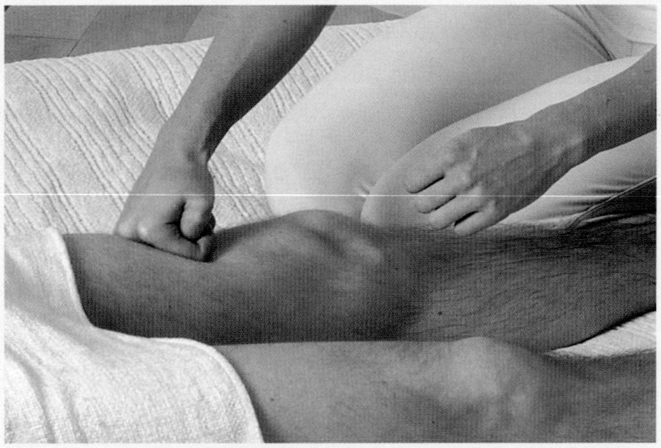

4. Glissement des jointures

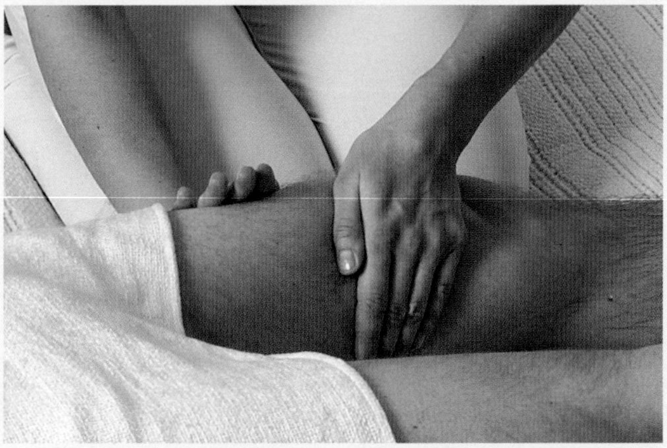

5. Pétrissage-torsion de la cuisse

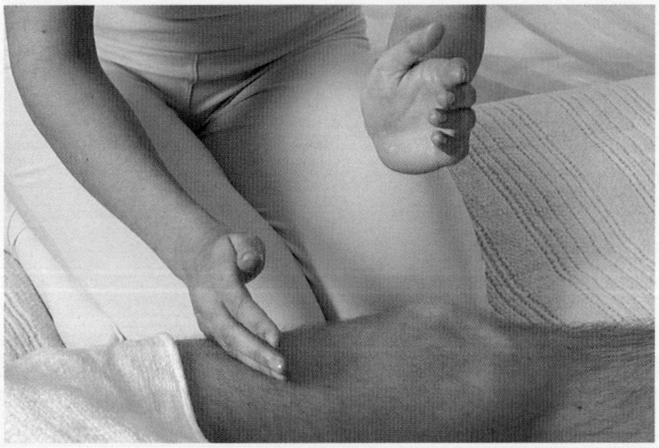

6. Hachure

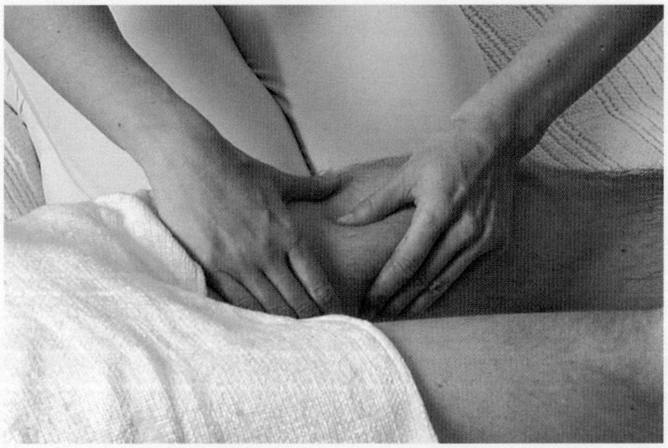

7. Pétrissage de l'intérieur de la cuisse

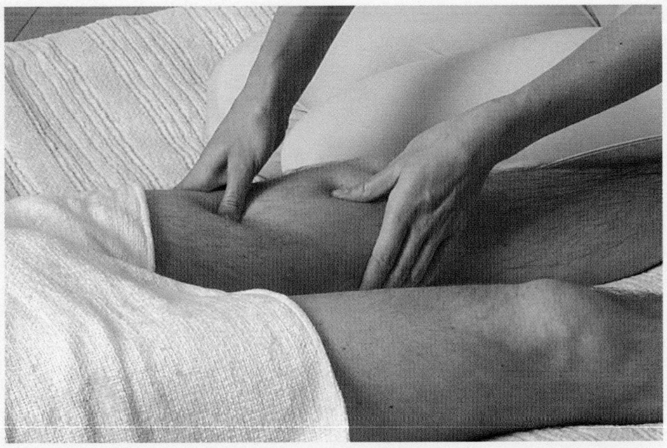

8. Friction de la cuisse

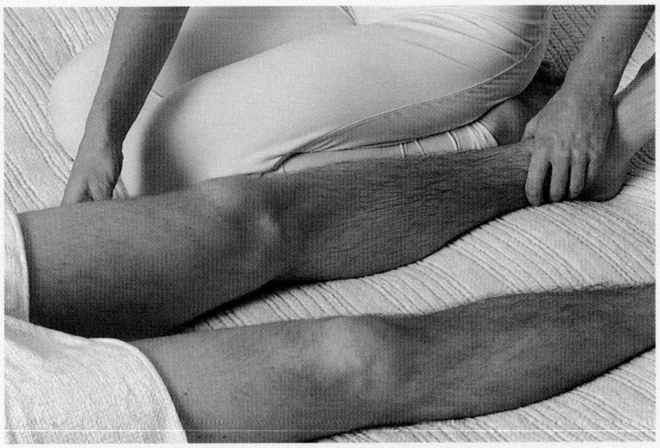

9. Friction sur le côté extérieur de la jambe

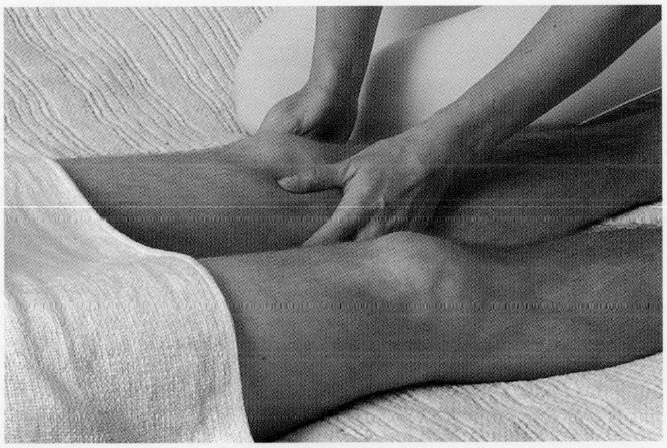

10. Ouverture du genou

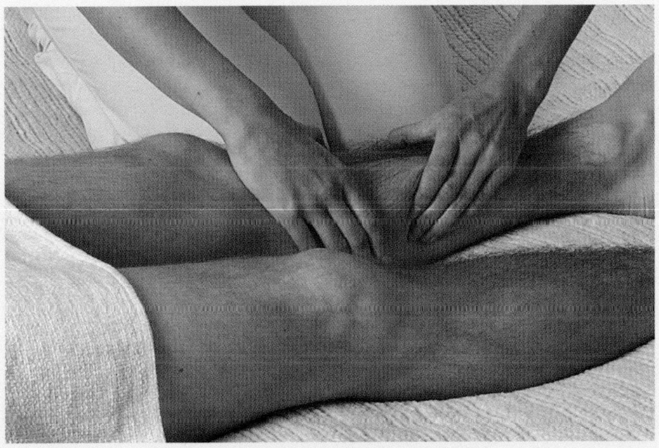

11. Pétrissage du mollet

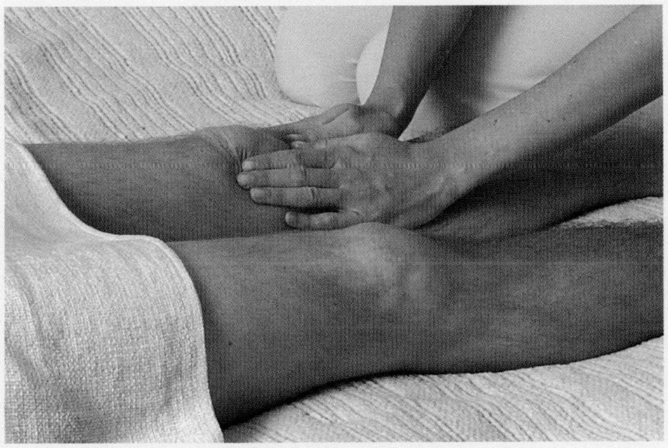

12. Effleurage de base

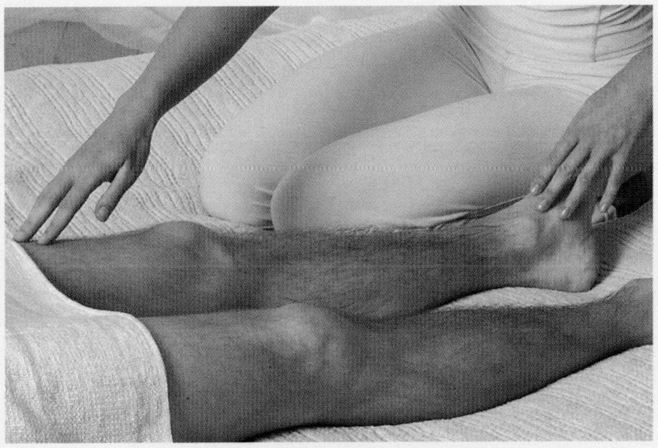

13. Caresse de la plume

Aide-mémoire – Sur les pieds

1. Application de l'huile

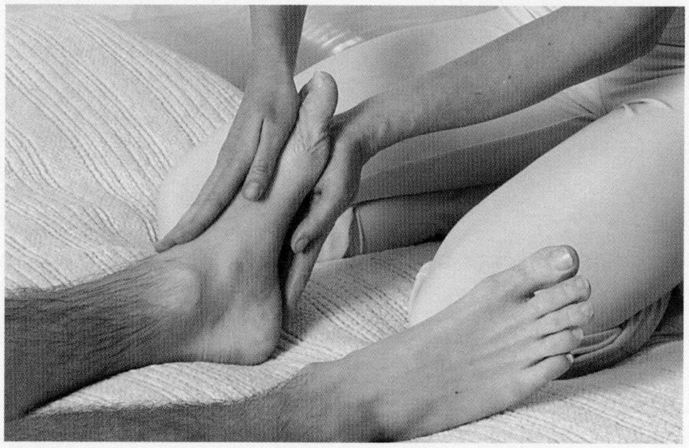

2. Main dessus, mains dessous

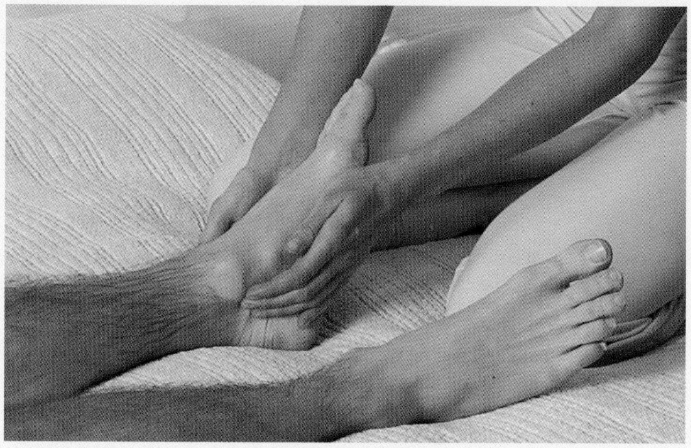

3. Cercles autour des malléoles

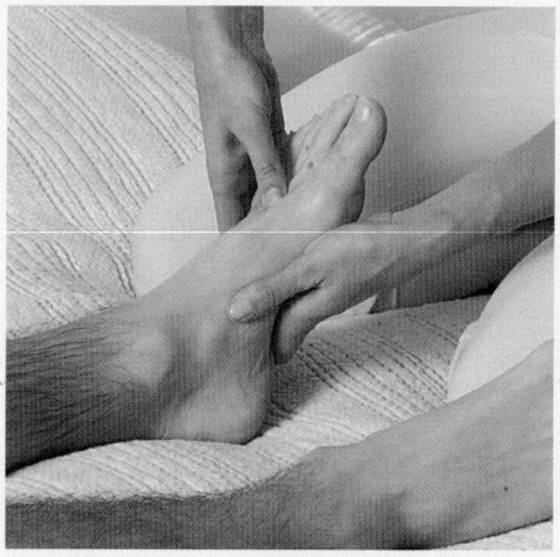

4. Friction

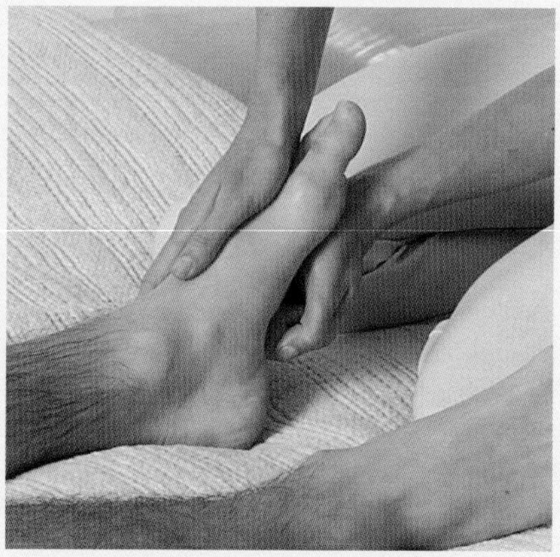

5. Roulement des jointures sous le pied

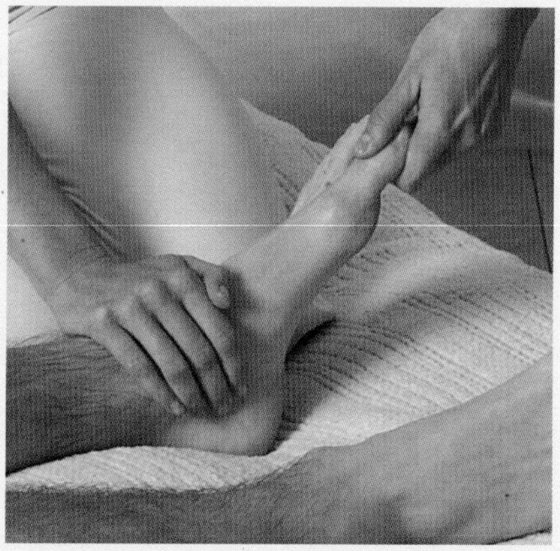

6. Massage des orteils

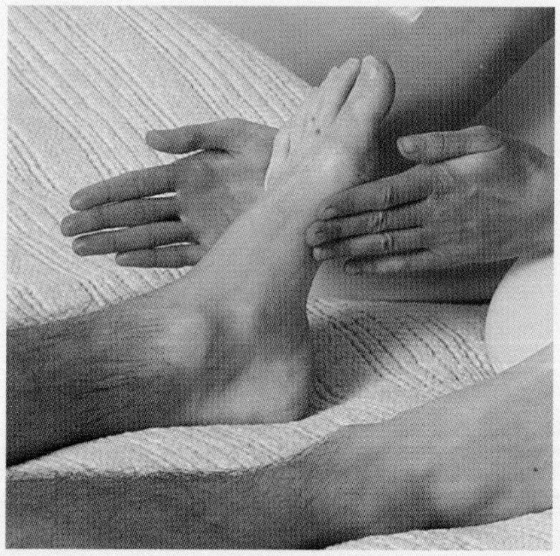

7. Vibration

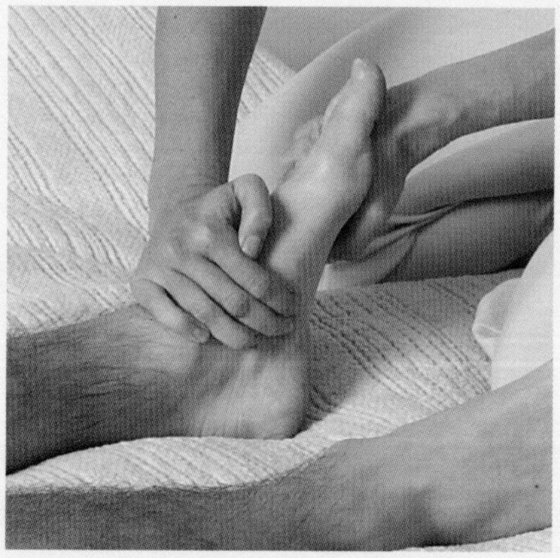

8. Pression du pied

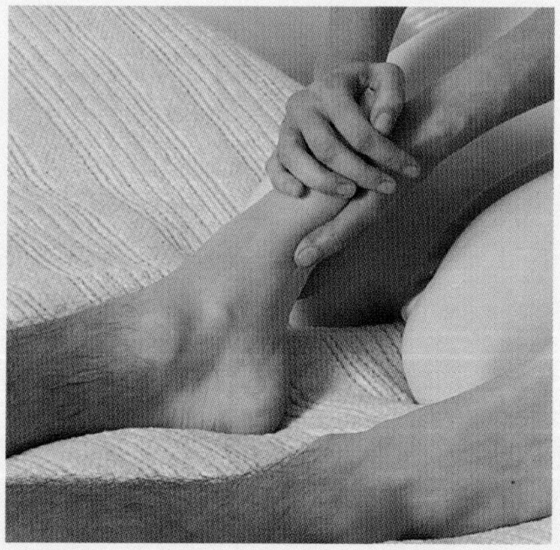

9. Prise du pied

Aide-mémoire – Sur les bras

1. Assouplissement

2. Application de l'huile

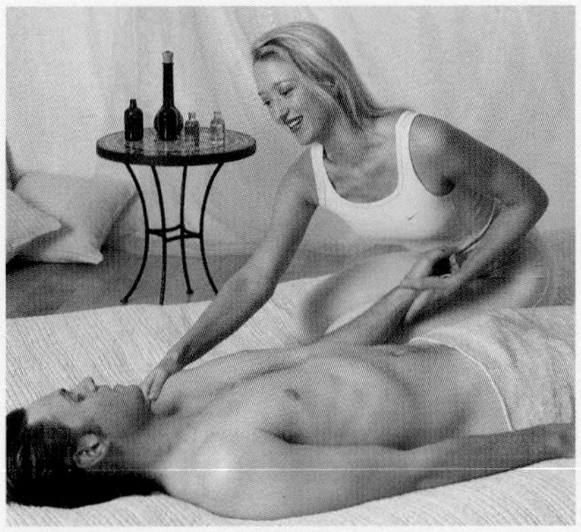

3. Effleurage

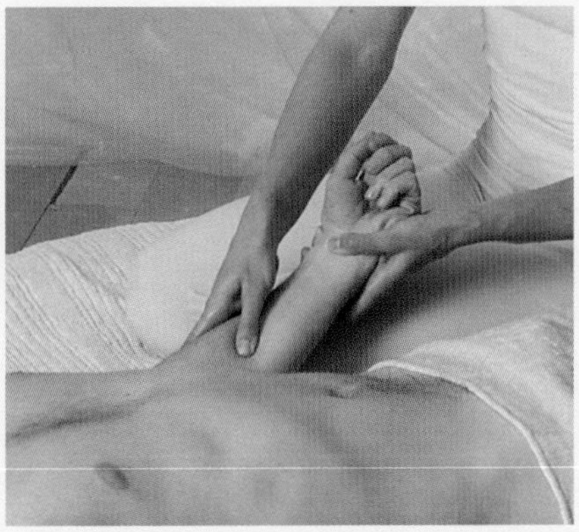

4. Friction de l'avant-bras

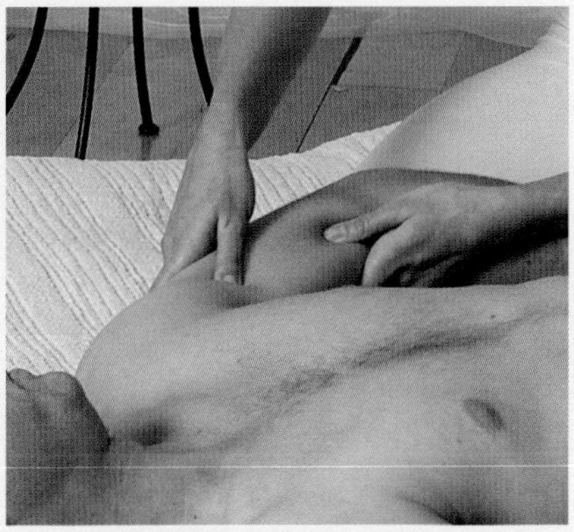

5. Friction de la région de l'humérus

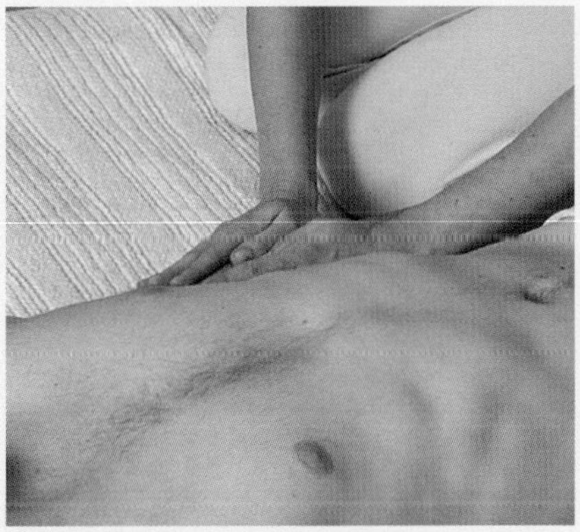

6. Effleurage de base

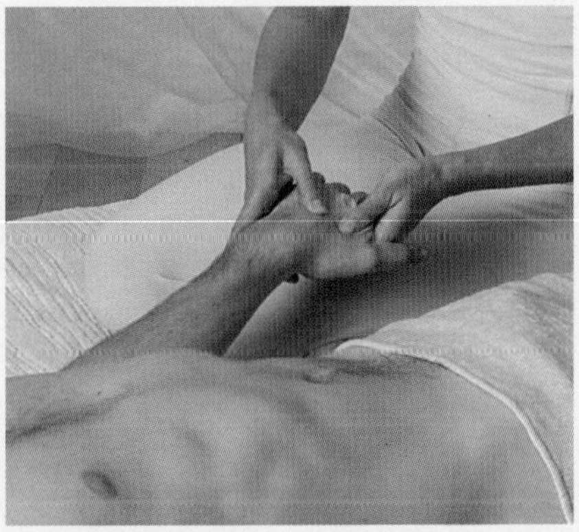

7. Friction de la main

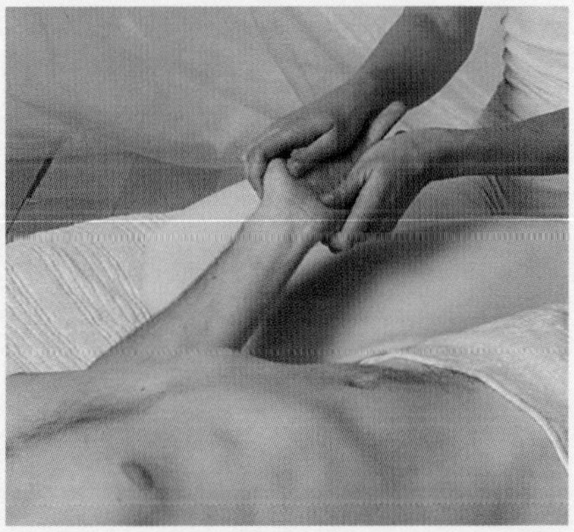

8. Ouverture

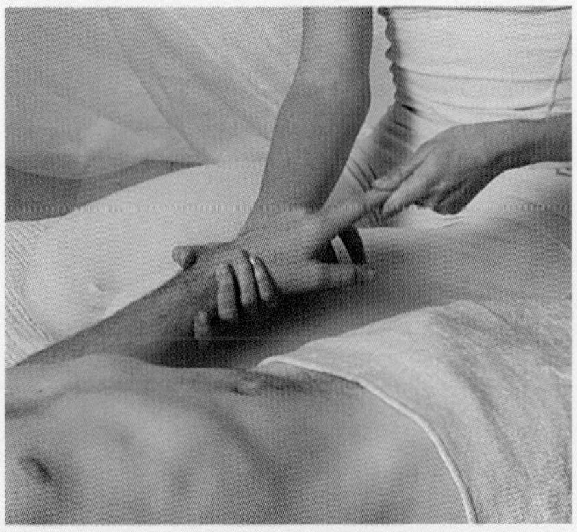

9. Massage des doigts

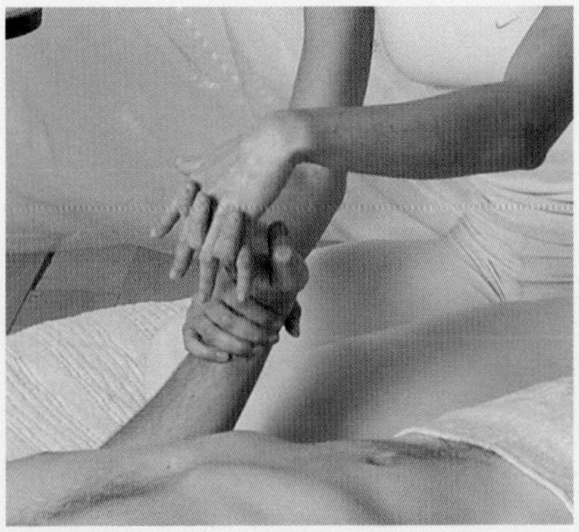

10. Entrelacement des doigts

11. Caresse de la plume

Aide-mémoire – Sur l'estomac

1. Application de l'huile

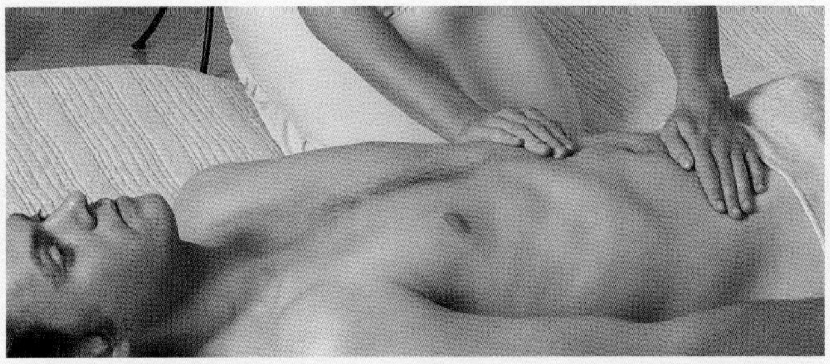

2. Cercles autour du nombril

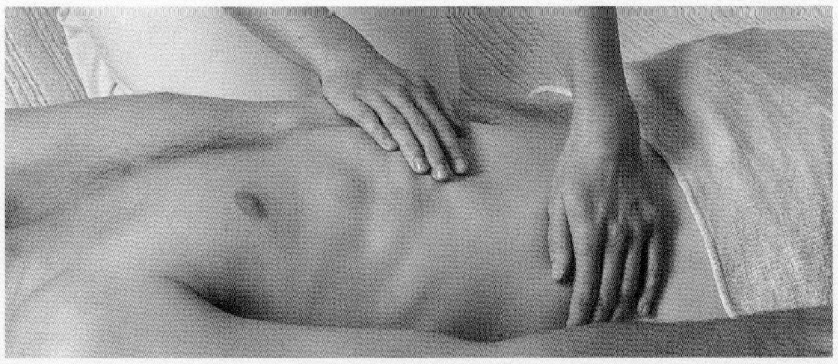

3. Traction

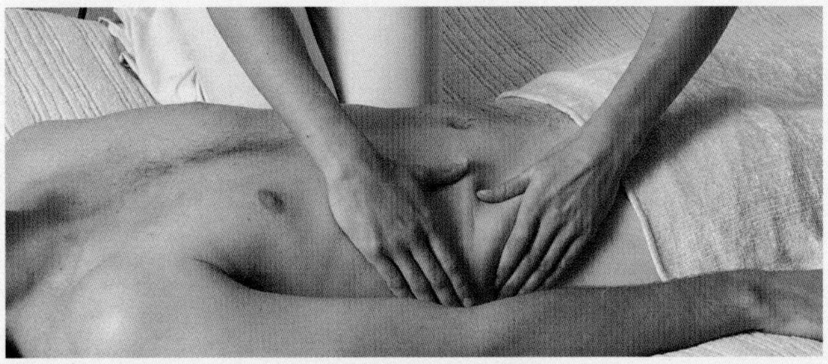

4. Pétrissage de la taille

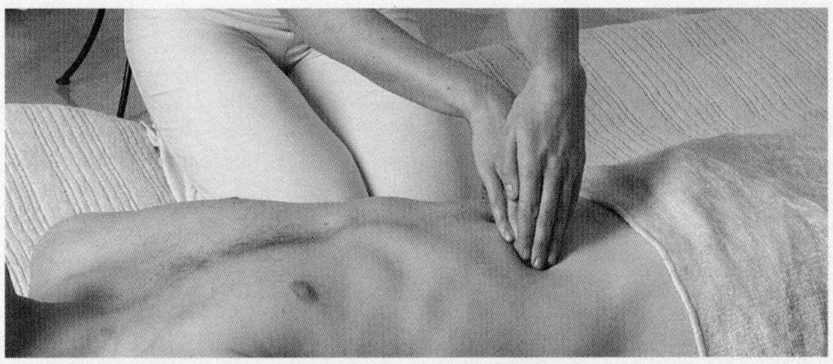

5. Cercles à deux mains

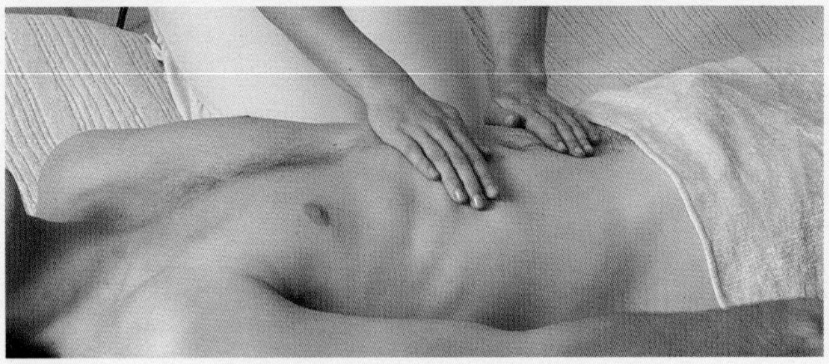

6. Cercles autour du nombril

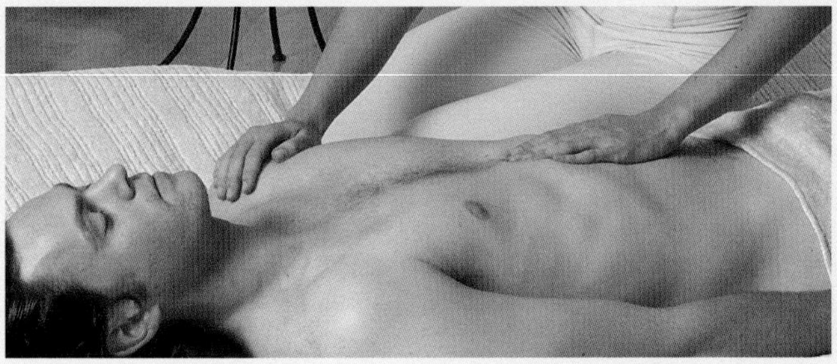

7. Frottement du plexus solaire

Aide-mémoire – Sur le thorax

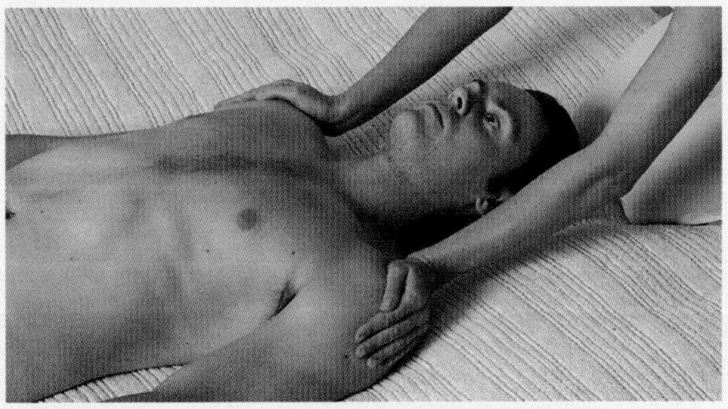

1. Bercement

2. Application de l'huile

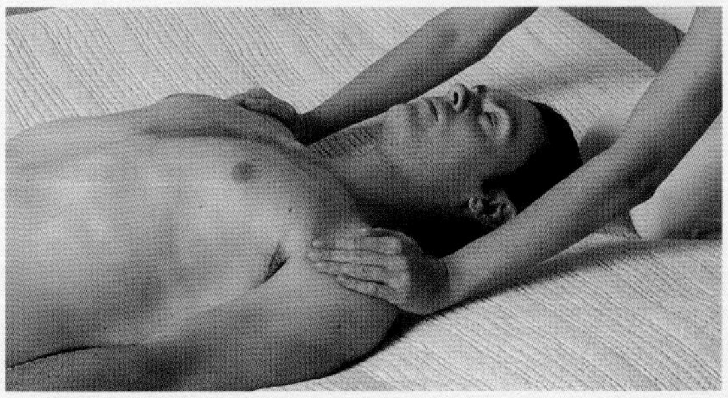

3. Massage du thorax, de la nuque et des épaules

Aide-mémoire – Sur le thorax (suite)

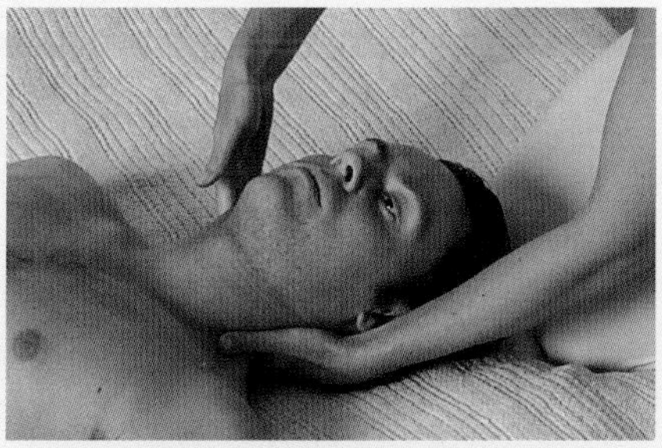
4. Massage de la nuque une main après l'autre

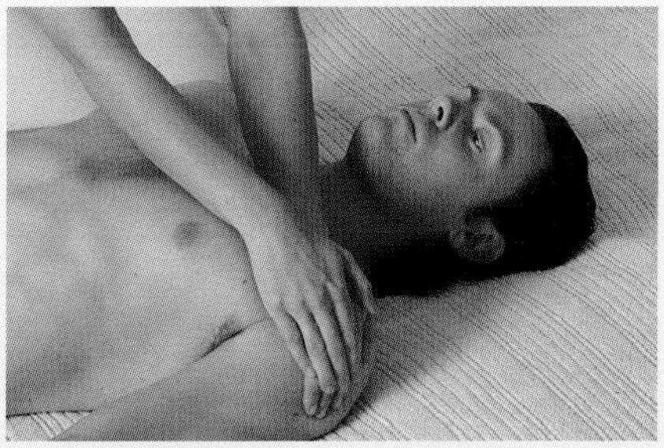
5. Effleurage de l'épaule une main sur l'autre

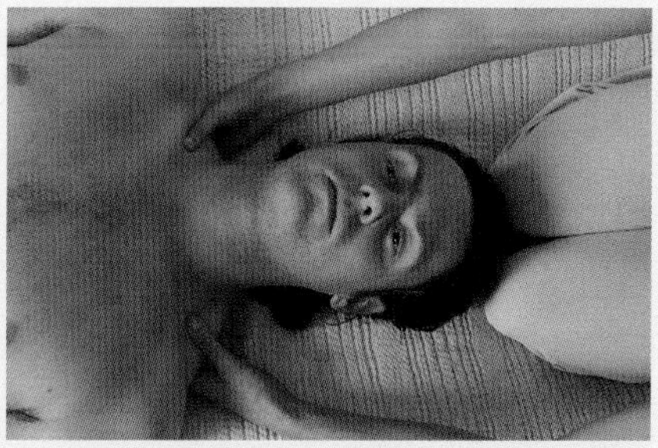
6. Friction des épaules

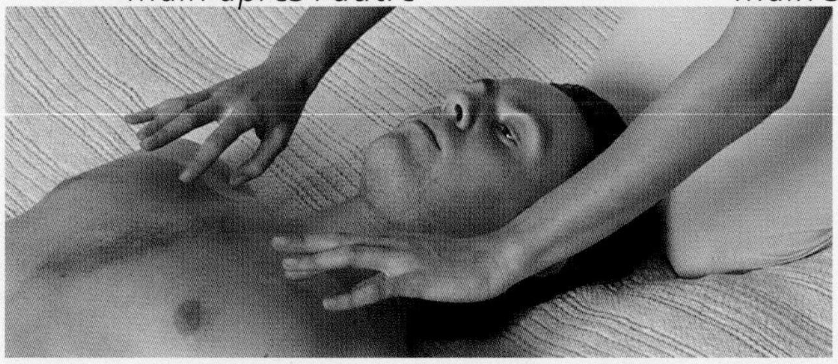
7. Tapotement avec les doigts

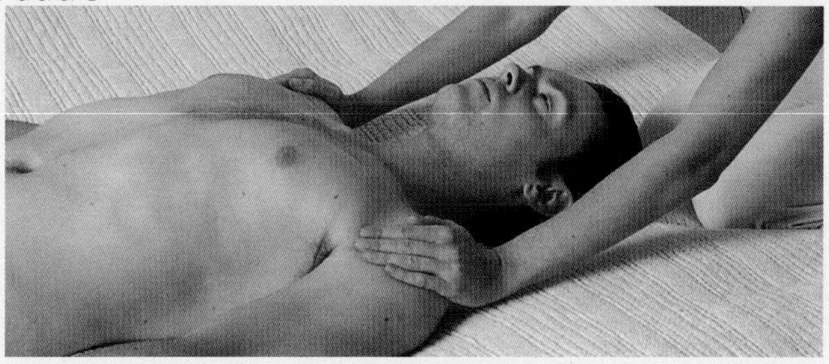
8. Massage du thorax, de la nuque et des épaules

Aide-mémoire – Sur la nuque et la tête

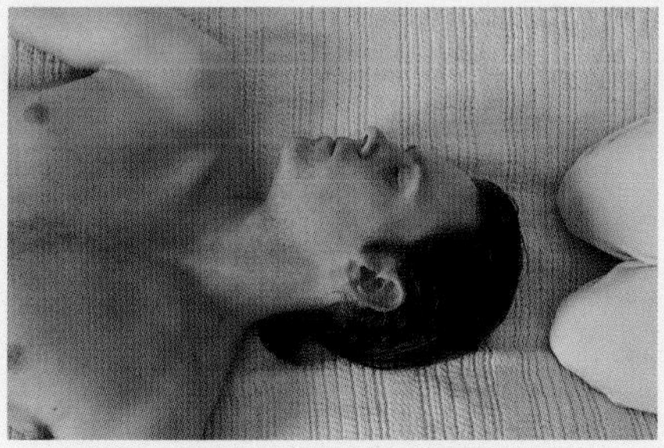
1. Tête sur le côté

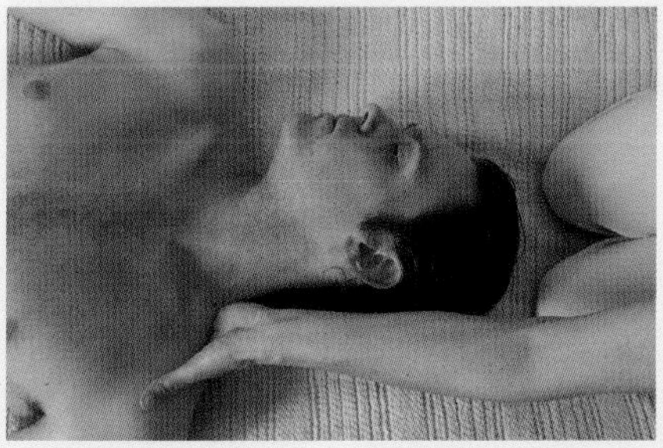
2. Effleurage avec une main

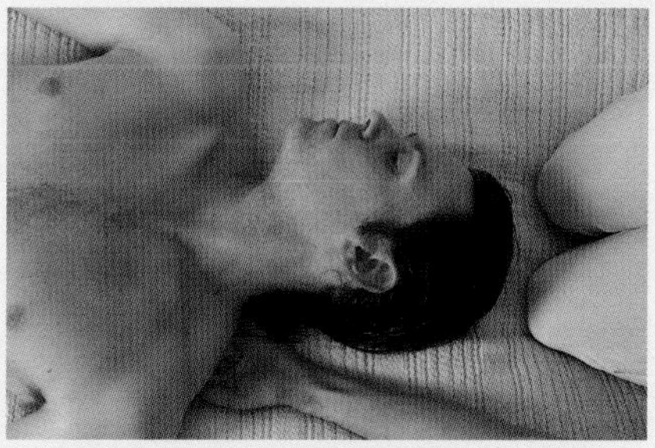
3. Glissement des jointures

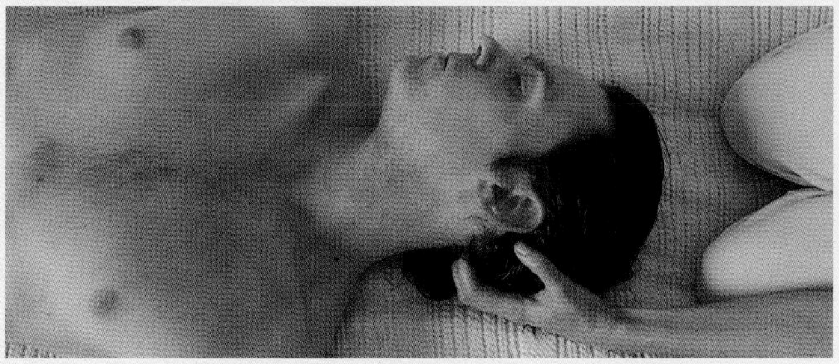
4. Friction de la base de la tête

5. Friction de la tête

Aide-mémoire – Sur le visage

1. Application de l'huile

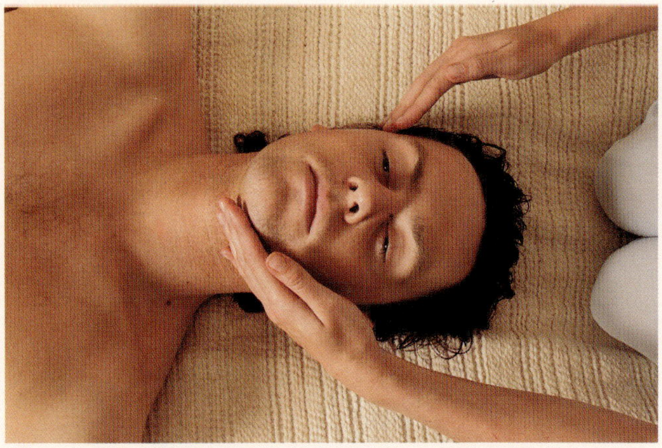

2. Effleurage du menton

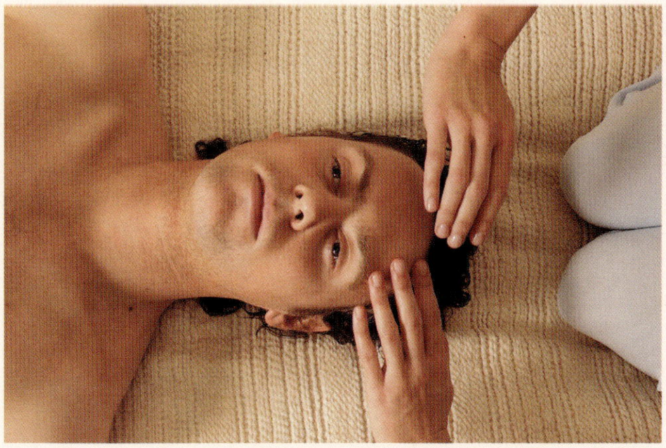

3. Effleurage du front

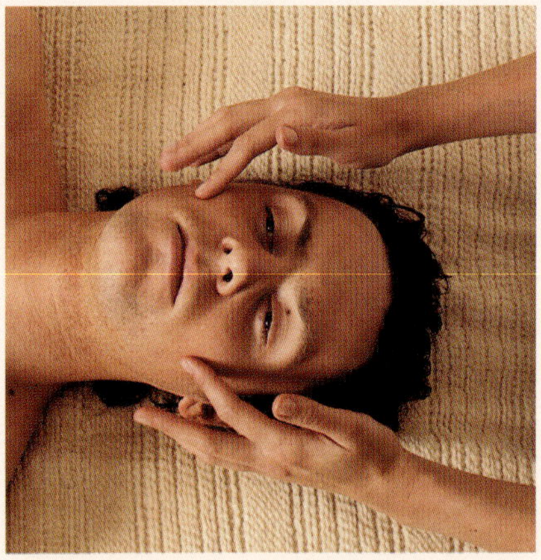

4. Tapotement avec les doigts

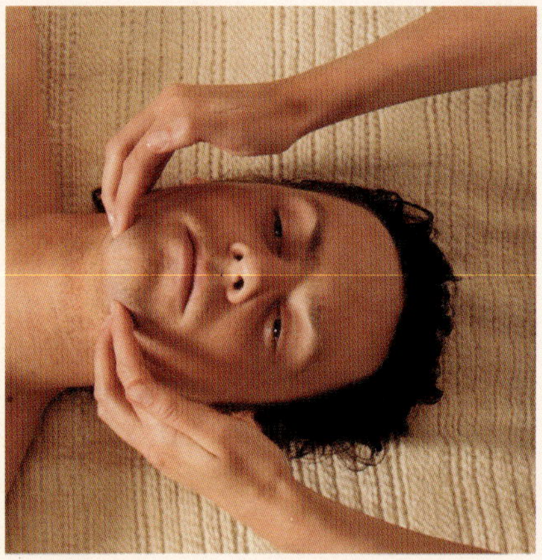

5. Friction

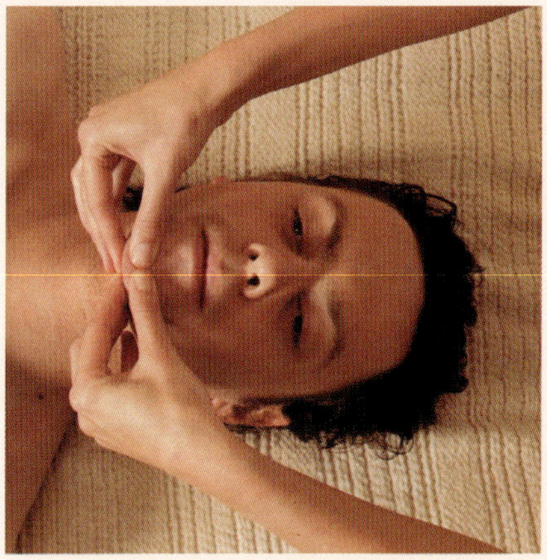

6. Pincement du menton

7. Cercles autour des oreilles

8. Massage des oreilles

Techniques avancées

Cette section traite d'abord des manœuvres les plus avancées et présente ensuite une séquence de massage où on les utilise. Les techniques décrites ici sont légèrement plus difficiles que celles des sections précédentes. Tâchez de maîtriser d'abord les manœuvres des sections 2 et 3 avant de procéder à l'apprentissage des techniques avancées. À cette étape, vous devriez pouvoir donner un massage avec aisance et voudrez peut-être même ajouter d'autres techniques à votre éventail de compétences.

Manœuvres

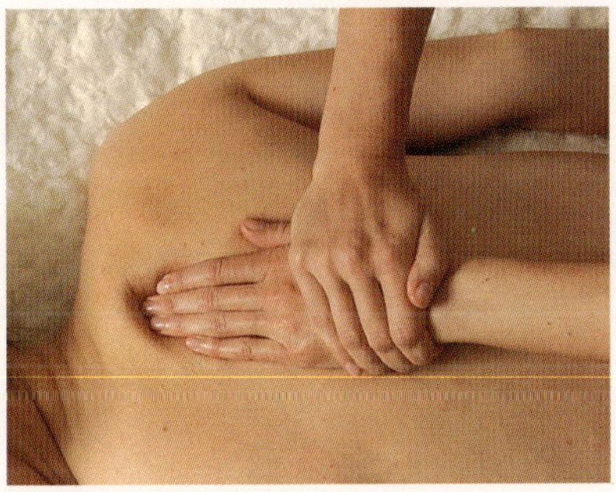 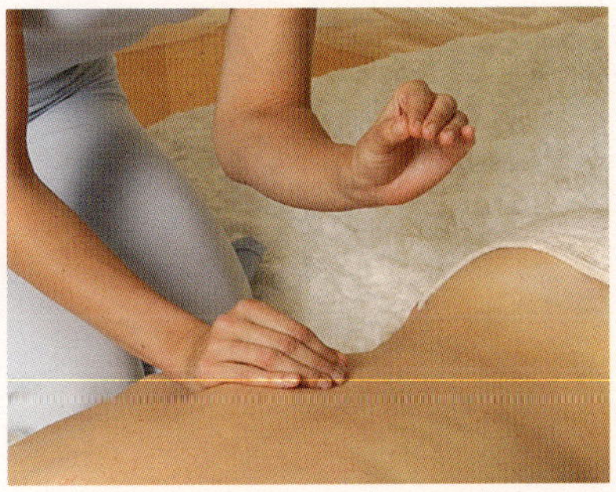 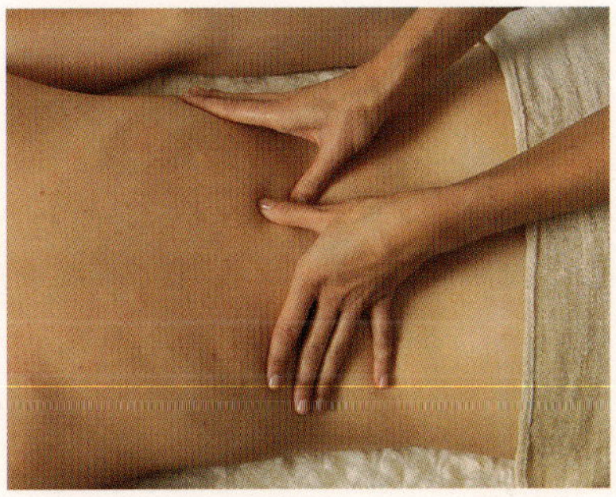

Certaines des techniques décrites dans cette section permettent de masser le corps plus en profondeur, ou sont légèrement plus complexes que les manœuvres déjà présentées. Allez-y lentement au départ : lisez d'abord la description de chaque manœuvre et entraînez-vous à l'exécuter plusieurs fois avant de l'incorporer à une période de massage.

Figure en huit

Cette manœuvre est un dérivé de l'effleurage de base et s'exécute au début exactement comme cette technique.

Sur le dos

1 Posez les mains à plat à la base de la colonne, de part et d'autre de celle-ci, doigts orientés vers la tête.

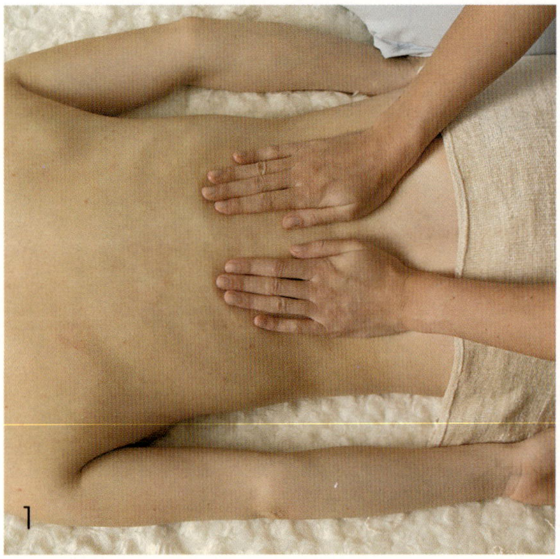

1

2 Faites glisser vos mains jusqu'en haut du dos et sur les épaules en appliquant une pression constante.

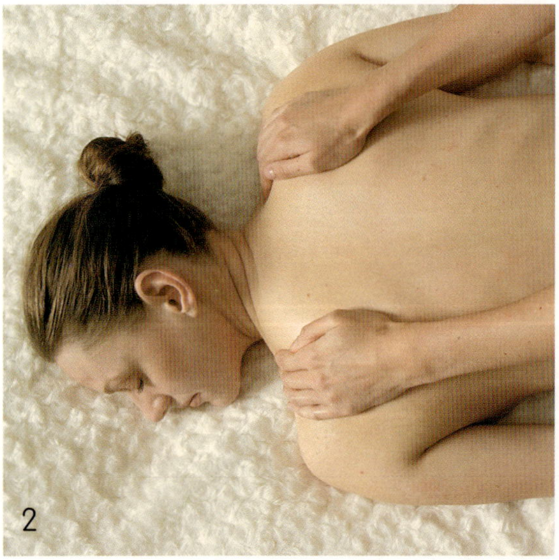

2

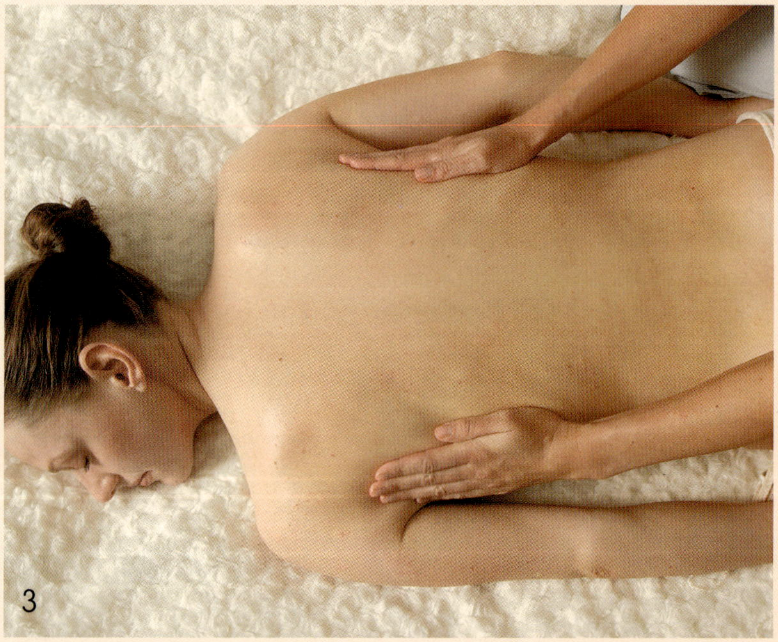

3

3 Faites-les redescendre ensuite un peu en les faisant glisser sur les flancs jusqu'à mi-hauteur de la colonne en bas de la cage thoracique.

4 En maintenant le contact avec la colonne, faites glisser vos mains transversalement et dans des directions opposées sur la cage thoracique…

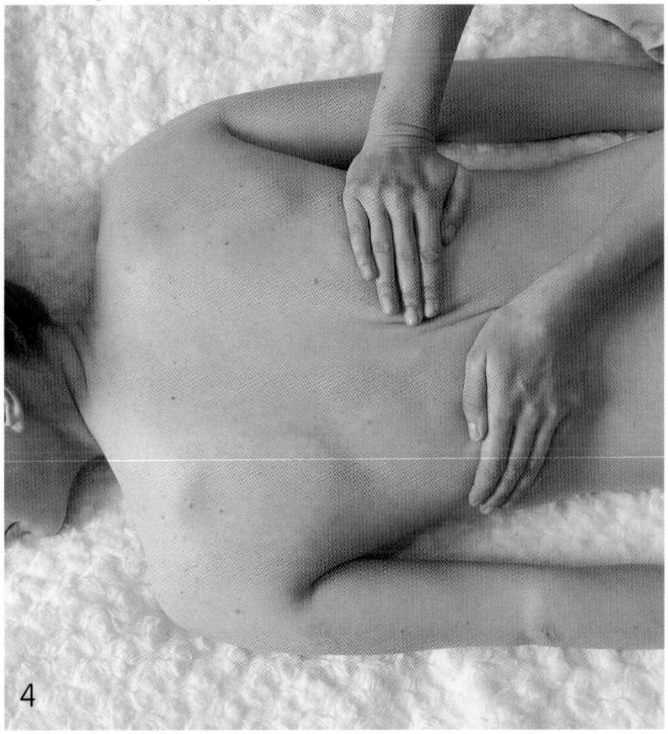

4

5 … jusque de l'autre côté du torse.

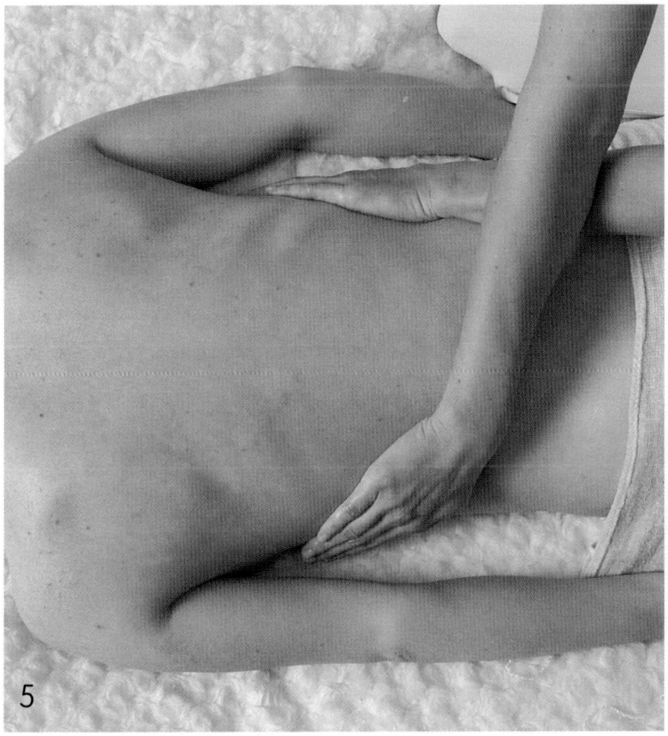

5

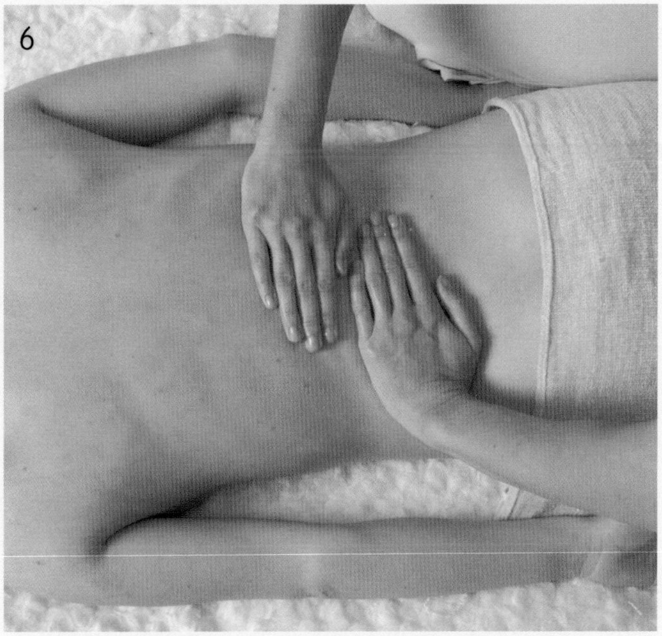

6

6 Faites glisser encore vos mains sur les flancs vers le bas jusqu'à un niveau légèrement plus élevé que les hanches, puis exécutez un nouveau glissement transversal afin de terminer la figure en huit.

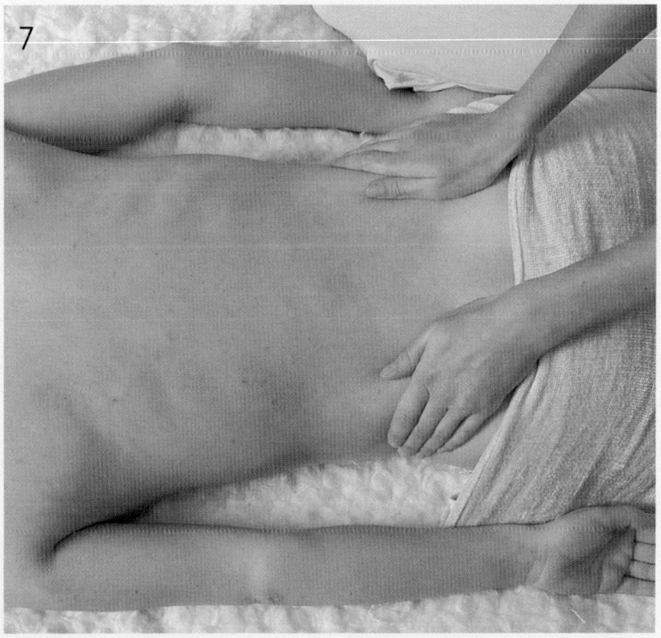

7

7 Ramenez les mains à la base de la colonne pour recommencer la figure, en soulevant légèrement la chair.

Note : La pression exercée devrait être constante et continue durant toute l'exécution de l'opération et le rythme, lent et contrôlé.

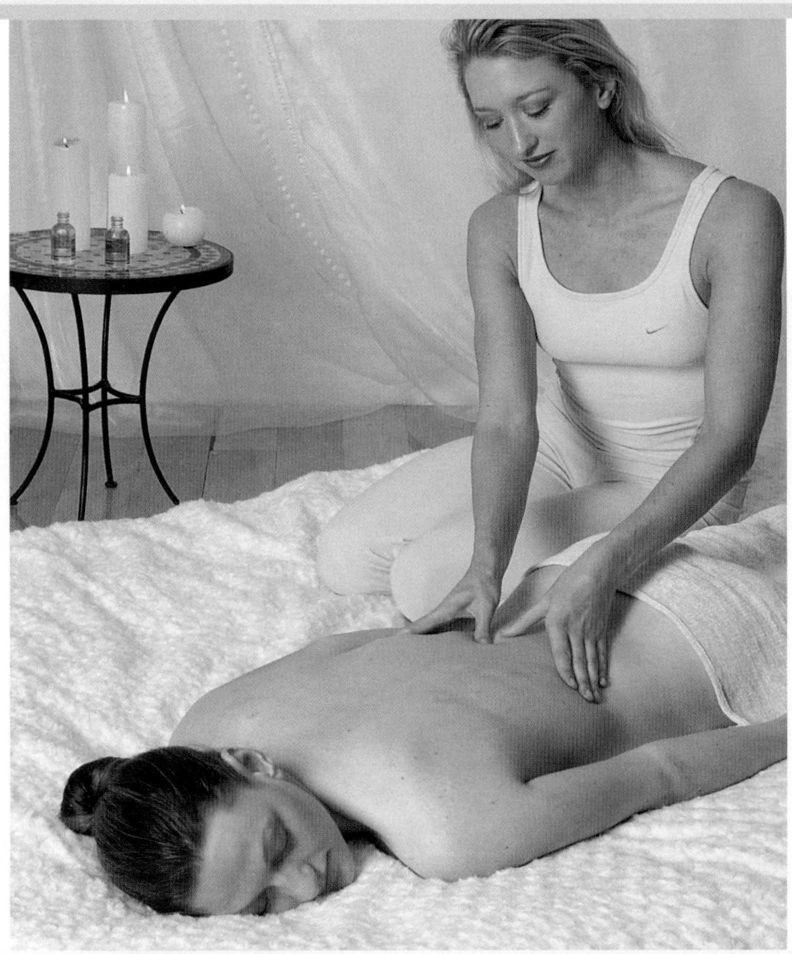

Marche des pouces

Cette manœuvre libère les toxines. Votre partenaire devrait sentir un roulement très agréable des pouces.

Sur la région lombaire

1 Placez les mains à la base de la colonne. Imaginez ensuite huit lignes parallèles à la colonne, quatre de chaque côté de celle-ci, qui courent jusqu'en bas de la cage thoracique.

2 Faites marcher les pouces sur une des lignes imaginaires en exerçant une pression à chaque pas. Pendant que vous appuyez sur le dos avec un pouce, levez l'autre pour lui faire faire un pas. Les pouces devraient continuellement se contourner l'un l'autre, tandis qu'ils se dirigent vers la cage thoracique. Lorsque vous avez parcouru toute la ligne, ramenez les pouces en haut du bassin afin de les faire marcher sur une autre ligne.

Après avoir parcouru les quatre lignes d'un côté du dos, faites l'autre côté.

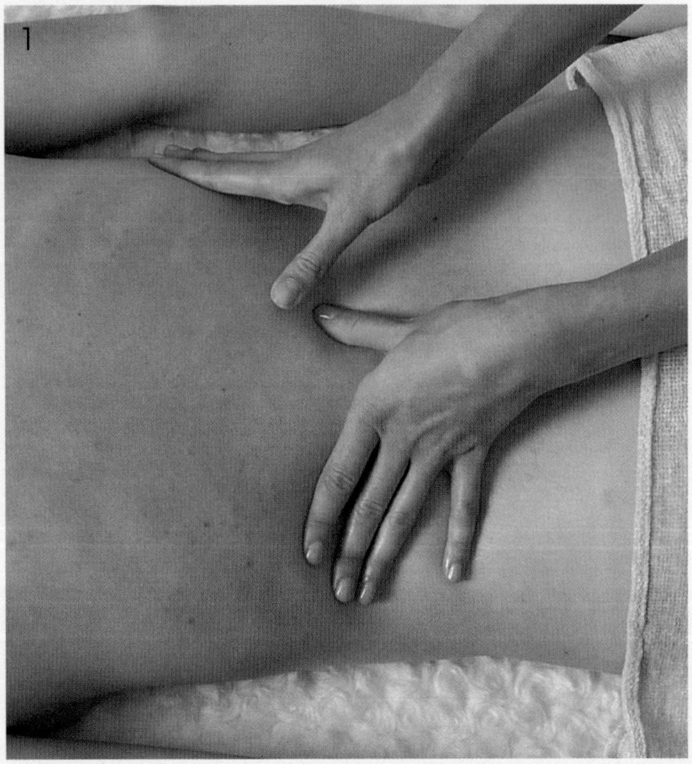

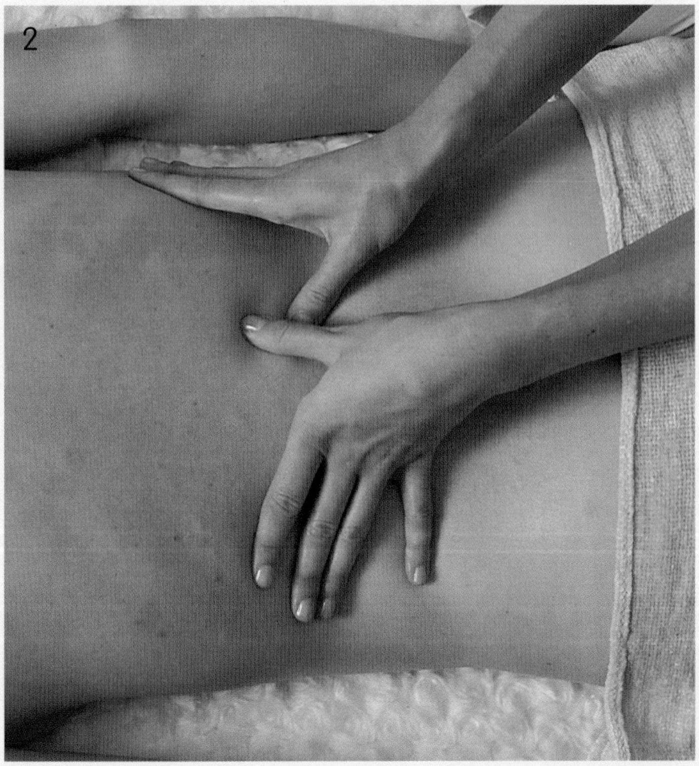

Pression avec les doigts

Cette technique permet de pénétrer profondément dans les muscles.

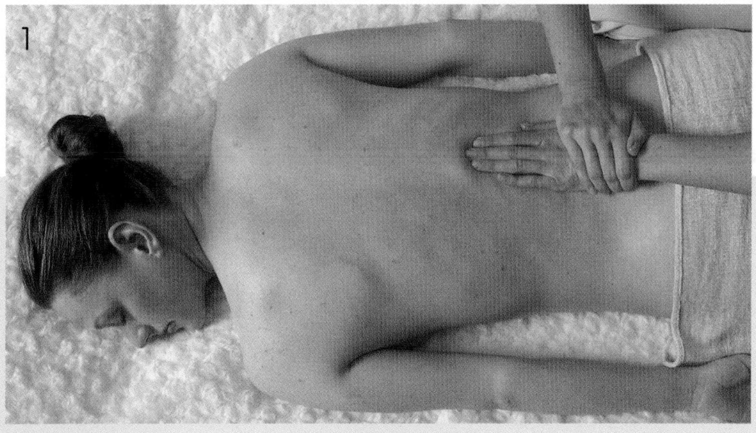
1

Sur le dos

1 Mettez-vous à genoux à gauche de votre partenaire si vous massez le côté gauche du dos, ou vice-versa. Allongez les doigts d'une main dans le bas du dos en les orientant vers la tête et tenez votre poignet avec l'autre main.

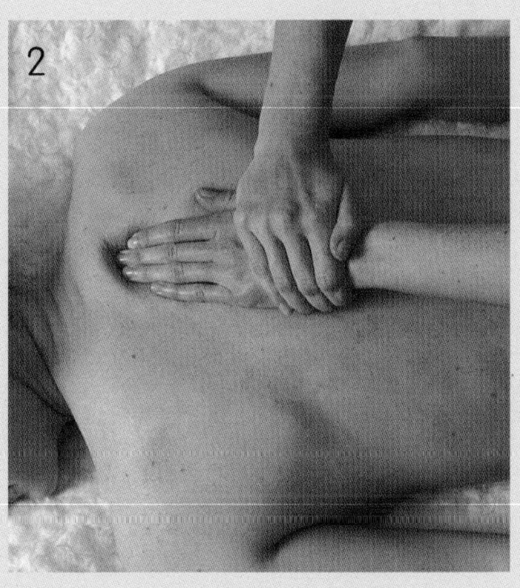
2

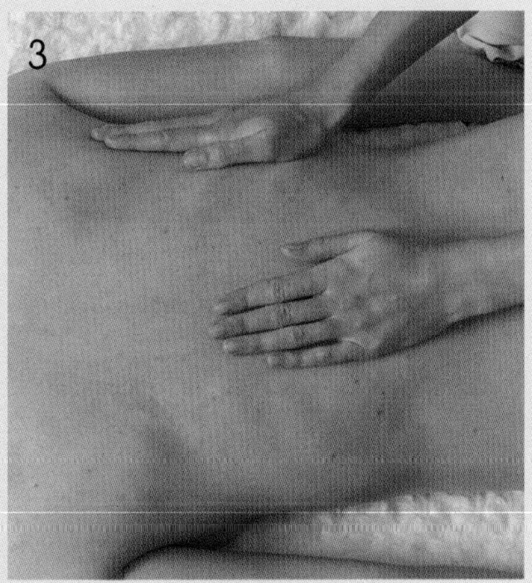
3

2 Faites glisser lentement les doigts jusqu'à la nuque en appliquant une pression avec les deux bras.

3 Séparez les mains et faites-les glisser sur les épaules dans des directions opposées, puis sur le dos près des flancs en les laissant épouser les contours du corps. Allongez de nouveau les doigts en bas du dos, mais à un endroit différent, et refaites la manœuvre. Assurez-vous de masser la portion du dos située du même côté que vous.

Répétez encore la manœuvre jusqu'à ce que vous ayez massé toute cette portion du dos, en veillant par ailleurs à ne pas exercer de pression directement sur la colonne.

Installez-vous ensuite de l'autre côté de votre partenaire et faites l'autre moitié du dos.

Sur les jambes

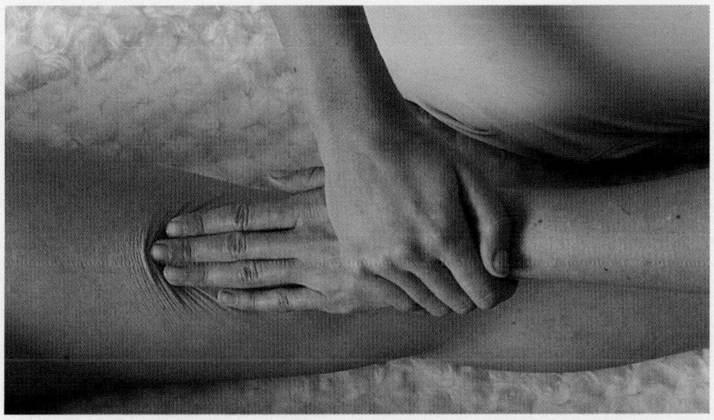

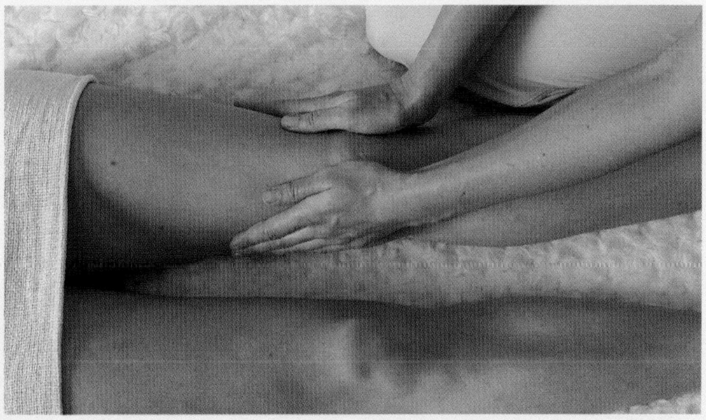

1 Allongez les doigts d'une main sur une cuisse juste en haut du genou et tenez votre poignet avec l'autre main. Faites glisser les doigts jusqu'à la hanche en appliquant une pression avec les deux bras. Vous pouvez vous servir de l'avant-bras perpendiculaire à la jambe pour guider le mouvement.

2 Séparez les mains et ramenez-les vers le genou en les faisant glisser le long des deux côtés de la cuisse.

Placez de nouveau les doigts sur la cuisse, mais à un endroit différent, et refaites la manœuvre. Répétez-la jusqu'à ce que vous ayez fait tout l'avant de la cuisse. Prenez soin, à chaque exécution, d'éviter la région du genou. Refaites ensuite une seconde fois tout l'avant de la cuisse.

Massage de la cage thoracique 1

Il s'agit d'une manœuvre très relaxante exécutée avec le bord extérieur des mains. Imaginez un roulement en douceur, tandis que vous déplacez vos mains vers le bas de la cage thoracique.

Mains face à face

1 Faites d'abord le côté de la cage thoracique le plus proche de vous. Allongez vos mains face à face tout en plaçant une main sur la ligne intérieure de la cage thoracique, le plus près possible du sternum. Traînez ensuite lentement votre main le long de cette ligne. Imaginez alors un mouvement de coupe délicat.

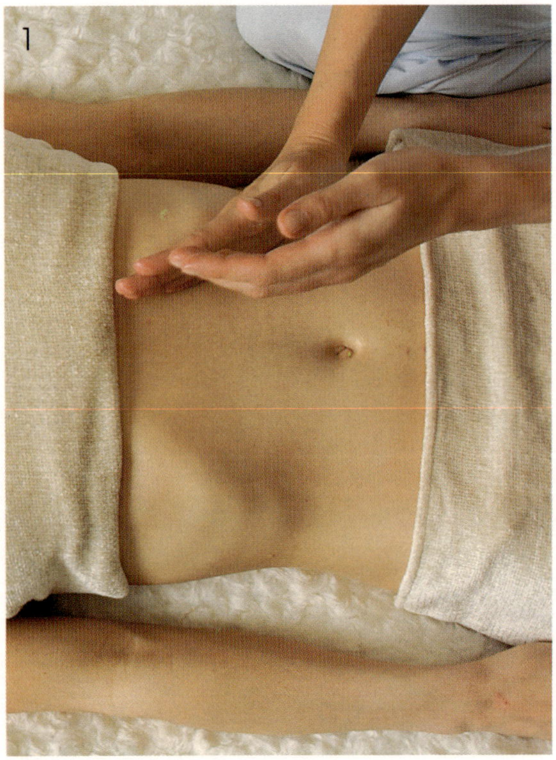

2 Tandis que la main se déplace sur la ligne intérieure de la cage thoracique, remplacez-la immédiatement par l'autre main. Continuez à faire alterner les mains afin de produire un roulement doux. Installez-vous ensuite de l'autre côté du corps de votre partenaire et répétez la manœuvre.

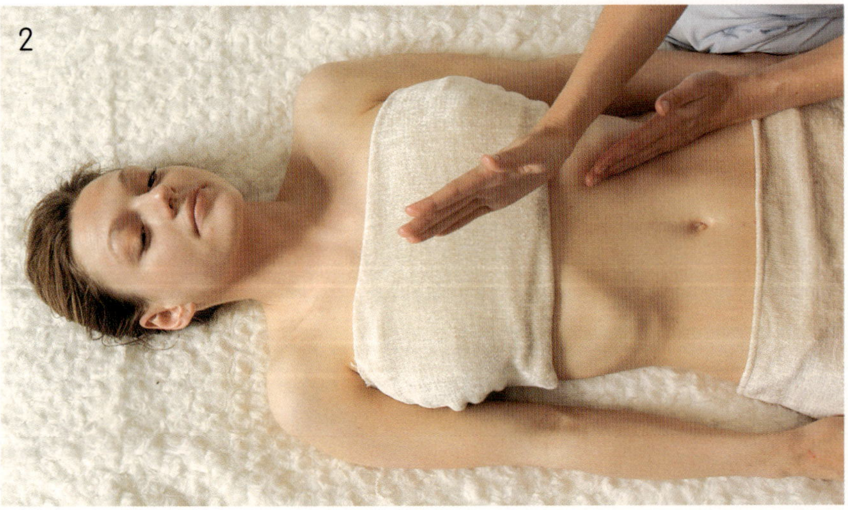

Massage de la cage thoracique 2

Cette manœuvre, un peu plus complexe que la précédente, se fait sur l'estomac. N'oubliez pas de traiter cette partie du corps très sensible avec délicatesse. Imaginez que vous dessinez le contour d'un diamant autour de l'estomac de votre partenaire.

Deux mains

1 Allongez les mains et placez-les de côté sur la ligne intérieure de la cage thoracique en les faisant se toucher du bout des doigts, de manière à former le coin d'un triangle tout juste en bas du sternum.

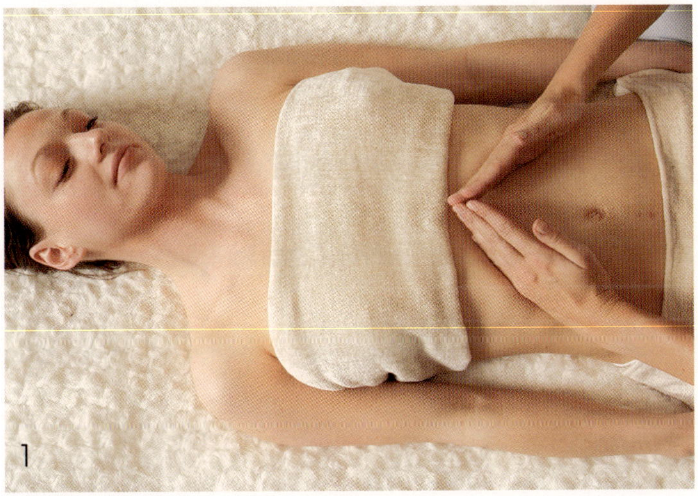

2 Exécutez un glissement des mains sur cette ligne vers le bas de la cage thoracique, de chaque côté de celle-ci, puis faites-les rouler sur la taille. Placez-les ensuite sur les hanches.

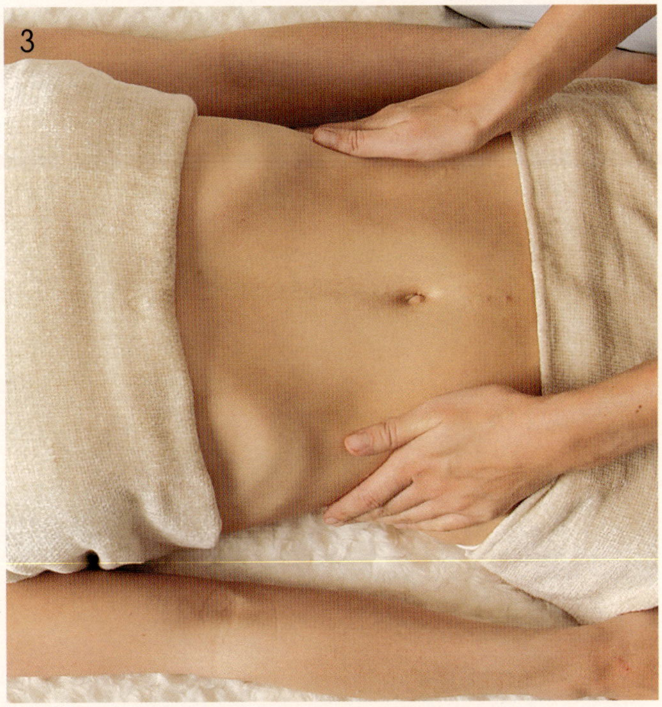

3 Soulevez délicatement la taille avec les deux mains.

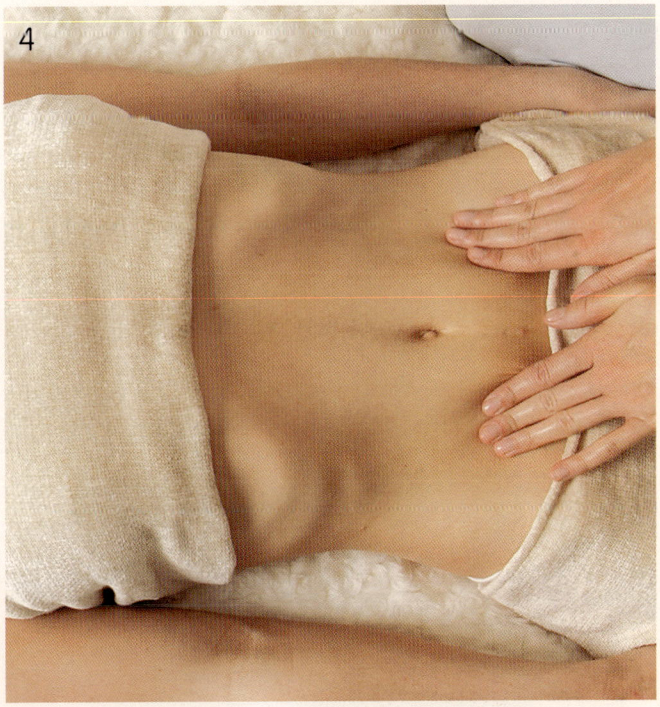

4 Traînez vos doigts doucement depuis la taille jusqu'en bas du nombril, à environ 5 cm de celui-ci.

Répétez la manœuvre en entier trois fois.

Voies parallèles

Cette manœuvre pénètre profondément dans les muscles, où elle provoque la dégradation de l'acide lactique et la libération des toxines. Elle est habituellement exécutée sur les jambes et toujours de la même manière, peu importe que vous fassiez l'arrière ou l'avant d'une cuisse ou le mollet.

1 Collez vos pouces l'un contre l'autre sur une jambe en bas et au centre de la surface à masser.

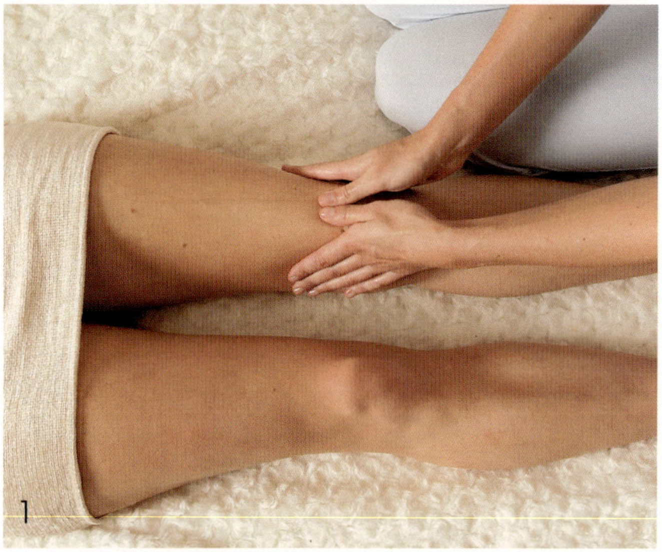

1

2 Faites-les glisser vers le haut de la jambe, sur toute la longueur de la surface en question, en exerçant une pression énergique, puis dirigez vos mains vers les côtés du membre.

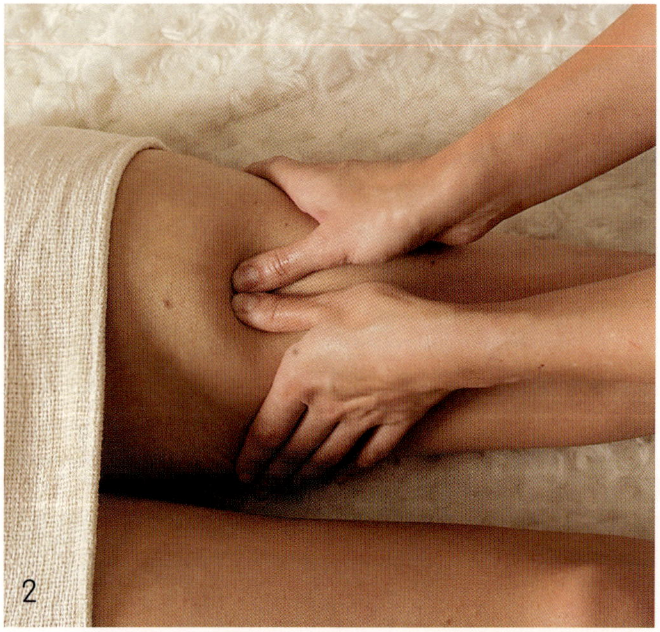

2

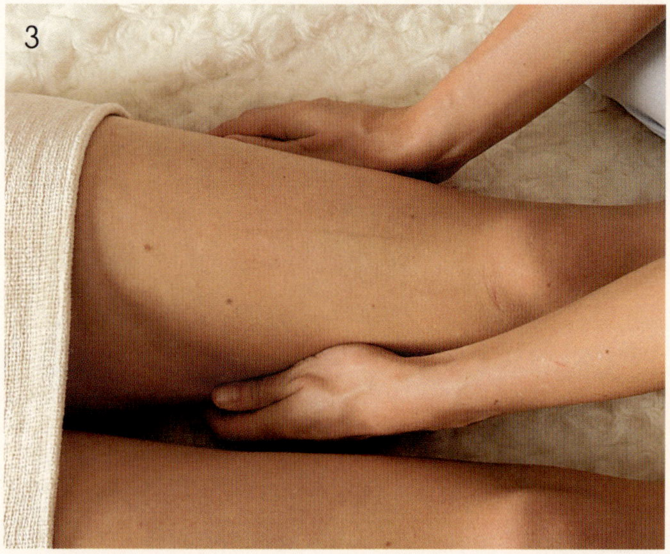

3

3 Exécutez un glissement des mains jusqu'à mi-hauteur de la surface. Ramenez-les ensuite ensemble en appuyant contre les côtés de la jambe avec les paumes afin de soulever la chair.

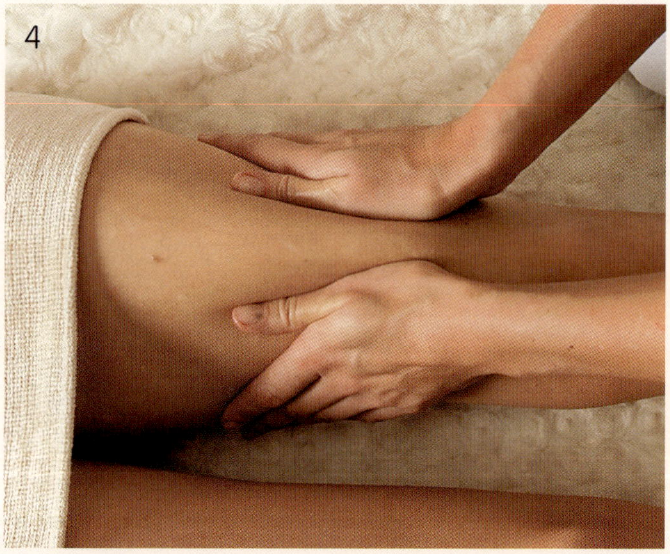

4

4 Faites glisser légèrement les mains jusqu'à leur point de départ. Répétez deux fois la manœuvre en maintenant d'abord une distance de 2 cm entre les pouces, puis de 5 cm.

Drainage des toxines vers les ganglions lymphatiques

Cette manœuvre aide le corps à se débarrasser des toxines que vous avez libérées des muscles au moyen des autres techniques. Vous devez avoir pour objectif de repousser les toxines vers les ganglions lymphatiques, pour permettre leur élimination du corps. Ces ganglions se trouvent sous les aisselles, en bas des oreilles, près des hanches et dans les genoux. La présente technique fonctionne bien lorsqu'elle se trouve appliquée sur les poignets et les mollets.

Sur les jambes

Si vous massez un mollet, soulevez un pied d'une main et placez l'autre main autour de la cheville. Exécutez ensuite de courts glissements en progressant vers le genou. La pression exercée devrait être énergique et contrôlée.

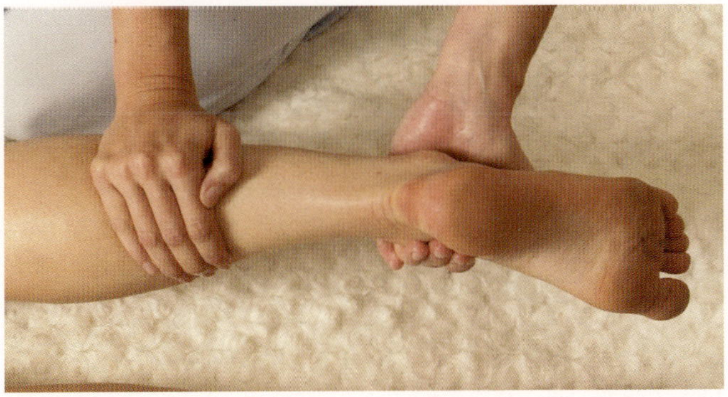

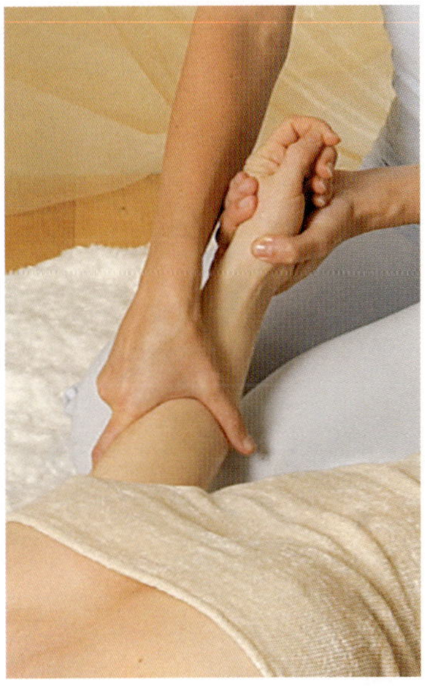

Sur les bras

Soulevez légèrement l'extrémité d'un bras avec une main et placez la partie charnue de l'autre main située entre le pouce et l'index sur le poignet. Exécutez ensuite de courts glissements sur toute la longueur de l'avant-bras en progressant vers le coude. Répétez cette opération trois fois.

Avant-bras

Les avant-bras peuvent être utilisés de plusieurs manières lors d'un massage et se révèlent une excellente solution de rechange lorsque vos mains sont fatiguées.

1

Sur le dos

1 Mettez-vous à genoux devant la tête de votre partenaire, face à ses pieds. Placez vos avant-bras sur les épaules, parallèlement l'un à l'autre et perpendiculairement au corps (posez la partie charnue des avant-bras sur les épaules).

2 Penchez-vous vers l'avant afin de transférer le poids de votre corps sur les avant-bras, puis traînez-les lentement jusqu'au bassin.

3 Pliez vos coudes en les projetant vers les côtés de manière à obtenir avec les bras la forme approximative d'un diamant.

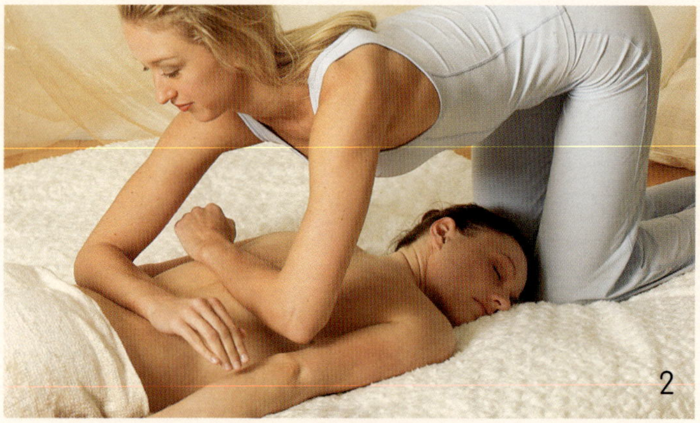
2

3

4

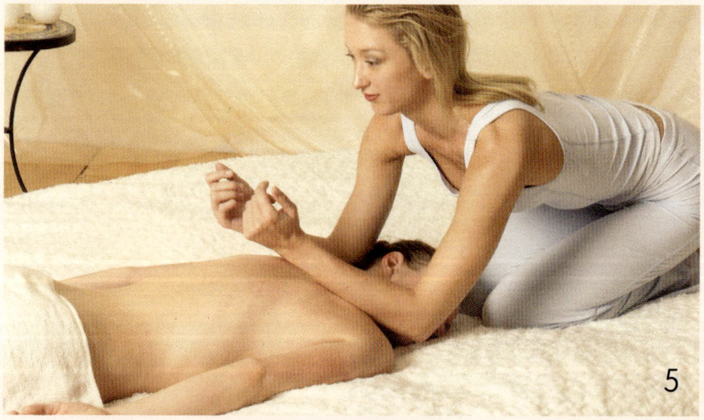
5

4 Rapprochez ensuite les coudes l'un de l'autre en les ramenant vers le centre du corps, cependant que vous traînez vos avant-bras vers leur point de départ, près du cou.

5 Faites glisser vos avant-bras vers le sol, de part et d'autre du cou. Replacez-les ensuite sur les épaules, parallèlement l'un à l'autre et perpendiculairement au corps, et refaites la manœuvre.

Sur la nuque (un avant-bras)

Restez à genoux devant la tête de votre partenaire, face à ses pieds. Demandez-lui de tourner la tête vers le côté opposé à celui que vous allez masser. Placez un avant-bras dans le creux de la nuque en orientant la paume de la main vers vous. Faites alors glisser l'avant-bras sur toute sa longueur, alternativement vers le haut et vers le sol, afin d'éliminer toute tension.

Sur la région lombaire

1 Mettez-vous à genoux à côté de votre partenaire et posez l'un de vos poignets sur sa taille.

2 Appuyez le poignet sur la taille, tandis que vous faites glisser l'avant-bras vers le haut. Effectuez ensuite un glissement de l'avant-bras vers le sol en retournant la main. Imaginez le mouvement d'une scie ou d'un archet sur un violon lorsque vous effectuez cette opération.

Répétez la manœuvre plusieurs fois. Puis faites l'autre côté.

1

2

Dos arqué

Votre partenaire doit être étendu sur le dos pour que vous puissiez exécuter cette manœuvre.

1 Mettez-vous à genoux devant la tête de votre partenaire, face à ses pieds. Demandez-lui de soulever légèrement ses épaules et d'arquer son dos. Pendant qu'il s'exécute, glissez vos mains sous son dos, de chaque côté de la colonne, aussi loin que vous pouvez aller et sans que cela vous soit inconfortable.

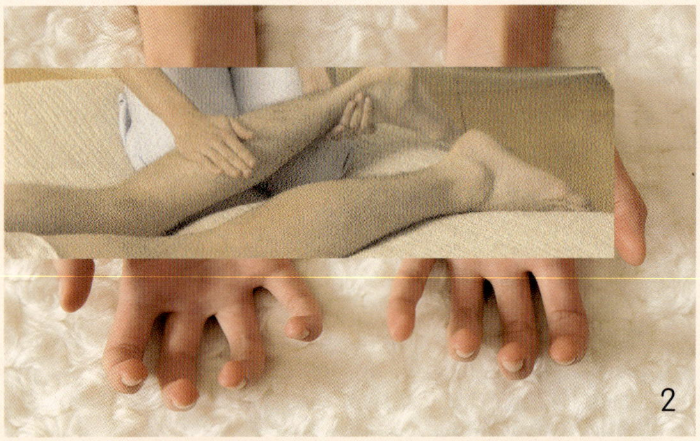

2 Formez des pattes avec vos mains.

3 Demandez à votre partenaire de déposer tout le poids de son corps sur le bout de vos doigts tout en se relaxant.

4 Traînez vos mains jusqu'au cou, de part et d'autre de la colonne, en exerçant une pression énergique sur la chair avec le bout des doigts.

5 Faites glisser ensuite les mains sur la nuque jusqu'à la base de la tête. Lorsque vous atteignez les cheveux, tirez-les délicatement. Répétez cette suite d'opérations environ trois fois.

Étirement des bras

1 Soulevez un bras au niveau du poignet d'une seule main et amenez-le en haut de l'épaule. Placez votre seconde main sur la taille, sous la serviette.

1

2

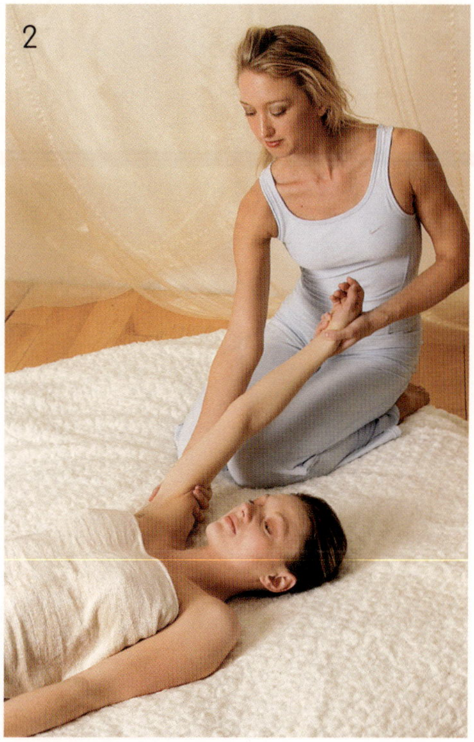

2 Faites glisser cette main depuis la taille jusqu'à la coiffe des rotateurs de l'épaule.

3

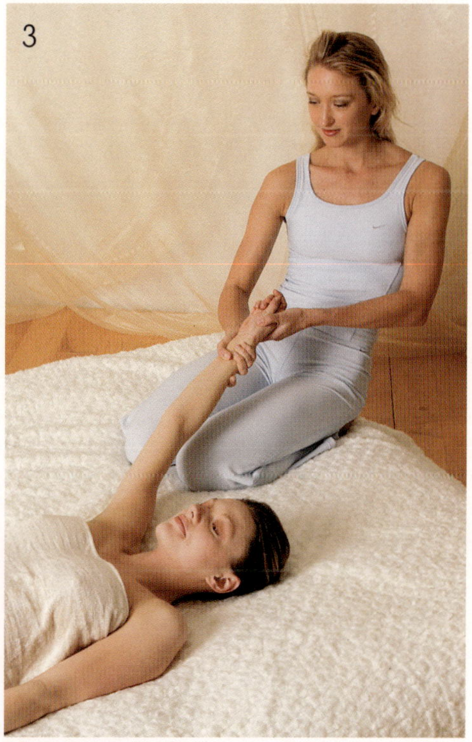

3 Exécutez ensuite un glissement jusqu'au poignet, puis tirez doucement le bras. Répétez cette suite d'opérations quelques fois.

Mains en forme de tasse

Cette manœuvre consiste à exécuter des mouvements de percussion semblables à ceux qui sont contenus dans la technique de la hachure. Les doigts sont cependant regroupés et courbés, le pouce s'opposant aux autres doigts, ce qui permet d'obtenir la forme d'une tasse. Des mouvements vifs du poignet vers le haut, puis vers le bas, permettent à l'auriculaire et à la base de la main de frapper le corps avec rapidité et douceur. Si l'une des mains produit un claquement sur la peau, arrondissez-la davantage afin d'obtenir une tasse plus profonde.

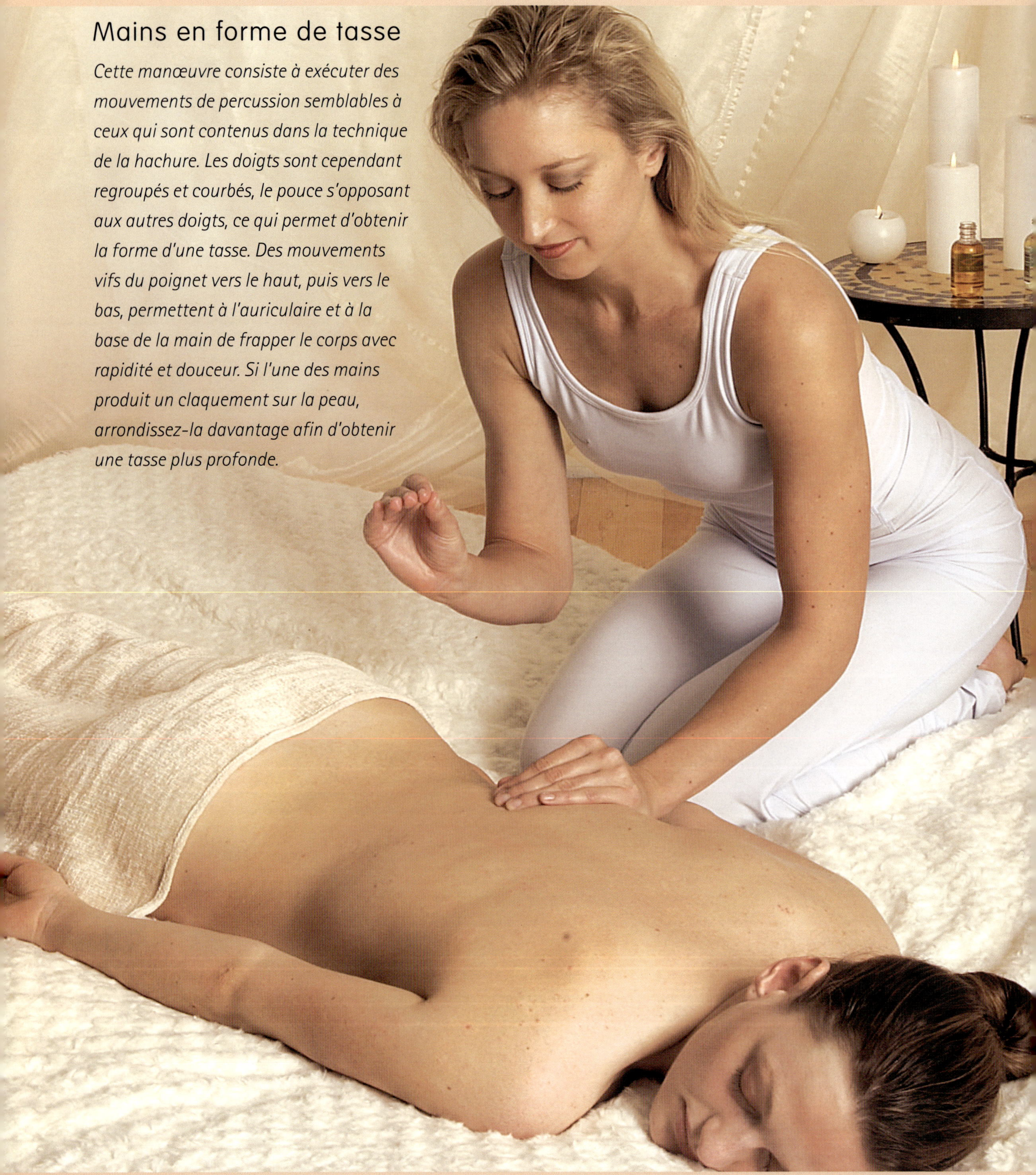

Sur le dos

1 Mettez vous à genoux à côté de votre partenaire, face à son dos. Regroupez les doigts tout en arrondissant les mains pour obtenir la forme d'une tasse. Faites comme si vous alliez tenter de tenir de l'eau dans vos mains.

2 Tournez les paumes vers le sol et placez les mains au dessus du dos. Frappez-le alors rapidement en effectuant des mouvements vifs et rythmiques avec les poignets. Faites le dos en entier tout en évitant la région des reins.

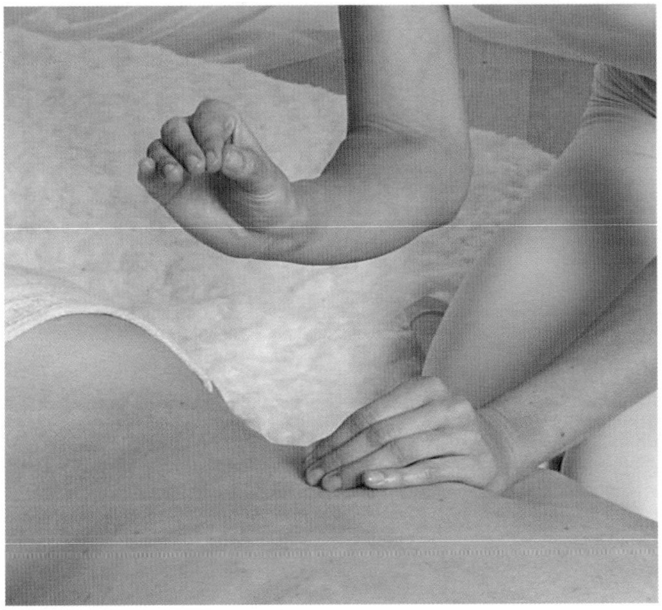

Sur les jambes

Mettez vous à genoux face aux cuisses. Placez les mains en forme de tasse et tenez-les juste au-dessus des cuisses. Frappez rapidement les cuisses à l'aide de mouvements vifs et percutants.

Répétez la manœuvre sur les mollets.

Note : Évitez l'arrière des genoux.

Poings

Manœuvre percutante, utile pour le massage des fesses.

Mettez-vous à genoux face aux fesses de la personne, que vous ne découvrez pas. Fermez vos mains, mais sans les serrer. Frappez doucement les fesses sur toute leur surface en faisant alterner vos poings.

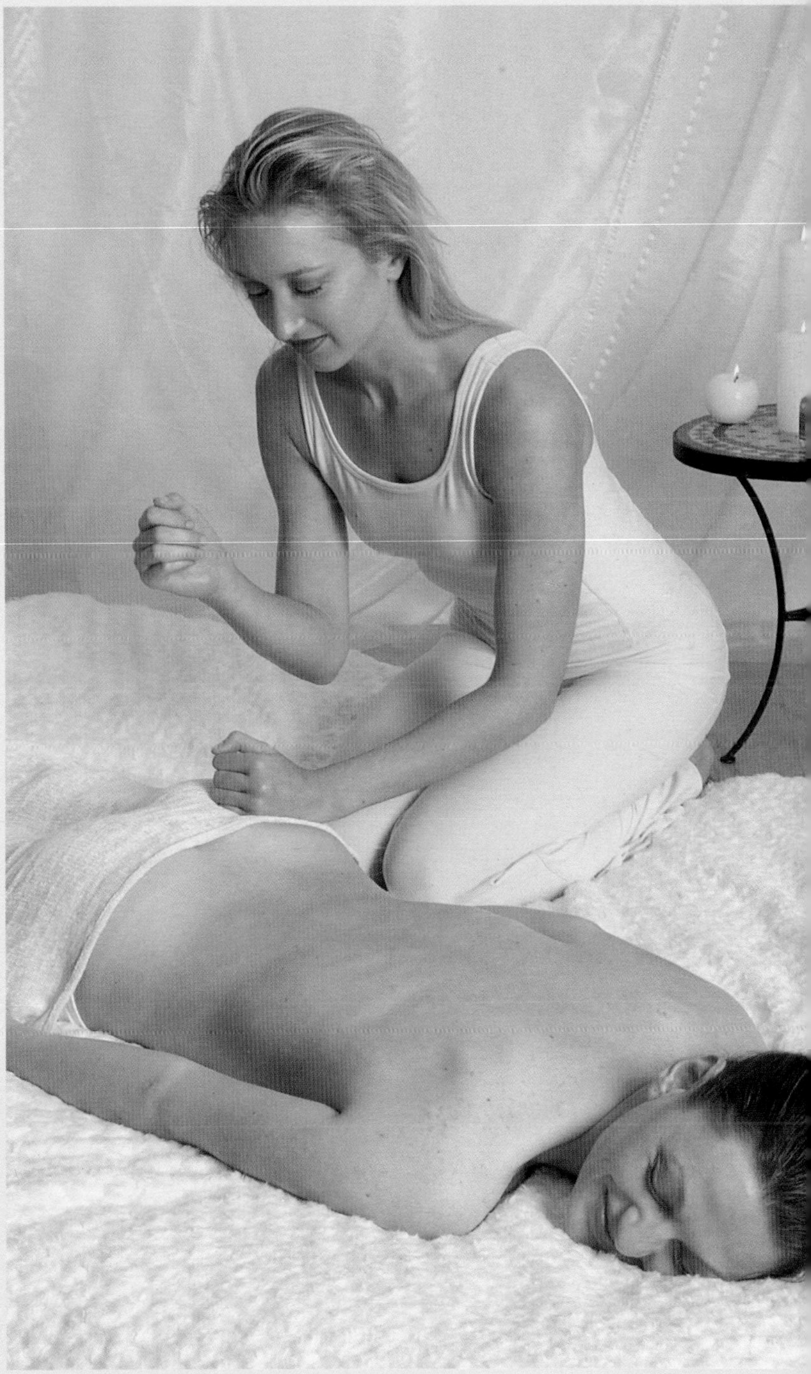

Massage avancé

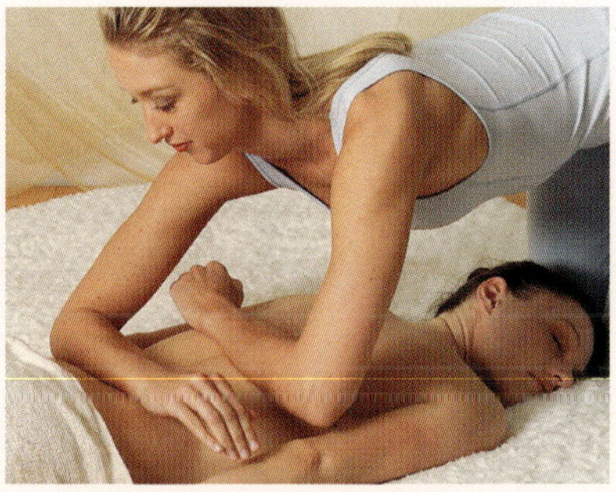

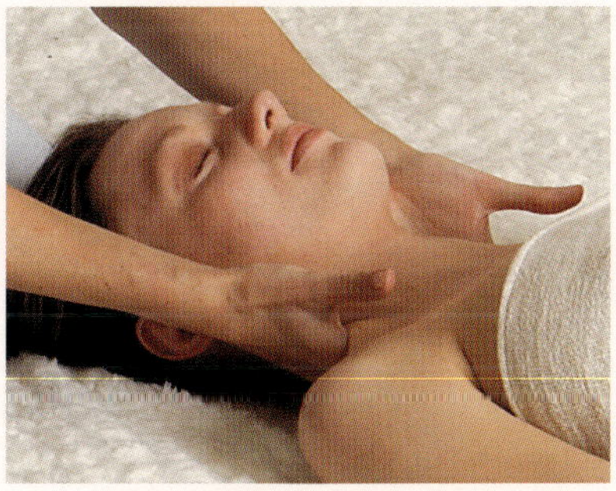

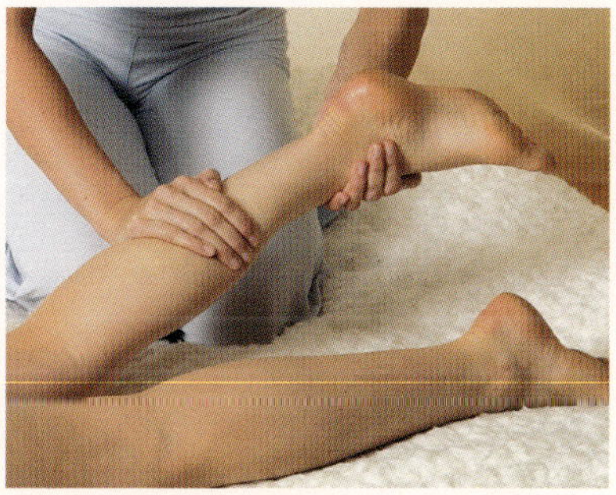

La séquence de massage qui suit comprend certaines des manœuvres présentées dans les sections précédentes. Elle ne les comporte pas toutes cependant, sinon elle durerait des heures. Essayez de vous rappeler tout ce que vous avez appris dans les sections antérieures. Concentrez-vous sur votre posture, la pression à appliquer avec les mains et la transition entre les manœuvres et essayez de détecter les réactions musculaires du corps de votre partenaire.

Sur le dos

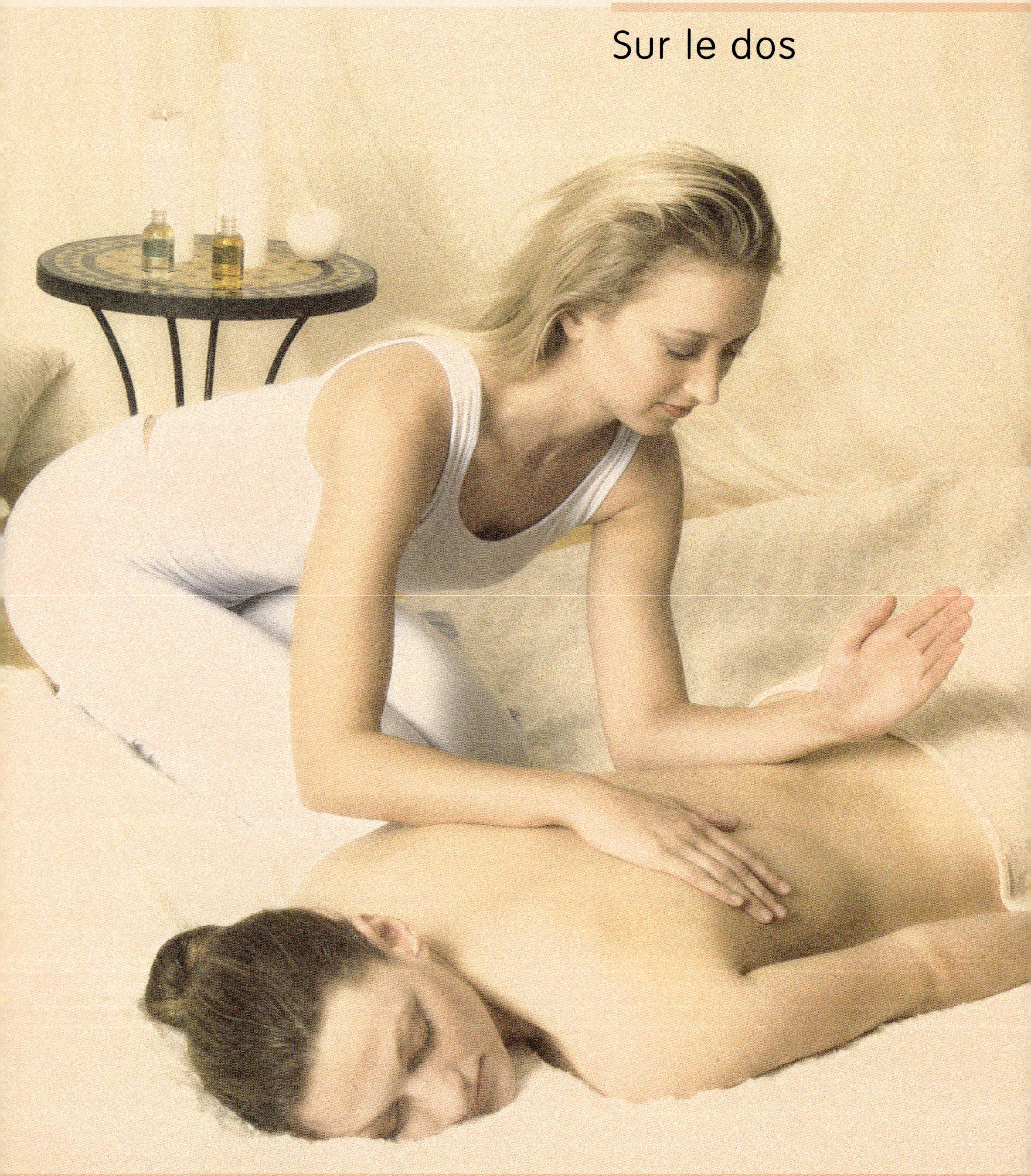

Assouplissement : mettez-vous à genoux à côté de votre partenaire. Placez les paumes à gauche ou à droite de la colonne, sur la zone charnue qui la longe. Appliquez une pression délicate sur cette zone, puis relâchez les mains. Répétez la manœuvre tout le long de la colonne, puis faites l'autre côté. Frottez ensuite avec vigueur toute la surface du dos.

1 **Application de l'huile :** découvrez tout le dos. Versez-vous un peu d'huile dans la paume et frottez vos mains l'une contre l'autre. Étendez ensuite l'huile sur le dos en progressant vers les épaules.

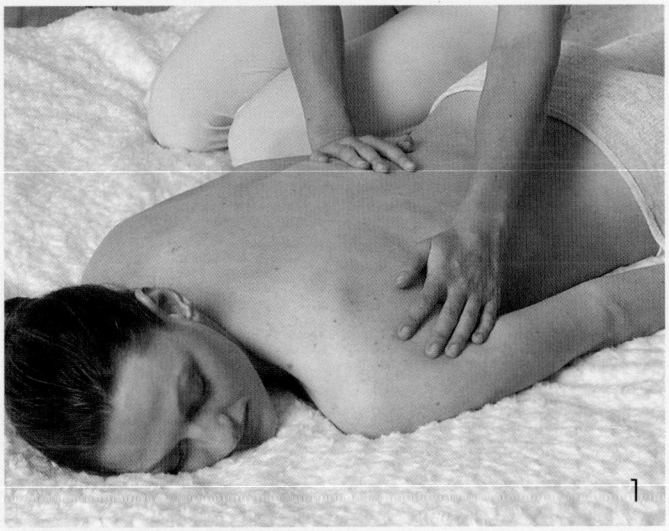
1

3 **Friction :** placez les pouces à la base de la colonne, de part et d'autre de celle-ci. Faites des cercles le long de la colonne en utilisant toute la longueur des bras et non l'articulation des pouces. Aplatissez ensuite les mains et faites-les glisser sur les épaules, puis sur les flancs jusqu'en bas du dos. Maintenez continuellement le contact avec le corps de la personne massée. Répétez l'opération trois fois.

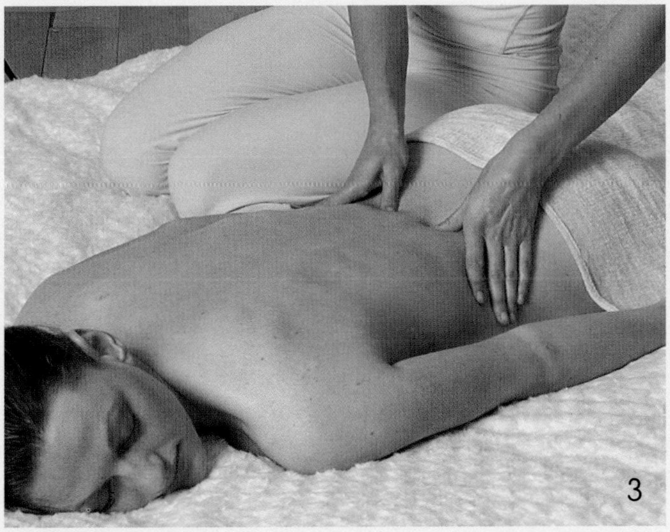
3

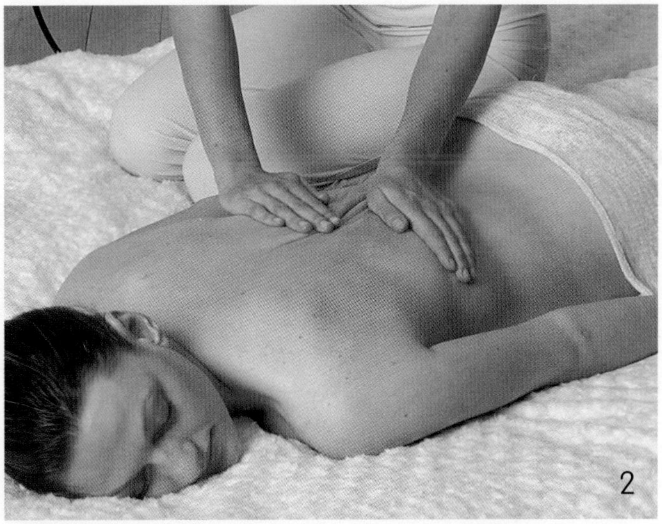
2

2 **Figure en huit :** mettez-vous à genoux à côté de votre partenaire en orientant le haut de votre corps vers sa tête. Placez les mains à la base de la colonne, de part et d'autre de celle-ci, et faites-les glisser jusqu'à la nuque en exerçant une pression énergique avec les paumes et les doigts. Exécutez ensuite un glissement sur les épaules vers les côtés, puis vers le bas, jusqu'à mi-hauteur du dos. Vos mains toujours sur le dos, faites-les glisser transversalement jusqu'au côté opposé du torse, puis encore vers le bas en gardant les bras croisés. Effectuez un nouveau glissement latéral d'un côté à l'autre du torse en décroisant les bras, avant de faire glisser vos mains sur les hanches. Tandis que vous ramenez les mains à leur point de départ, soulevez légèrement la chair des hanches. Répétez la manœuvre deux fois.

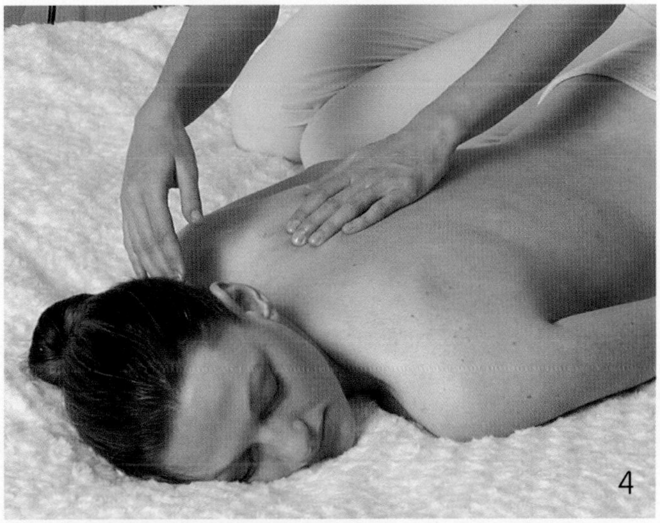
4

4 **Traction sur les épaules :** placez une main légèrement sous une épaule. Tirez doucement les muscles du dessus et de l'arrière de l'épaule, tandis que vous faites glisser votre main vers les omoplates. Enchaînez ensuite avec l'autre main. Répétez l'opération en imaginant des vagues roulant sur l'épaule.

5 **Pétrissage des épaules et de la nuque :** placez les mains sur une épaule. Pressez la chair avec une main, tandis que vous la faites glisser vers l'autre main. Au moment où vous lâchez la chair, saisissez-la avec la seconde main. Répétez cette opération, puis faites l'autre épaule. Pétrissez ensuite la nuque avec une seule main.

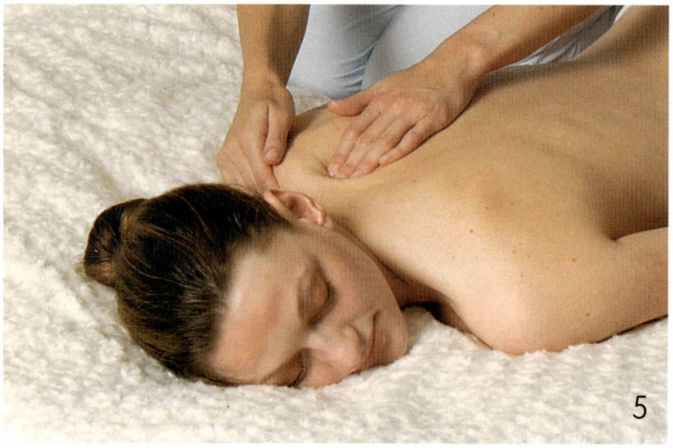

5

6 **Glissement des jointures :** mettez-vous à genoux devant la tête de votre partenaire, face à ses pieds. Fermez vos mains et posez la partie plate des poings sur le dos près de la nuque, de part et d'autre de la colonne. Faites glisser ensuite vos poings jusqu'en bas de la colonne en appliquant une légère pression. Dépliez vos doigts et exécutez un glissement des mains sur les hanches vers la taille. Faites glisser enfin les mains le long des flancs jusqu'au point de départ. Répétez la manœuvre deux fois.

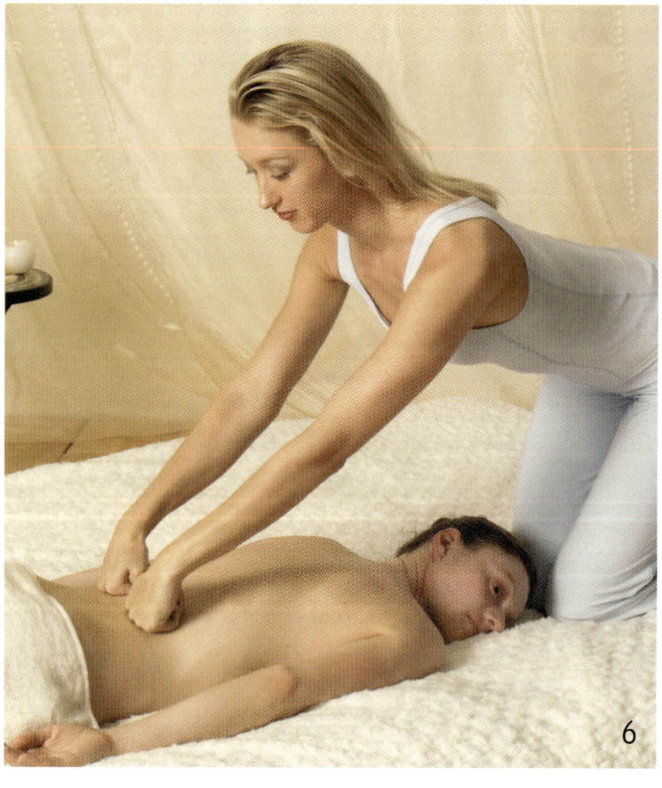

6

7

7 **Roulement des jointures :** gardez vos mains fermées après le dernier glissement des jointures, que vous faites ensuite rouler en petits cercles sur toute la surface des hanches et de la taille.

8

8 **Doigts écartés :** écartez les doigts à la base de la colonne et utilisez-les pour faire trois cercles dans le bas du dos et sur le haut des fesses. Déplacez les mains jusqu'à la cage thoracique et faites trois autres cercles. Déplacez de nouveau les mains, cette fois jusqu'aux épaules, et esquissez encore trois cercles.

9 Avant-bras sur le dos : toujours à genoux devant la tête de votre partenaire, face à ses pieds, placez vos avant-bras sur les épaules, parallèlement l'un à l'autre et perpendiculairement au corps. Transférez le poids de votre corps sur les avant-bras, que vous faites glisser ensuite jusqu'en bas de la colonne. Relaxez-vous les coudes et faites-les glisser vers la cage thoracique de manière à former un diamant avec les bras. Rapprochez légèrement les coudes l'un de l'autre et faites glisser vos avant-bras vers le sol de part et d'autre du cou. Répétez cette suite d'opérations deux fois.

9

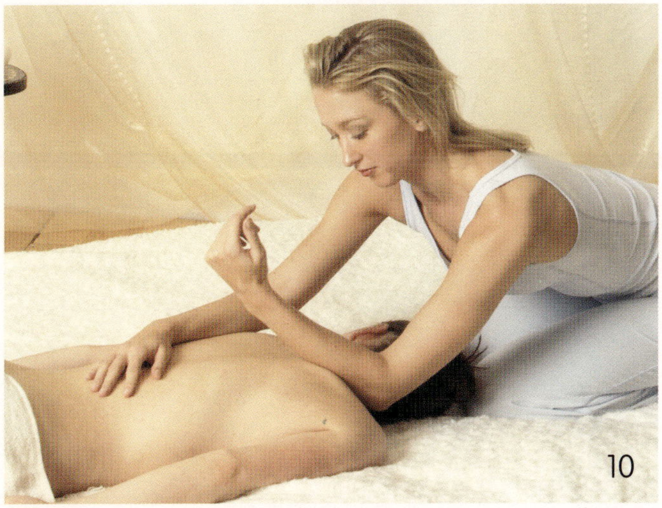
10

10 Avant-bras sur la nuque : placez l'avant-bras gauche sur l'épaule droite de votre partenaire, ou vice-versa, en orientant la paume de la main vers vous. Faites glisser l'avant-bras sur toute sa longueur, alternativement vers le haut et vers le sol, contre la nuque. Pensez au mouvement d'une scie ou d'un archet sur un violon. Répétez l'opération quelques fois. Demandez ensuite à votre partenaire de tourner la tête dans la direction opposée, afin de procéder à l'autre côté de la nuque.

11 Avant-bras dans le bas du dos : mettez-vous à genoux à côté de votre partenaire, face à la région lombaire. Posez un avant-bras sur la taille en orientant la paume de la main vers vous. Faites glisser l'avant-bras sur la taille, alternativement vers le haut et vers le sol, en essayant d'éliminer toute tension détectée dans le bas du dos.

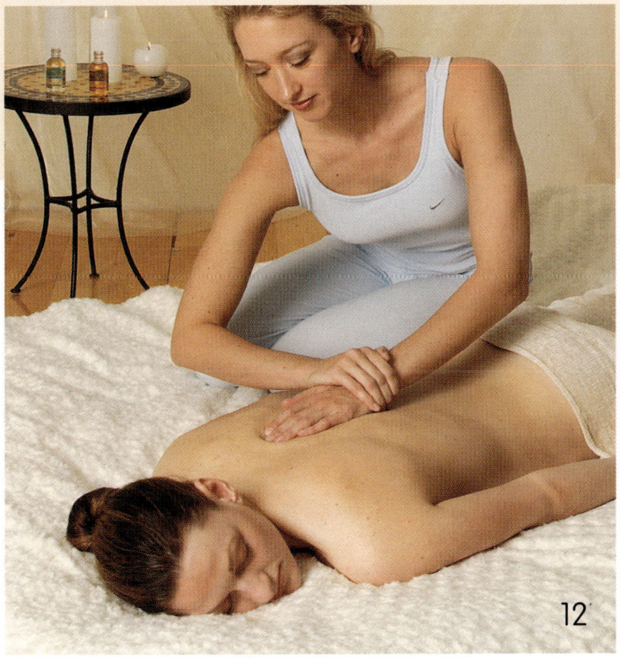
12

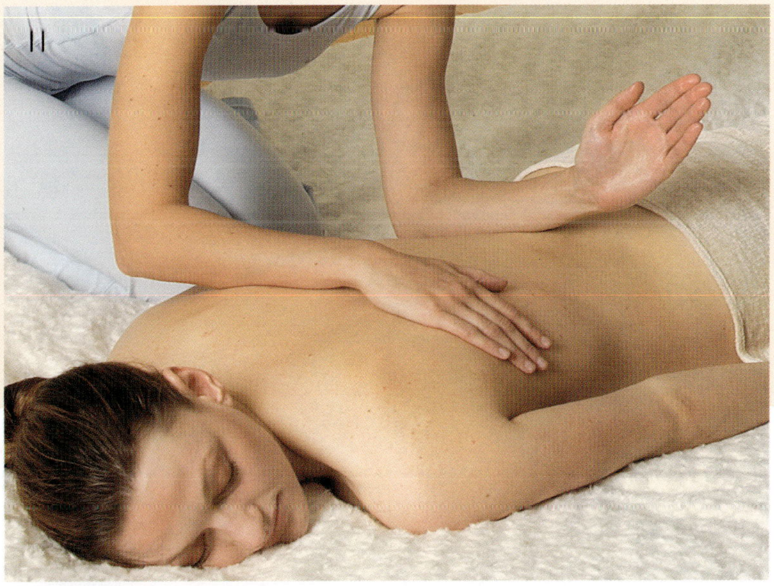
11

12 Pression avec les doigts : allongez les doigts d'une main dans le bas du dos et tenez votre poignet avec l'autre main. Traînez vos doigts jusqu'à la nuque en appliquant une pression énergique. Lâchez le poignet et faites glisser les mains sur les épaules vers les côtés, puis de part et d'autre de la colonne jusqu'en bas du dos. Répétez la manœuvre jusqu'à ce que vous ayez massé le dos en entier.

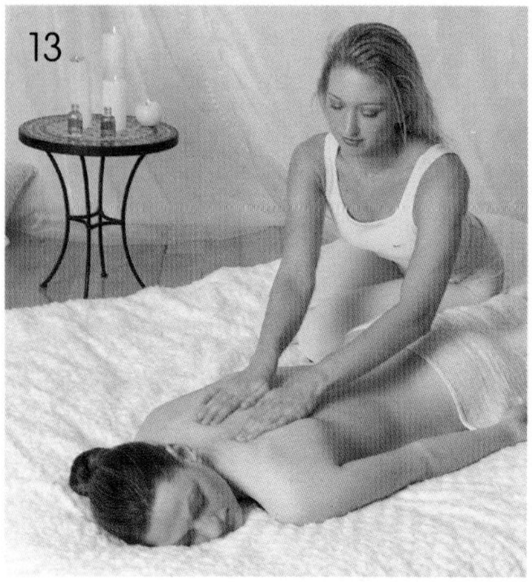

13 **Effleurage de base :** posez les deux mains à plat en bas de la colonne, de part et d'autre de celle-ci. Faites-les glisser le long de la colonne jusqu'à la nuque, puis le long des épaules et enfin, sur toute la longueur du dos près des flancs. Répétez l'opération.

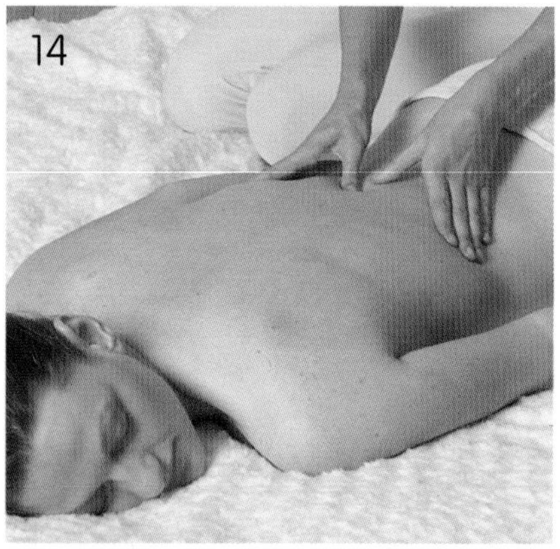

14 **Marche des pouces :** imaginez d'abord huit lignes parallèles à la colonne, quatre de chaque côté de celle-ci, qui courent du bassin à la base de la cage thoracique. Placez les pouces en bas du dos, au début de la ligne la plus près de la colonne, à gauche ou à droite de celle-ci. Faites marcher les pouces sur la ligne en appuyant sur la chair à chaque pas. Les pouces devraient se contourner l'un l'autre en effectuant des pas afin de créer un effet de roulement. Lorsque vous avez atteint la cage thoracique, placez les pouces au début de la deuxième ligne la plus près de la colonne, du même côté que la première ligne tout en vous rapprochant peu à peu de la hanche. Faites ensuite la deuxième moitié du dos en procédant de la même manière.

15 **Mains en forme de tasse :** installez-vous à côté de votre partenaire. Collez les doigts afin de placer vos mains en forme de tasse. Frappez ensuite la peau, mais seulement avec la partie charnue des doigts et des paumes. Essayez de ne pas toujours rester au même endroit et de frapper le dos sur toute sa surface en évitant, cependant, la région des reins.

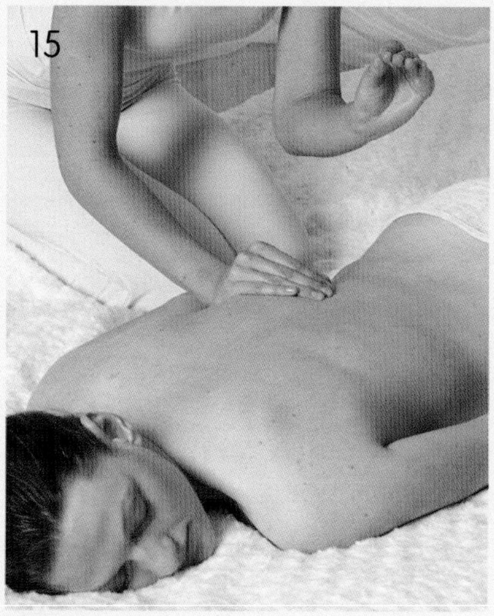

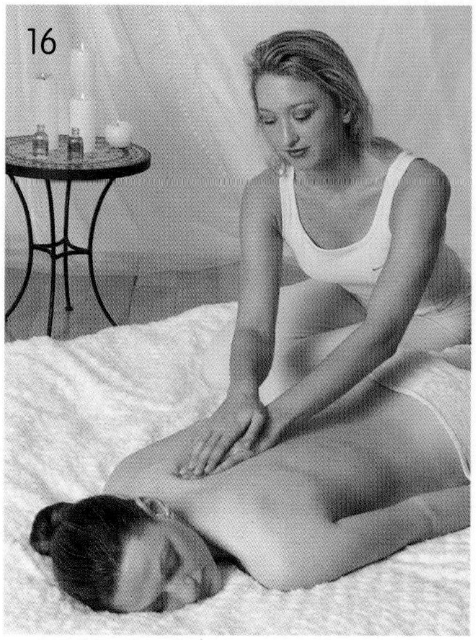

16 **Effleurage une main sur l'autre :** placez les mains l'une sur l'autre et posez la main du dessous en bas et à côté de la colonne. Faites glisser cette main jusqu'à la nuque, puis le long des épaules et enfin, sur le dos près des flancs jusqu'au bassin, en exerçant une pression avec la paume. Répétez cette opération quelques fois, puis faites l'autre côté du dos.

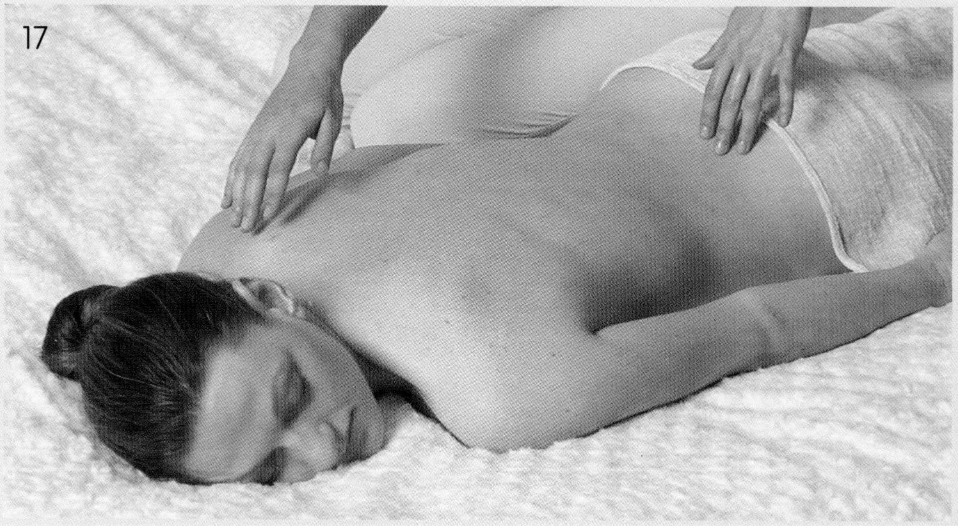

17 **Caresse de la plume :** placez une main près du dos de façon à ce que le bout des doigts en effleure la partie supérieure. Faites-les alors glisser délicatement vers le bas du dos. Lorsqu'ils ont atteint le bas de la colonne, commencez à faire glisser les doigts de l'autre main de la même façon.

Fin : recouvrez tout le dos.

Sur les fesses

Poings : mettez-vous à genoux à côté de votre partenaire. Ne découvrez pas les fesses. Fermez vos mains sans les serrer et tenez-les à une distance de 5 cm au-dessus des fesses, que vous frappez alors doucement en faisant alterner vos poings.

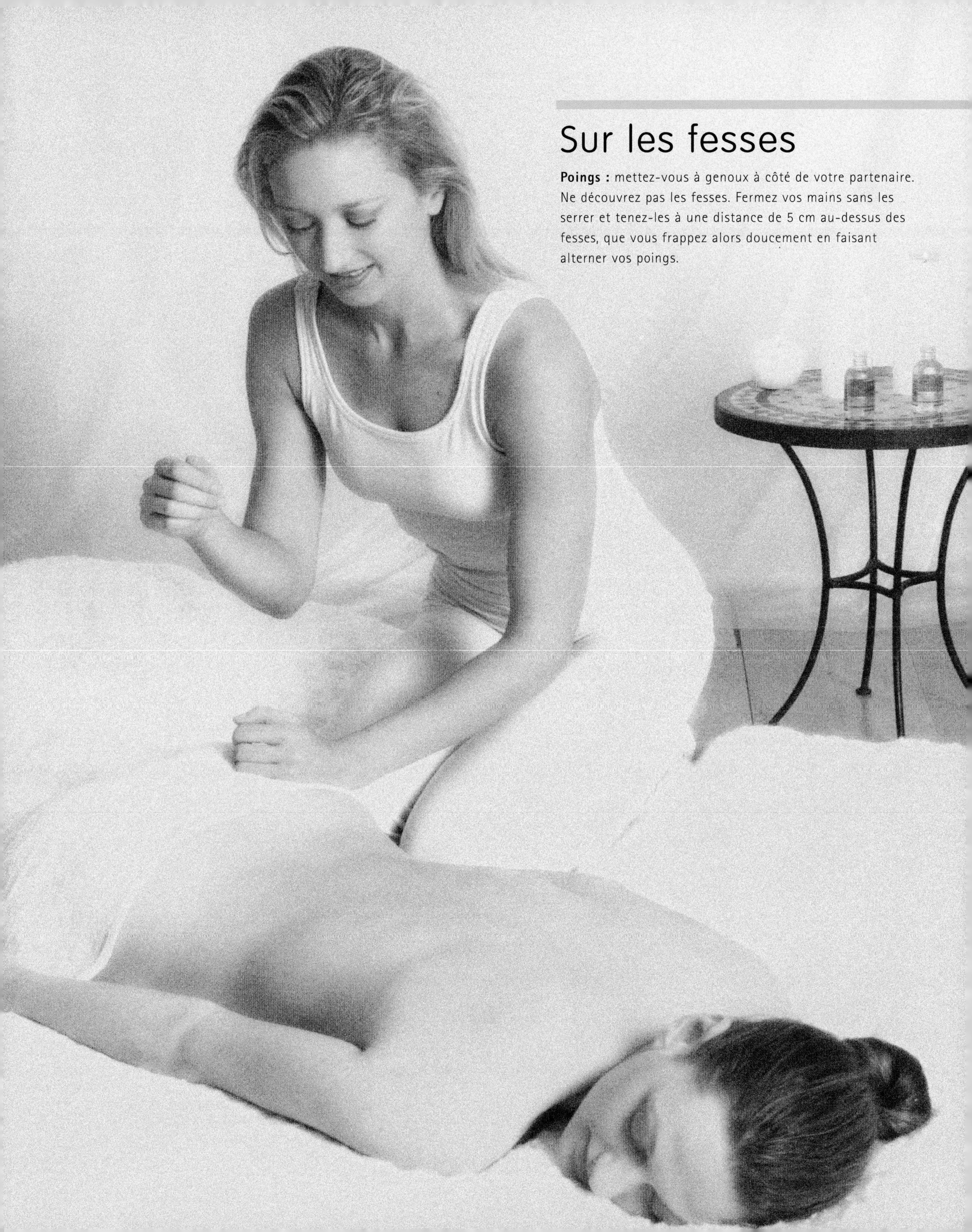

Sur l'arrière des jambes

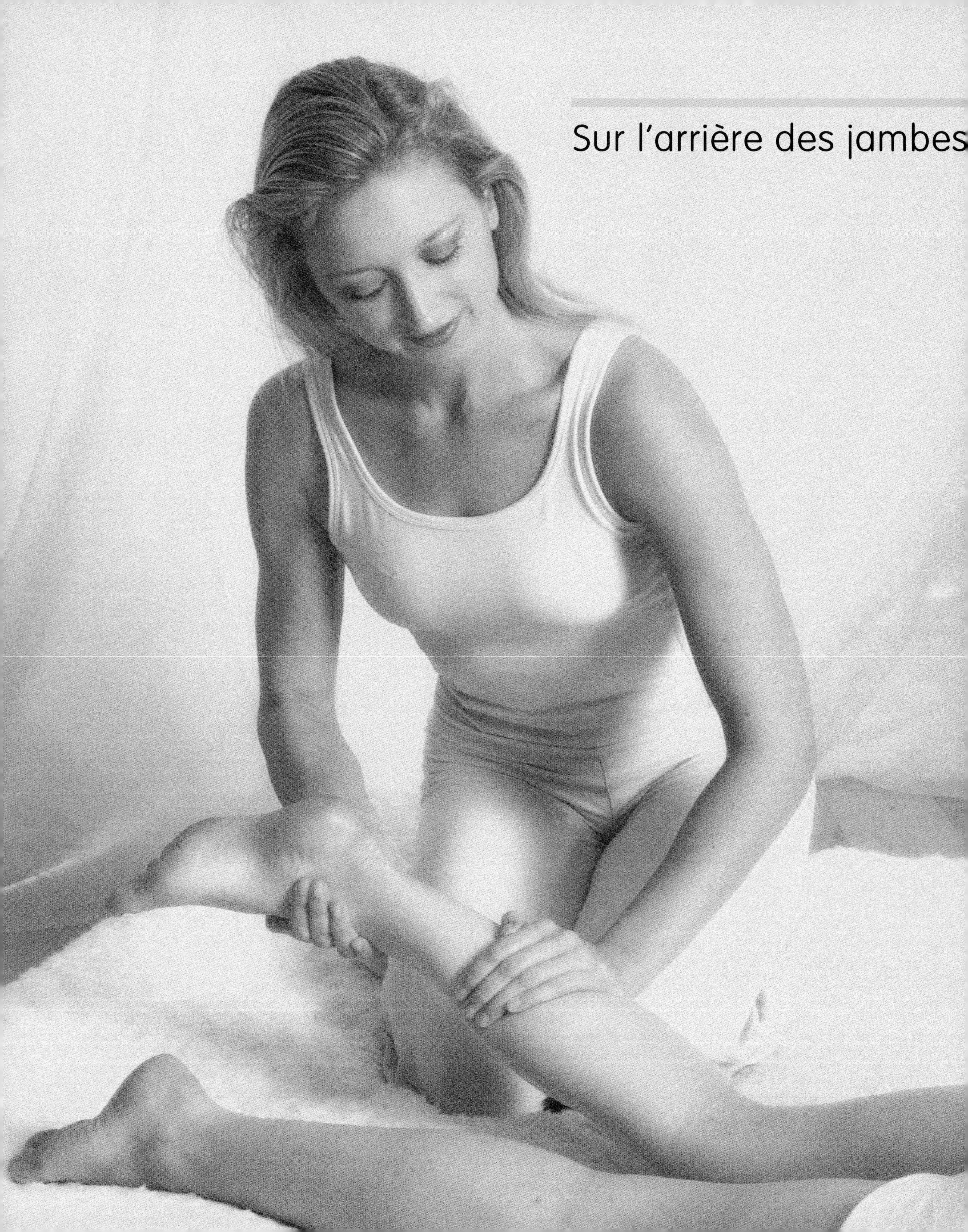

Assouplissement : placez vos mains en travers d'une jambe sans la découvrir. Pressez délicatement la chair sous la serviette. Relâchez les mains et pressez de nouveau la chair, et ainsi de suite jusqu'à ce que vous ayez fait la jambe sur toute sa longueur. Frottez ensuite la jambe en entier avec vigueur.

Application de l'huile : découvrez la jambe jusqu'à exposer la hanche, mais sans que cela porte atteinte à la dignité de votre partenaire. Versez-vous une petite quantité d'huile dans la paume et frottez vos mains l'une contre l'autre. Étendez ensuite l'huile sur la jambe, depuis la cheville jusqu'à la hanche.

1 **Effleurage :** placez les deux mains sur la cheville. Faites glisser une main sur la jambe jusqu'à la hanche, en évitant soigneusement l'arrière du genou, puis sur le côté extérieur du membre jusqu'au point de départ. Comme la main arrive à la cheville, faites glisser l'autre main de la même manière.

2 **Friction de la cuisse :** placez les pouces sur la jambe juste en haut du genou. Faites des cercles sur tout l'arrière de la cuisse en utilisant toute la longueur des bras, plutôt que l'articulation des pouces.

3 **Pétrissage de l'intérieur de la cuisse :** mettez-vous à genoux face aux cuisses de votre partenaire. Placez les deux mains sur le côté intérieur de la cuisse découverte, doigts orientés vers le sol, sauf les pouces, qui sont écartés. Saisissez de la chair d'une seule main et pressez-la, tandis que vous la déplacez vers l'autre main. Au moment où vous la lâchez, saisissez-la avec la seconde main. Imaginez-vous en train de pétrir de la pâte pendant que vous déplacez la chair d'une main à l'autre dans un mouvement de va-et-vient.

4 **Pétrissage-torsion de la cuisse :** placez les mains sur les côtés de la cuisse. Faites-les glisser transversalement sur la cuisse jusqu'au côté opposé, tandis que vous soulevez la chair en pressant les paumes contre la cuisse. Veillez à ce qu'il y ait une distance d'au moins 5 cm entre les mains. Répétez la manœuvre quelques fois afin de faire tout l'arrière de la cuisse.

5 **Voies parallèles :** collez vos pouces l'un contre l'autre juste en haut du genou et placez les autres doigts sur les côtés. Faites glisser les pouces jusqu'à la hanche en appuyant avec énergie sur le ventre de la cuisse. Séparez-les ensuite, puis faites glisser vos mains vers le bas jusqu'à mi-hauteur de la cuisse. Ramenez alors vos mains ensemble en soulevant les muscles sur les côtés de la jambe, puis exécutez un léger glissement jusqu'au point de départ. Répétez deux fois la manœuvre en maintenant d'abord une distance de 3 cm entre les pouces, puis de 6 cm.

6 **Pression avec les doigts sur la cuisse :** allongez les doigts d'une seule main sur une jambe juste en haut du genou et tenez votre poignet avec l'autre main. Faites glisser les doigts jusqu'à la fesse, puis lâchez le poignet. Ramenez ensuite les mains jusqu'à leur point de départ en les faisant glisser le long des côtés de la cuisse. Répétez la manœuvre jusqu'à ce que vous ayez fait tout l'arrière de la cuisse.

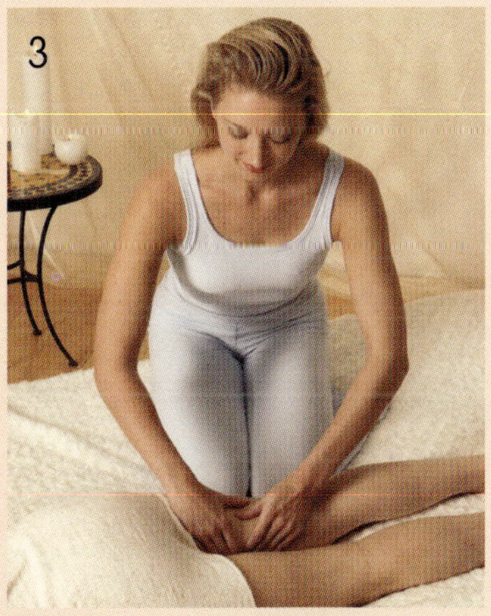

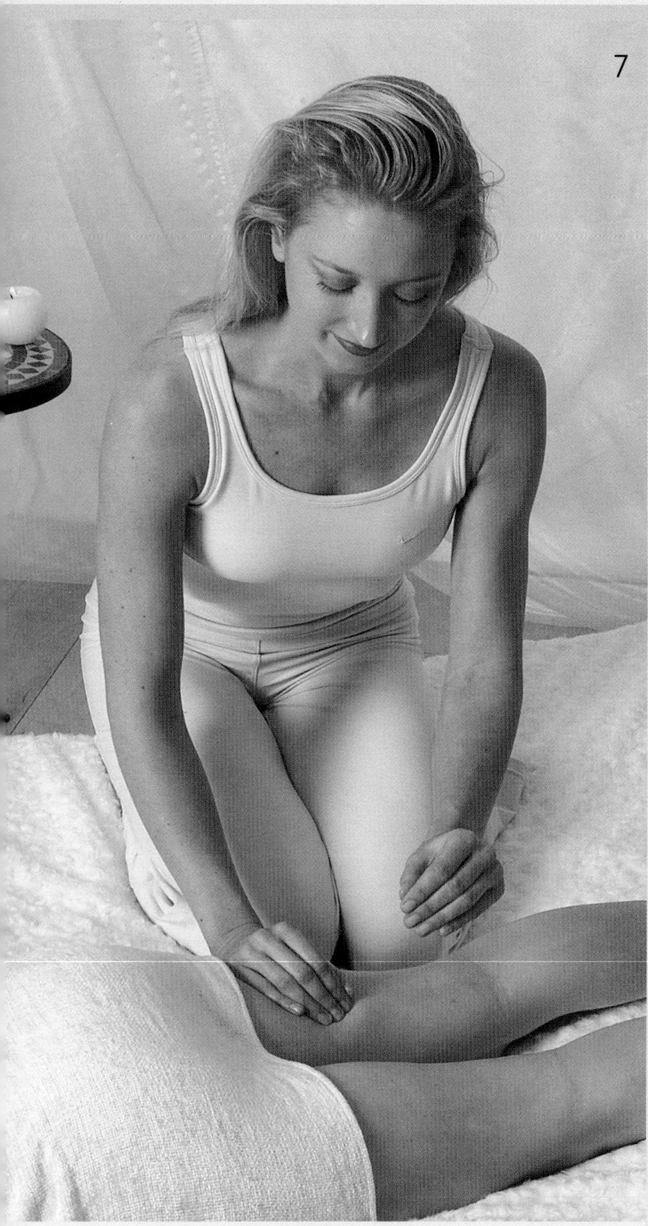
7

7 Mains en forme de tasse : placez les mains en forme de tasse en serrant les doigts et tournez les paumes vers le sol. Frappez la cuisse, mais seulement avec la partie charnue des doigts et avec les paumes. Tâchez d'exécuter des mouvements précis et rythmiques.

8 Effleurage de base : placez les deux mains en haut du genou, doigts orientés vers la hanche. Faites-les glisser ensemble jusqu'à la hanche, puis séparez-les. Ramenez-les ensuite au point de départ, en haut du genou, en exécutant un glissement sur les côtés de la cuisse. Répétez la manœuvre sur toute la longueur de la jambe, puis sur le mollet seulement.

9 Friction du mollet : placez les pouces sur la jambe à la hauteur de la cheville. Décrivez des cercles partout sur le mollet, en utilisant toute la longueur des bras.

8

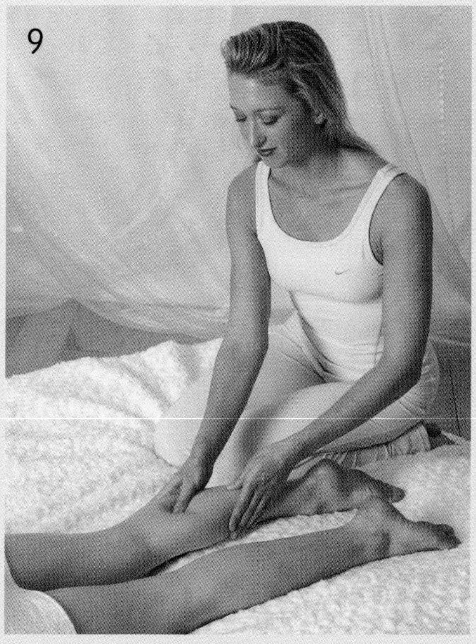
9

10 Pétrissage-torsion du mollet : placez les mains sur les côtés du mollet et faites-les glisser transversalement sur le mollet jusqu'au côté opposé en appuyant sur le muscle. Refaites ce geste encore et encore en maintenant toujours une certaine distance entre les mains au moment où elles se croisent.

11 Pression avec les doigts sur le mollet : allongez les doigts d'une main sur le mollet à la hauteur de la cheville en les orientant vers la hanche. Effectuez un glissement jusqu'au genou en tenant votre poignet avec l'autre main pour mieux contrôler le déplacement. Lâchez le poignet et ramenez les mains en les faisant glisser sur les côtés du mollet. Répétez l'opération jusqu'à ce que vous ayez massé tout le mollet.

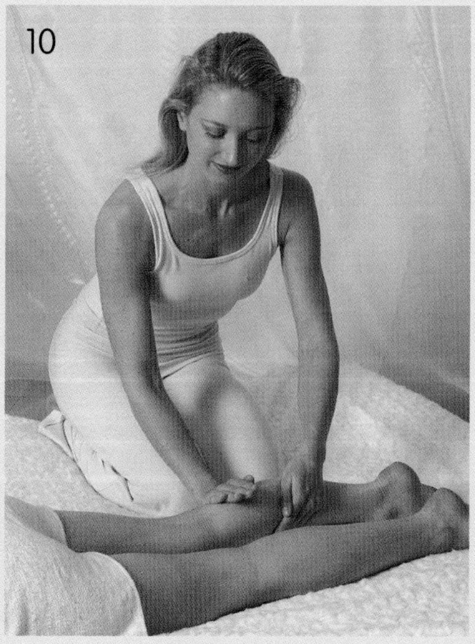
10

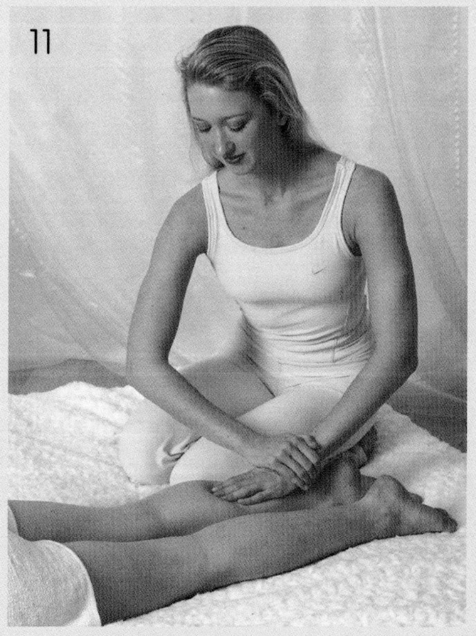
11

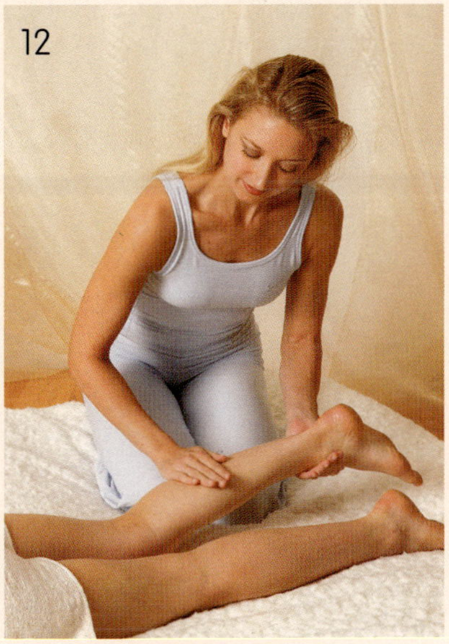
12

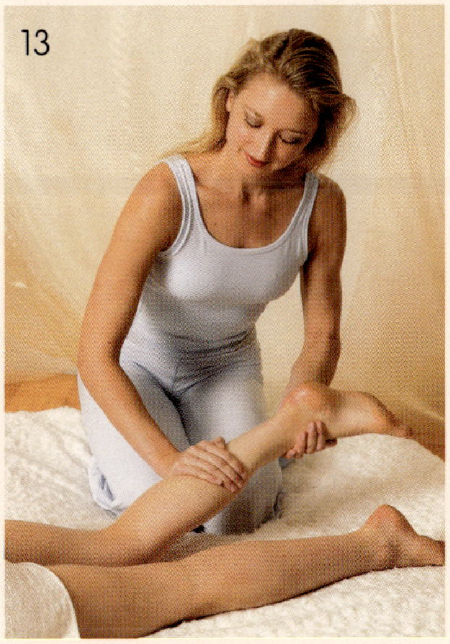
13

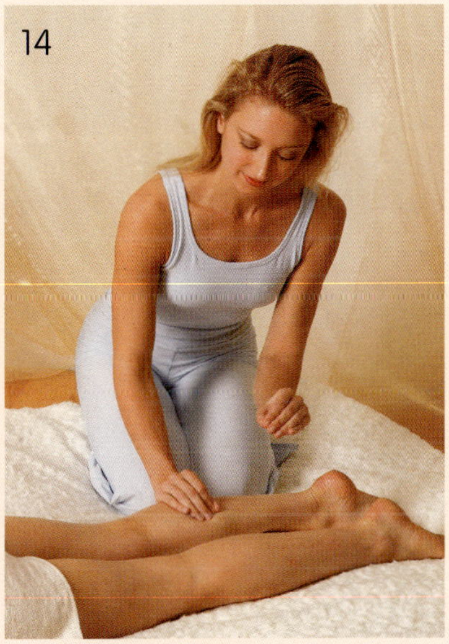
14

15

12 Vibration : soulevez le pied avec une main et posez l'autre main à plat sur le mollet, en travers de celui-ci. Secouez vigoureusement le mollet avec cette main, dans un mouvement de va-et-vient transversal, afin de le faire vibrer. Faites-le vibrer pendant 10 secondes.

13 Drainage des toxines : soulevez légèrement le pied avec une main et placez l'autre main autour de la cheville. Frottez ensuite le mollet en progressant vers l'arrière du genou, au moyen de courts glissements exécutés dans la même direction. Répétez cette opération quelques fois en ayant pour objectif de repousser les toxines vers les ganglions lymphatiques. Déposez ensuite la jambe.

14 Mains en forme de tasse : placez les mains en forme de tasse en collant les doigts les uns contre les autres. Frappez le mollet avec la partie charnue des doigts et la base des paumes, tout en exécutant des mouvements rapides et en faisant alterner les mains. Vous devriez entendre le bruit d'une succion plutôt qu'un claquement.

16

15 Effleurage de base : placez les deux mains sur la jambe à la hauteur de la cheville, doigts orientés vers la hanche. Faites glisser les mains jusqu'à la hanche en évitant l'arrière du genou, puis vers les côtés de la jambe, où vous exécutez ensuite un glissement jusqu'à la cheville. Répétez l'opération en n'oubliant pas d'exercer une pression énergique lorsque les mains glissent vers le haut de la jambe, mais légère quand elles redescendent.

16 Caresse de la plume : placez une main près la cuisse de façon à ce que le bout des doigts en effleure la partie supérieure. Caressez alors délicatement la jambe de haut en bas. Répétez la manœuvre en faisant alterner les mains.

Fin : recouvrez la jambe et faites l'autre jambe. Soulevez ensuite légèrement la serviette en l'éloignant de vous pour permettre à votre partenaire de se retourner sur le dos en toute dignité.

Sur l'avant des jambes

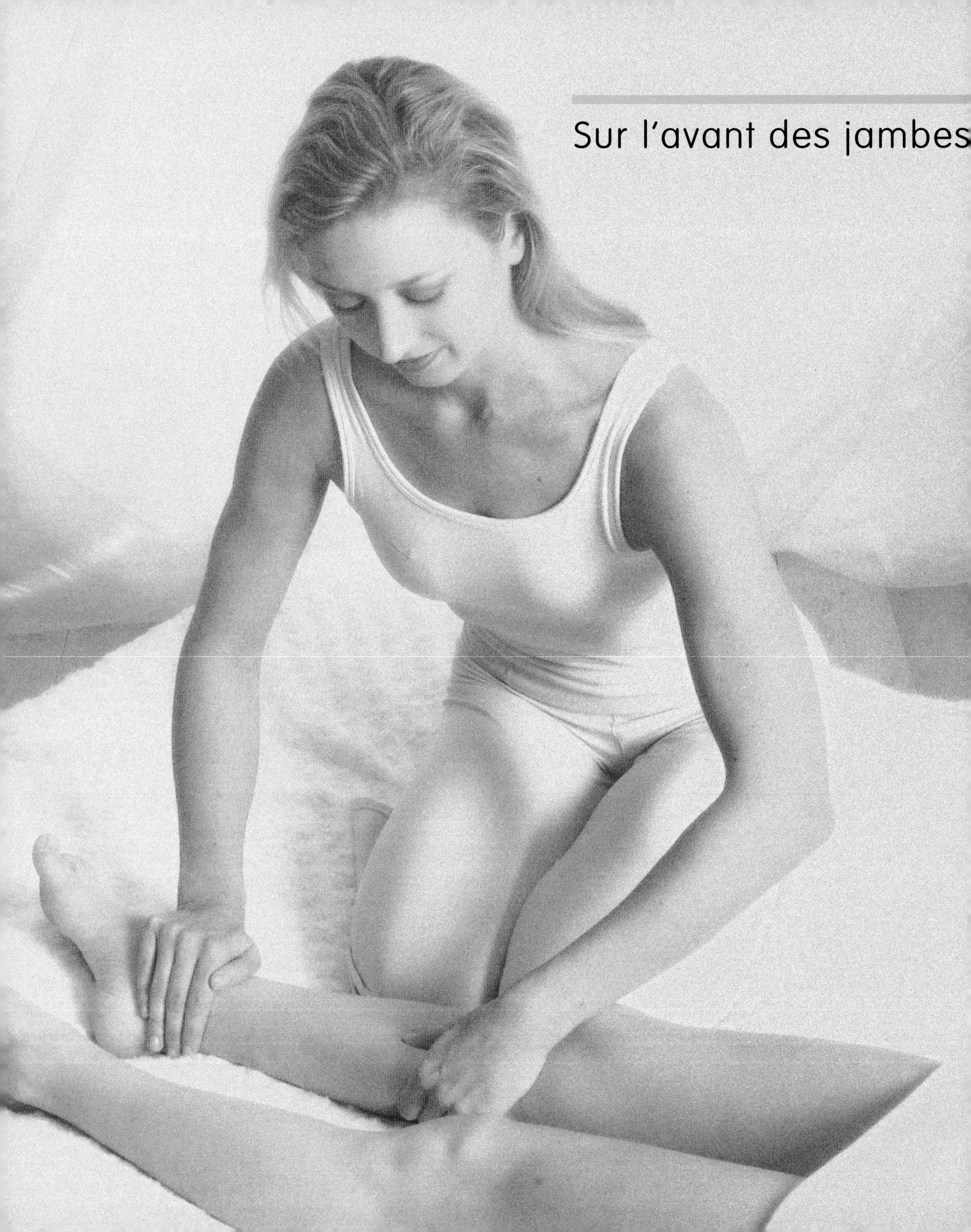

Assouplissement : posez les mains en travers d'une jambe sans la découvrir et pressez délicatement la chair. Recommencez jusqu'à ce que vous ayez fait la jambe sur toute sa longueur. Mettez ensuite les mains à plat sur la jambe et frottez-la avec vigueur de haut en bas.

Application de l'huile : découvrez la jambe jusqu'à exposer l'articulation de la hanche, mais sans que cela porte atteinte à la dignité de votre partenaire. Versez-vous une petite quantité d'huile dans la paume et frottez vos mains l'une contre l'autre afin de la réchauffer. Étendez ensuite l'huile sur la jambe de bas en haut.

1 **Effleurage de base :** placez les deux mains sur la jambe à la hauteur de la cheville, doigts orientés vers l'acétabule, soit la cavité dans laquelle se loge le fémur. Faites glisser vos mains jusqu'en haut de la jambe, tout en évitant le genou. Séparez-les au niveau de la hanche et ramenez-les en exécutant un glissement sur les côtés du membre. Répétez la manœuvre quelques fois.

2 **Avant-bras :** placez les avant-bras en croix sur la cheville. Faites glisser légèrement leur partie charnue jusqu'à la hanche, en évitant le genou. Exécutez ensuite un glissement des avant-bras sur les côtés de la jambe en vous servant en partie de vos coudes comme guides.

1

2

3

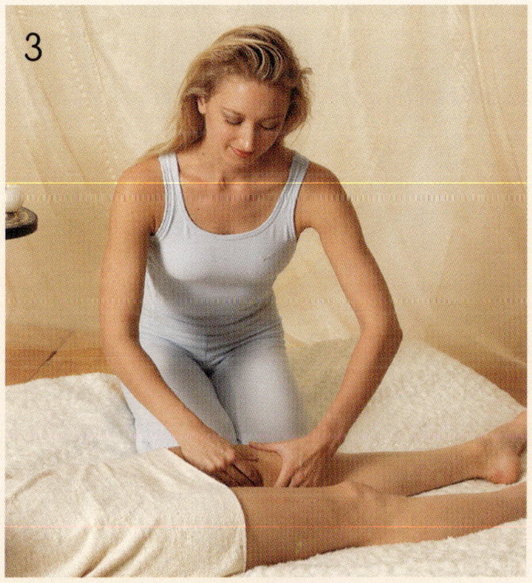

4

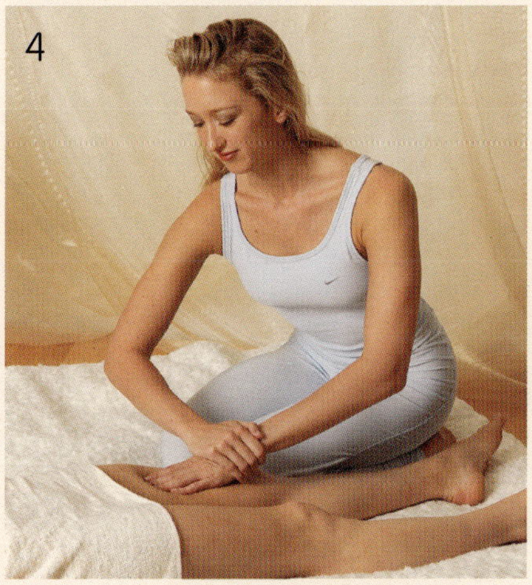

5

3 **Pétrissage de l'intérieur de la cuisse :** mettez-vous à genoux, face aux cuisses de votre partenaire, et placez les mains sur le côté intérieur de la cuisse découverte, doigts orientés vers le sol, sauf les pouces, qui sont écartés. Ouvrez ensuite les coudes. Saisissez alors de la chair d'une main et pressez-la pendant que vous la faites glisser vers l'autre main. Au moment où vous lâchez la chair, saisissez-la avec la seconde main. Continuez à exécuter tranquillement cette opération jusqu'à ce que vous ayez fait tout l'avant de la cuisse. Imaginez-vous en train de pétrir de la pâte, tandis que vous bougez votre corps dans un mouvement de va-et-vient synchronisé avec la manœuvre.

4 **Pression avec les doigts :** allongez les doigts d'une main sur la cuisse juste en haut du genou et tenez votre poignet avec l'autre main. Faites glisser les doigts jusqu'à l'acétabule en appliquant une pression énergique, puis séparez les mains pour les diriger vers les côtés de la jambe, où vous exécutez un glissement jusqu'en haut du genou. Déplacez légèrement le point de départ et refaites la manœuvre. Répétez-la jusqu'à ce que vous ayez fait tout l'avant de la cuisse.

5 **Friction de la cuisse :** placez les pouces sur la jambe, juste en haut du genou. Raidissez-les ensuite pour décrire de petits cercles sur tout l'avant de la cuisse en utilisant toute la longueur des bras.

6 Voies parallèles : collez vos pouces l'un contre l'autre juste en haut du genou et placez les doigts sur les côtés de la jambe. Faites glisser les pouces jusqu'à la hanche en exerçant une pression pénétrante. Séparez les mains et faites-les glisser sur les côtés de la jambe jusqu'à mi-hauteur de la cuisse. Ramenez-les ensuite ensemble en soulevant les muscles de la cuisse, avant d'exécuter un léger glissement jusqu'au point de départ. Répétez deux fois la manœuvre en maintenant d'abord une distance de 2 cm entre les pouces, puis de 5 cm.

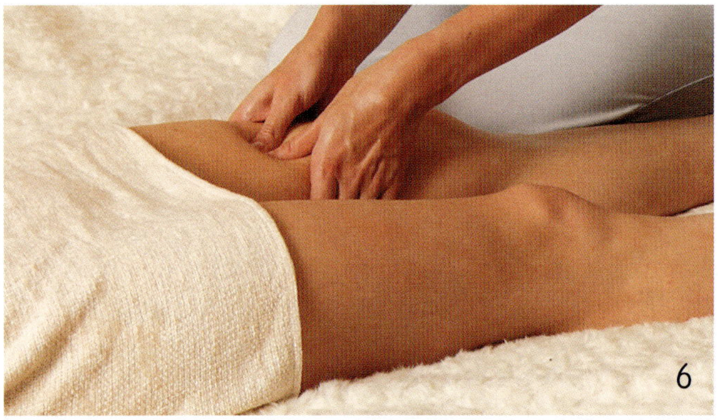
6

7 Mains en forme de tasse : placez les mains en forme de tasse en serrant les doigts et tournez les paumes vers le sol. Frappez la cuisse, mais seulement avec les paumes et la partie charnue des doigts. Tâchez d'exécuter des mouvements précis et rythmiques.

7

8

8 Talon de la main : placez la paume d'une main sur le côté extérieure de la jambe en haut du genou. Exécutez un déplacement vers l'acétabule en appliquant une pression énergique avec le talon de la main. Répétez l'opération quelques fois.

9

9 Ouverture du genou : allongez les pouces sur la rotule en les collant l'un contre l'autre et placez les autres doigts sur les côtés du genou. Écartez les pouces en faisant glisser leur extrémité autour de la rotule. Exercez une pression dirigée à la fois dans la jambe et vers les côtés. Répétez l'opération deux fois.

10 **Pétrissage du mollet :** assoyez-vous ou mettez-vous à côté de votre partenaire. Écartez les pouces des mains et placez le bout des autres doigts sur le mollet. Pressez la chair et faites-la glisser vers l'autre main. Lâchez-la au moment où vous la saisissez avec la seconde main.

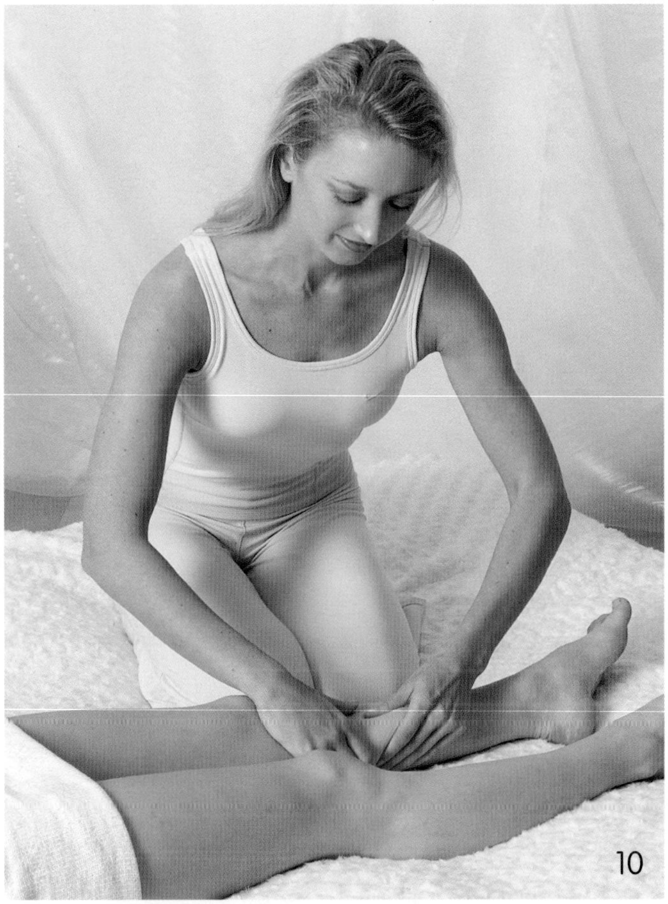

10

11 **Friction :** tenez la cheville d'une main. Placez le pouce de l'autre main juste en bas du genou en l'orientant vers le pied et utilisez-le pour décrire des cercles du côté intérieur du tibia en progressant vers la cheville. Lorsque vous atteignez la cheville, faites trois cercles autour de la malléole avec le pouce. Répétez la manœuvre deux fois.

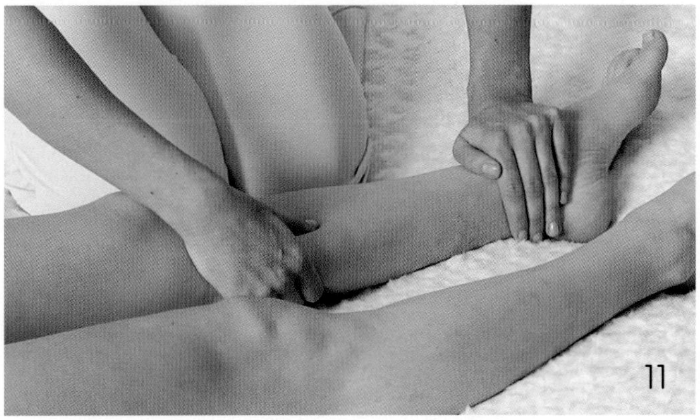

11

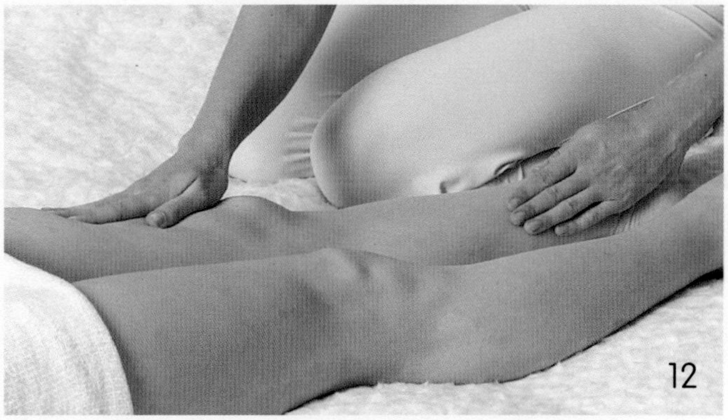

12

12 **Autre type d'effleurage :** placez les deux mains sur la cheville, doigts orientés vers l'articulation de la hanche. Faites glisser une main jusqu'en haut de la jambe, en évitant la zone du genou, puis vers le côté extérieur du membre, où vous exécutez un glissement jusqu'au point de départ. Faites glisser ensuite l'autre main de la même manière. N'oubliez pas d'exercer une pression énergique lorsque les mains glissent vers le haut de la jambe, mais légère quand elles redescendent.

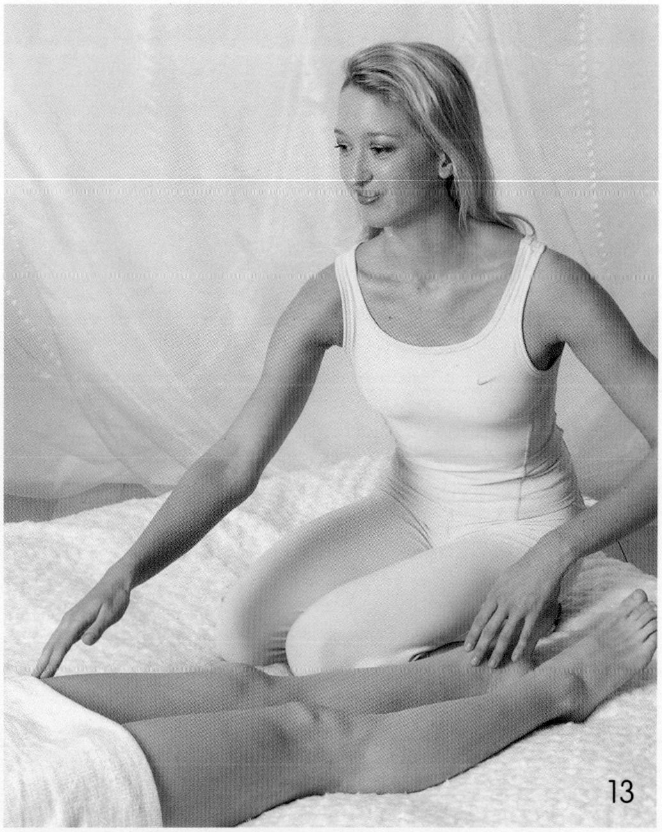

13

13 **Caresse de la plume :** placez une main près de la cuisse de façon à ce qu'elle en effleure la partie supérieure. Caressez alors délicatement la jambe de haut en bas, en laissant le bout des doigts suivre les contours du membre. Répétez la manœuvre en faisant alterner les mains.

Fin : recouvrez la jambe et répétez cette série de manœuvres en entier sur l'autre jambe.

Sur les pieds

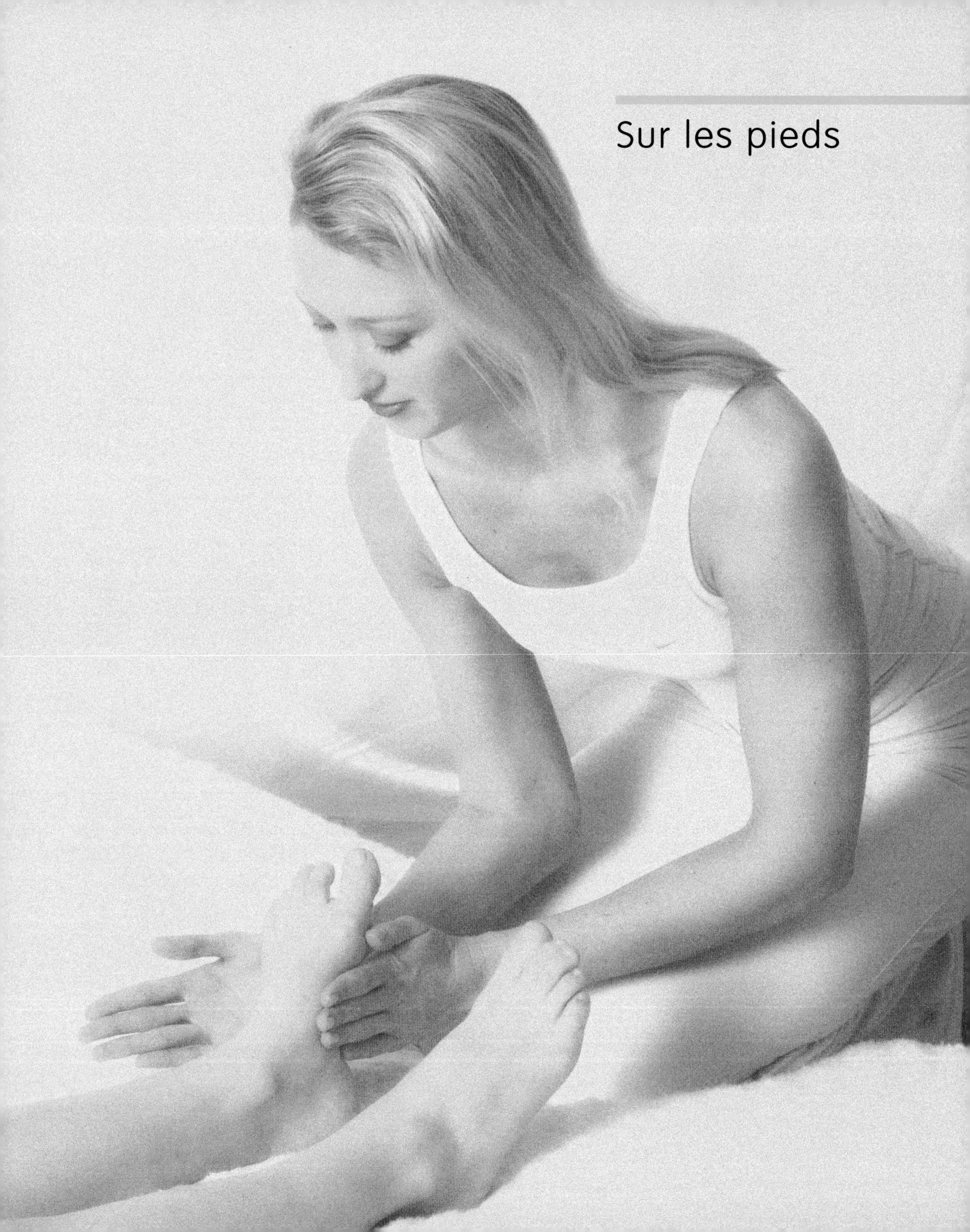

Application de l'huile : après avoir découvert un pied, versez-vous un peu d'huile dans la paume et frottez vos mains l'une contre l'autre. Étendez ensuite l'huile sur toute la surface du pied.

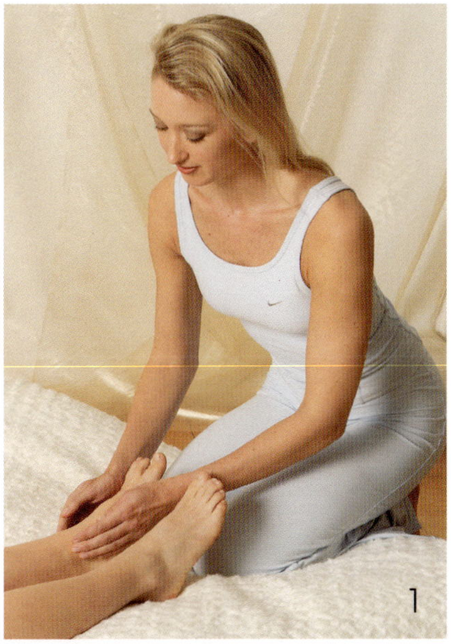

1 Cercles autour des malléoles : placez le bout des 10 doigts sur les deux côtés de la cheville. Décrivez lentement de petits cercles autour des malléoles.

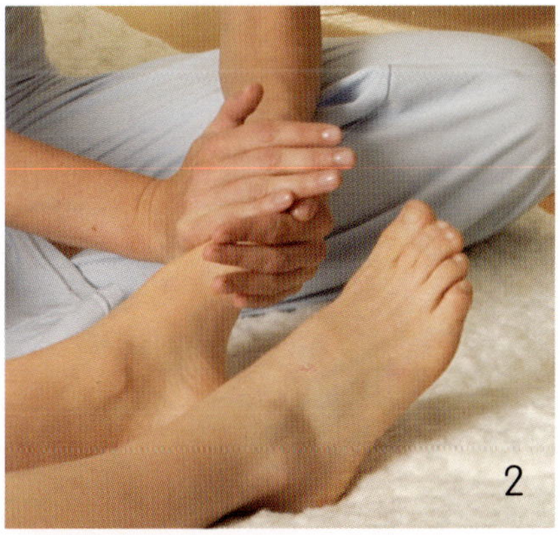

2 Roulement du pied entre les paumes : assoyez-vous les jambes croisées, du même côté que le pied découvert. Placez les paumes autour du haut du pied en orientant les doigts dans la direction du regard. Faites rouler le pied et les orteils entre vos mains en effectuant une rotation des paumes l'une autour de l'autre.

3 Friction : placez les pouces sur la face supérieure du pied et utilisez-les pour y faire des cercles partout. Répétez l'opération sur la face inférieure.

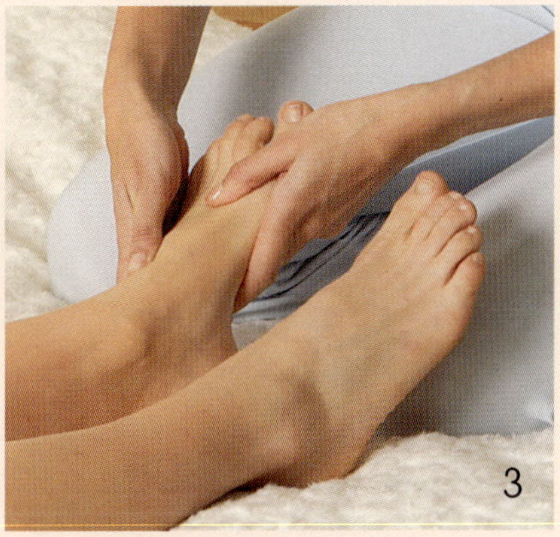

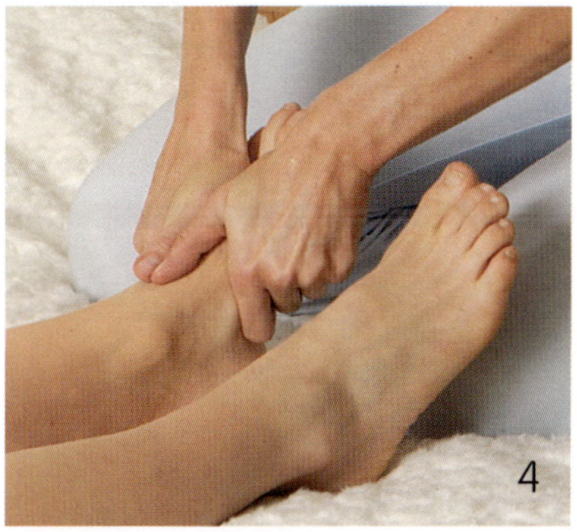

4 Ouverture : posez les paumes sur la face supérieure du pied, les mains collées l'une contre l'autre et les doigts enroulés autour, de façon à l'envelopper jusque sous la face inférieure. Appliquez alors une pression sur le pied avec les paumes, tandis que vous le tirez vers vous.

5 Roulement des jointures sous le pied : repliez les doigts d'une main pour qu'ils touchent la paume, puis placez les jointures contre la face inférieure du pied. Faites-y des cercles partout en faisant rouler les jointures.

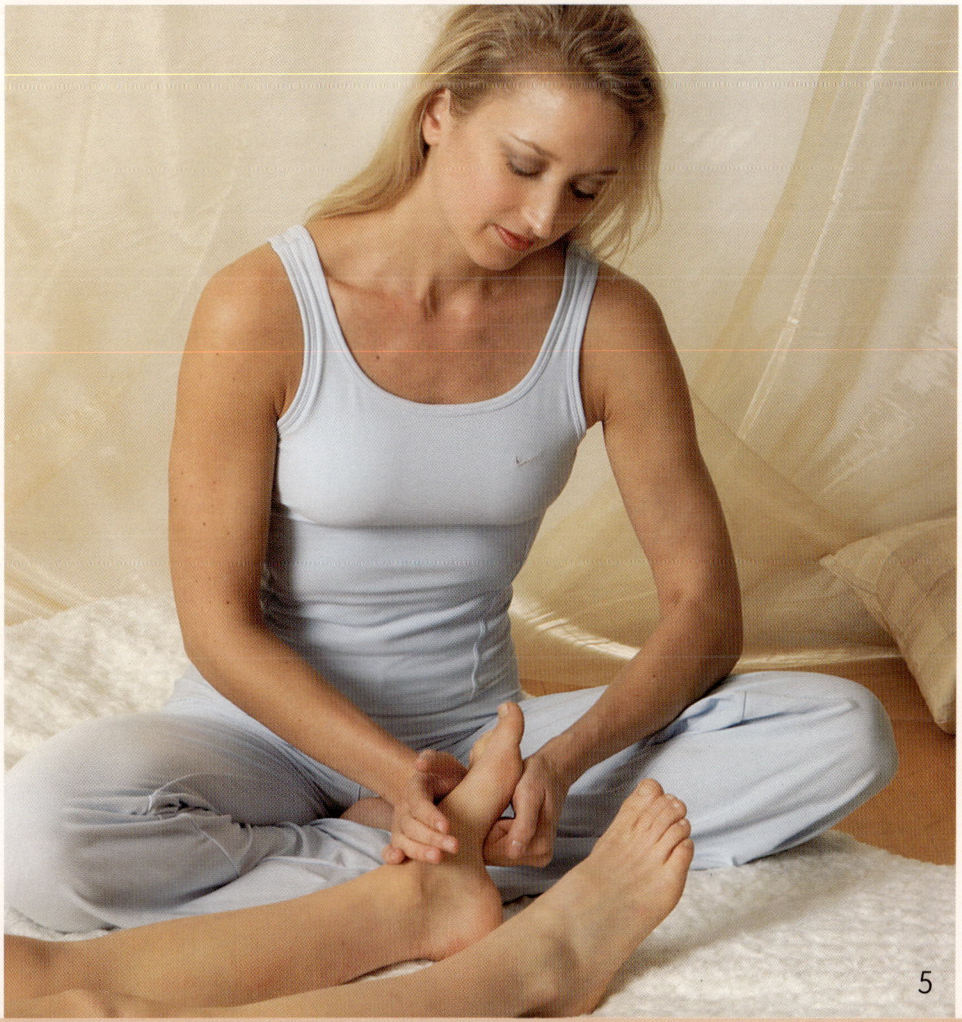

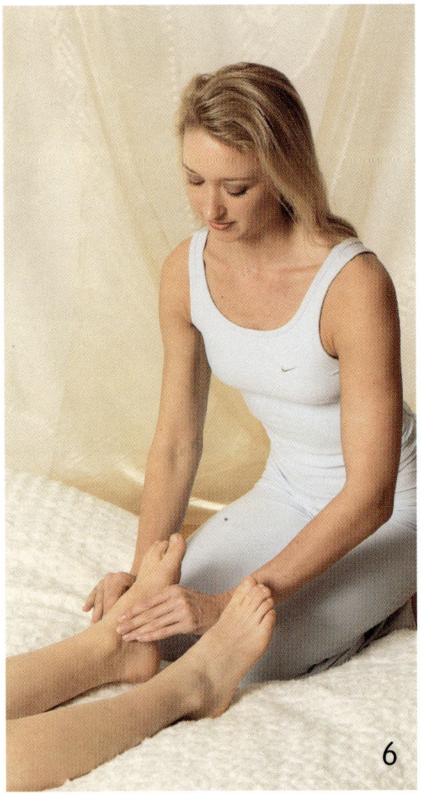

6

6 Pouces vers le haut : collez les pouces l'un contre l'autre sur le talon et tenez le pied avec les autres doigts. Faites glisser les pouces vers les orteils en appliquant une pression pénétrante. Répétez la manœuvre deux fois.

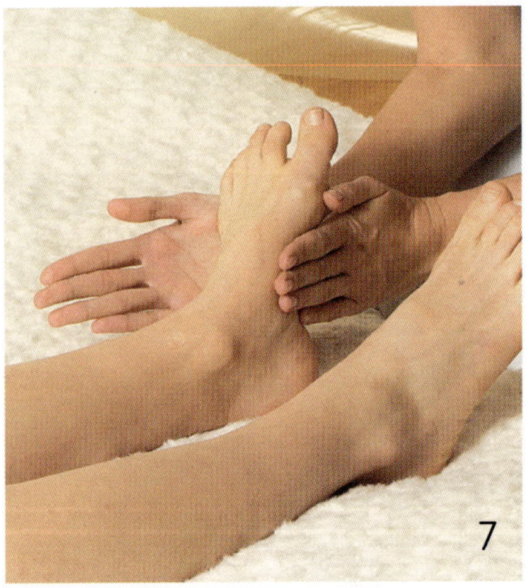

7

7 Vibration : allongez les deux mains des deux côtés du pied, paumes face à face. Faites vibrer le pied en éloignant et en rapprochant alternativement les mains de vous.

8 Main dessus, mains dessous : placez une main sur la face supérieure du pied et l'autre main sur la face inférieure, doigts orientés vers la cheville. Faites glisser vos mains vers vous en appliquant une pression avec les paumes. Permutez les mains et refaites la manœuvre. Répétez-la ensuite quelques fois encore.

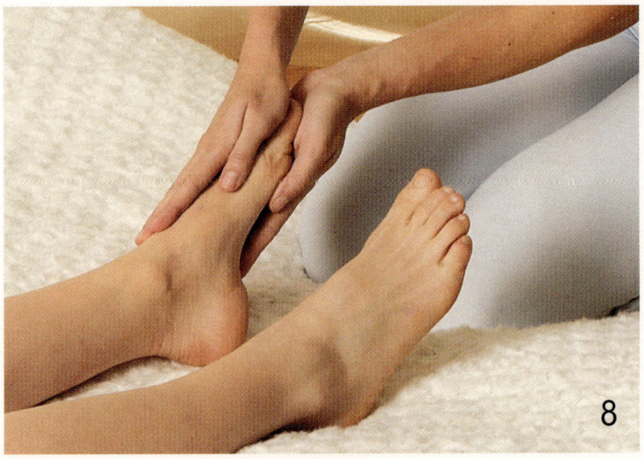

8

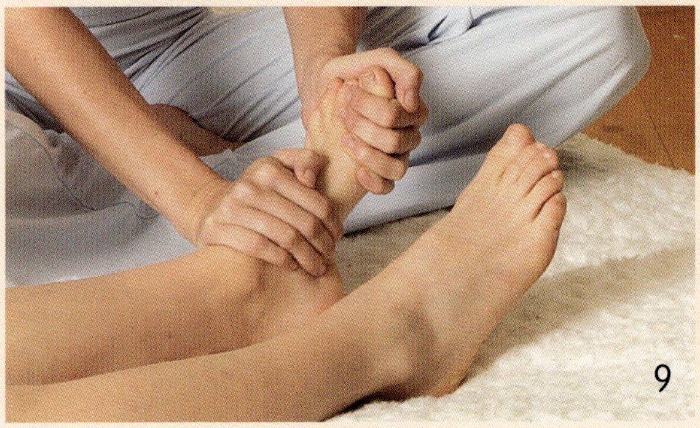

9

9 Pression du pied : enveloppez le pied avec vos mains et pressez-le de part et d'autre. Répétez la manœuvre deux fois en permutant vos mains à chaque répétition.

10 Prise du pied : placez doucement vos mains autour du pied et tenez-le quelques instants.

Fin : recouvrez le pied et répétez cette série de manœuvres sur l'autre pied.

10

Sur l'estomac

Application de l'huile : découvrez l'estomac, mais sans que cela porte atteinte à la dignité de votre partenaire. Si vous massez une femme, placez d'abord une serviette sur sa poitrine, par-dessus celle qui couvre déjà son corps. Déplacez ensuite cette dernière vers le bas du corps afin d'exposer l'estomac, tout en maintenant en place la première serviette. Versez-vous un peu d'huile dans la paume et frottez vos mains l'une contre l'autre. Étendez l'huile dans le sens horaire.

1 **Cercles autour du nombril :** posez les mains à plat sur l'estomac et utilisez-les pour décrire des cercles dans le sens horaire autour du nombril, tout en les levant et en les replaçant au besoin.

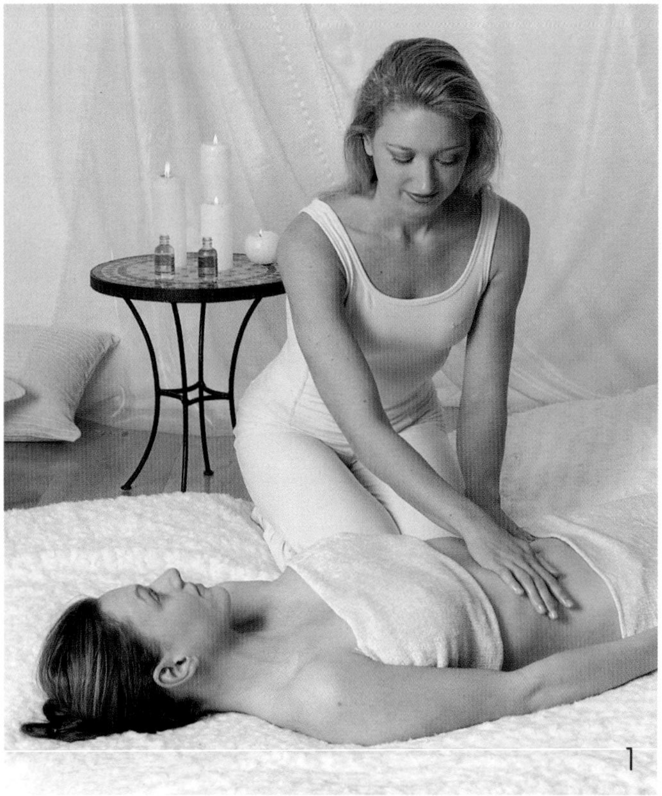

1

2 **Une main allongée sur la cage thoracique :** cette manœuvre se fait avec le bord des deux mains. Allongez l'une de vos mains et posez-en le bord le long de la ligne intérieure de la cage thoracique, du côté le plus rapproché de vous. Traînez ensuite votre main vers vous le long de cette ligne. Au moment où elle termine son parcours, traînez l'autre main de la même manière. Répétez l'opération plusieurs fois, puis installez-vous de l'autre côté du corps de votre partenaire et refaites la manœuvre.

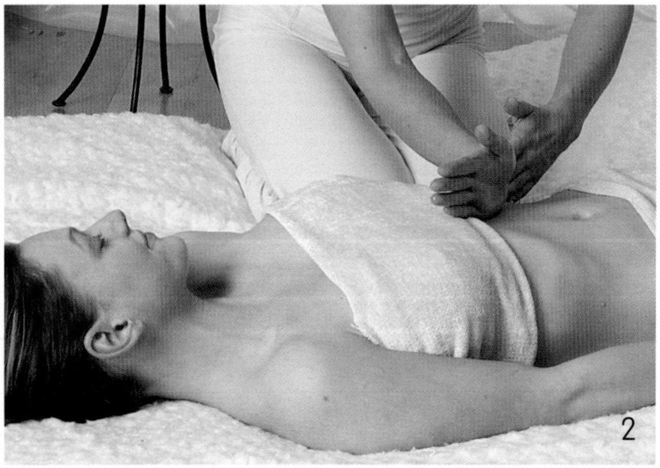

2

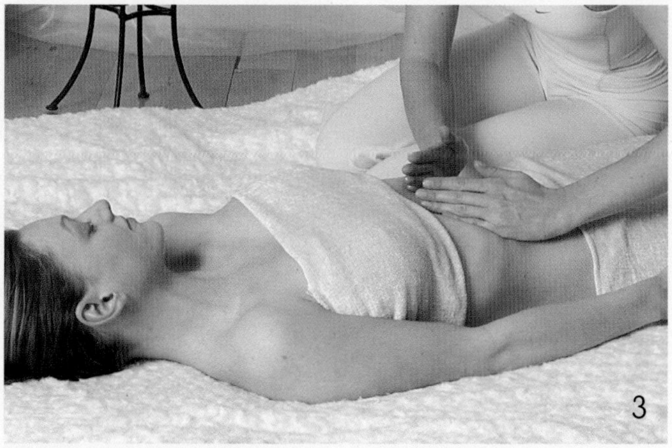

3

3 **Deux mains allongées :** mettez-vous à genoux vis-à-vis des hanches de votre partenaire en orientant le haut de votre corps vers sa tête. Allongez les mains et faites-les se toucher du bout des doigts, puis ouvrez les coudes. Les bras devraient former un V semblable à celui de la ligne intérieure de la cage thoracique. Placez le bord des mains sur cette ligne, puis séparez-les en les faisant glisser dessus vers les côtés. Exécutez ensuite un léger glissement jusqu'à la taille, dont vous tirez doucement la chair au moment où vous ramenez les mains ensemble, juste en bas du nombril. Répétez cette suite d'opérations deux fois.

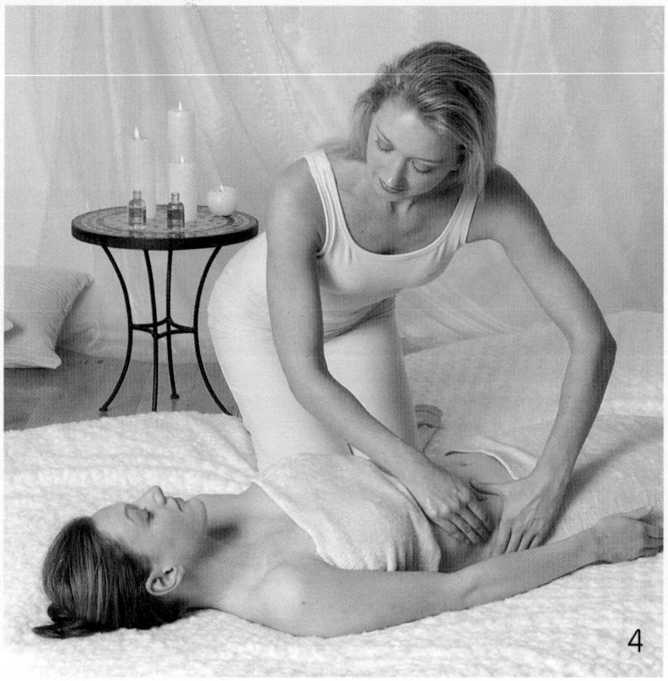

4

4 **Pétrissage de la taille :** placez les deux mains sur la taille du côté opposé à celui où vous êtes installé, doigts orientés vers le sol, sauf les pouces, qui sont écartés. Saisissez de la chair d'une main, puis pressez-la en même temps que vous la faites glisser vers l'autre main. À l'instant où vous la lâchez, saisissez-la avec la seconde main. Effectuez un transfert de poids synchronisé avec la manœuvre. Répétez-la quelques fois, puis faites l'autre côté.

5 Cercles à deux mains : mettez-vous à genoux, du côté droit de votre partenaire. Placez les mains l'une sur l'autre et posez le bout des doigts tout juste en bas du nombril, à sa droite. Imaginez ensuite un carré autour de ce nombril. Vous devez décrire des cercles minuscules le long de trois côtés du cercle. Faites d'abord l'un des côtés verticaux vers le haut, ensuite le côté supérieur, en haut du nombril, et enfin, l'autre côté vertical vers le bas. Répétez l'opération trois fois. Cette manœuvre masse le tube digestif.

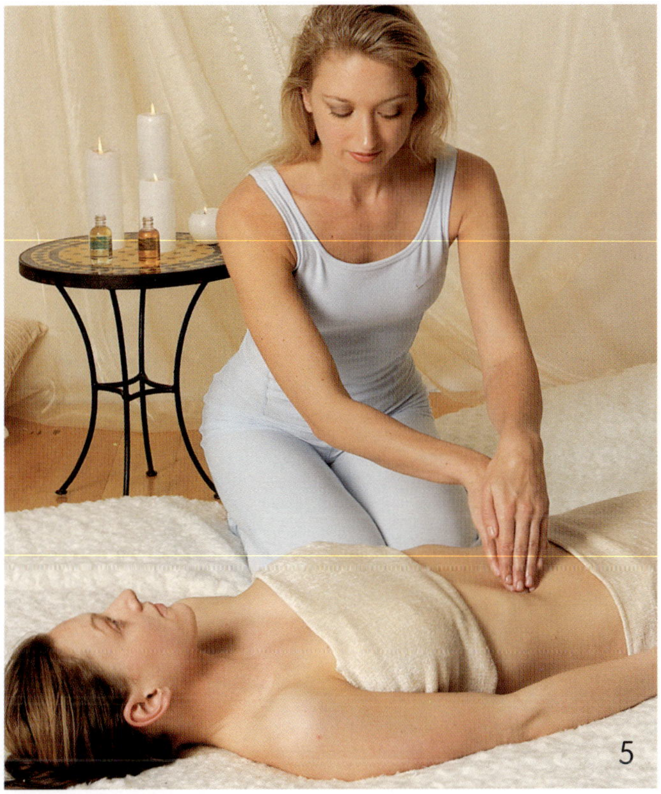

5

6

6 Cercles autour du nombril : répétez l'étape 1.

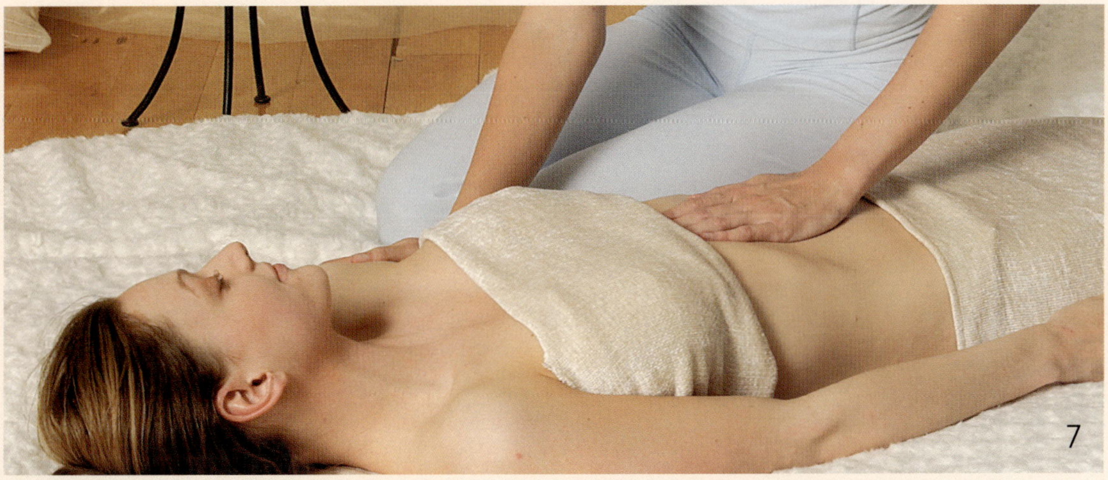

7

7 Frottement du plexus solaire : placez une main sur l'estomac juste en bas du thorax, doigts orientés vers la tête. Frottez le plexus solaire avec les doigts dans le sens horaire, tout en ne bougeant pas la paume.

Fin : recouvrez l'estomac et le thorax avec la serviette repliée. Si votre partenaire est une femme, retirez ensuite lentement la serviette du dessous qui recouvre la poitrine.

Sur les bras

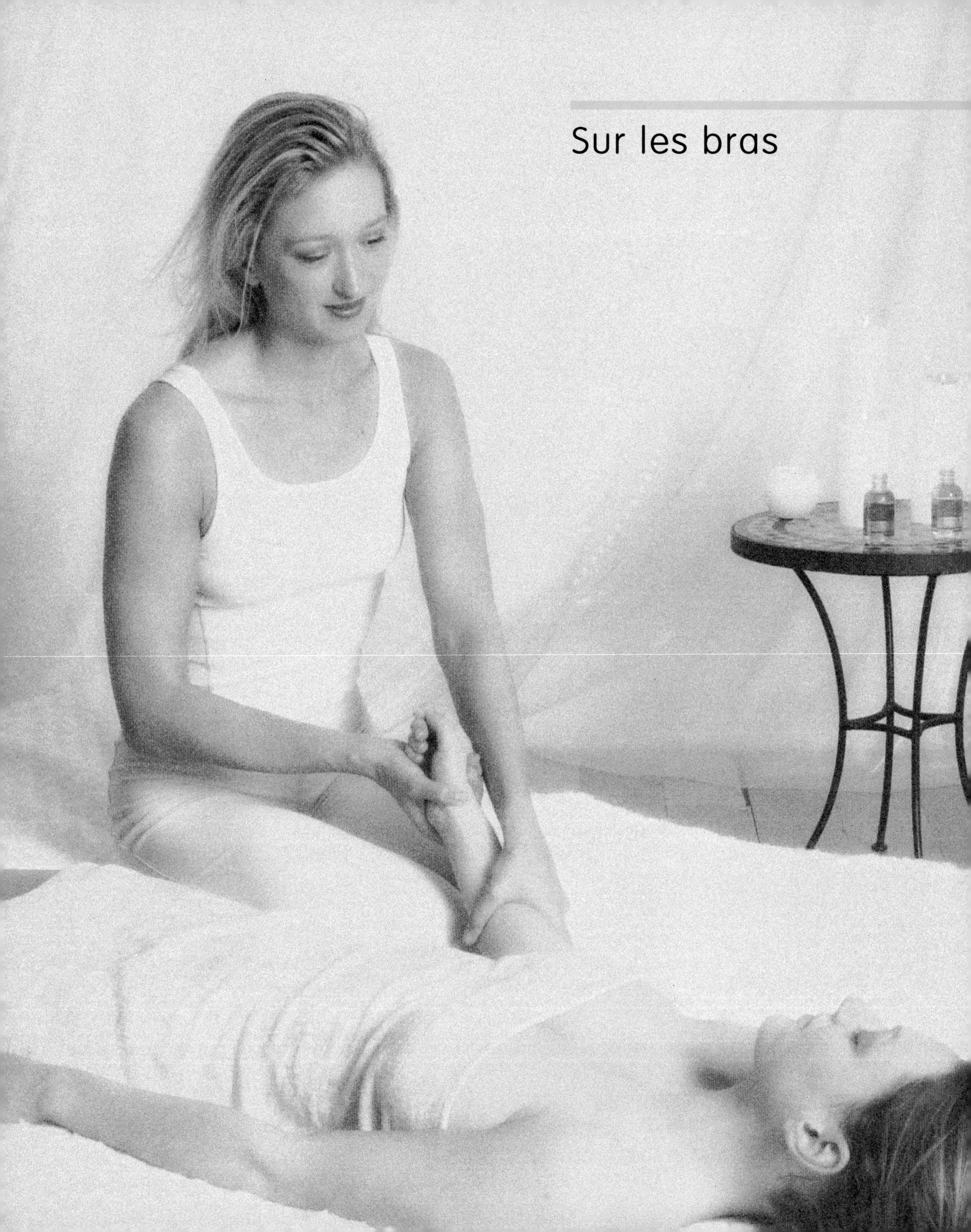

Assouplissement : posez les mains en travers d'un bras sans le découvrir. Pressez délicatement la chair, puis relâchez les mains. Placez-les à un autre endroit sur le membre et recommencez la manœuvre. Répétez-la jusqu'à ce que vous ayez fait tout le bras.

Application de l'huile : après avoir découvert le bras, versez-vous une petite quantité d'huile dans la paume et frottez vos mains l'une contre l'autre. Étendez ensuite l'huile sur le bras, depuis le poignet jusqu'à l'épaule. Assurez-vous de couvrir toute la surface du bras.

1 **Effleurage :** tenez le bras à la hauteur du poignet d'une main et faites glisser l'autre main du poignet à l'épaule, en évitant toutefois le coude. Amenez ensuite la main sur l'extérieur du bras où vous exécutez un glissement jusqu'au poignet. Permutez les mains et refaites la manœuvre. Répétez-la par la suite quelques fois encore.

2 **Friction de l'avant-bras :** retournez la main pour voir la paume. Tenez le bras d'une main à la hauteur du poignet et placez le pouce de l'autre main sur le même poignet. Faites ensuite de petits cercles avec ce doigt jusqu'au coude. Répétez cette manœuvre deux fois en vous assurant de vous occuper de tout l'intérieur de l'avant-bras. Retournez encore la main et répétez la manœuvre sur l'extérieur de l'avant-bras.

3 **Drainage des toxines :** soulevez légèrement l'extrémité du bras avec une main et posez la partie charnue de l'autre main, située entre le pouce et l'index, sur le poignet. Le pouce et l'index doivent être placés sur les côtés opposés du bras. Frottez ensuite l'avant-bras en progressant vers le coude, au moyen de courts glissements exécutés dans la même direction. Répétez cette opération trois fois.

4 **Friction de la région de l'humérus :** tenez le haut du bras en plaçant les pouces sur le dessus du membre et les autres doigts en dessous. Faites des cercles avec les pouces sur toute la longueur de l'humérux tandis que vous pressez la chair sous le bras avec les autres doigts.

5 **Pression avec les doigts :** enlacez un bras autour de celui de votre partenaire au niveau du coude intérieur, de manière à former deux crochets. Placez ensuite le bout des doigts de votre main libre sur le haut de son bras, juste en haut du coude. Faites glisser les doigts jusqu'à l'épaule en exerçant une pression très pénétrante. Passez-les autour de l'épaule, puis effectuez un glissement sous le bras jusqu'au point de départ en appuyant contre la chair. Répétez ensuite la manœuvre.

6 **Étirement du bras :** soulevez le bras au niveau du poignet d'une main et amenez-le en haut de l'épaule. Placez votre seconde main sur la taille, sous la serviette. Faites glisser cette main depuis la taille jusqu'à l'épaule. Enveloppez l'épaule avec vos doigts, puis effectuez un glissement de la main jusqu'au poignet. Tirez enfin doucement le bras par le poignet. Répétez cette suite d'opérations deux fois.

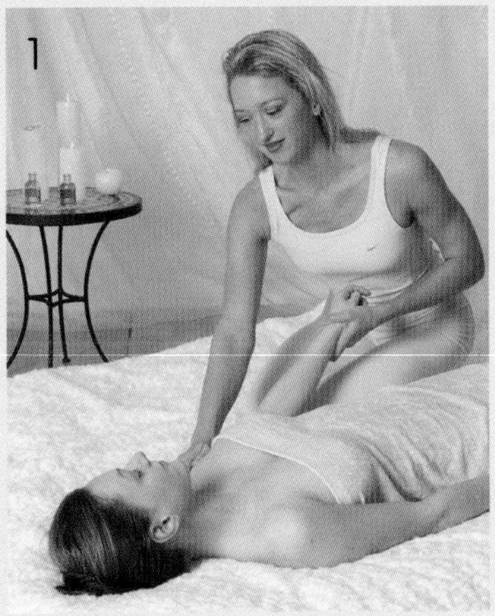

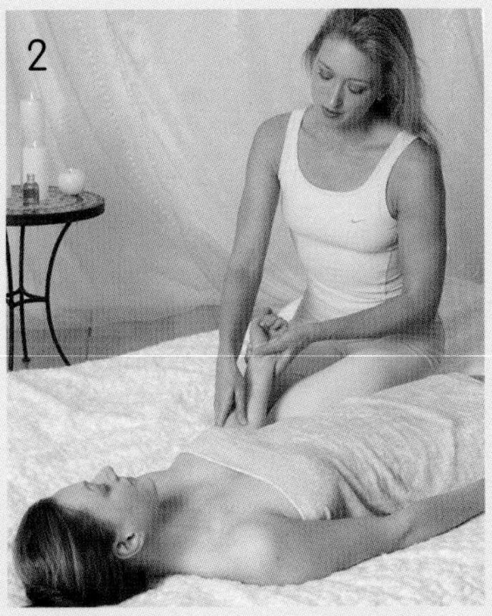

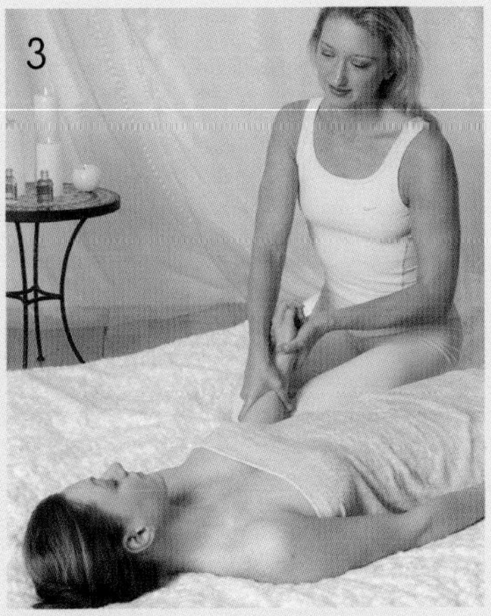

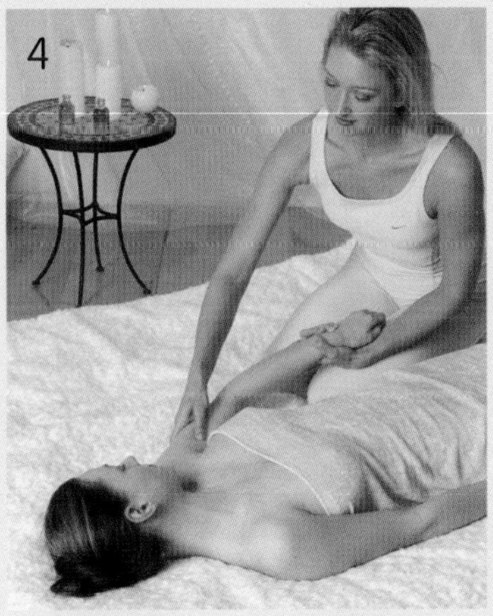

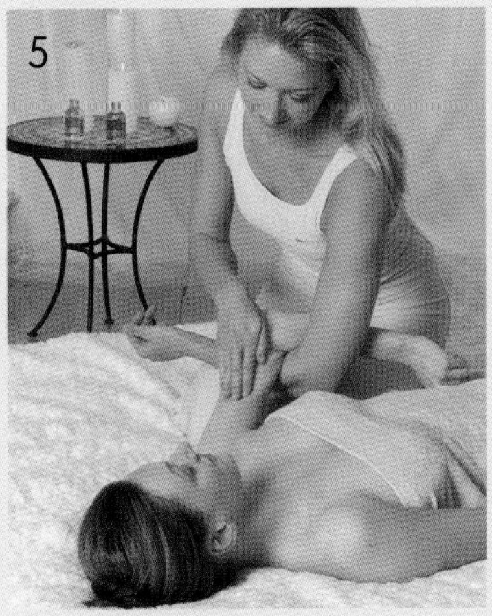

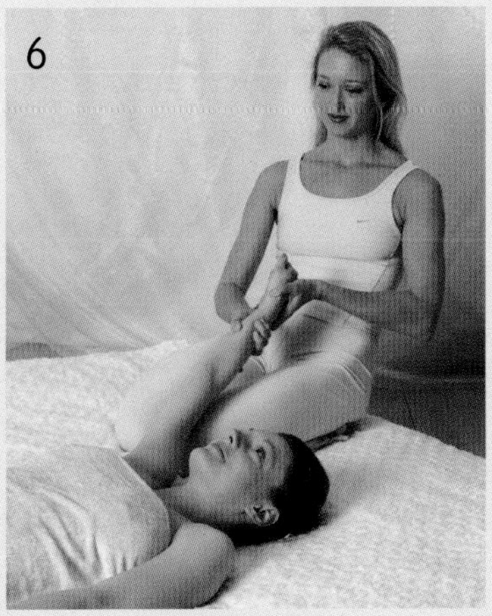

7 Friction du poignet et de la main : ramenez le bras le long du corps de votre partenaire. Placez les pouces sur le poignet et utilisez-les pour y faire des cercles ainsi que sur toute la surface du revers de la main. Tournez-la ensuite pour voir la paume et faites-y des cercles partout.

8 Ouverture : enlacez vos auriculaires autour du pouce et de l'auriculaire de votre partenaire et allongez les pouces sur la paume, collés l'un contre l'autre. Écartez-les ensuite, en les faisant glisser vers les côtés afin d'ouvrir la main, tout en appliquant une pression dans la direction du mouvement. Répétez cette opération quelques fois.

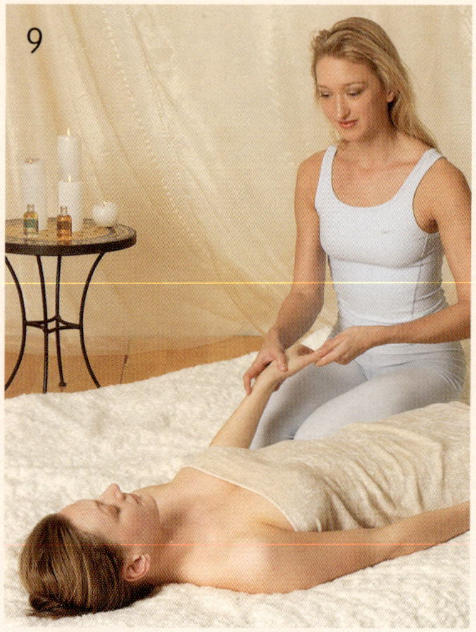

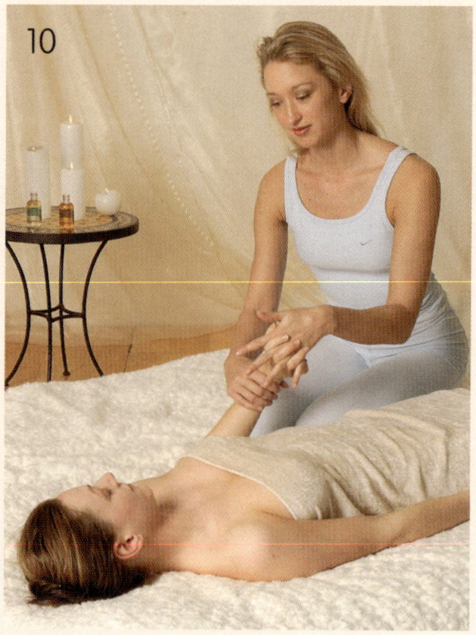

9 Massage des doigts : tenez l'auriculaire avec le pouce et l'index. Massez le doigt de la racine à l'extrémité en faisant des cercles. Lâchez-le ensuite en le tirant doucement. Massez chacun des autres doigts de la même façon.

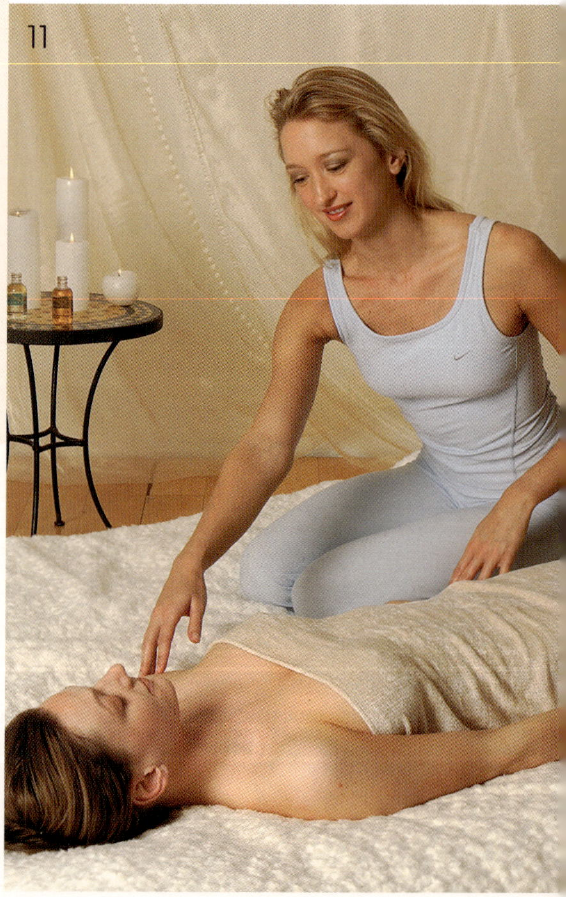

10 Entrelacement des doigts : enlacez les doigts d'une main dans ceux de la main de votre partenaire. Tenez son bras au niveau du poignet avec l'autre main, puis faites tourner sa main trois fois dans chaque sens de manière décontractée. Pliez et dépliez ensuite la main de la personne massée avec délicatesse. Déposez enfin son bras.

11 Caresse de la plume : placez le bout des doigts d'une main sur une épaule et faites-les glisser délicatement jusqu'au poignet. Au moment où la main arrive en bas du bras, commencez à faire glisser l'autre main de la même manière. Répétez ensuite la manœuvre.

Fin : recouvrez le bras et faites l'autre bras.

Sur le thorax

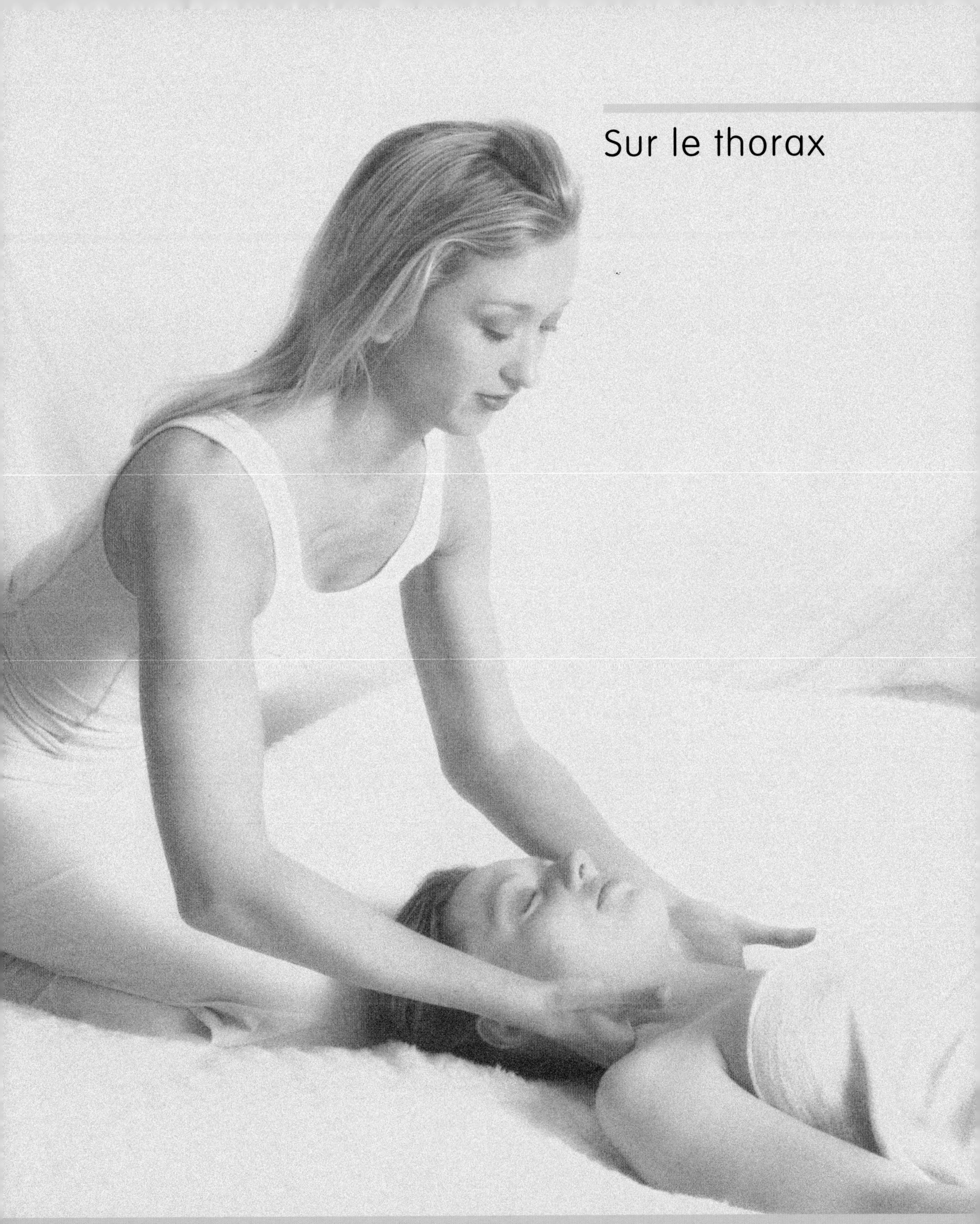

1 Bercement : assoyez-vous ou mettez-vous à genoux devant la tête de votre partenaire, face à ses pieds. Placez les mains sur le bord des épaules en allongeant les doigts sur l'extérieur des bras. Avec les mains, poussez une épaule, puis l'autre épaule, de manière à bercer doucement le dos de votre partenaire.

2 Application de l'huile : découvrez le thorax, mais sans que cela porte atteinte à la dignité de votre partenaire. Versez-vous un peu d'huile dans la paume et frottez vos mains l'une contre l'autre. Placez-les ensuite au centre du thorax en les réunissant du bout des doigts et en orientant les paumes vers les côtés. Déplacez alors vos mains jusqu'aux épaules pour étendre l'huile, puis passez-les autour d'elles pour les réunir de nouveau du bout des doigts à la base de la nuque. Faites-les glisser enfin le long de la nuque en direction des épaules. Répétez cette opération quelques fois afin de couvrir d'huile le thorax, les épaules et la nuque.

3 Effleurage : placez la main gauche de biais au centre du thorax et faites-la glisser jusqu'à l'épaule gauche, ou vice-versa. Au moment où elle termine son parcours, placez l'autre main dans la même position et au même endroit et exécutez un glissement vers l'autre épaule. Répétez la manœuvre en faisant alterner les mains.

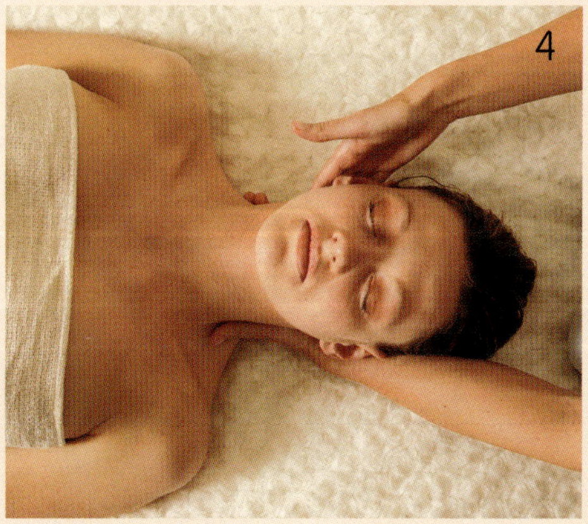

4 Une main sur l'autre sous la nuque : placez une main en travers de la nuque, à sa base, puis faites-la glisser jusqu'en bas du crâne. Placez l'autre main en bas de la nuque et répétez l'opération. Massez la nuque en faisant alterner les mains et en maintenant un rythme rapide et régulier.

5 Friction des épaules : placez les pouces dans le creux situé en haut des clavicules et les huit autres doigts sous les épaules. Décrivez ensuite des cercles sous les épaules avec ces huit doigts en maintenant les pouces immobiles. Répétez cette opération avec les pouces après les avoir mis à la place des autres doigts et vice-versa.

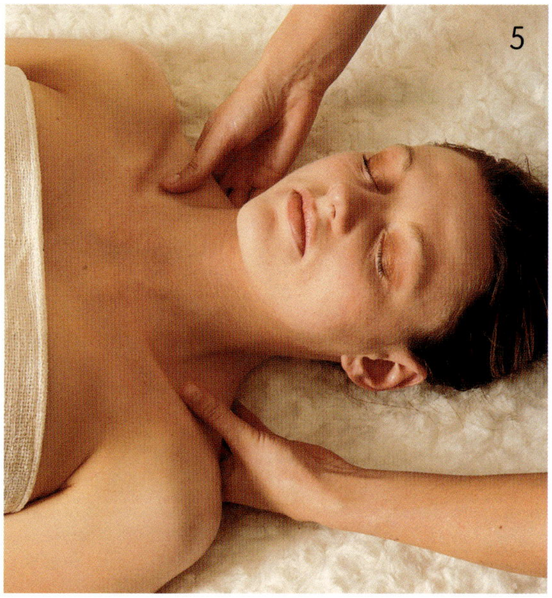

6 Friction des pectoraux : placez le bout des doigts à l'endroit où les bras rejoignent le thorax. Faites de petits cercles avec les doigts en tournant les mains dans des directions opposées.

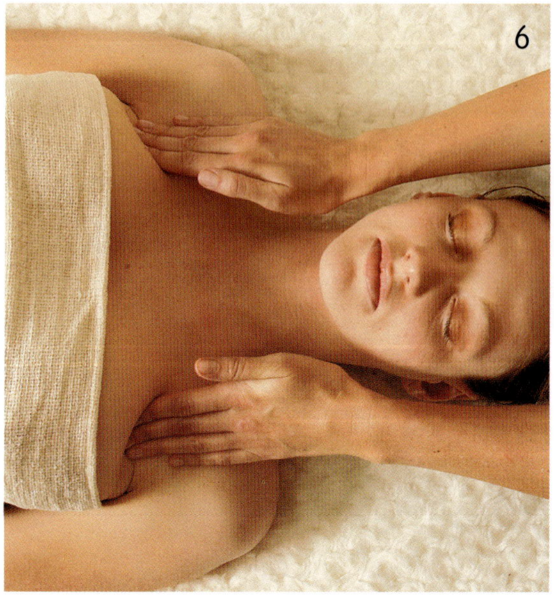

7 **Drainage des toxines :** placez les pouces au centre du thorax. Faites les glisser vers les épaules. Répétez cette opération deux fois.

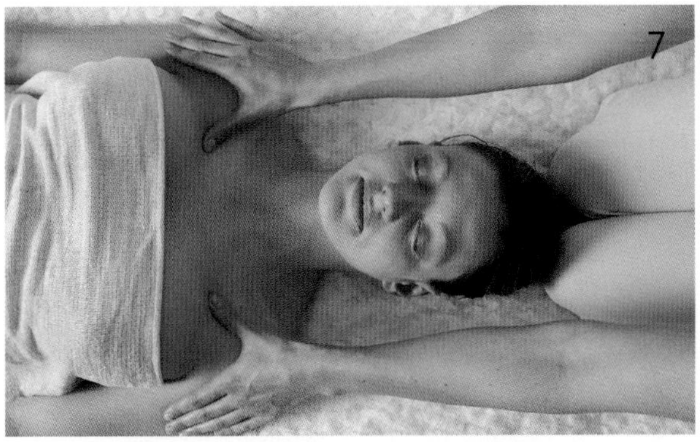

8 **Tapotement :** tenez les mains au-dessus du thorax de façon à l'effleurer du bout des doigts. Tapotez le thorax avec les doigts, comme le feraient des gouttes de pluie tombant une à la fois sur la peau.

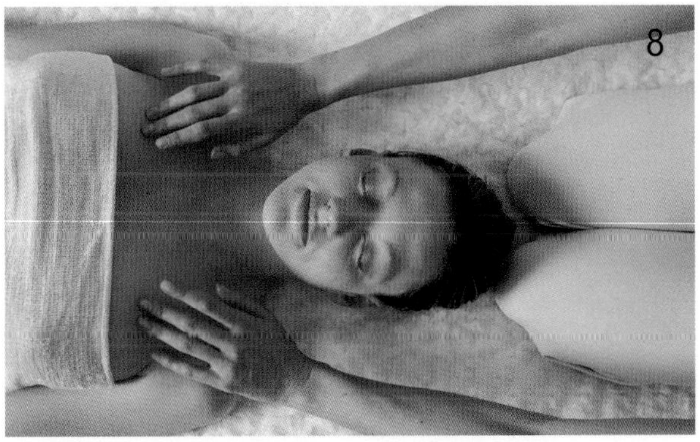

9 **Cercles :** placez les deux mains de biais au centre du thorax, de manière à ce qu'elles se touchent du bout des doigts. Faites-les glisser jusqu'aux épaules, puis passez-les autour pour les réunir sous la nuque. Tirez légèrement la tête du bout des doigts, placés dans le creux situé à la base du crâne. Refaites cette manœuvre quelques fois encore.

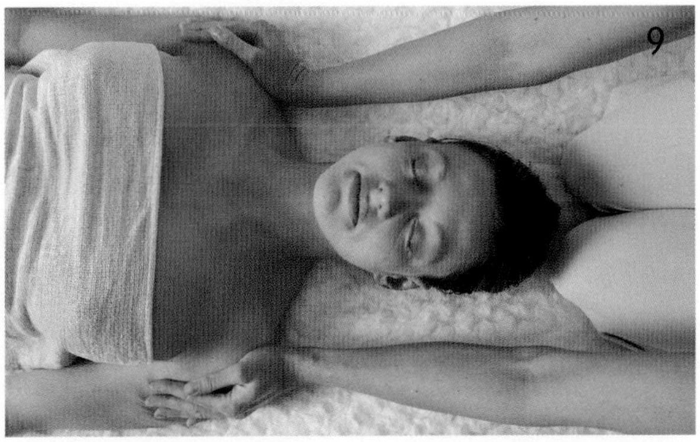

10 **Dos arqué :** mettez-vous à genoux devant la tête de votre partenaire, face à ses pieds. Demandez-lui de soulever ses épaules et d'arquer son dos. Pendant qu'il s'exécute, glissez vos mains sous son dos, de chaque côté de la colonne, aussi loin que vous pouvez aller et sans que cela vous soit inconfortable, puis transformez-les en pattes. Demandez ensuite à votre partenaire de déposer son corps sur vos mains en se relaxant. Faites-les glisser alors de part et d'autre de la colonne jusqu'à la nuque tout en vous efforçant de les maintenir en forme de patte. Mettez enfin les doigts à la base du crâne et tirez-le délicatement. Répétez cette suite d'opérations quelques fois.

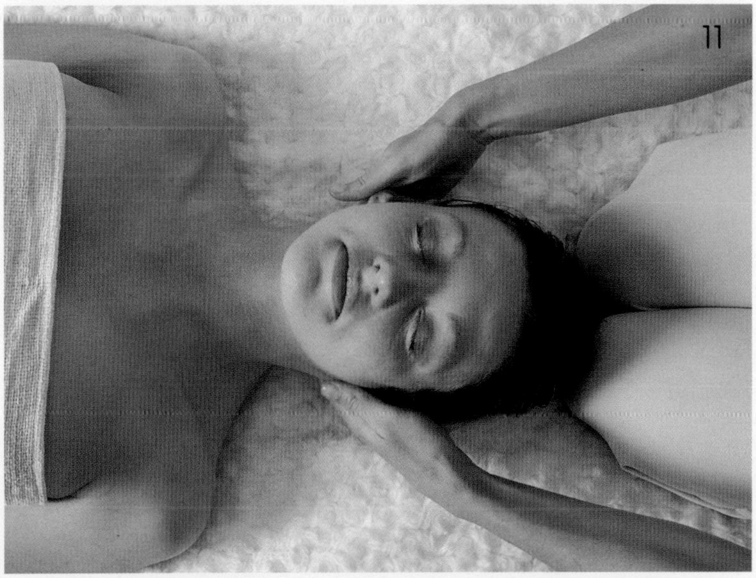

11 Répétez l'étape 9.

Sur la nuque, les épaules et la tête

1 **Tête sur le côté :** faites rouler doucement la tête de votre partenaire vers la droite. Placez la main droite sous le côté droit de la tête afin qu'elle ne bouge pas.

2 **Effleurage avec une main :** allongez votre main gauche à la base du crâne pour que les doigts touchent au sol, sauf le pouce, qui est écarté. Faites glisser la partie charnue des doigts de cette main le long de l'arc de la nuque jusqu'à l'épaule en laissant le pouce suivre la courbe du trajet. Après avoir enveloppé l'épaule avec votre main, ramenez-la vers le bas du crâne en la déplaçant exactement de la même manière (le pouce, écarté, glisse sur le corps, tandis que les autres doigts, allongés, massent la nuque et le dessous de l'épaule). Recherchez les zones de tension lorsque vous exécutez la manœuvre. Refaites-la une autre fois.

3 **Massage avec les jointures :** repliez les doigts de la main gauche pour qu'ils touchent la paume. Placez les jointures sous l'épaule gauche. Faites des cercles le long de l'épaule et de la nuque en vous servant de toute la longueur du bras.

4 **Points de friction :** faites glisser votre pouce le long de la nuque de votre partenaire. Recherchez les zones de tension ou de raideur. Si vous trouvez un nœud, placez votre pouce directement dessus, puis décrivez lentement un petit cercle en exerçant une pression pénétrante. Retirez ensuite votre doigt.

5 **Friction de la base de la tête :** formez une patte avec votre main gauche et placez le bout des doigts à la base de la tête. Décrivez de petits cercles avec les doigts en déplaçant la peau sur l'os. Essuyez-vous ensuite les mains pour y enlever l'huile. N'oubliez pas de respecter cette étape avant de frictionner le cuir chevelu.

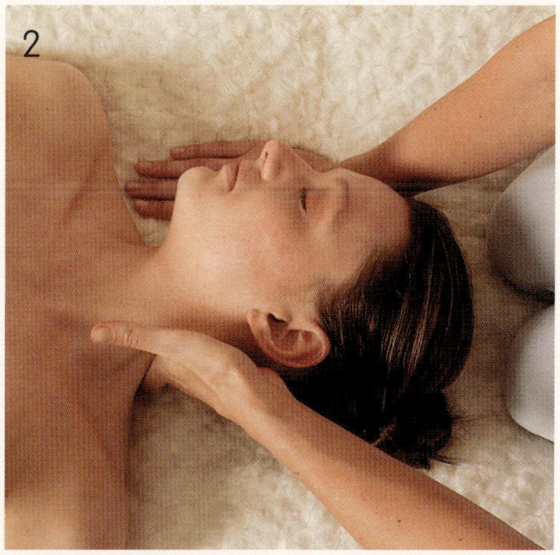

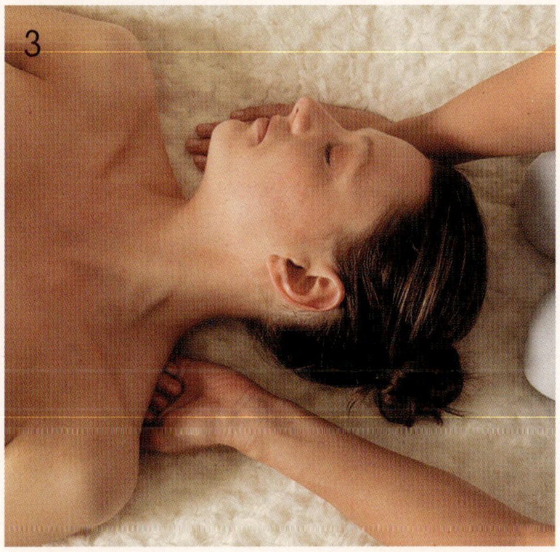

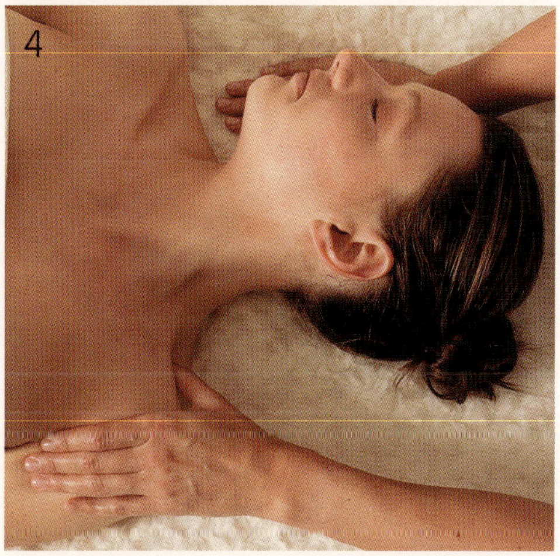

6 **Friction de la tête :** formez de nouveau une patte avec votre main gauche et placez les doigts juste en haut de la base du crâne. Faites de petits cercles en déplaçant la peau sur l'os. Placez ensuite les doigts un peu plus haut et refaites la manœuvre. Répétez-la jusqu'à ce que vous ayez fait tout le côté gauche du crâne.

Fin : faites rouler la tête doucement vers la gauche, puis répétez la série de manœuvres entière.

Sur le visage

Application de l'huile : versez deux ou trois gouttes d'huile sur le bout de vos doigts. Étendez ensuite l'huile depuis le menton jusqu'au front, en évitant les yeux, le nez et la bouche.

1 **Effleurage du menton :** placez le bout des doigts sous le menton en les collant les uns contre les autres et en orientant les paumes vers les côtés. Caressez alors un côté du visage avec une main, du menton jusqu'à l'oreille, puis l'autre côté avec l'autre main. Allez-y lentement et avec délicatesse. Répétez l'opération une fois de chaque côté. Placez ensuite les deux mains du même côté du menton et faites-les glisser l'une après l'autre jusqu'à l'oreille. Refaites cette manœuvre avec les deux mains de l'autre côté du visage.

1

2 **Effleurage du front :** posez une main en travers du front. Faites-la glisser de part en part du front et remplacez-la immédiatement par l'autre main. Répétez cette opération quelques fois.

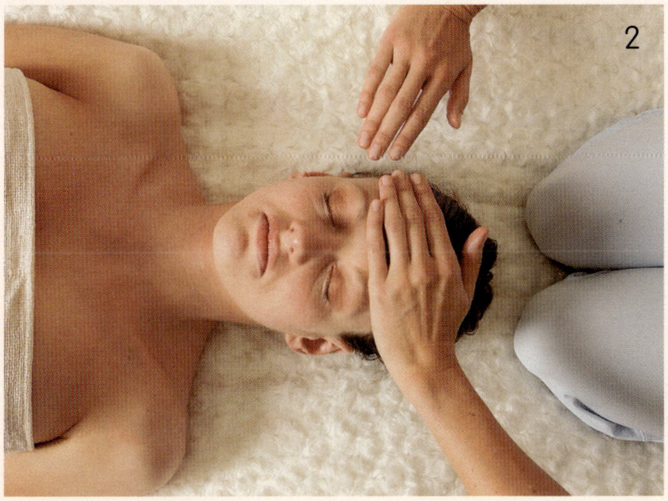
2

3

3 **Cercles sur les tempes :** placez le bout des doigts en haut du front, de manière à ce qu'ils forment une seule ligne transversale. Éloignez les mains l'une de l'autre en faisant glisser leurs doigts vers les tempes en même temps que vous appuyez sur le front. Décrivez ensuite doucement un cercle autour des tempes avec les doigts. Répétez cette suite d'opérations deux fois. À chaque exécution, déplacez les doigts légèrement vers le bas en direction des sourcils.

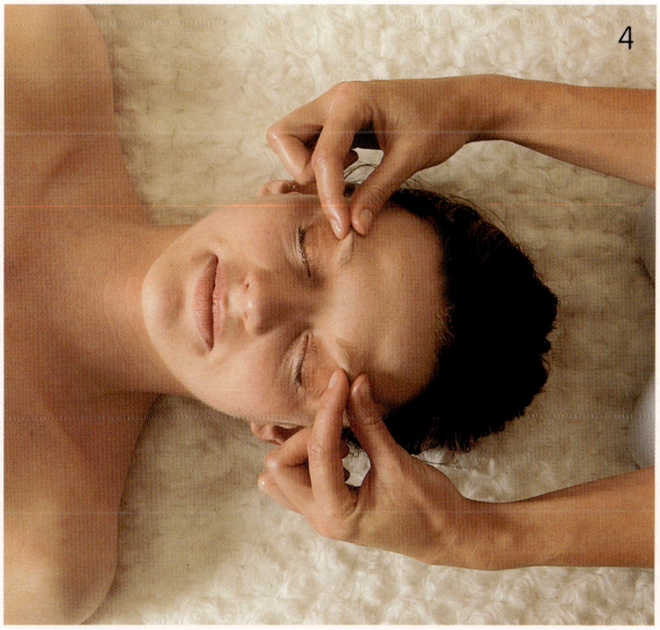
4

4 **Pincement des sourcils :** placez délicatement les pouces et les index du côté intérieur des sourcils et pincez-les doucement. Déplacez un peu les doigts vers l'extérieur et refaites la manœuvre. Répétez-la jusqu'à ce que vous ayez pincé les sourcils sur toute leur longueur.

5 **Friction :** mettez en ligne les doigts de chaque main sous le menton et décrivez-y de petits cercles. Répétez l'opération contre les mâchoires.

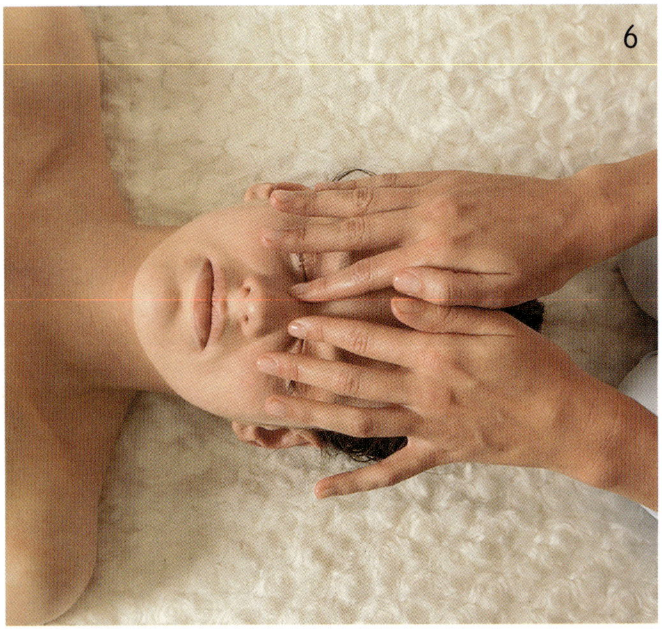

6 **Cercles sur tout le visage :** placez vos seuls index à la hauteur du menton. Décrivez doucement un cercle autour de la bouche, puis amenez vos doigts sur l'arête du nez. Faites-les glisser jusqu'en haut de l'arête, entre les deux yeux, puis sur le front. Séparez ensuite vos doigts en effectuant un glissement vers les côtés du front. Traînez-les enfin vers le bas des joues jusqu'au menton. Allez-y avec délicatesse et adoptez un rythme fluide pour effectuer vos cercles. Répétez cette suite de glissements deux fois.

7 **Tapotement :** tenez les doigts au-dessus du front et tapotez-le avec leur extrémité. Faites alterner les doigts. Déplacez-les ensuite lentement autour des joues et du menton, en évitant de heurter les yeux, le nez et la bouche.

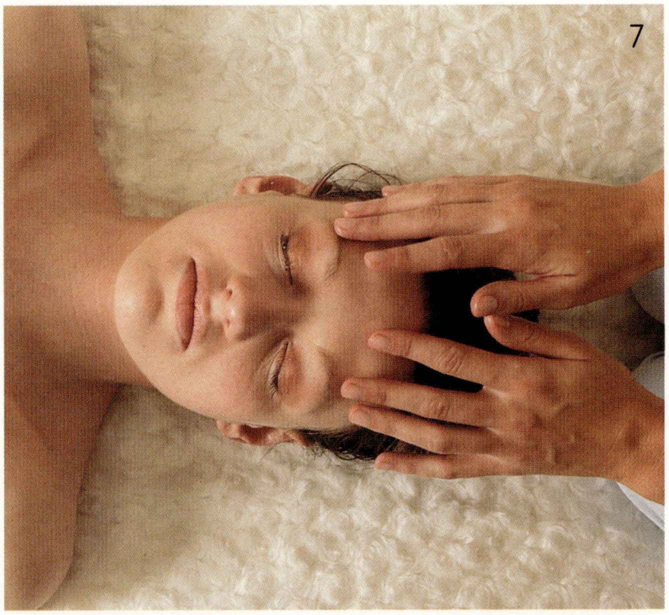

8 **Cercles autour des oreilles :** placez les deux mains sous le menton, de manière à ce que les doigts soient face à face. Faites glisser les mains dans des directions opposées vers les oreilles. Décrivez ensuite des cercles avec les doigts, en avant des oreilles et partout en arrière. Pincez délicatement les lobes des oreilles avec les pouces et les index, puis tirez-les vers le cou en laissant vos doigts glisser dessus jusqu'à atteindre leurs extrémités, où vous lâchez prise. Répétez cette suite d'opérations quelques fois.

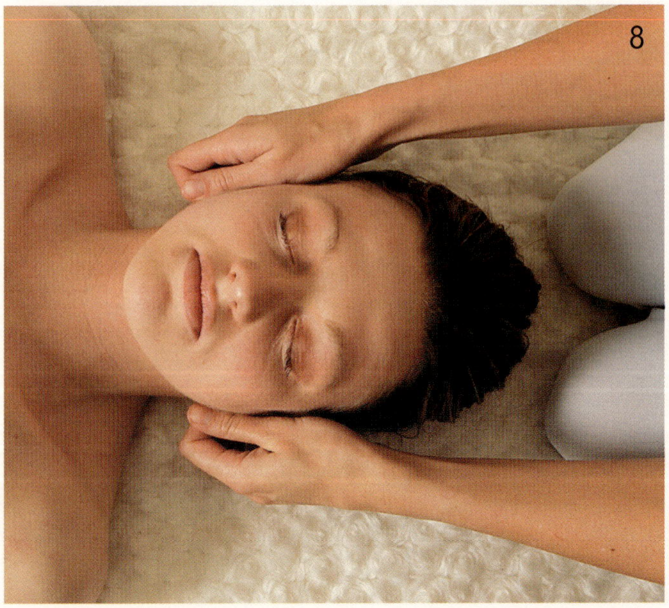

9 Massage des oreilles : placez les pouces sur les pavillons des oreilles et pliez vos index derrière ceux-ci. Massez les oreilles en faisant des cercles avec ces deux doigts. Tirez ensuite délicatement l'oreille en l'éloignant de la tête.

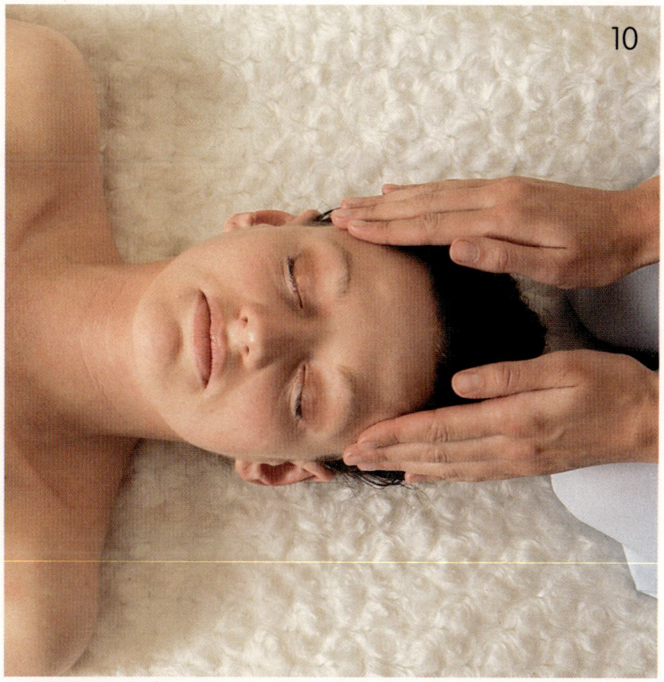

10 Effleurage de tout le visage : collez les doigts les uns contre les autres en bas du menton. Faites-les glisser d'abord autour du menton, puis sur les joues et le front. Répétez deux fois cette opération.

Fin du massage : tenez la tête de votre partenaire pendant un instant en plaçant les pouces sur le front, collés l'un contre l'autre, et en orientant les autres doigts vers les oreilles. Déplacez-vous ensuite à côté de la personne massée et pressez ses épaules. Placez par la suite vos mains sur ses hanches et pressez-les doucement. Déplacez-vous encore, cette fois jusqu'aux genoux et pressez-les. Enfin, dirigez-vous vers les pieds et tenez-les un moment.

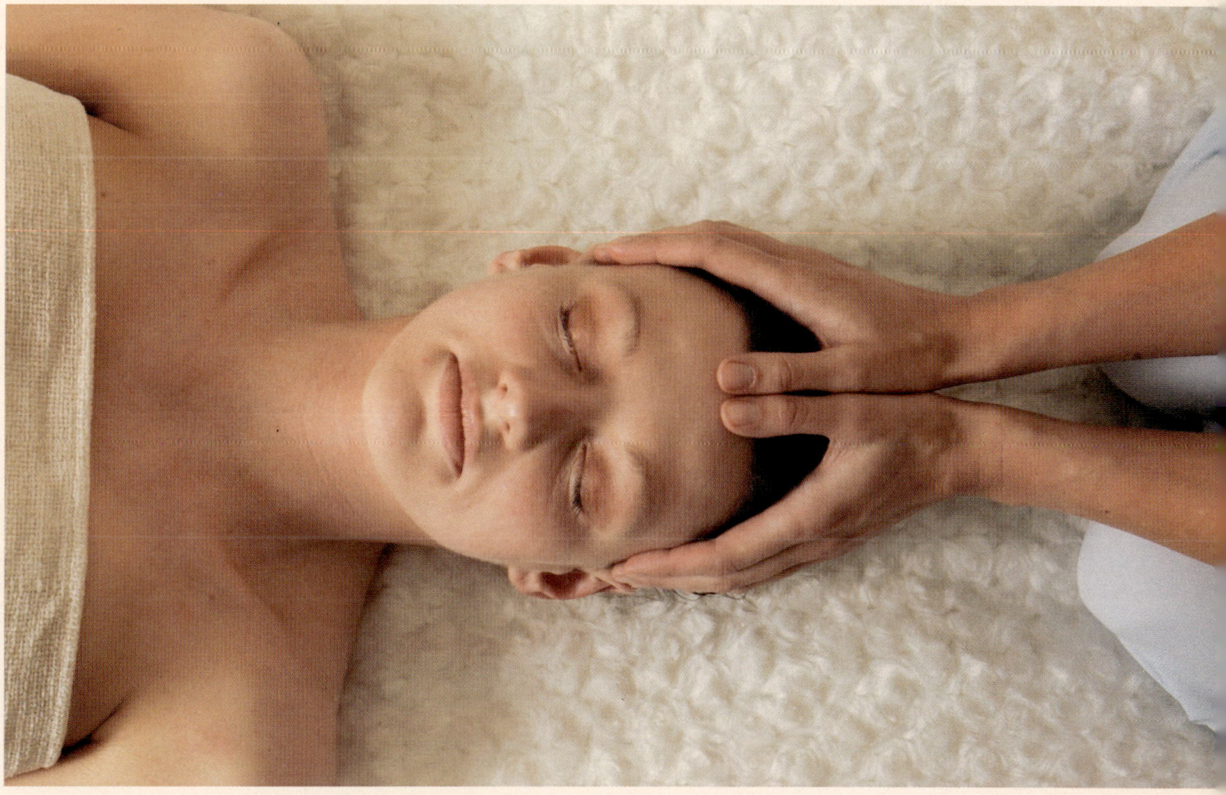

Aide-mémoire – Sur le dos

1. Assouplissement

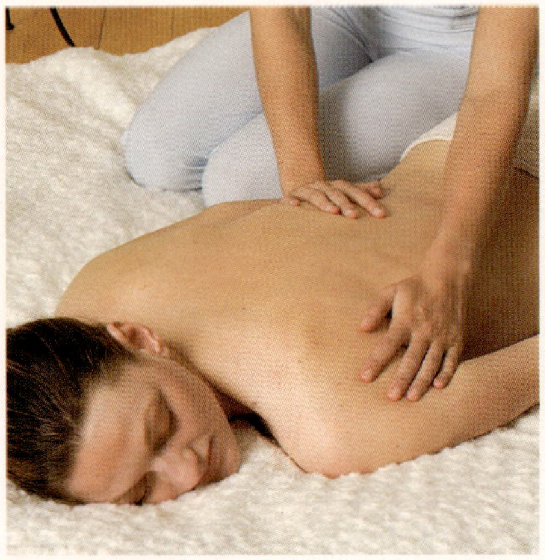

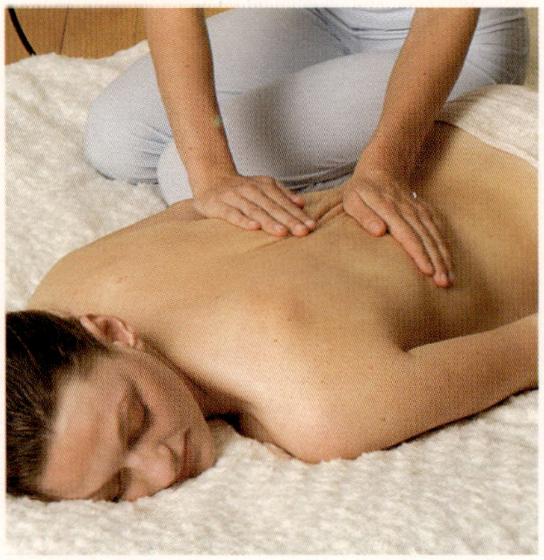

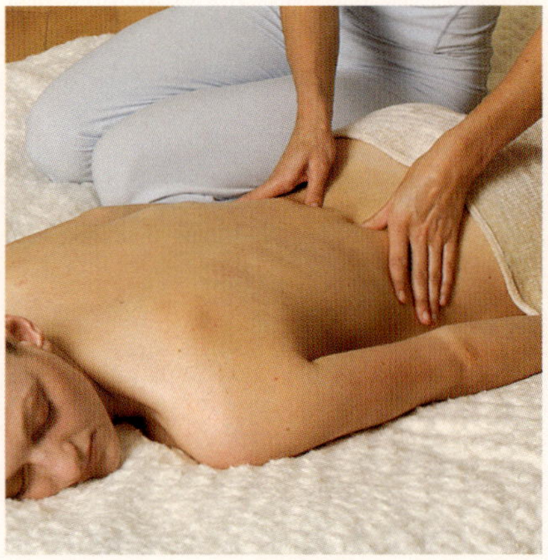

2. Application de l'huile

3. Figure en huit

4. Friction

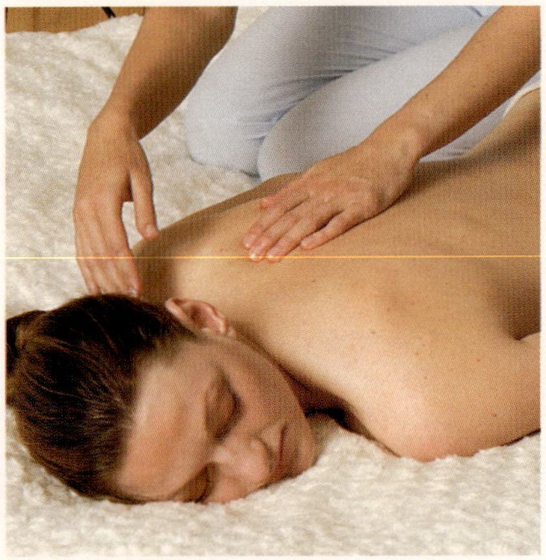

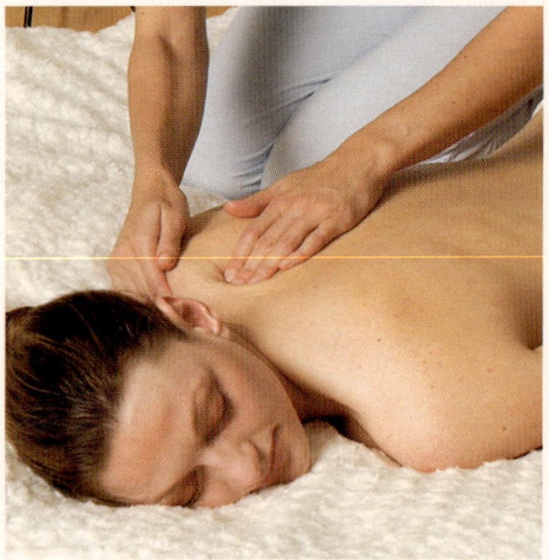

5. Traction sur les épaules

6. Pétrissage des épaules et de la nuque

7. Glissement des jointures

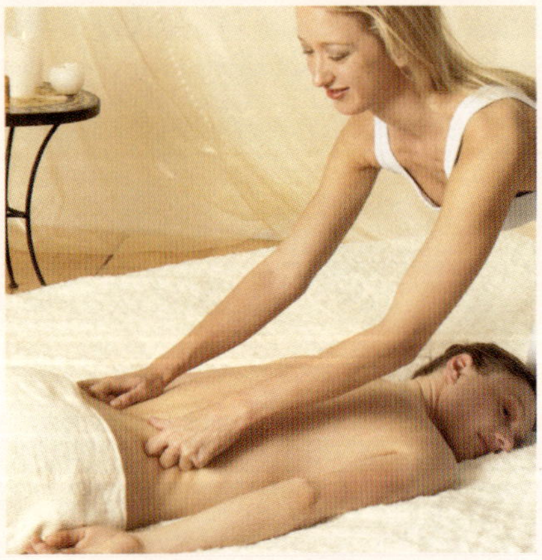

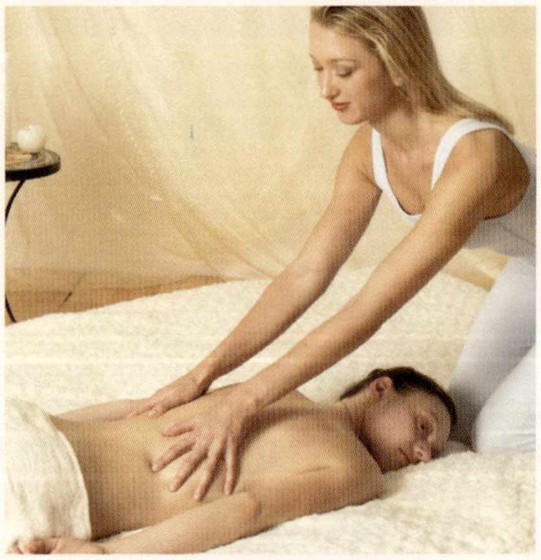

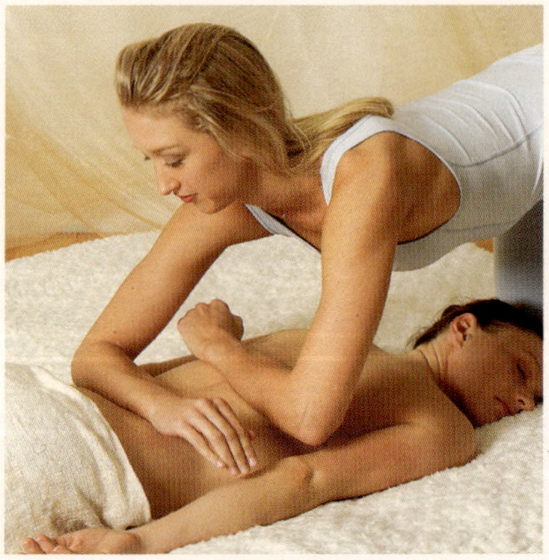

8. Roulement des jointures

9. Doigts écartés

10. Avant-bras sur le dos

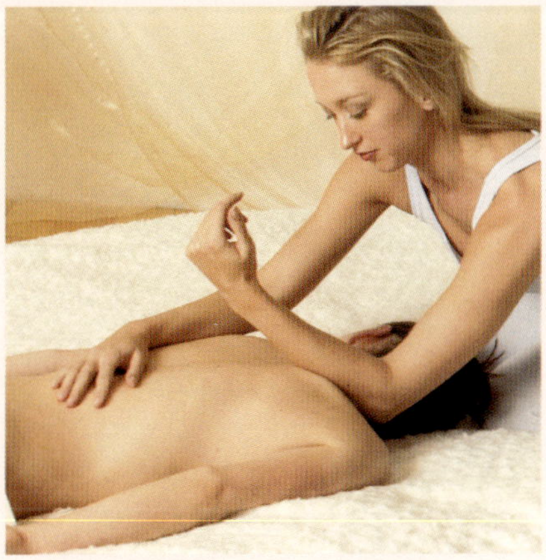
11. Avant-bras sur la nuque

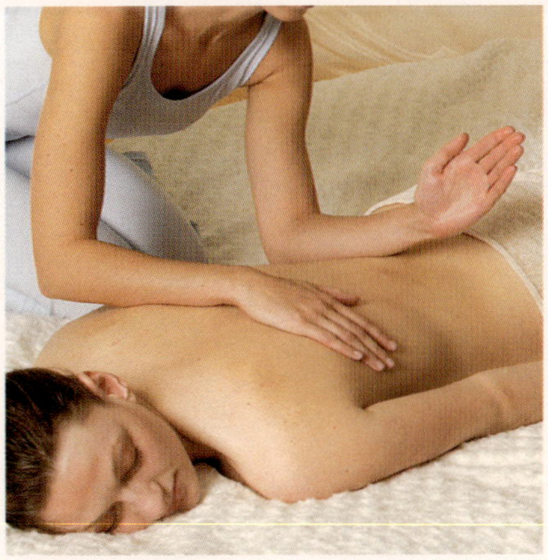
12. Avant-bras dans le bas du dos

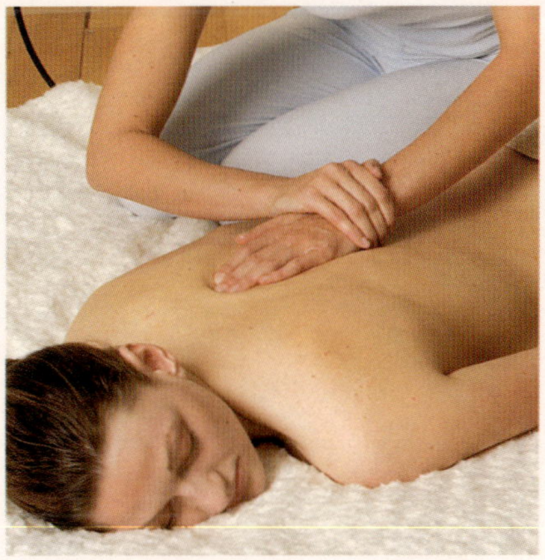
13. Pression avec les doigts

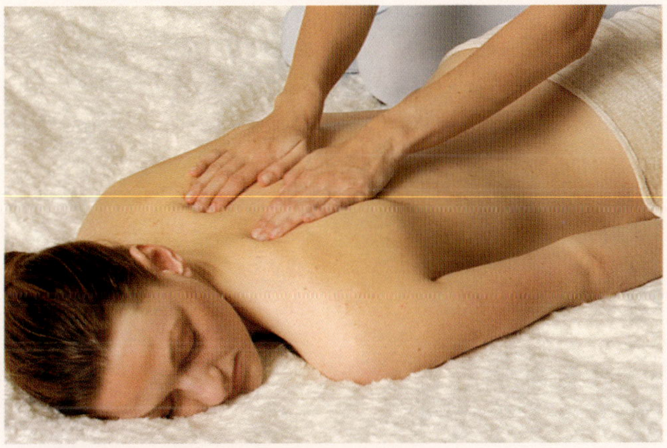
14. Effleurage de base

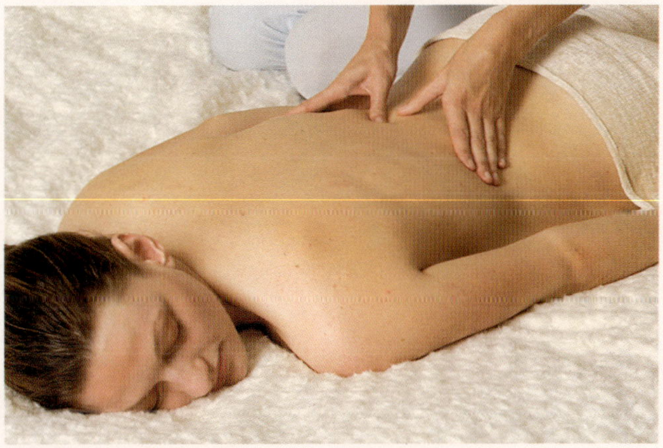
15. Marche des pouces

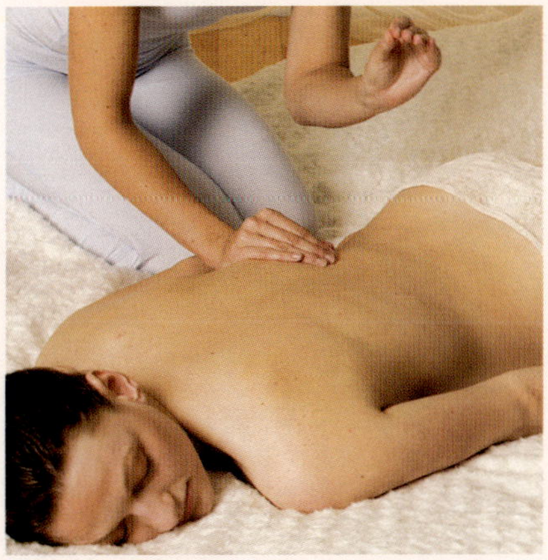
16. Mains en forme de tasse

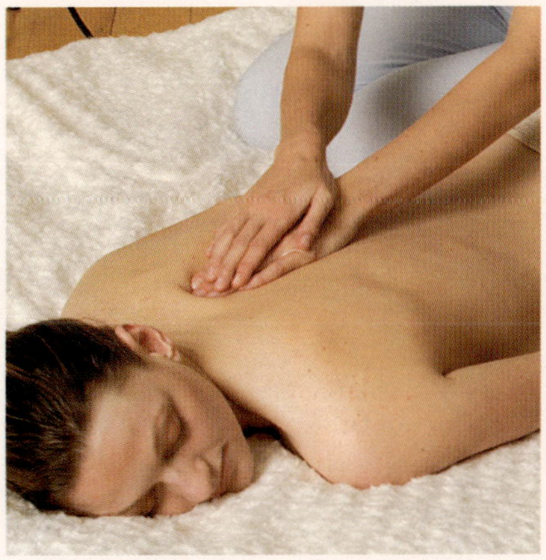
17. Effleurage une main sur l'autre

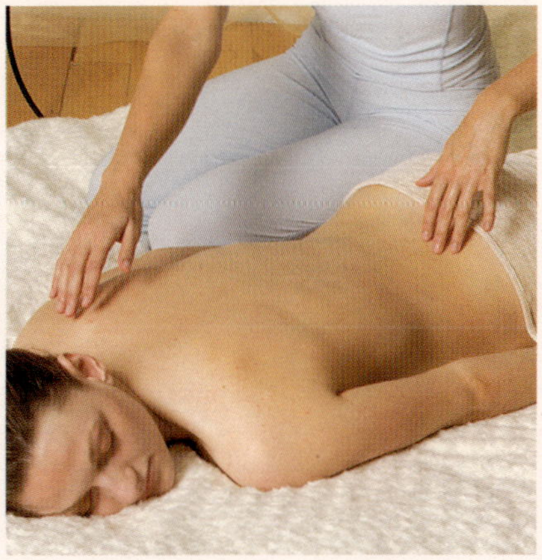
18. Caresse de la plume

Aide-mémoire – Sur les fesses

Poings

Aide-mémoire – Sur l'arrière des jambes

1. Assouplissement

2. Application de l'huile

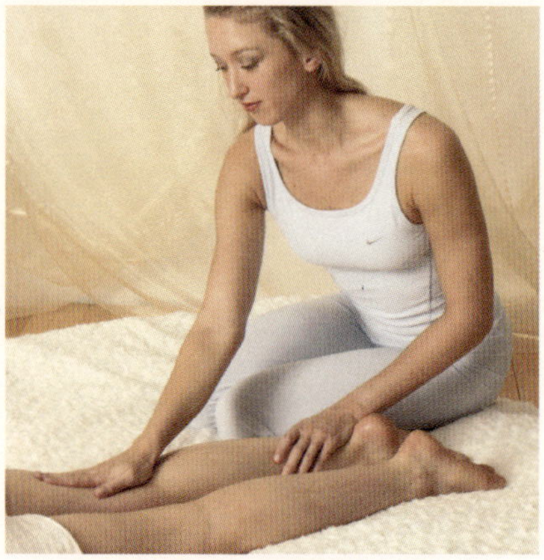

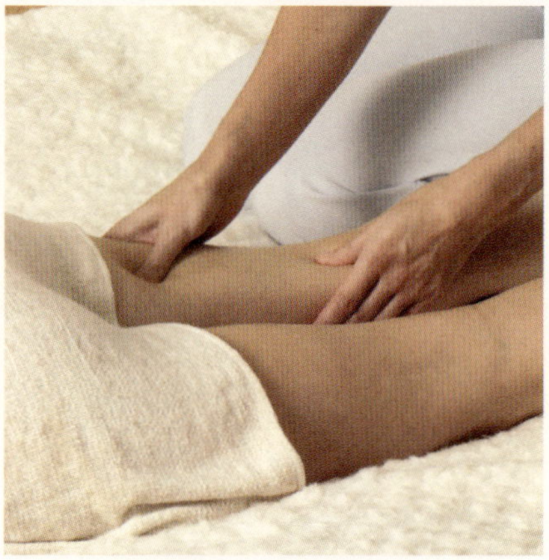

3. Effleurage

4. Friction de la cuisse

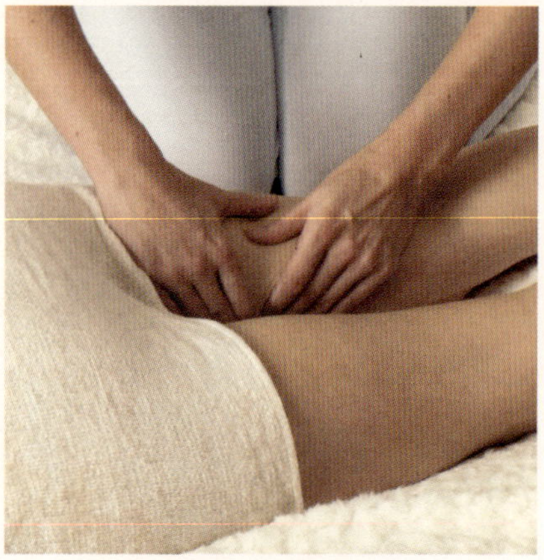

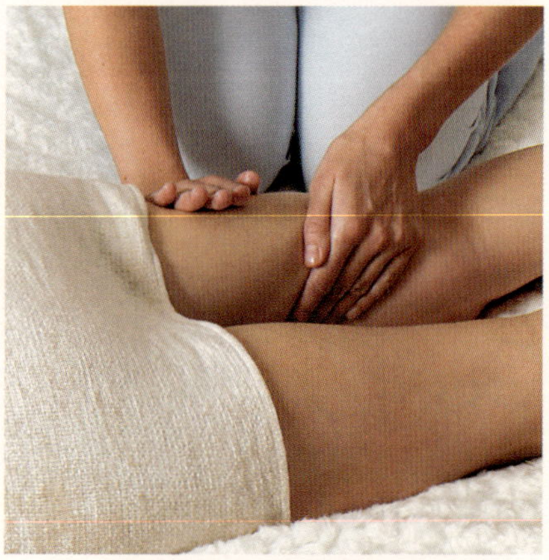

5. Pétrissage de l'intérieur de la cuisse

6. Pétrissage-torsion de la cuisse

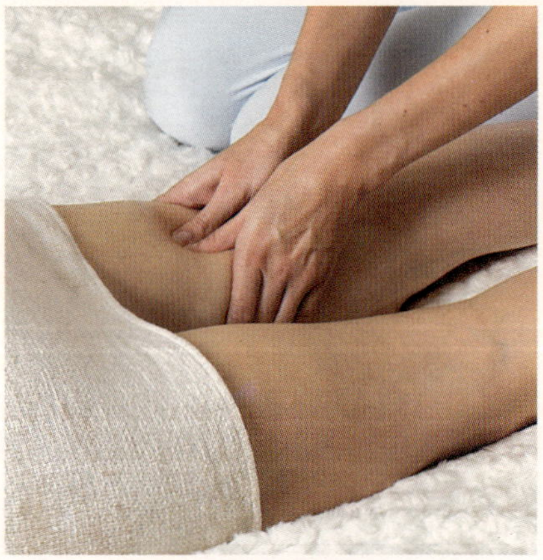

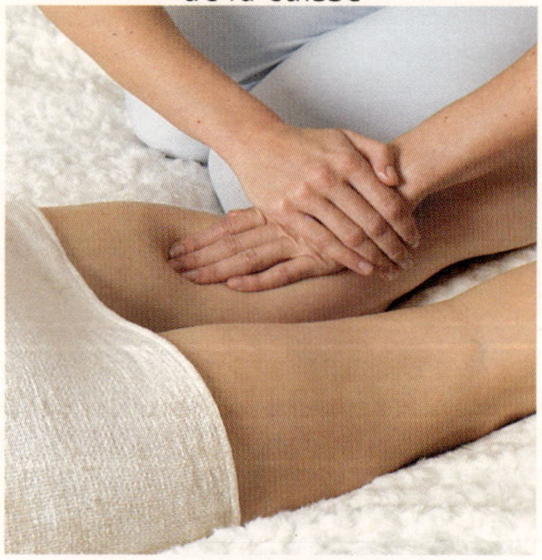

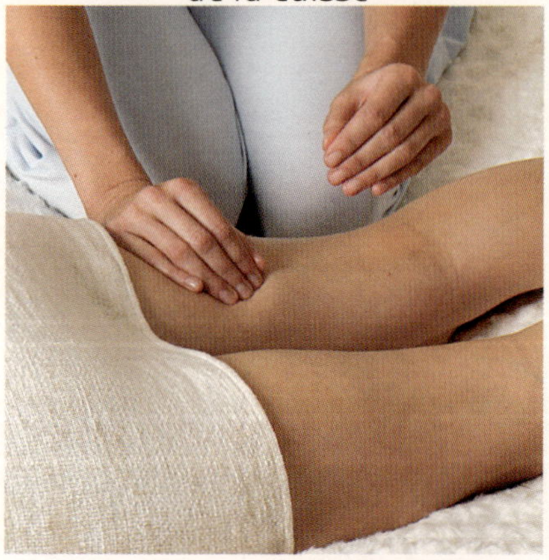

7. Voies parallèles

8. Pression avec les doigts sur la cuisse

9. Mains en forme de tasse

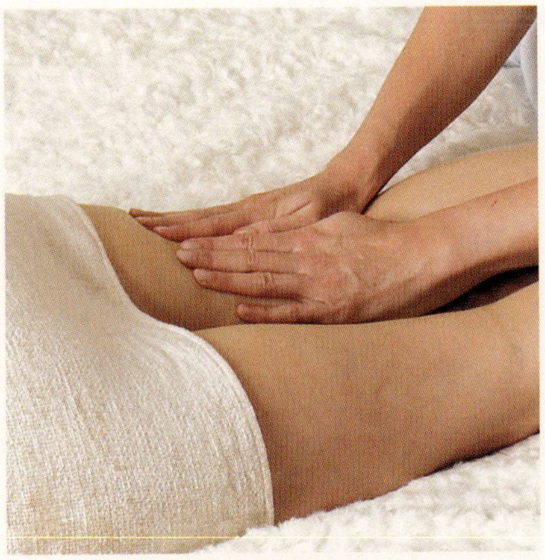

10. Effleurage de base

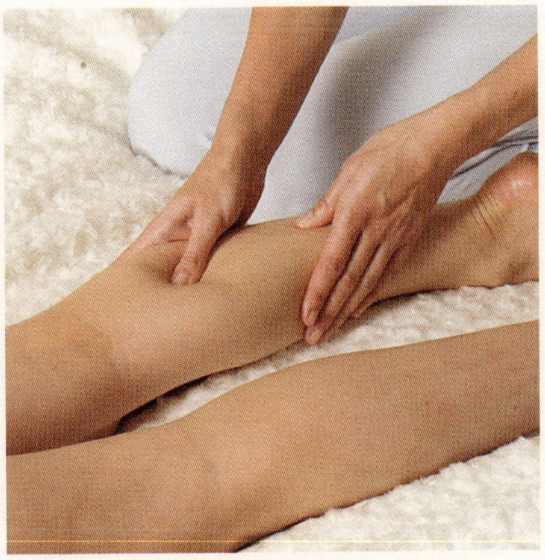

11. Friction du mollet

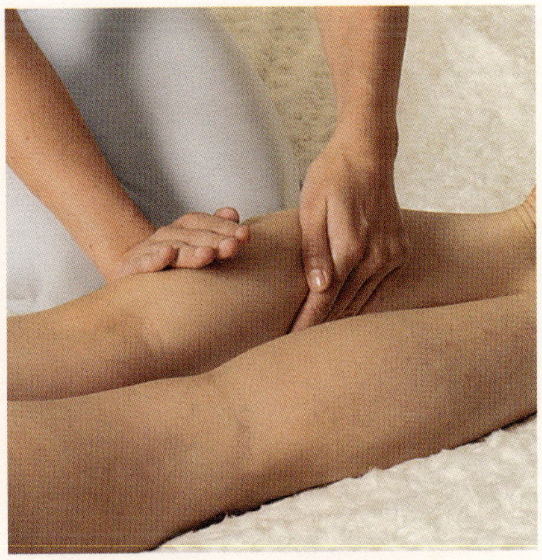

12. Pétrissage-torsion du mollet

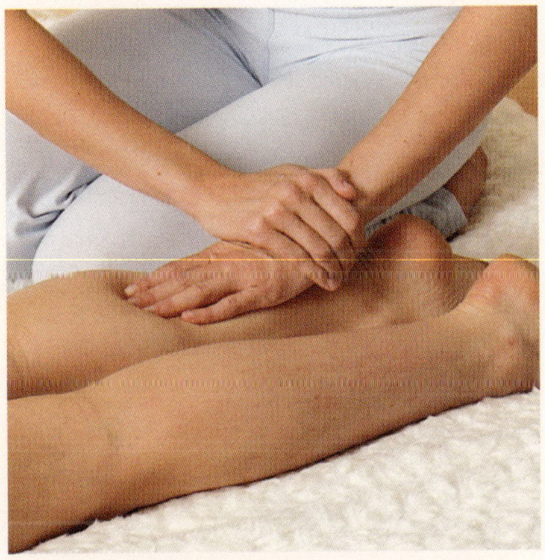

13. Pression avec les doigts sur le mollet

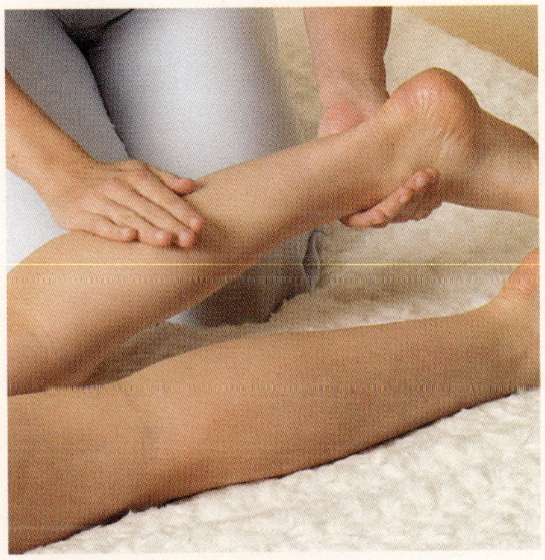

14. Vibration

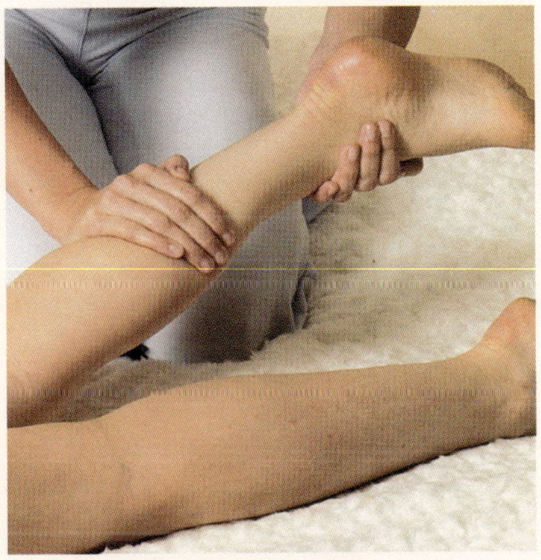

15. Drainage des toxines

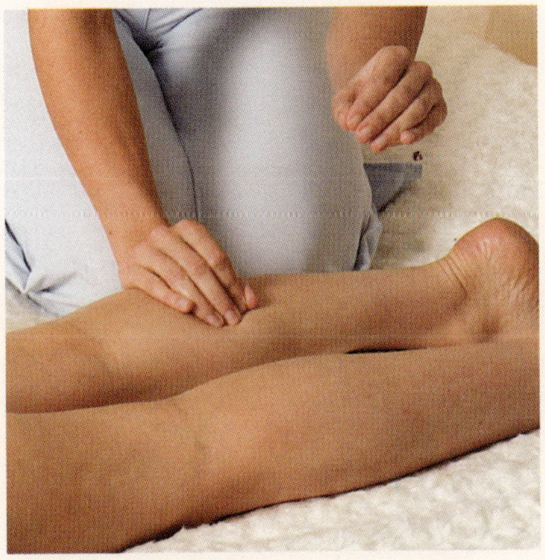

16. Mains en forme de tasse

17. Effleurage de base

18. Caresse de la plume

Aide-mémoire – Sur l'avant des jambes

1. Assouplissement

2. Application de l'huile

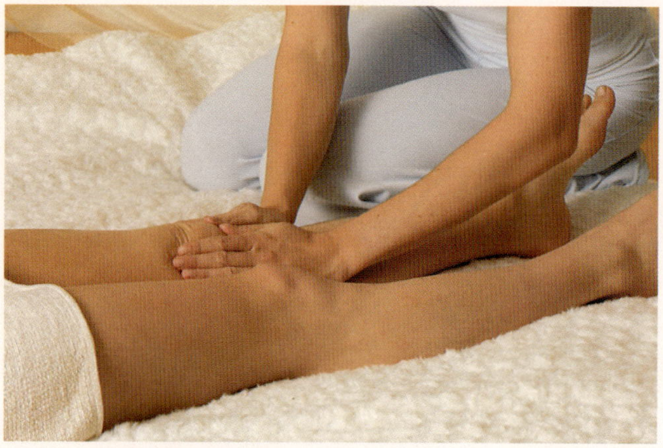

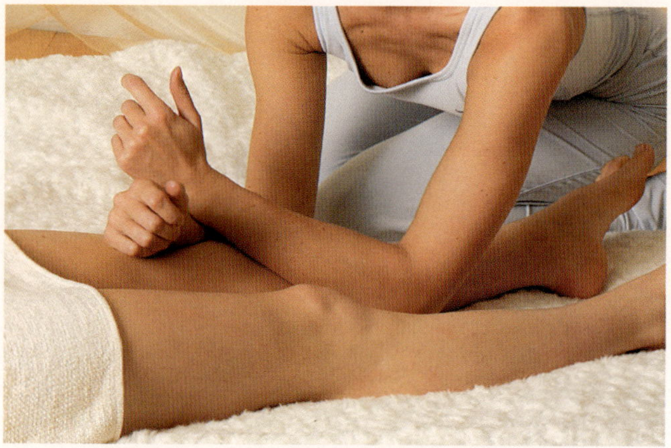

3. Effleurage de base

4. Avant-bras

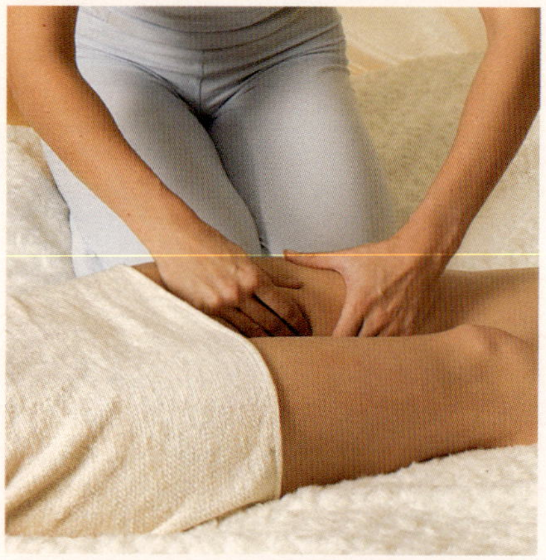

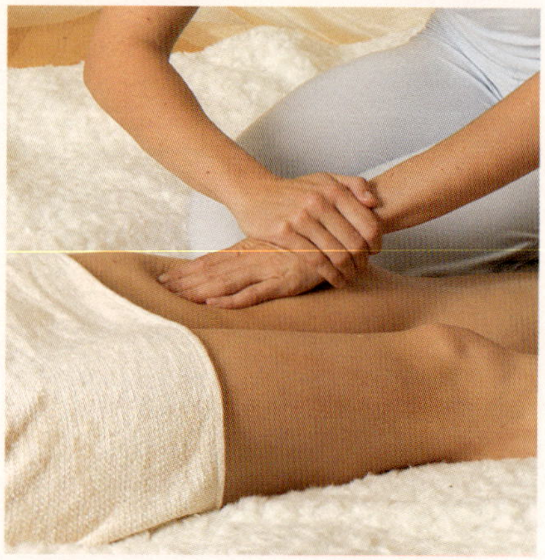

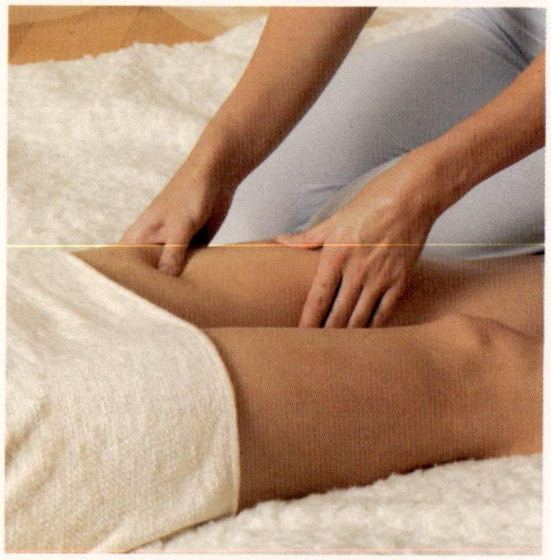

5. Pétrissage de l'intérieur de la cuisse

6. Pression avec les doigts

7. Friction de la cuisse

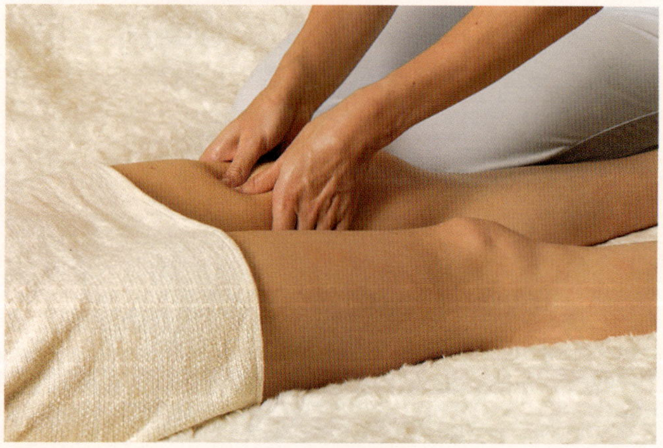

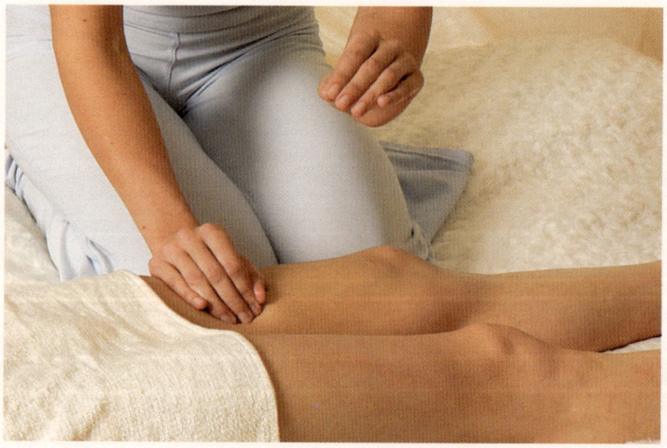

8. Voies parallèles

9. Mains en forme de tasse

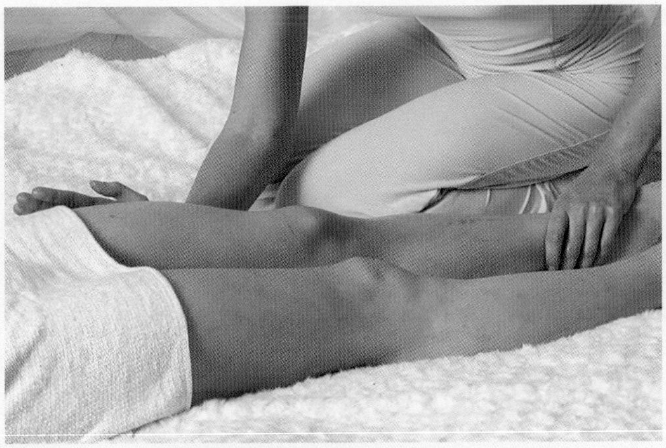

10. Talon de la main

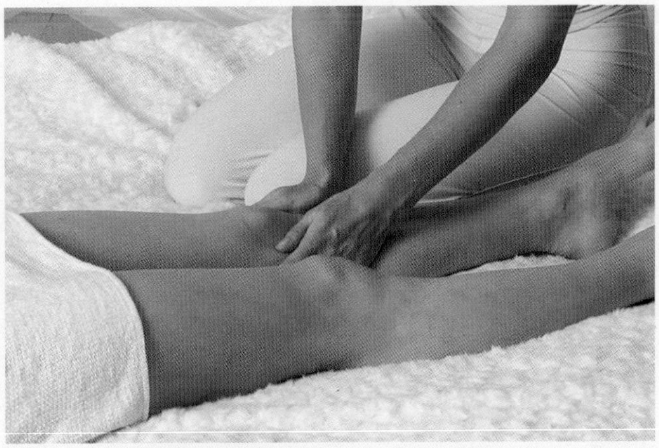

11. Ouverture du genou

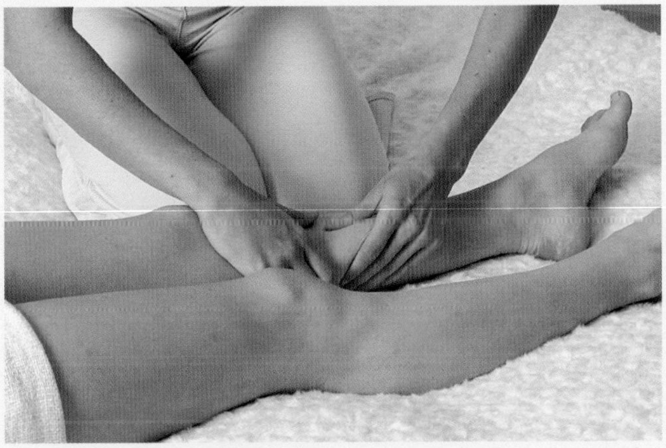

12. Pétrissage du mollet

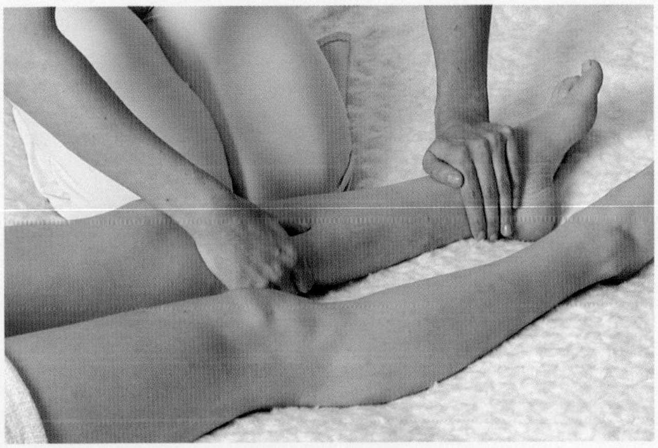

13. Friction

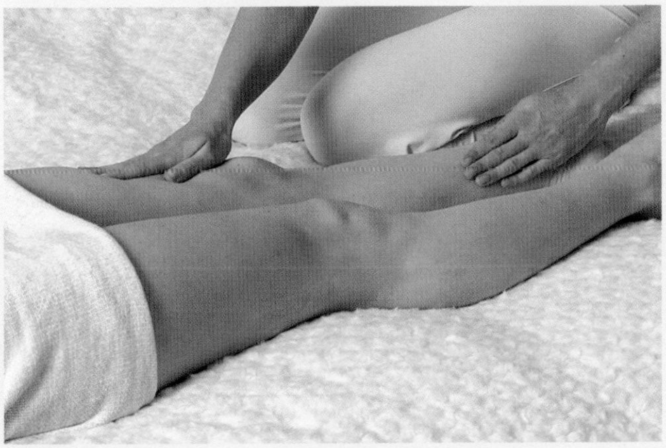

14. Effleurage

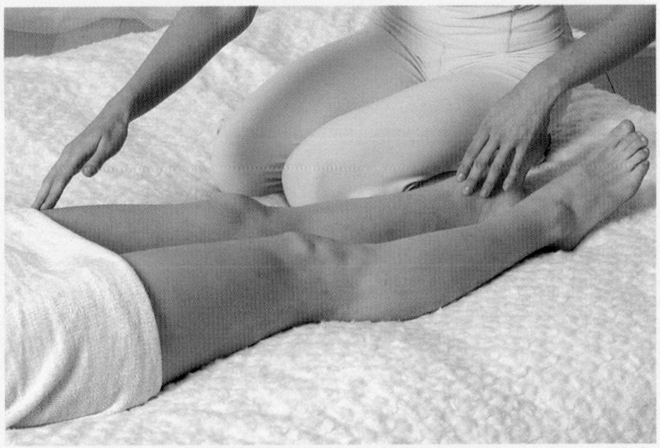

15. Caresse de la plume

Aide-mémoire – Sur les pieds

1. Application de l'huile

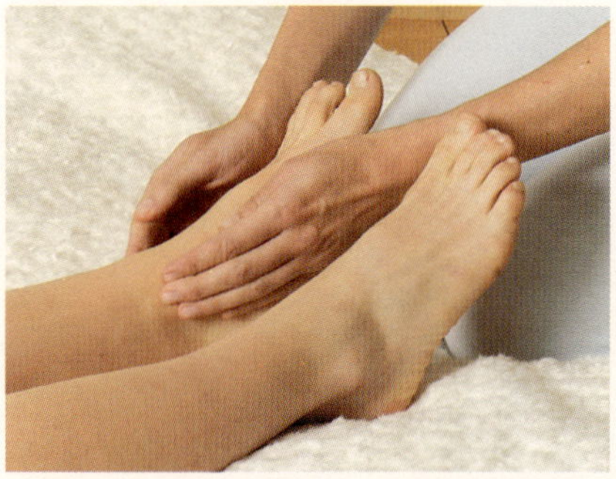

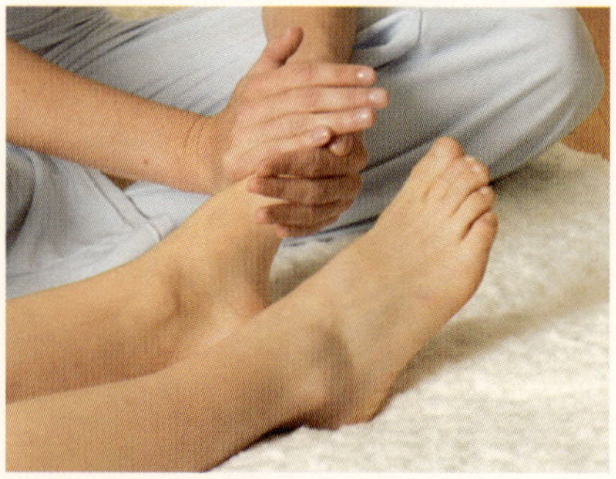

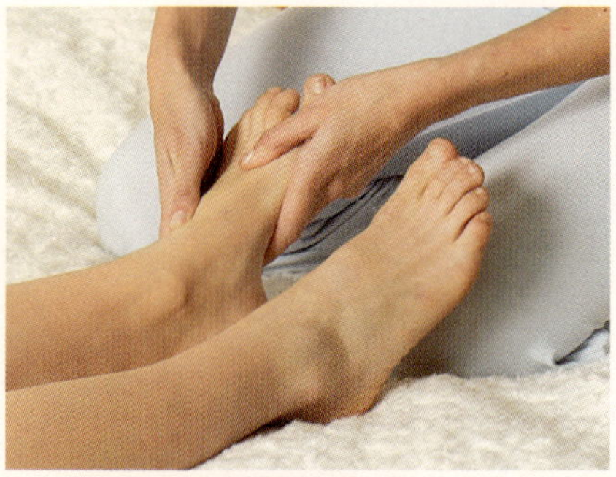

2. Cercles autour des malléoles

3. Roulement du pied entre les paumes

4. Friction

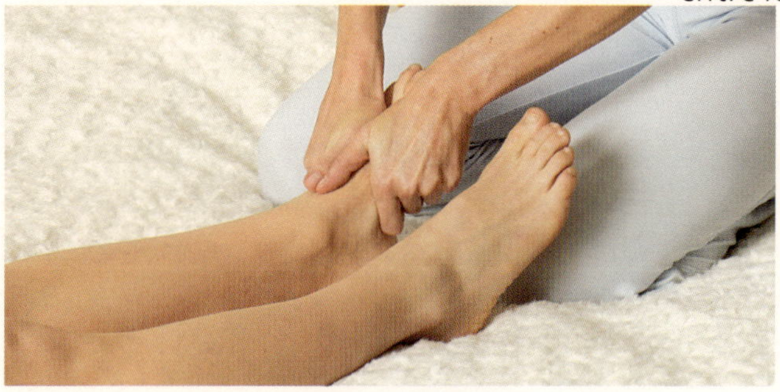

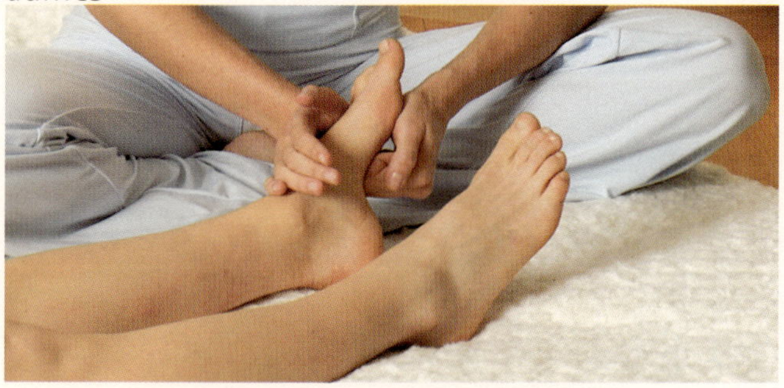

5. Ouverture

6. Roulement des jointures sous le pied

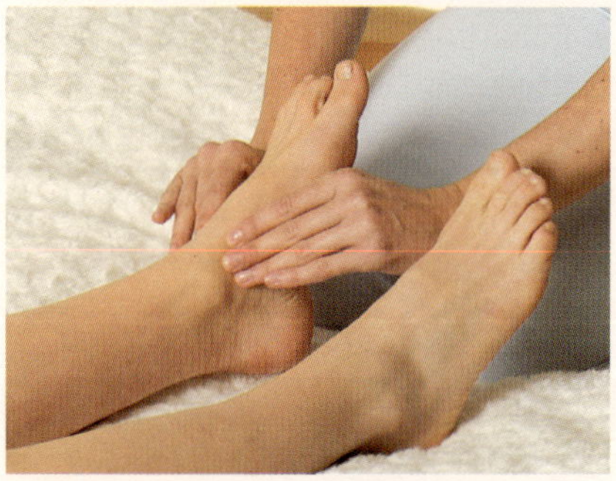

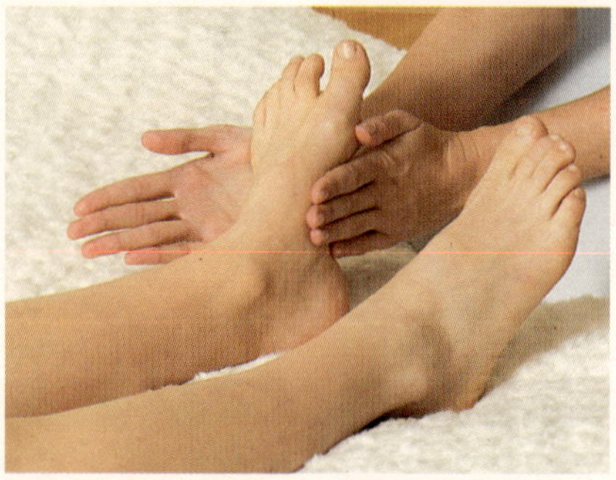

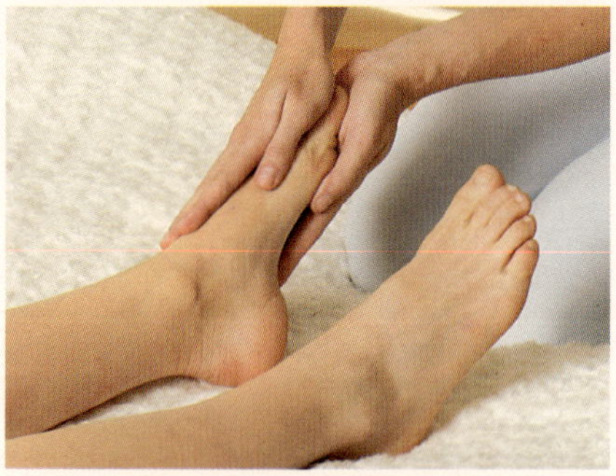

7. Pouces vers le haut

8. Vibration

9. Main dessus, mains dessous

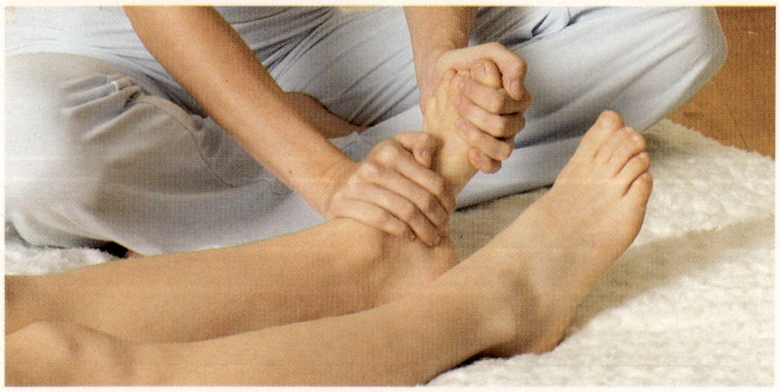

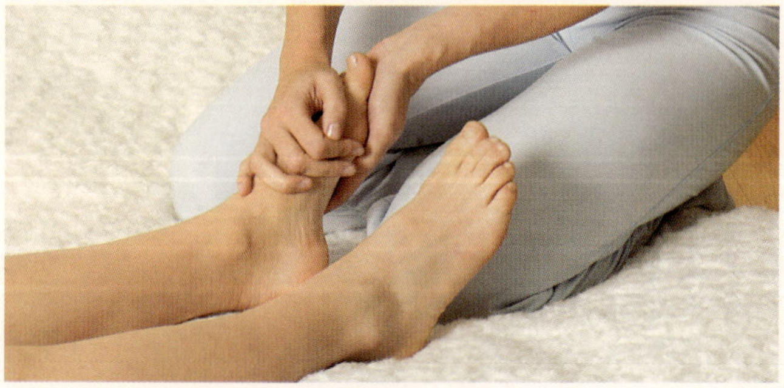

10. Pression du pied

11. Prise du pied

Aide-mémoire – Sur l'estomac

1. Application de l'huile

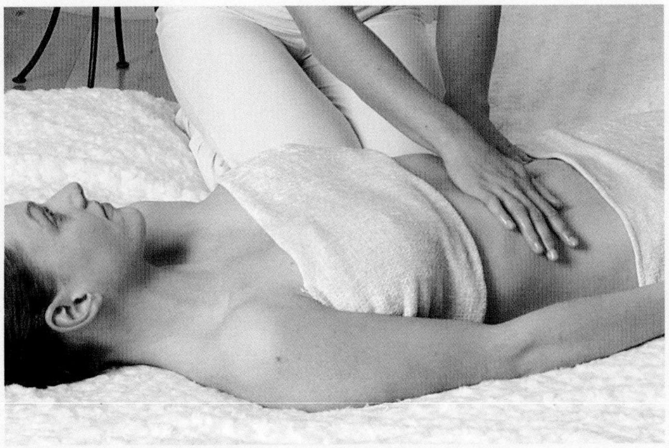

2. Cercles autour du nombril

3. Une main allongée sur la cage thoracique

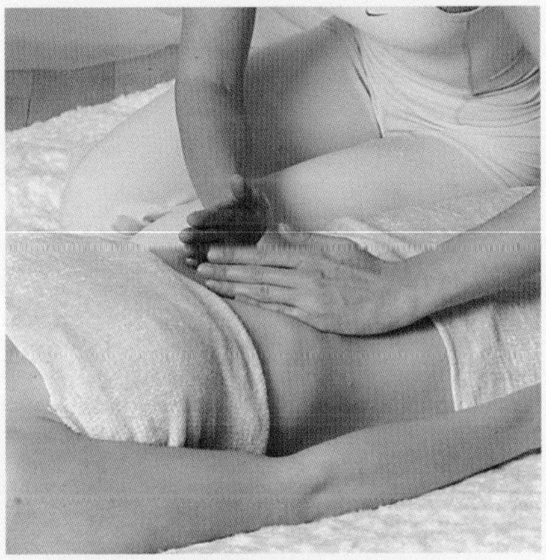

4. Deux mains allongées

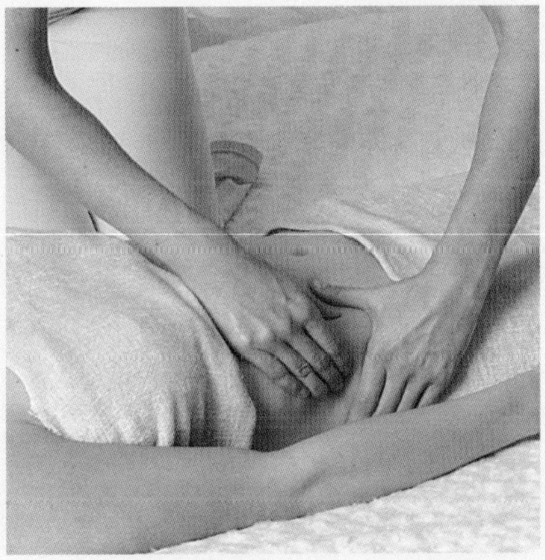

5. Pétrissage de la taille

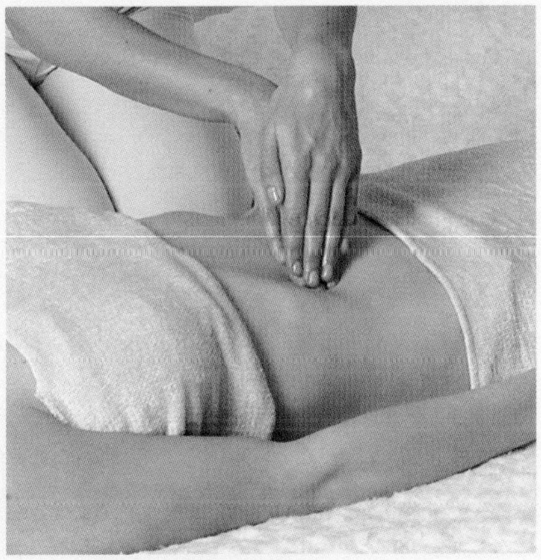

6. Cercles à deux mains

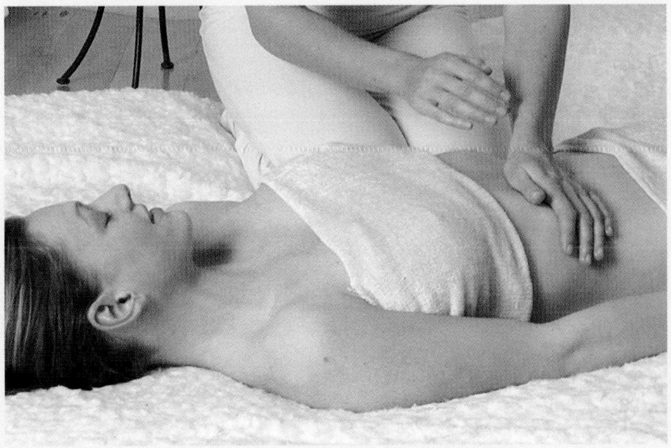

7. Cercles autour du nombril

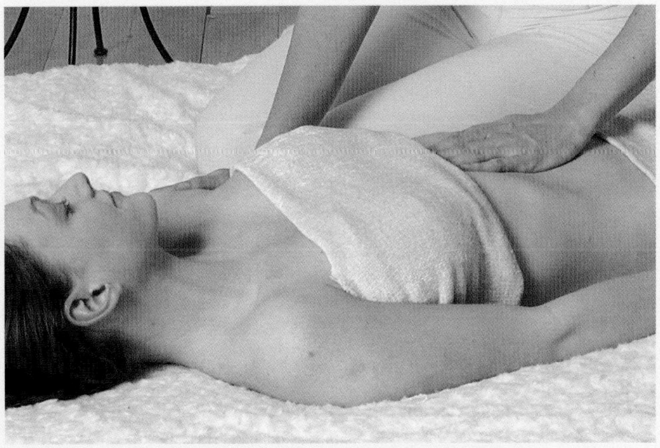

8. Frottement du plexus solaire

Aide-mémoire – Sur les bras

1. Assouplissement *2. Application de l'huile*

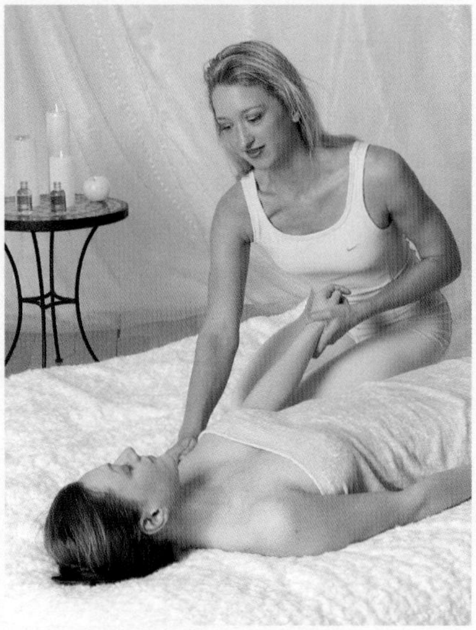

3. Effleurage

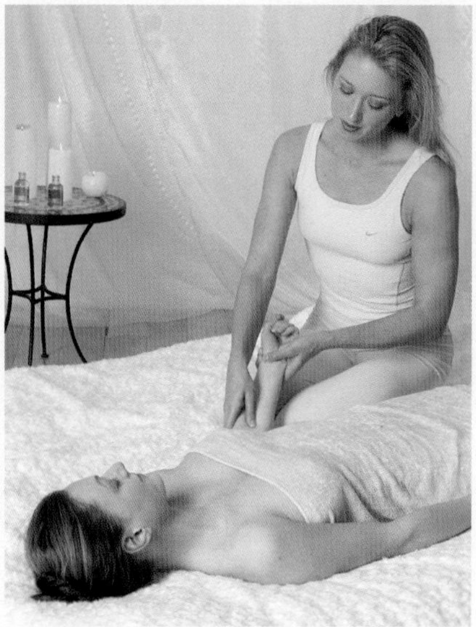

4. Friction de l'avant-bras

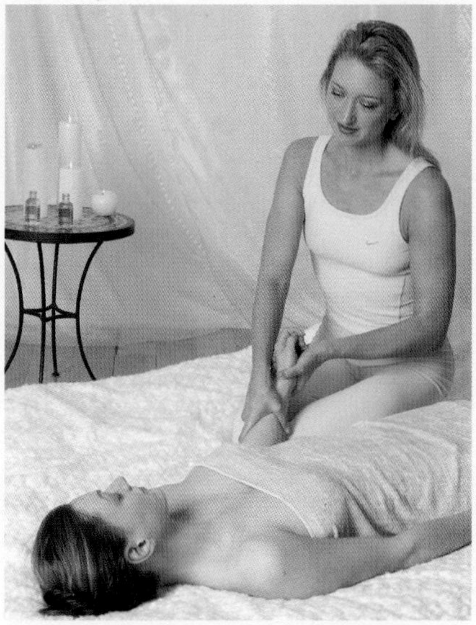

5. Drainage des toxines

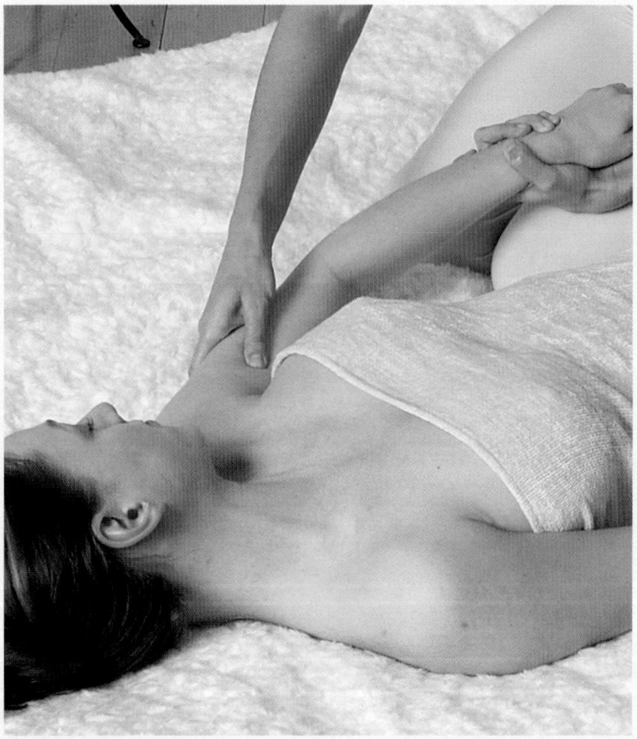

6. Friction de la région de l'humérus

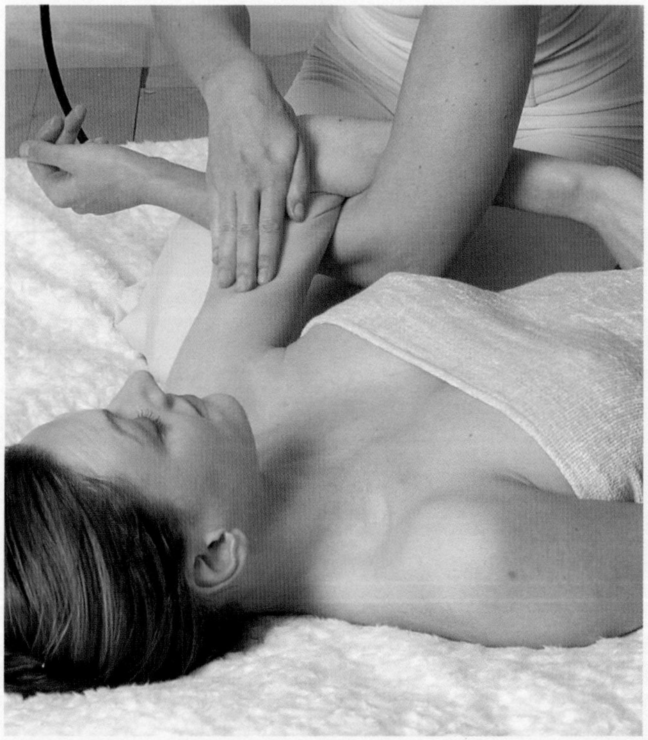

7. Pression avec les doigts

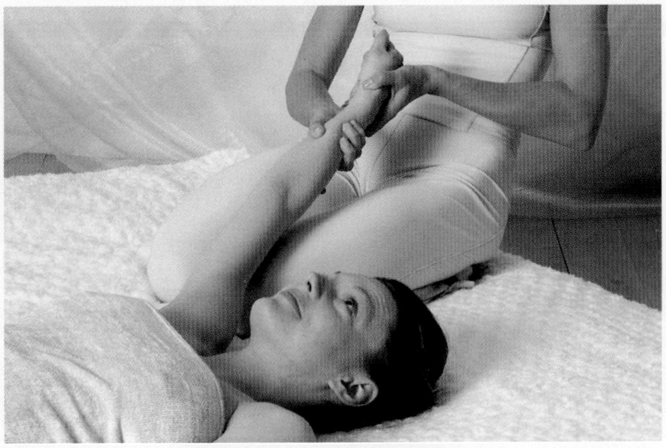

8. Étirement du bras

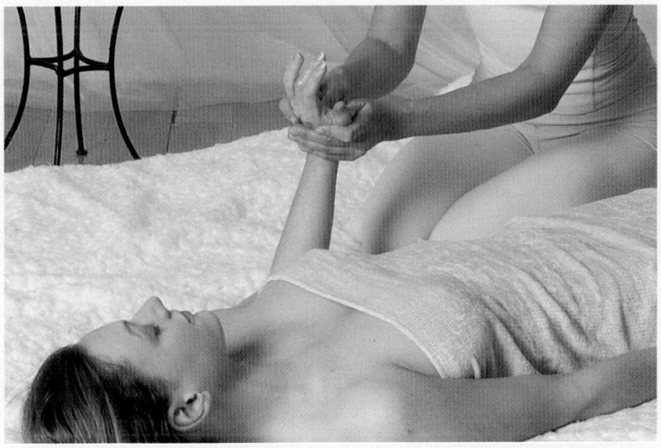

9. Friction du poignet et de la main

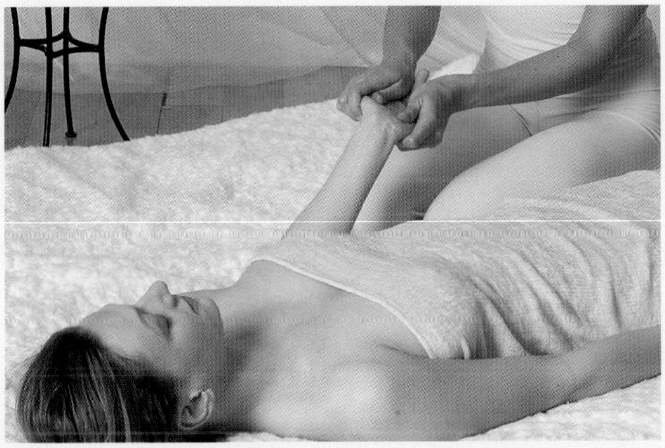

10. Ouverture

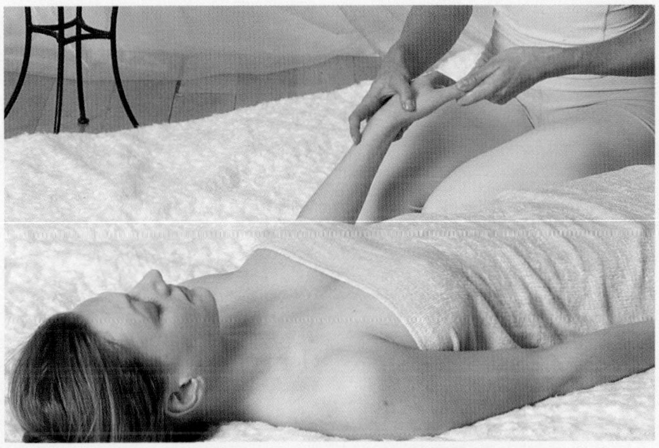

11. Massage des doigts

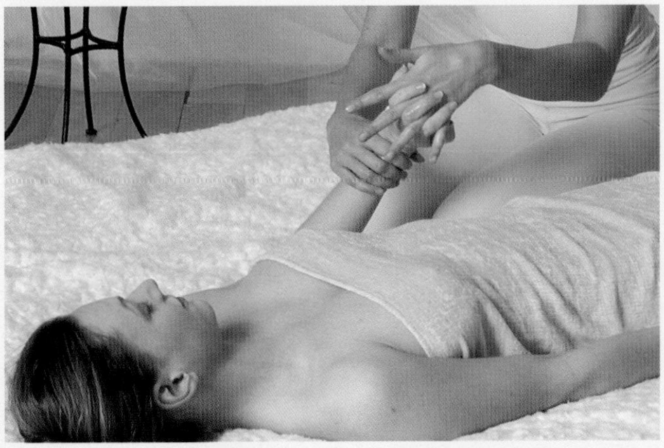

12. Entrelacement des doigts

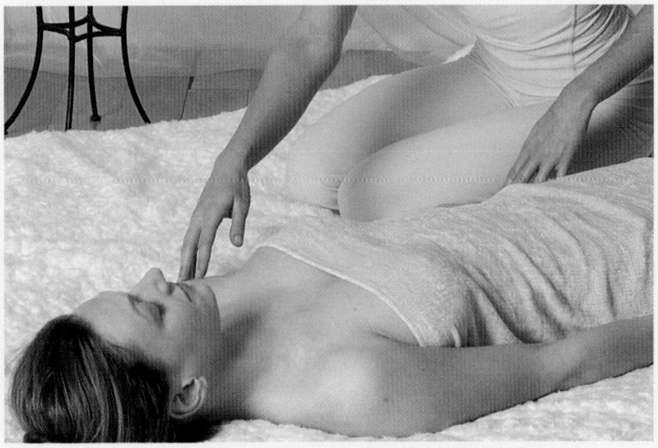

13. Caresse de la plume

Aide-mémoire – Sur le thorax

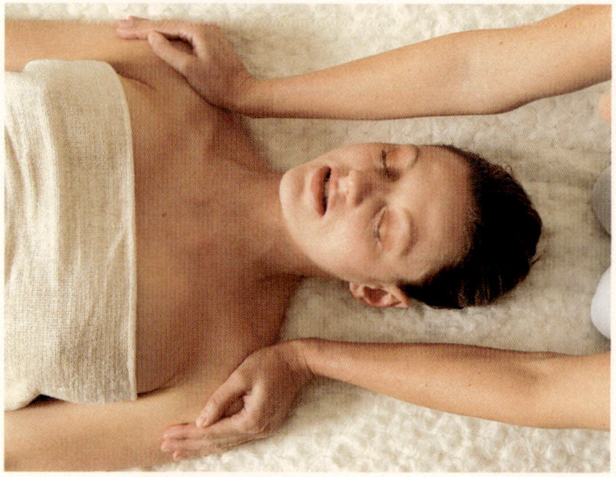

1. Bercement

2. Application de l'huile

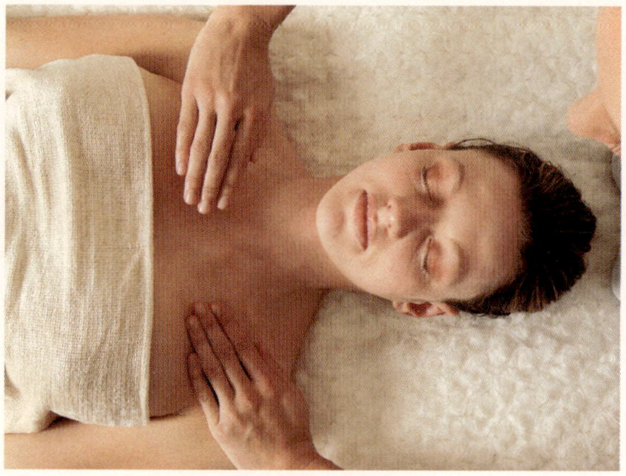

3. Effleurage

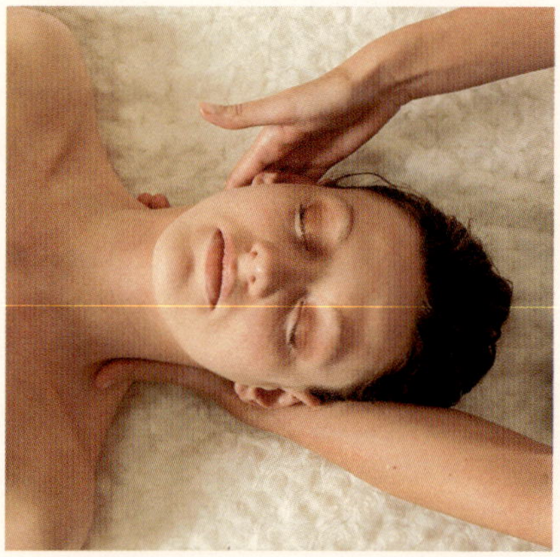

4. Une main sur l'autre sous la nuque

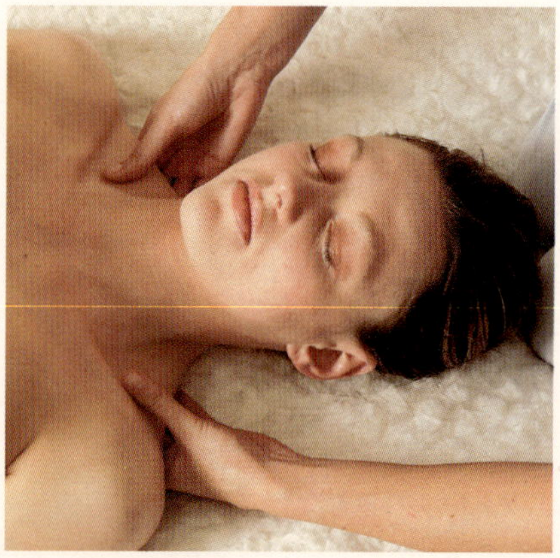

5. Friction des épaules

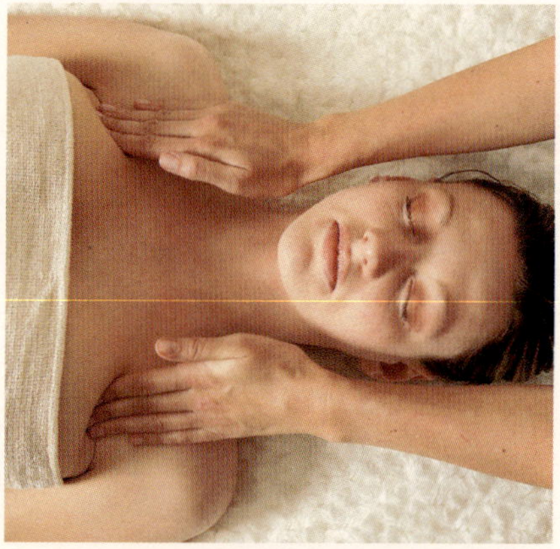

6. Friction des pectoraux

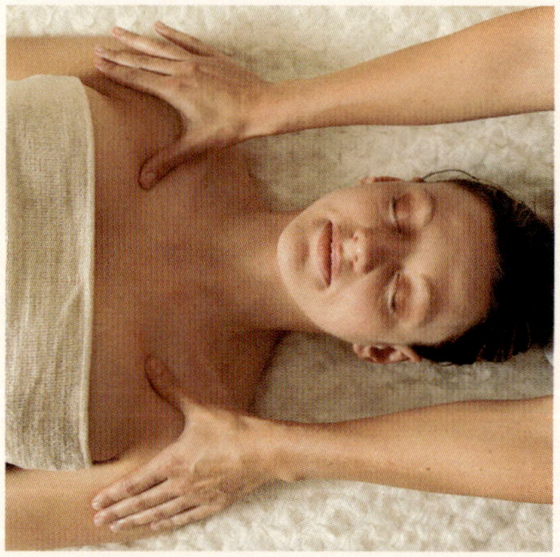

7. Drainage des toxines

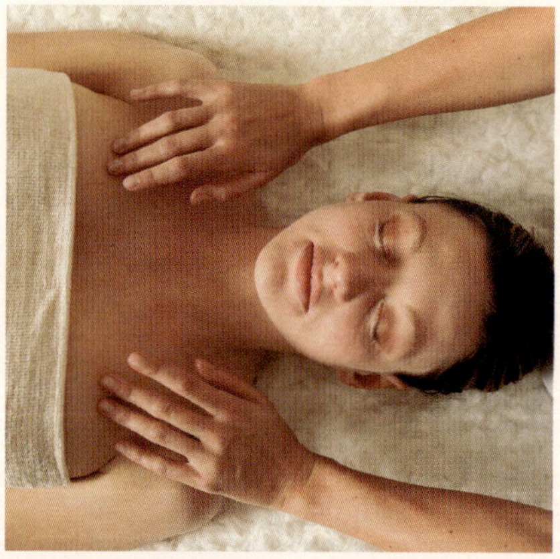

8. Tapotement

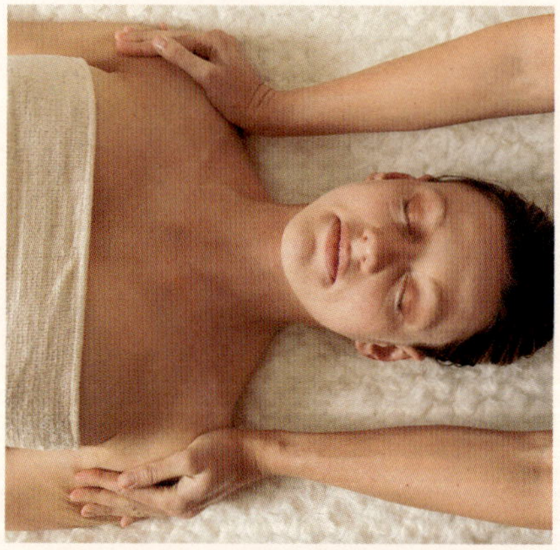

9. Cercles

Aide-mémoire – Sur le thorax (suite)

10. Dos arqué

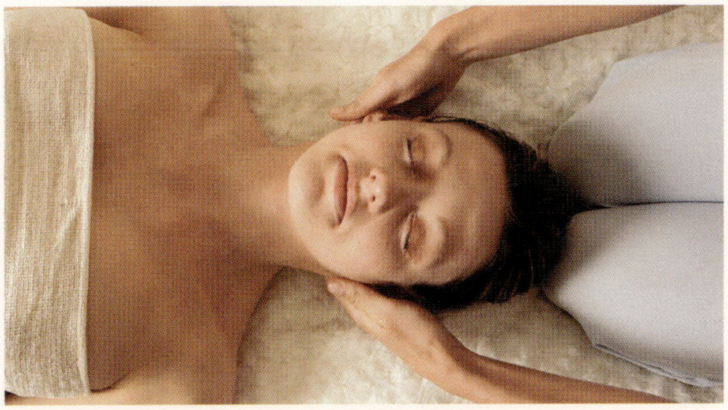

11. Cercles

Aide-mémoire – Sur la nuque, les épaules et la tête

1. Tête sur le côté

2. Effleurage avec une main

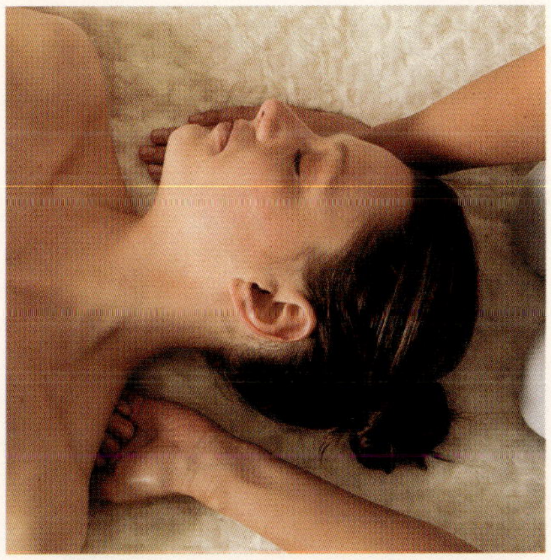

3. Massage avec les jointures

4. Points de friction

5. Friction de la base de la tête

6. Essuyage des mains

7. Friction de la tête

Aide-mémoire – Sur le visage

1. Application de l'huile

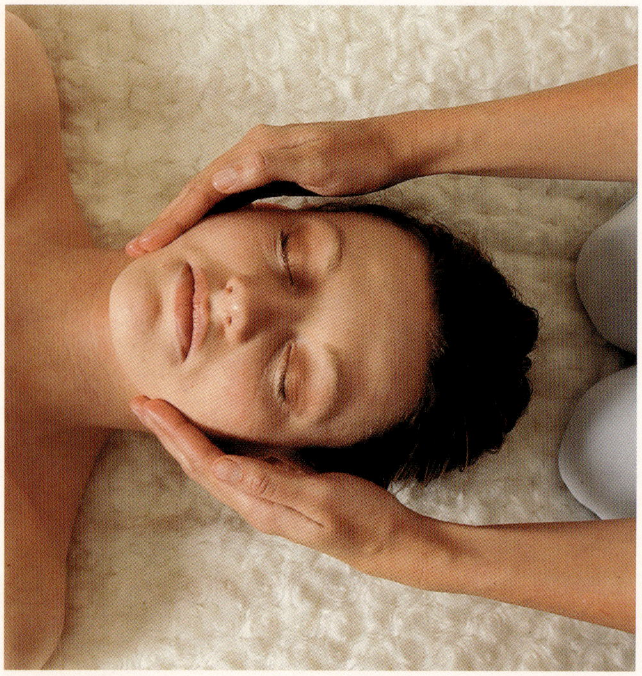

2. Effleurage du menton

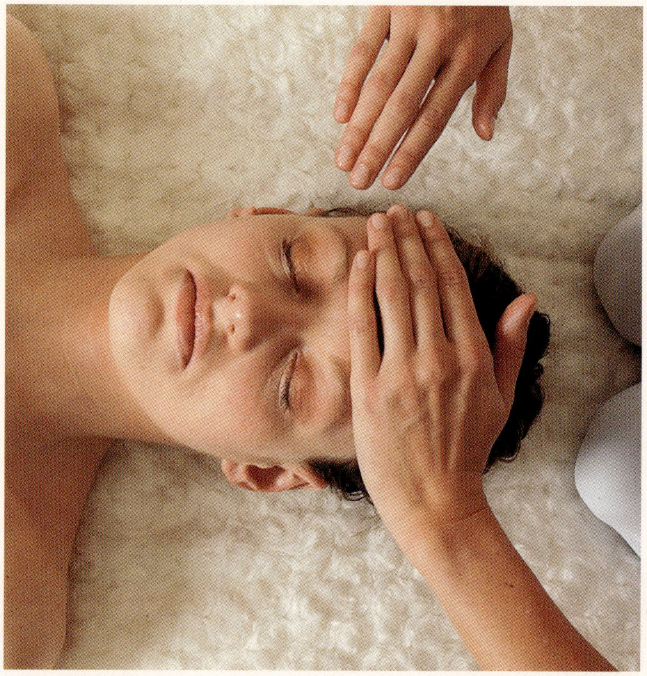

3. Effleurage du front

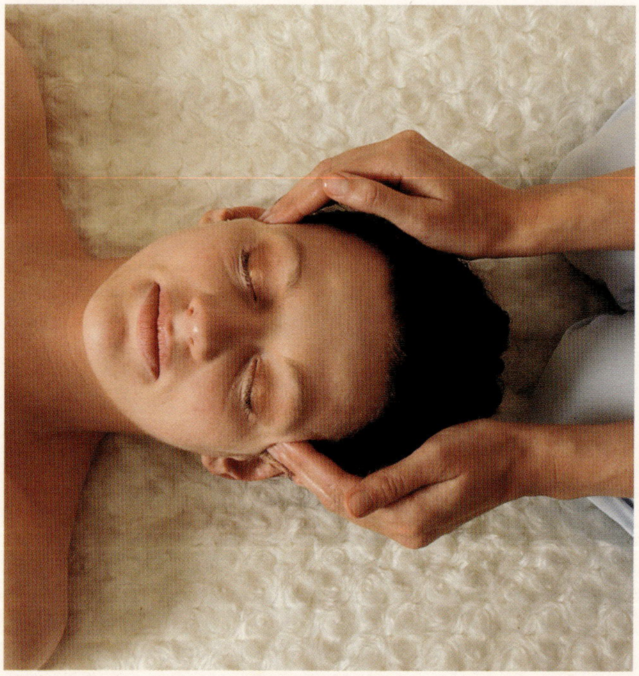

4. Cercles sur les tempes

5. Pincement des sourcils

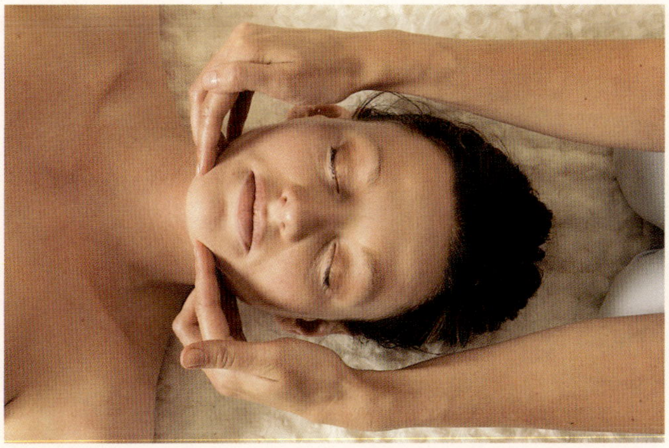

6. Friction

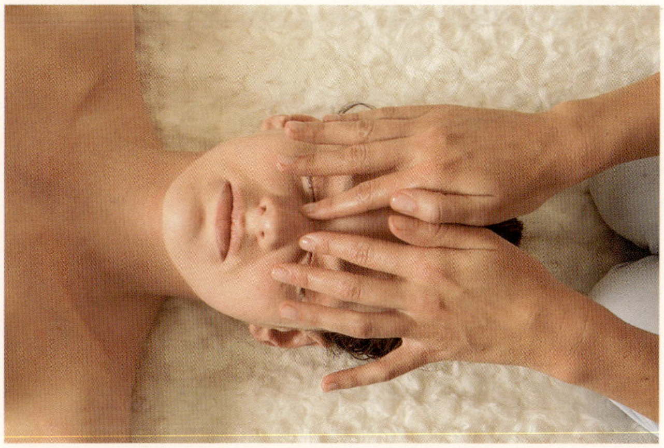

7. Cercles sur tout le visage

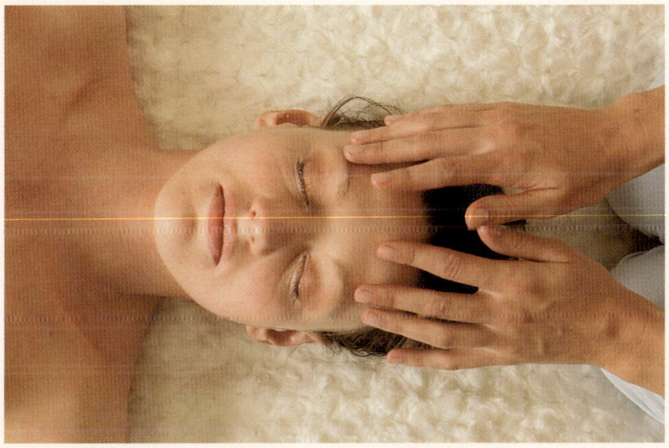

8. Tapotement

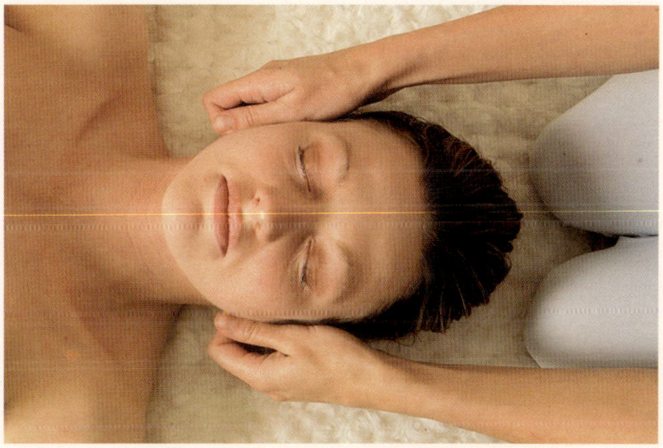

9. Cercles autour des oreilles

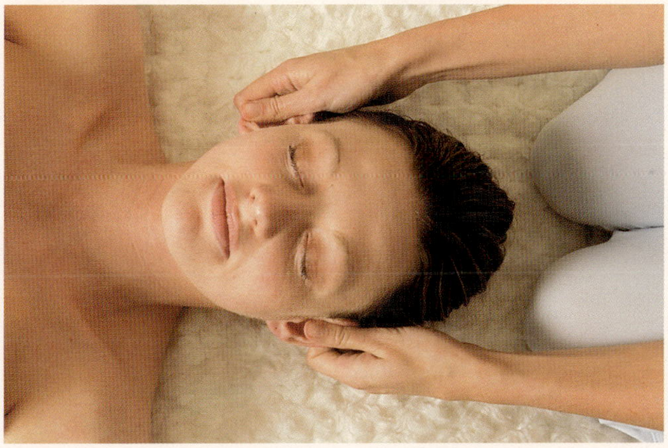

10. Massage des oreilles

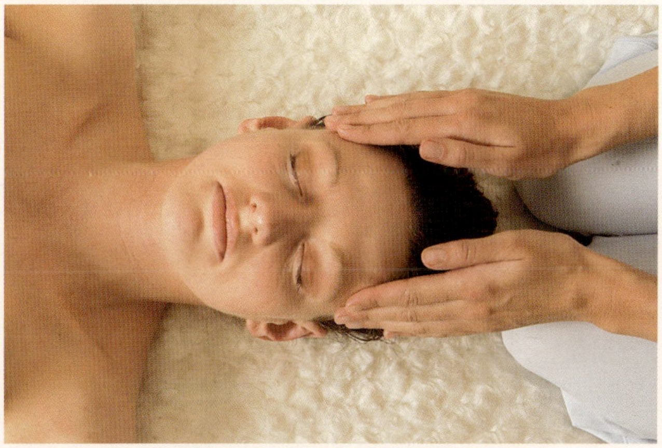

11. Effleurage de tout le visage

Auto-massage

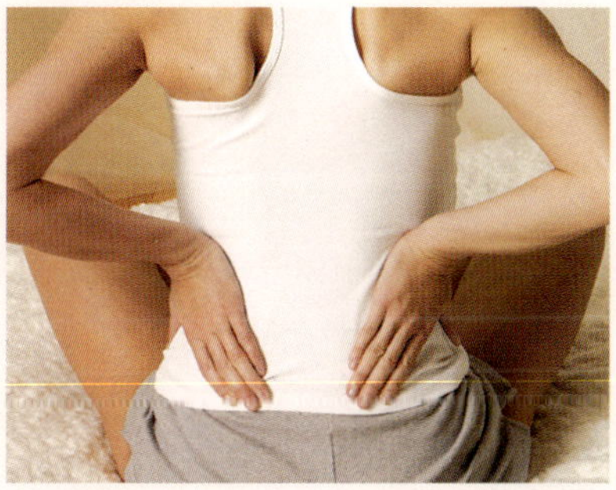

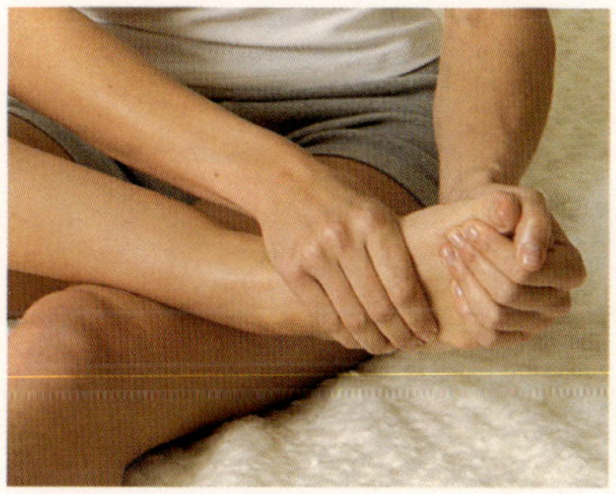

L'auto-massage a plusieurs avantages : vous n'avez pas à prendre rendez-vous, à vous déplacer ou à sacrifier plusieurs heures précieuses de votre temps. De fait, vous n'aurez à consacrer à cet exercice que quelques minutes. Vous aurez besoin d'autre part d'un peu d'huile ou de lotion, selon votre préférence. L'auto-massage peut être extrêmement relaxant lorsqu'on se sent fatigué ou courbaturé. Cette section présente quelques techniques pour vous aider à vous relaxer.

Préparation

Assoyez-vous les jambes croisées sur un lit ou le plancher en allongeant la colonne pour que la tête pointe vers le plafond. Si cette posture est inconfortable, assoyez-vous sur quelques oreillers. Placez les mains sur les genoux, puis fermez les yeux.

Relaxez-vous en écoutant votre respiration. Essayez de faire le vide dans votre tête et de vous concentrer sur l'élévation et l'abaissement de votre ventre pendant que vous inspirez et expirez.

Vérifiez en même temps si des zones en particulier de votre corps sont tendues. Localisez-les mentalement en vue d'y consacrer quelques instants de plus lors de la séance d'auto-massage.

Ouvrez vos yeux.

Vous êtes maintenant prêt à commencer !

Sur les pieds

Application de l'huile : assoyez-vous sur le plancher ou sur une chaise et mettez une cheville sur un genou en croisant une jambe sur l'autre. Versez un peu d'huile ou de lotion dans votre main et étendez-la sur toute la surface du pied suspendu.

1

1 **Main dessus, main dessous :** placez une main sur la face supérieure du pied et l'autre main sur la face inférieure, doigts orientés vers les orteils. Faites glisser vos mains dans la direction du regard jusqu'à ce que les paumes soient réunies, en exerçant une pression sur le dessus et le dessous du pied. Répétez cette opération quelques fois.

2 **Friction :** placez les pouces sur la face inférieure du pied et utilisez-les pour en masser toute la surface au moyen de cercles.

3 **Pied sur le sol :** posez le talon, puis le haut du pied sur le sol.

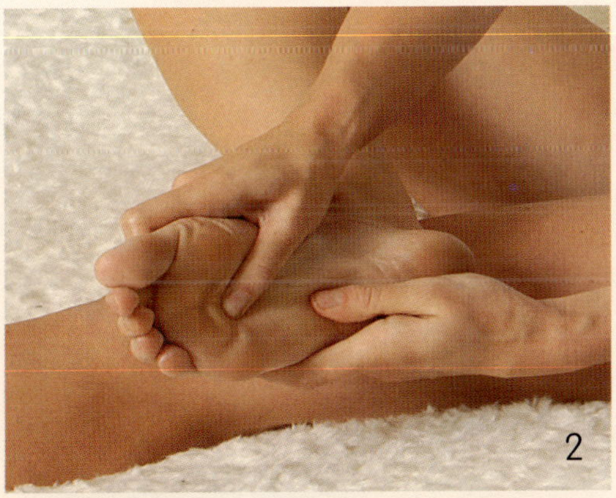

2

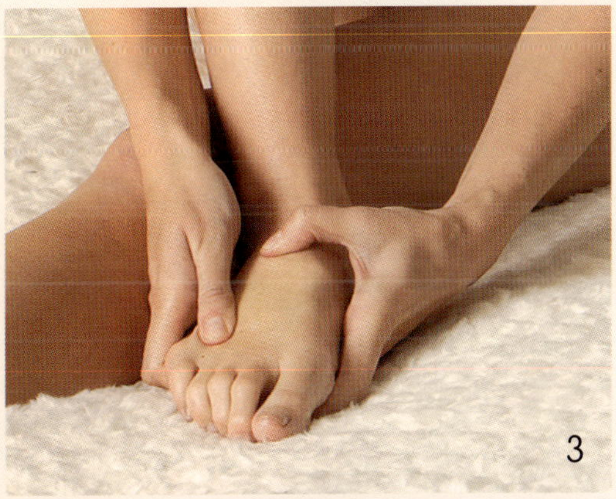

3

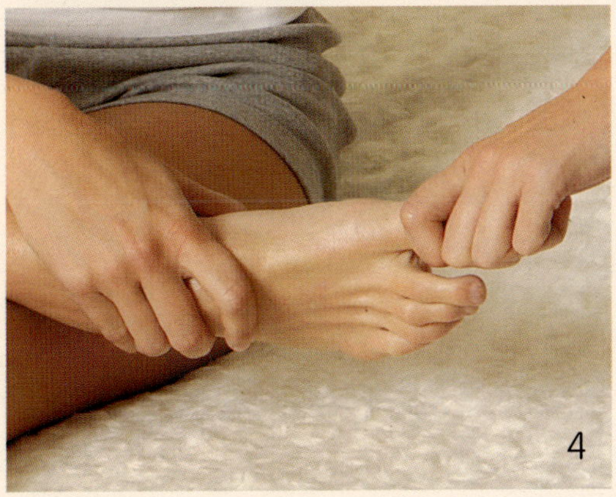

4

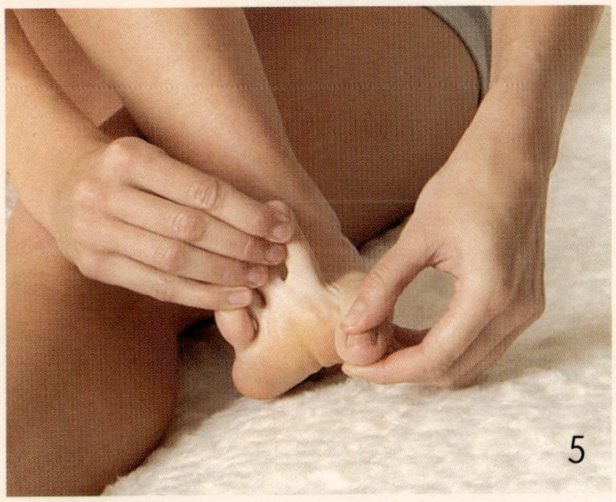

5

4 **Massage des orteils :** placez le pouce et l'index à la racine d'un orteil et servez-vous de ces doigts pour y décrire des cercles jusqu'à son extrémité, que vous pincez ensuite au moment où vous lâchez prise. Répétez la manœuvre sur l'orteil suivant et ainsi de suite jusqu'à ce que vous ayez massé tous les orteils.

5 **Marche des orteils :** tenez le gros orteil avec une main du bout des doigts et l'orteil suivant avec l'autre main, également du bout des doigts. Écartez doucement les deux orteils, pliez-en un vers l'avant et tirez l'autre vers l'arrière. Ensuite, faites-les bouger immédiatement dans la direction opposée jusqu'à les écarter de nouveau, et ainsi de suite en vous imaginant qu'ils marchent d'un pas rapide. Déplacez vos mains d'un orteil sur le pied et refaites la manœuvre. Répétez-la d'ailleurs jusqu'à ce que vous ayez fait marcher tous les orteils en maintenant la cadence à chaque répétition.

6 Pouces vers le haut : placez vos pouces sur le talon et faites-les glisser sur le pied vers les orteils en appliquant une pression. Répétez la manœuvre quelques fois.

6

7 Rotation du pied : tenez le pied avec la main droite s'il s'agit du pied droit, ou vice-versa, et faites le tourner avec l'autre main en essayant d'en étirer les muscles. Effectuez quelques rotations, puis changez de sens.

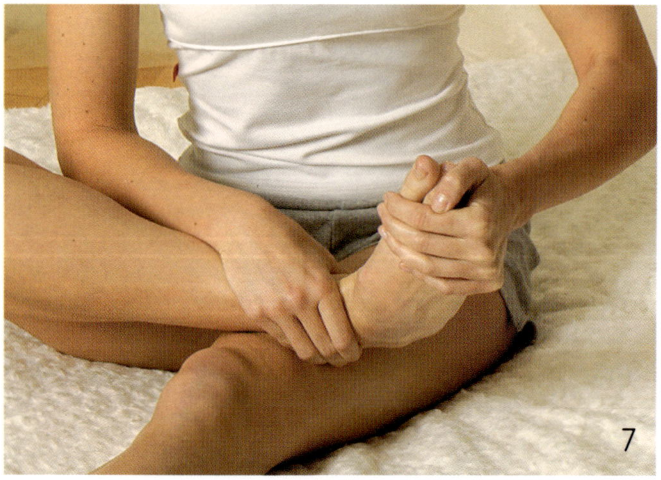

7

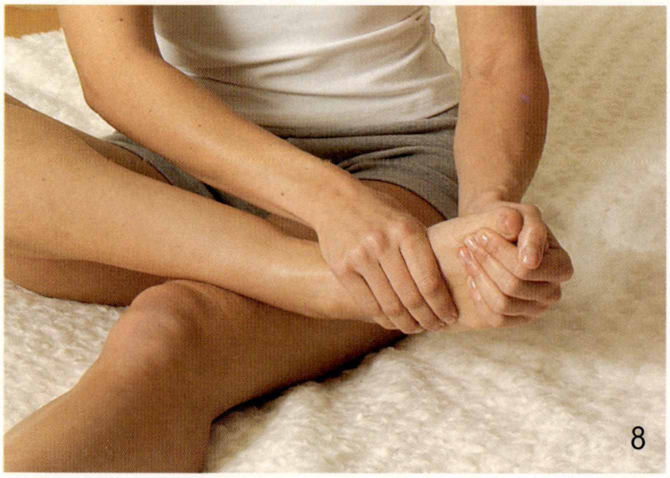

8

8 Pression du pied : tenez le pied avec les deux mains et pressez-le. Changez la position des mains et répétez l'opération.

9

9 Prise du pied : placez une main sur le pied et l'autre en dessous et relaxez-vous. Sentez l'énergie et la chaleur de vos mains pénétrer dans le pied.

Fin : faites l'autre pied.

Sur les mollets

Application de l'huile : posez un pied à plat sur le sol en pliant la jambe. Versez une petite quantité d'huile ou de crème dans la main et étendez-la sur le mollet depuis la cheville jusqu'au genou.

1 Friction avec les paumes : placez les paumes en arrière des chevilles. Faites de petits cercles sur le mollet avec les talons des mains en exerçant une pression pénétrante. Faites tout le mollet jusqu'au genou. Ramenez ensuite les mains en les faisant glisser jusqu'à la cheville et recommencez la manœuvre.

2 Friction avec le bout des doigts : placez le bout des doigts en avant des chevilles et utilisez-les pour esquisser de petits cercles le long du tibia jusqu'au genou. Exécutez l'opération en pensant à séparer le muscle de l'os. Répétez-la ensuite quelques fois.

3 Vibration : allongez les mains de chaque côté du mollet et déplacez-les alternativement vers l'avant et vers l'arrière avec rapidité afin de sentir vibrer les muscles. Faites glisser les mains aussi vers le haut et vers le bas du mollet en essayant de garder au mouvement son rythme et sa fluidité.

4 Pouces vers le haut : placez les pouces derrière la jambe à la hauteur de la cheville et les autres doigts en avant de celle-ci. Faites glisser les mains jusqu'au genou en pensant à appliquer une pression avec tous les doigts en même temps. Exécutez ensuite un glissement vers la cheville en vous relaxant les mains et répétez la manœuvre.

Fin : faites l'autre mollet.

1

2

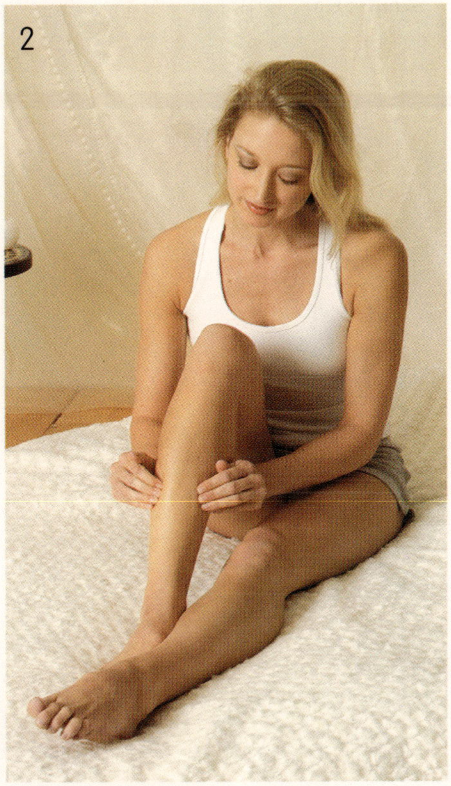

3

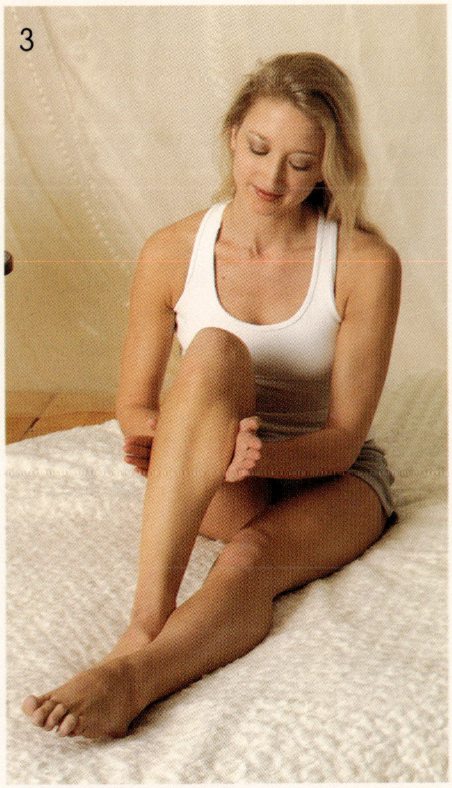

4

Sur les cuisses

Application de l'huile : posez un pied à plat sur le sol en pliant la jambe. Versez un peu d'huile ou de lotion dans la paume d'une main et frottez-vous les mains ensemble. Étendez ensuite l'huile ou la lotion sur toute la surface de la cuisse.

1 **Friction :** placez les pouces en haut de la jambe et servez-vous-en pour décrire de petits cercles sur tout l'avant de la cuisse. Esquissez ensuite de petits cercles partout sur l'arrière de la cuisse avec les autres doigts.

1

2

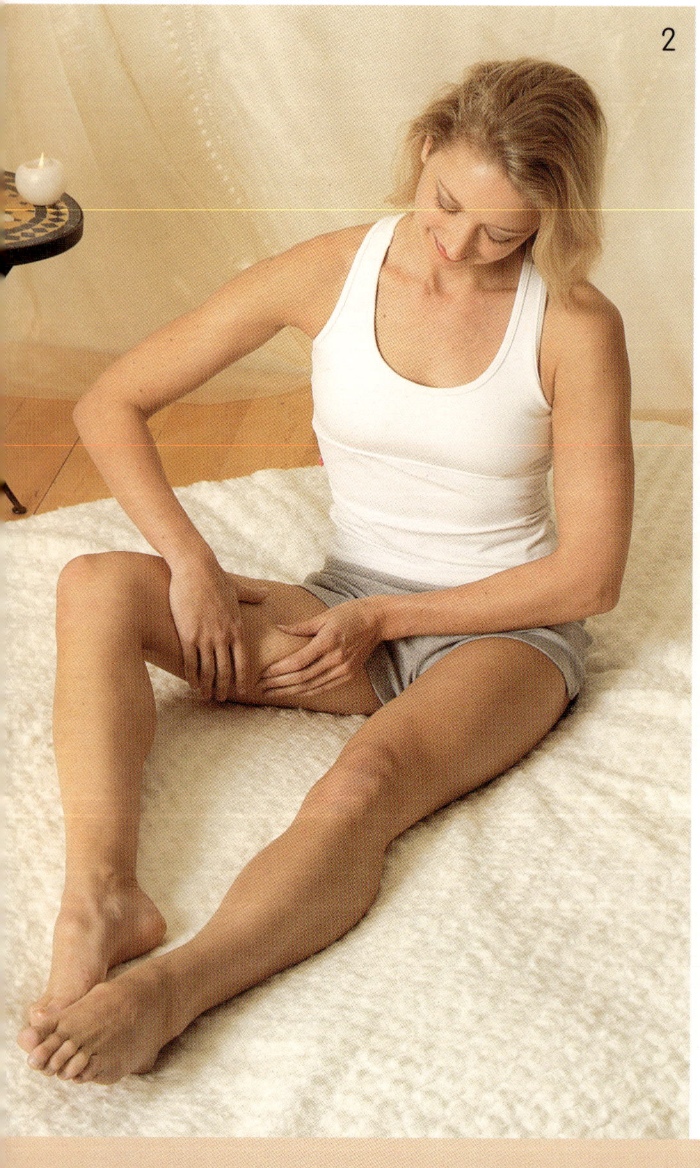

2 **Pétrissage de l'intérieur de la cuisse :** maintenez votre jambe pliée et ouvrez-la, sans en raidir les muscles, pour exposer l'intérieur de votre cuisse. Placez-y vos mains, les doigts orientés vers le sol. Saisissez de la chair avec une main et pressez-la, tandis que vous la faites glisser vers l'autre main. Au moment où vous la lâchez, saisissez-la avec la seconde main et répétez l'opération. Exécutez un mouvement rythmique en imaginant des vagues se déplaçant alternativement vers une main et vers l'autre.

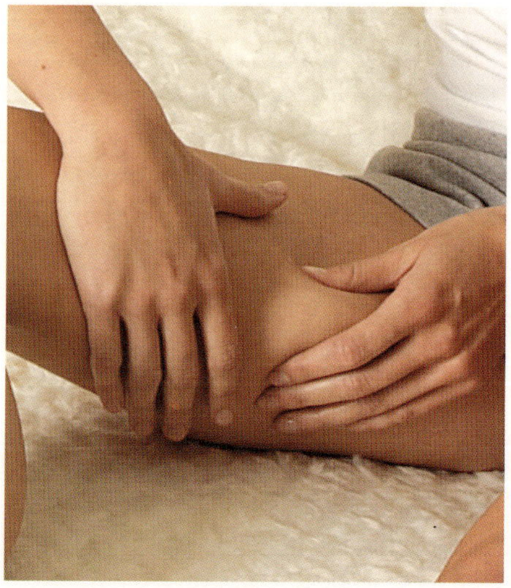

3 Vibration : posez les mains à plat sur les côtés de la cuisse, doigts orientés dans la direction du regard. Déplacez rapidement les mains en les rapprochant et en les éloignant alternativement de vous pour faire vibrer la cuisse.

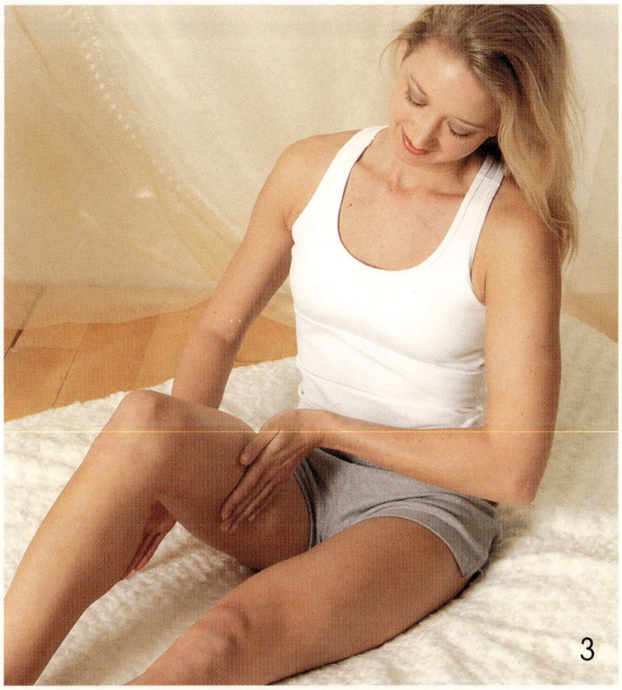

3

4 Hachure : placez les mains de côté juste au-dessus de la cuisse, parallèlement l'une à l'autre et perpendiculairement à la jambe. Les doigts des deux mains devraient pointer dans des directions opposées. Frappez rapidement la cuisse en faisant alterner les mains. Essayez de ne pas rester au même endroit.

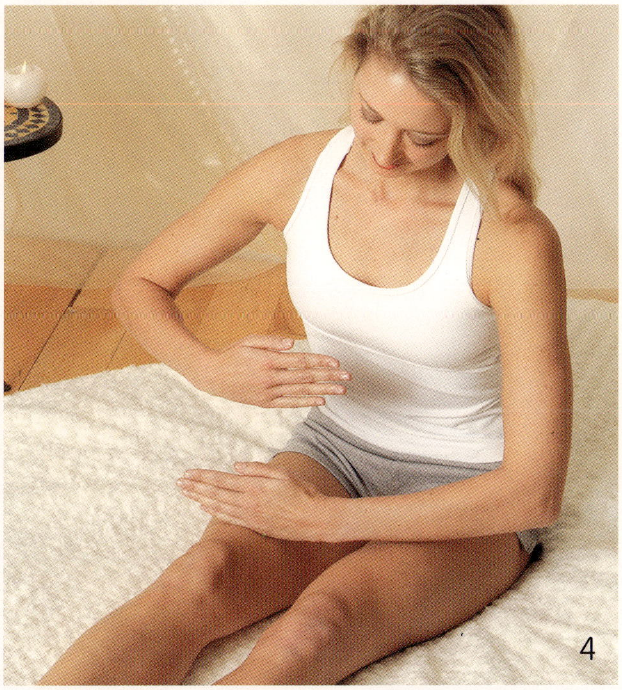

4

5

5 Fin : pliez les deux jambes devant vous en mettant les pieds à plat sur le sol. Touchez une cheville avec le bout des doigts d'une main. Faites-les glisser deux fois sur votre jambe jusqu'à la hanche. Exécutez ensuite ce glissement avec l'autre main, puis refaites en entier sur l'autre cuisse la série de manœuvres ci-dessus.

Sur les genoux

Ouverture : allongez les pouces sur la rotule en les orientant vers la cheville et placez les autres doigts sur les côtés du genou. Écartez ensuite les pouces en faisant glisser la partie charnue des deux doigts autour de la rotule. Appliquez une pression dans la direction du mouvement en utilisant toute la longueur des pouces. Répétez l'opération trois fois.

Sur l'estomac

Application de l'huile : si vous portez un vêtement sur le haut du corps, sautez cette étape bien sûr! Sinon, versez-vous un peu d'huile ou de lotion dans la paume et frottez-la avec l'autre main. Posez-les ensuite à plat sur l'estomac.

1

1 **Cercles autour du nombril :** décrivez des cercles autour du nombril avec vos mains dans le sens horaire.

2 **Pétrissage de la taille :** placez les mains sur les hanches, doigts orientés vers le sol. Massez la zone charnue autour des deux hanches simultanément en la pressant délicatement.

2

Sur le dos

Application de l'huile : assoyez-vous confortablement et versez une petite quantité d'huile dans une main. Frottez-vous les mains ensemble, puis étendez l'huile dans le bas du dos.

1 **Friction :** placez vos mains dans le bas du dos, doigts orientés vers le sol. Faites-y des cercles partout avec les doigts.

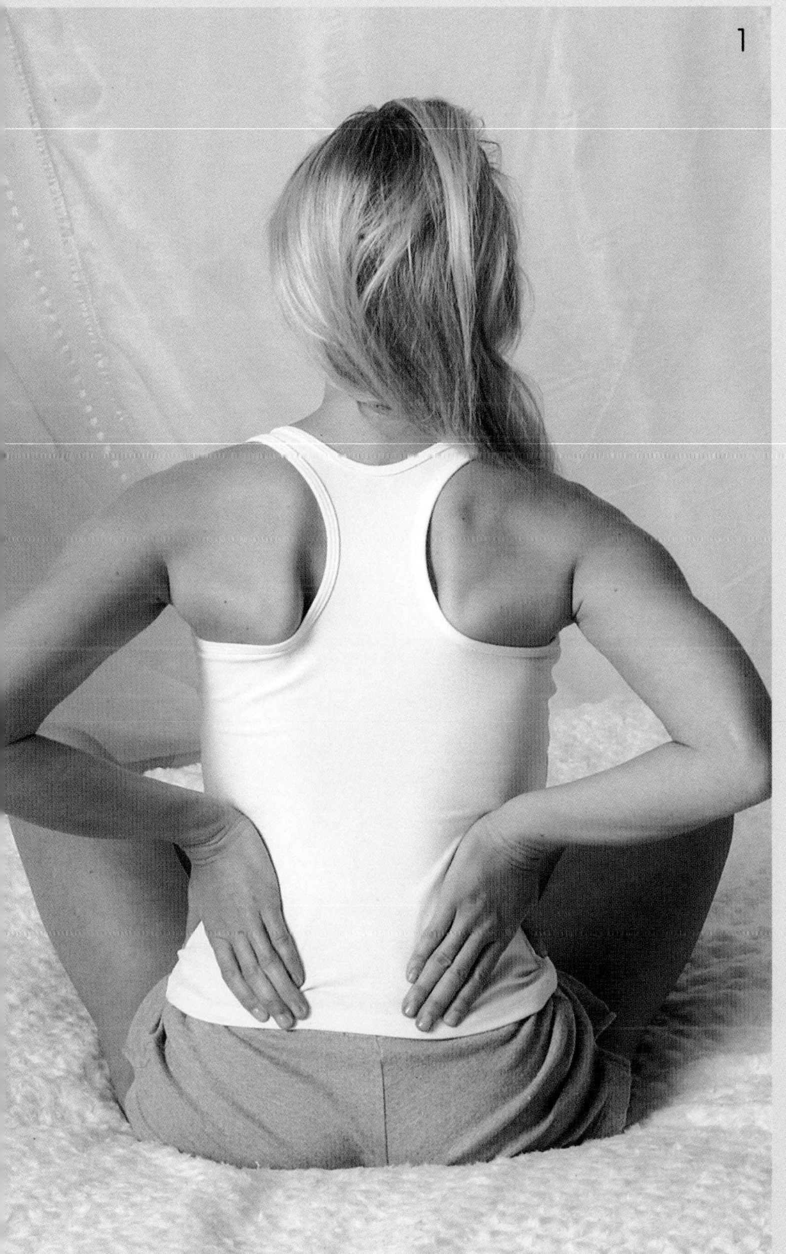

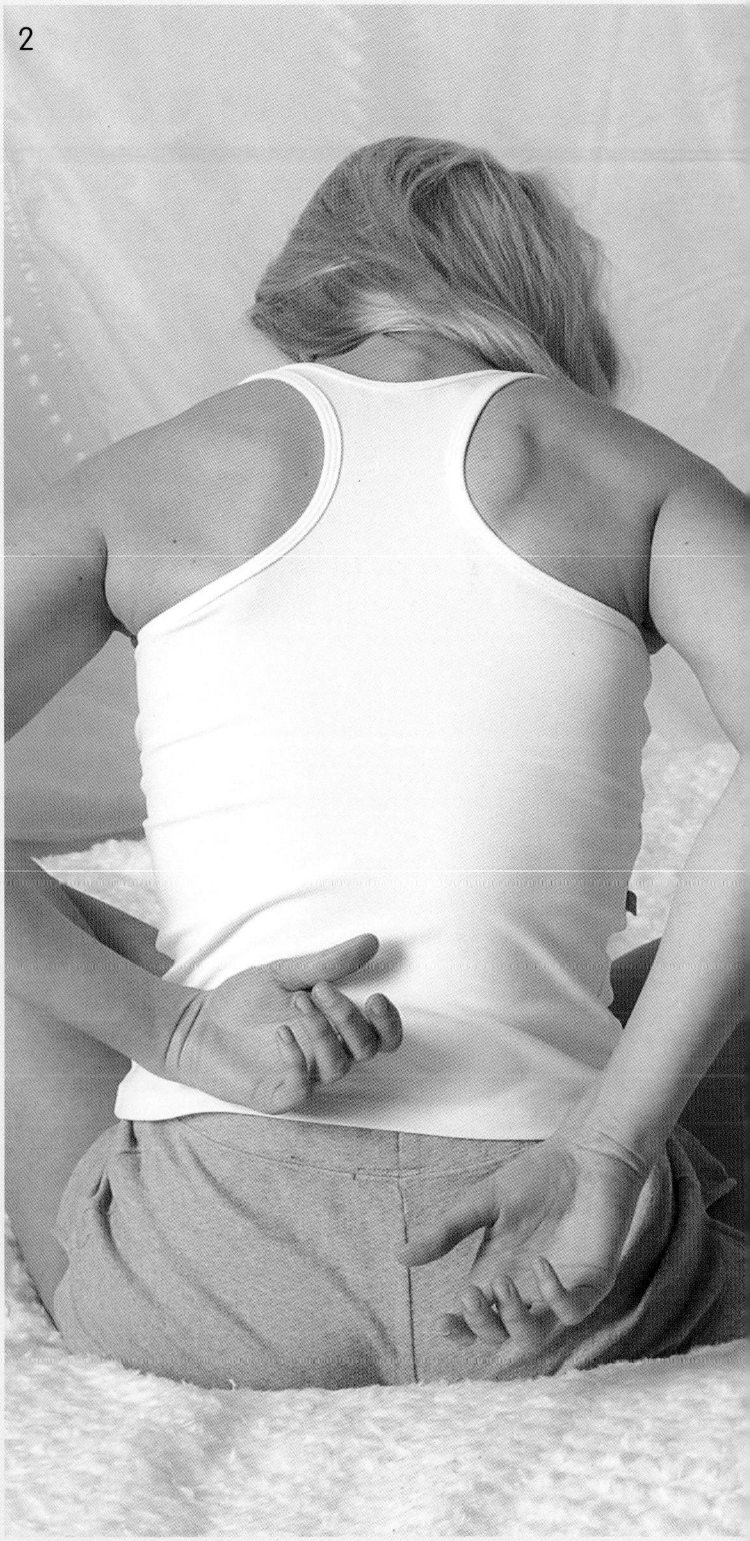

2 **Poings :** fermez les mains sans les serrer. Penchez le torse vers l'avant en l'arrondissant légèrement, puis frappez doucement le bas du dos en faisant alterner les poings. Essayez d'éliminer la tension qui s'y est accumulée.

1

Sur les bras

Application de l'huile : versez un peu d'huile dans la main droite et étendez-la sur le bras gauche, ou vice-versa. Commencez à appliquer l'huile à la hauteur du poignet.

1 **Friction de la région de l'humérus :** placez le bout des doigts sur l'arrière du bras que vous allez masser, à la hauteur de l'humérus, et utilisez-les pour y faire des cercles en appuyant sur le muscle. Faites tout le haut du bras.

2 **Pression :** saisissez de la chair en utilisant le bout des doigts et la paume et pressez-la avant de lâcher prise aussitôt. Répétez cette opération sur toute la longueur du bras.

2

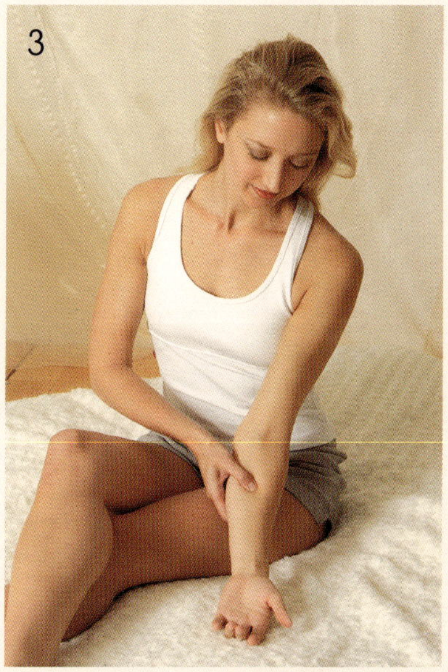
3

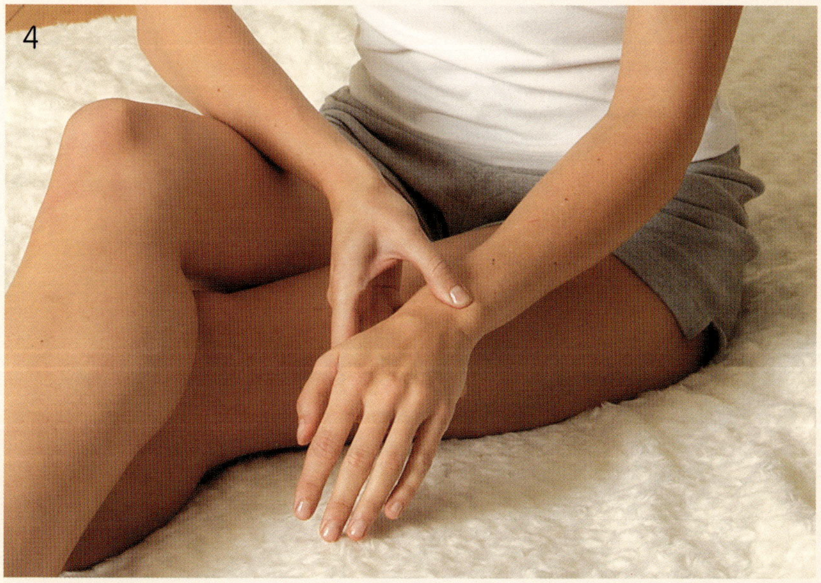
4

3 **Friction de l'avant-bras :** retournez la main pour voir la paume et placez le pouce de l'autre main juste en bas de l'articulation du coude. Décrivez alors des cercles avec ce doigt sur toute la longueur de l'avant-bras en exerçant une pression. Répétez deux fois l'opération. Retournez ensuite la main pour orienter la paume vers le sol et posez le pouce sur l'extérieur du poignet. Faites des cercles en progressant vers le coude. Refaites la manœuvre entière deux autres fois.

4 **Friction de la main :** placez le pouce sur l'extérieur du poignet et tenez la main avec les autres doigts. Faites des cercles avec le pouce sur le poignet et tout le revers de la main. Retournez la main pour voir la paume, que vous masserez ensuite au moyen de petits cercles décrits avec le pouce.

5 **Massage des doigts :** placez le pouce et l'index de votre main libre à la racine d'un doigt et faites des cercles jusqu'à son extrémité en le pressant. Passez au doigt suivant et ainsi de suite jusqu'à ce que tous les doigts aient été massés.

Fin : faites l'autre bras.

Sur les épaules et la nuque

1 Friction avec une main : placez la main droite sur l'épaule gauche ou vice-versa. Posez le bout des doigts directement sur la partie charnue de l'épaule et utilisez-les pour y faire des cercles en appliquant une pression énergique. Répétez la manœuvre sur l'autre épaule.

2 Friction avec les deux mains : placez une main sur chaque épaule et faites des cercles sur le ventre du muscle avec le bout des doigts en exerçant une pression pénétrante.

3

3 Friction de la nuque : placez le bout des 10 doigts en bas de la nuque. Faites des cercles en progressant vers le haut.

Sur le visage

1 **Effleurage :** placez les mains près du visage de manière à effleurer le menton. Faites un cercle autour de la bouche avec vos doigts, que vous faites glisser ensuite sur les côtés du nez, puis sur le front vers les tempes pour les ramener enfin vers le bas, en passant sur les joues près des oreilles. Comme cette manœuvre est très relaxante, n'hésitez pas à y consacrer un peu de temps.

2 **Friction des tempes :** placez le bout des 10 doigts sur les tempes et utilisez-les pour y décrire des cercles.

3 **Tapotement :** tenez vos doigts près du visage et laissez-les frapper doucement un à un la surface de la peau comme le feraient des gouttes de pluie.

4 Friction des mâchoires et des joues : placez le bout des doigts sur les mâchoires, que vous massez ensuite en exécutant un mouvement lent et rythmique. Répétez l'opération sur les joues.

4

5

5 Massage des oreilles : placez les pouces sur l'arrière des pavillons des oreilles et les index, pliés, sur le devant. Massez les oreilles en y décrivant des cercles avec ces deux doigts et en les tirant légèrement.

6

6 Fin : effectuez quelques rotations de la tête (voir p. 40).

Aide mémoire – Sur les pieds

1. Application de l'huile

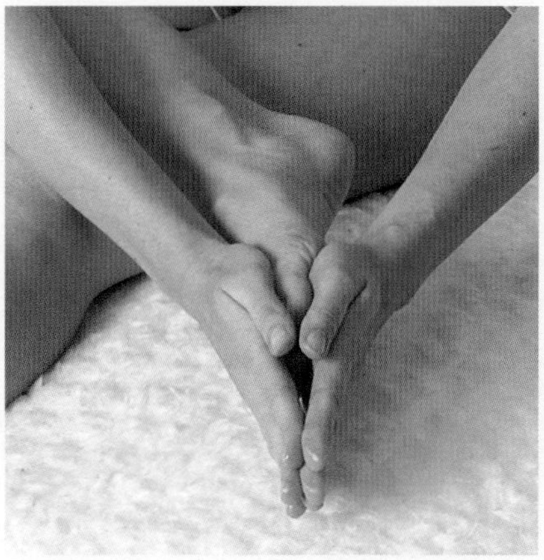

2. Main dessus, main dessous

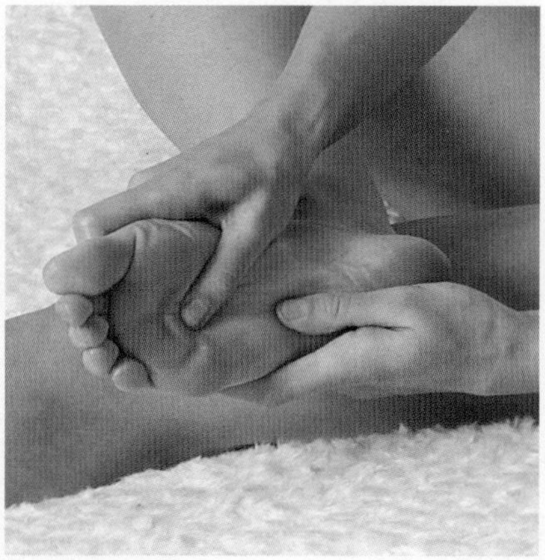

3. Friction

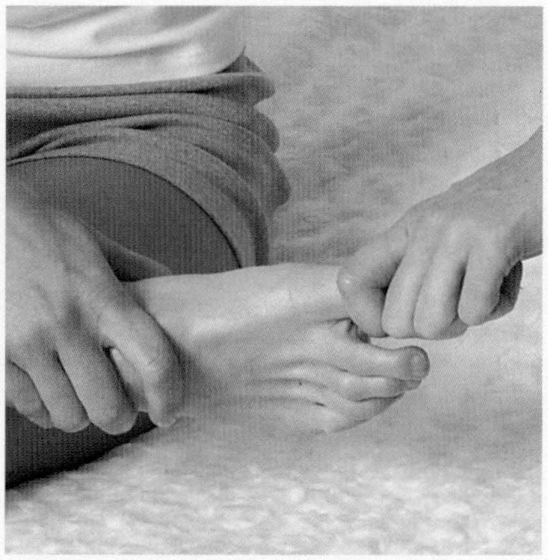

4. Pied sur le sol

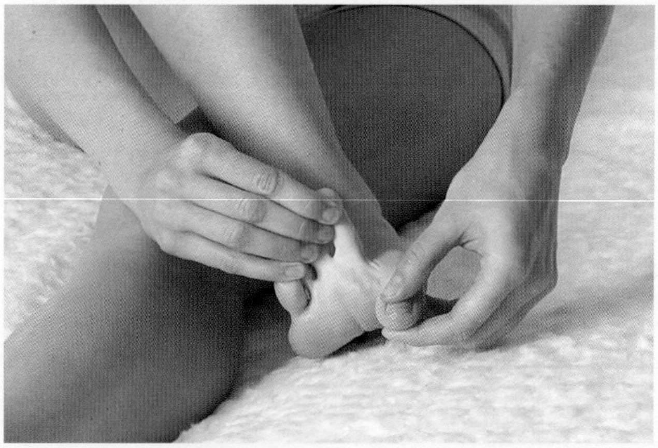

5. Massage des orteils

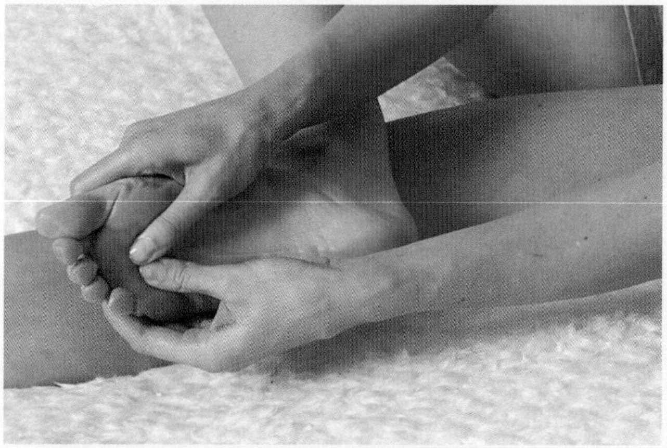

6. Marche des orteils

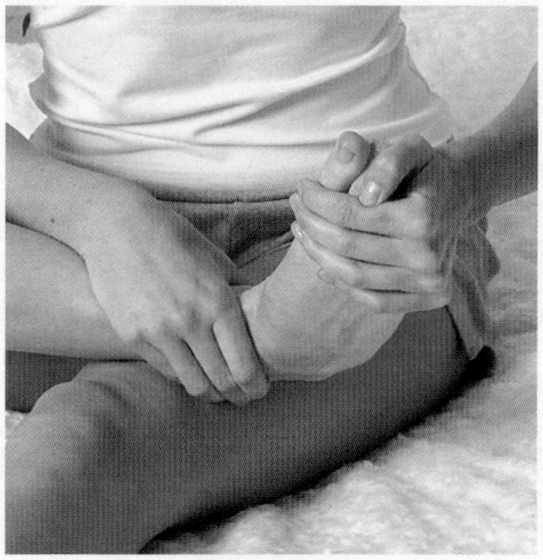

7. Pouces vers le haut

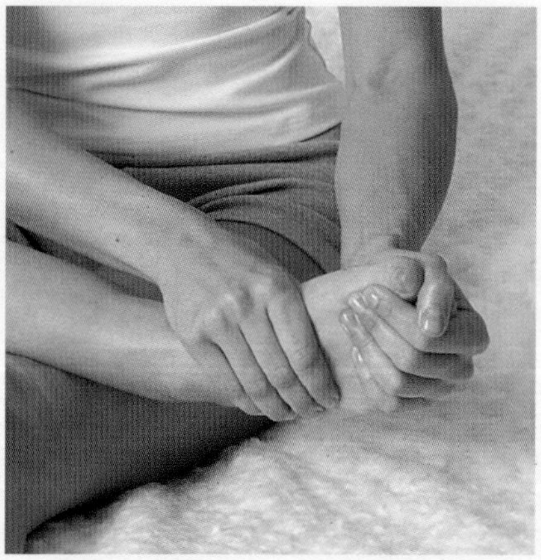

8. Pression du pied

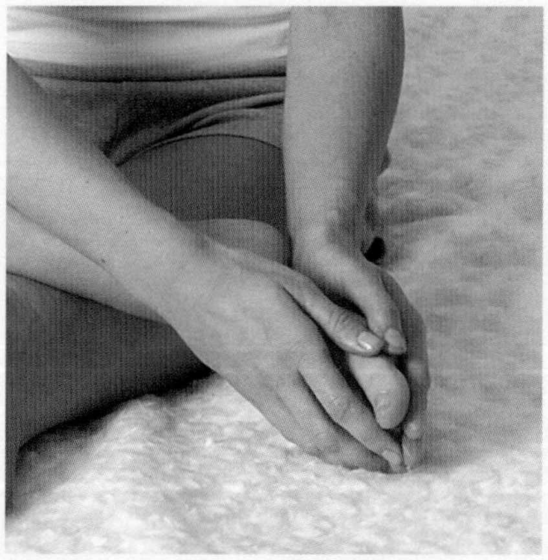

9. Prise du pied

Aide-mémoire – Sur les mollets

1. Application de l'huile

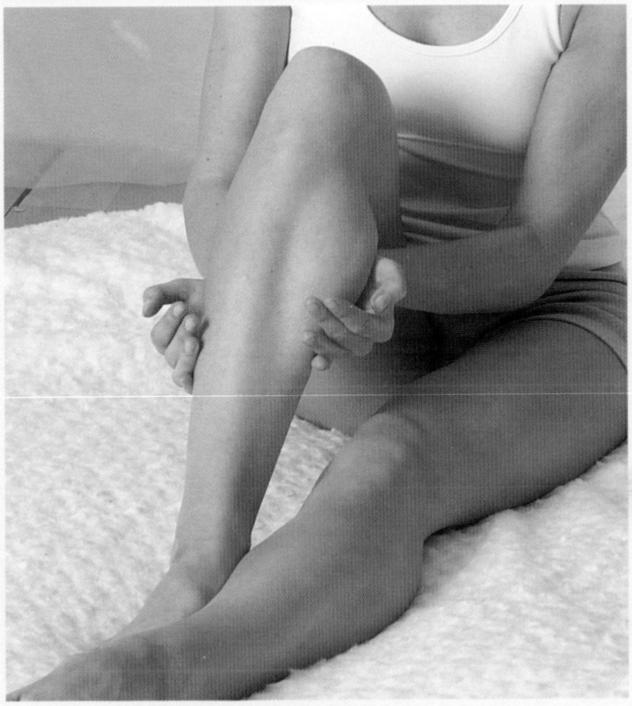

2. Friction avec les paumes

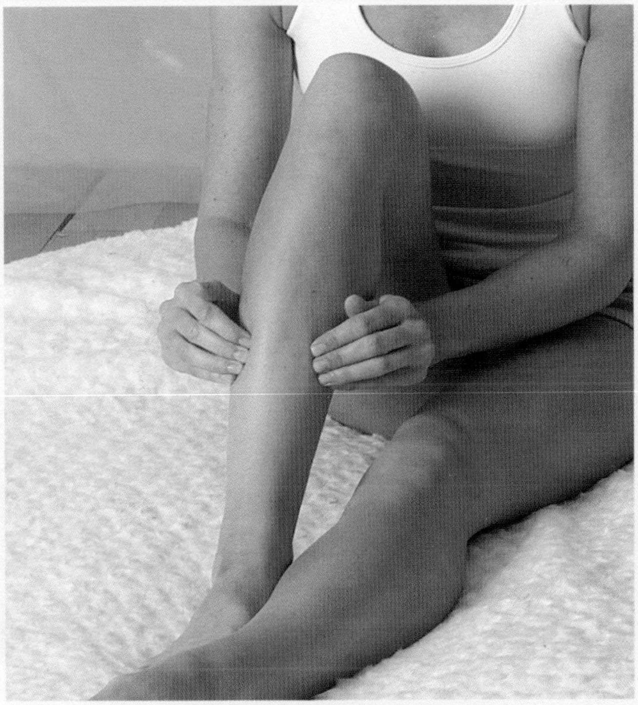

3. Friction avec le bout des doigts

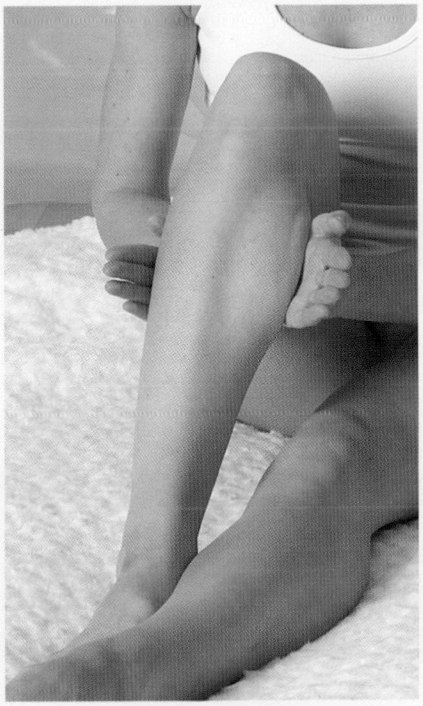

4. Vibration

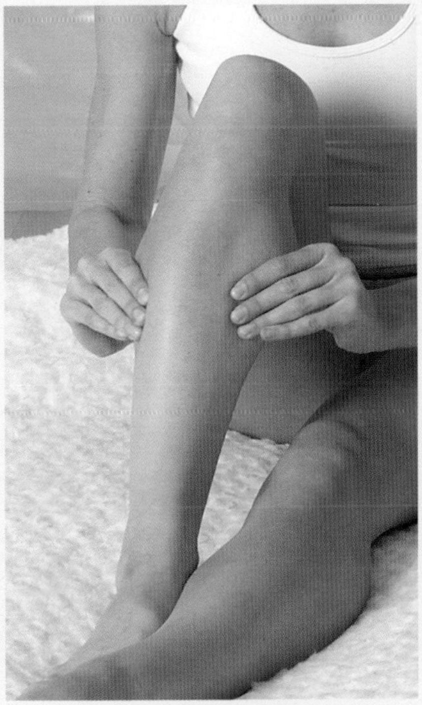

5. Pouces vers le haut

Aide-mémoire – Sur les genoux

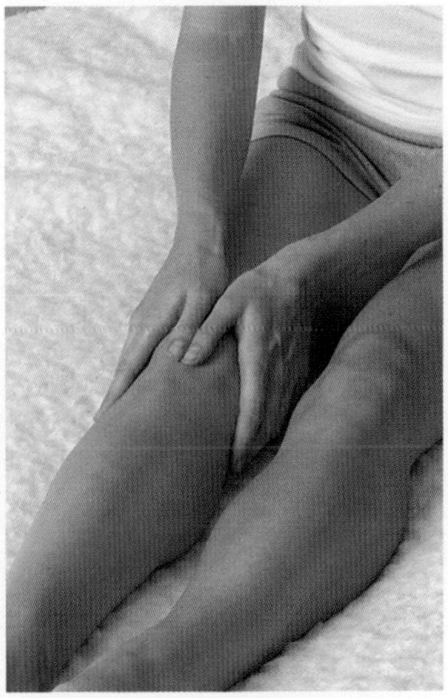

Ouverture

Aide-mémoire – Sur les cuisses

1. Application de l'huile

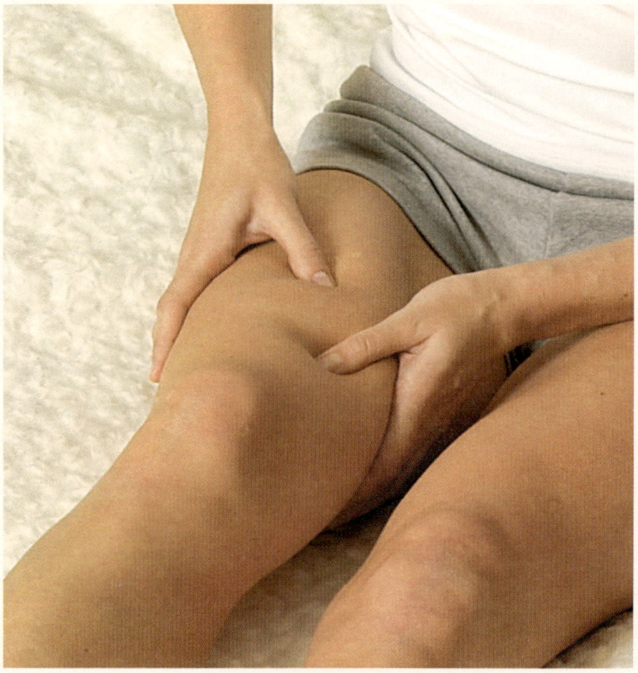

2. Friction

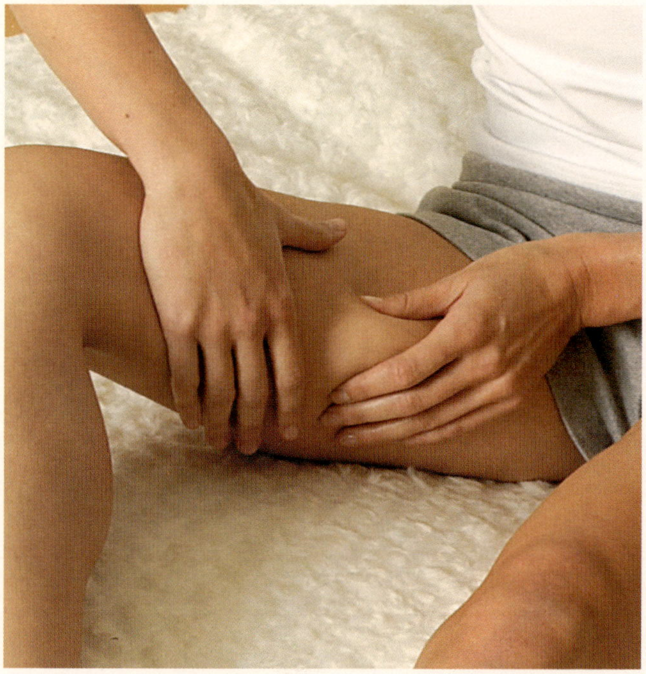

3. Pétrissage de l'intérieur de la cuisse

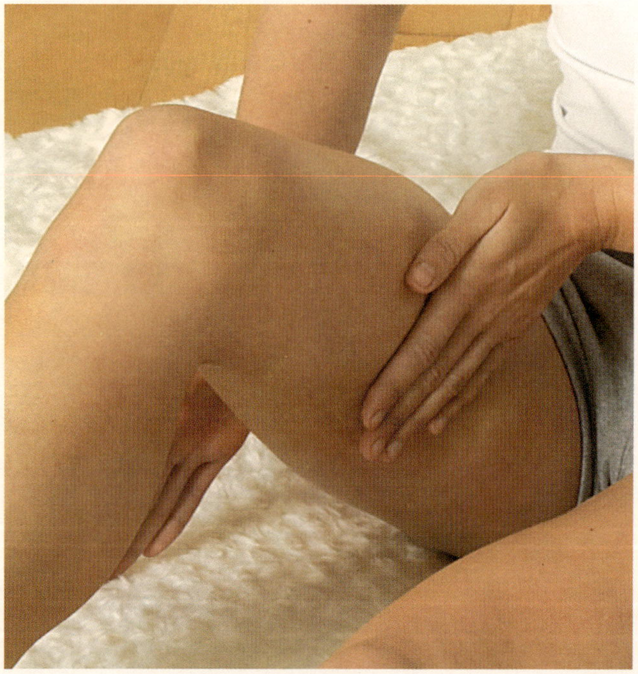

4. Vibration

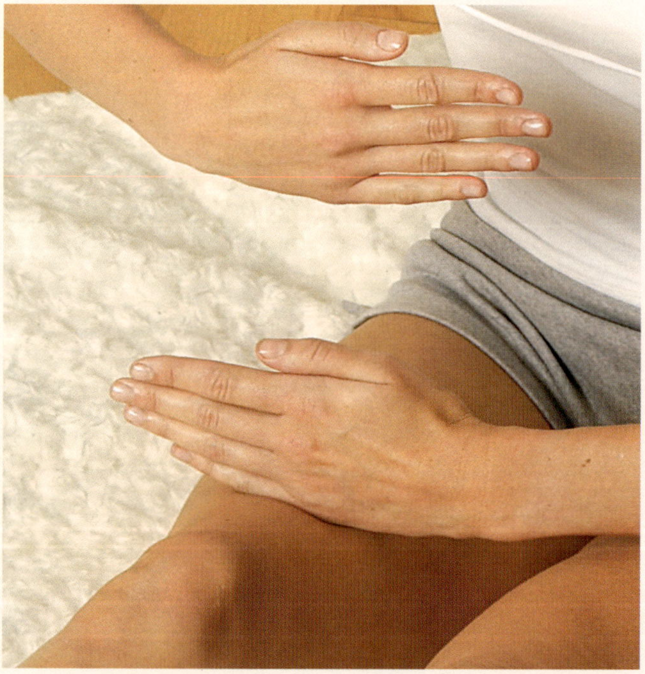

5. Hachure

Aide-mémoire – Sur l'estomac

1. Application de l'huile (au besoin)

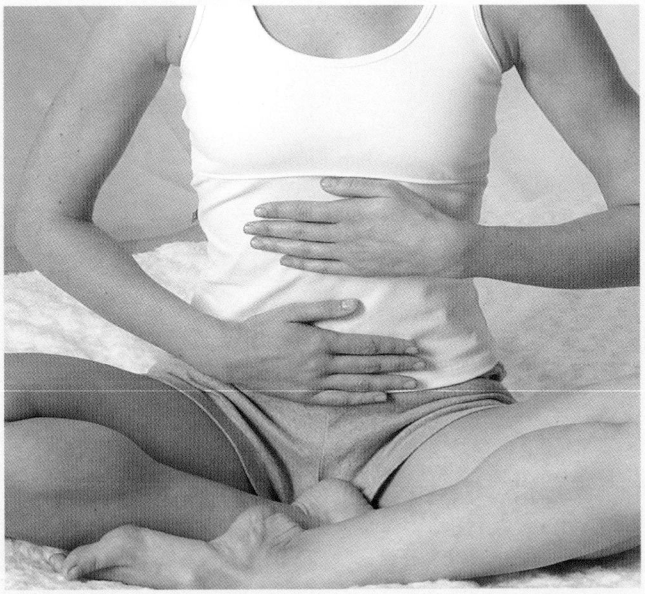

2. Cercles autour du nombril

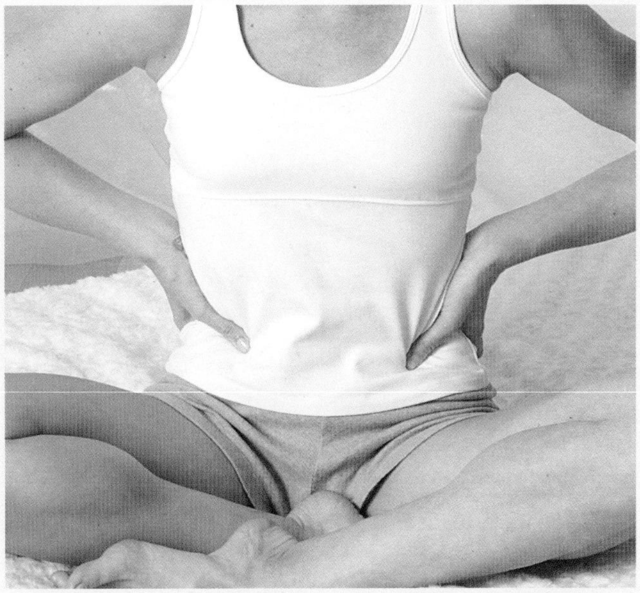

3. Pétrissage de la taille

Aide-mémoire – Sur le dos

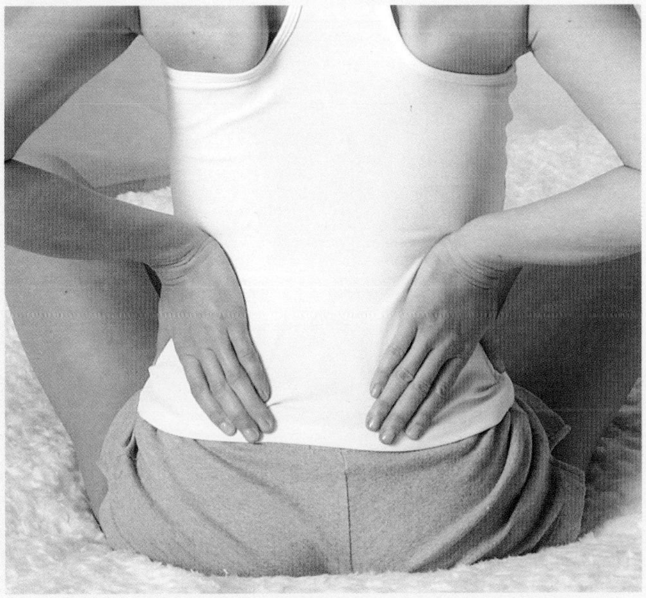

1. Friction

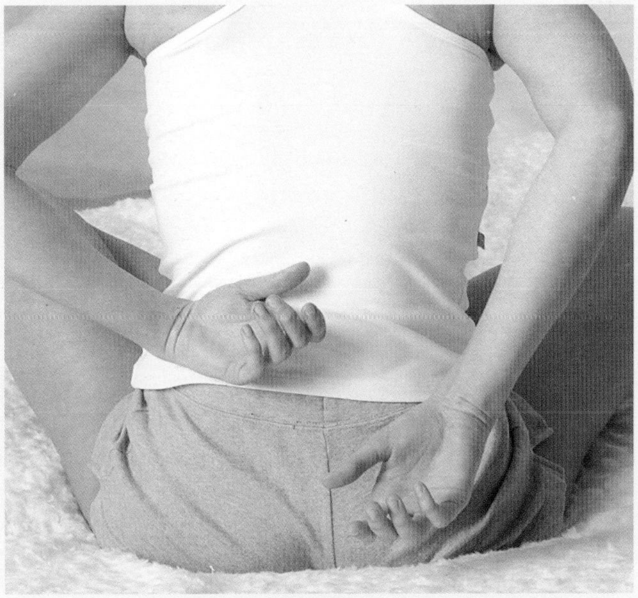

2. Poings

Aide-mémoire – Sur les bras

1. Application de l'huile

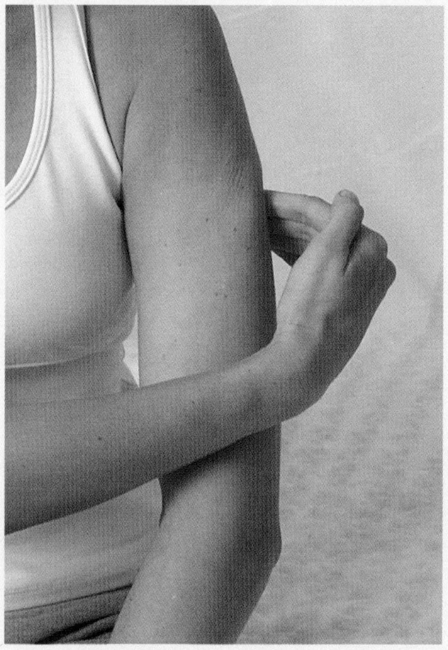

2. Friction de la région de l'humérus

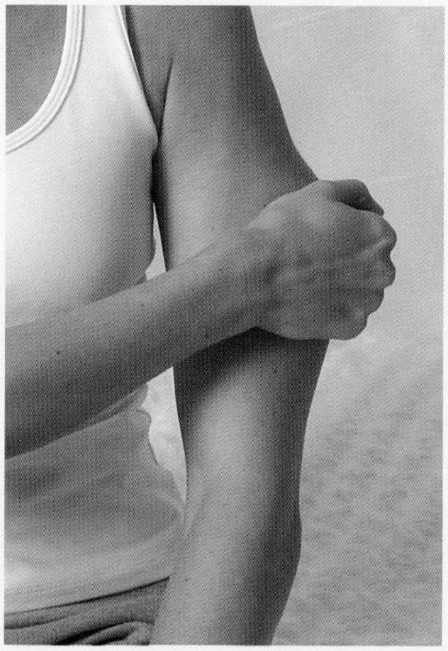

3. Pression

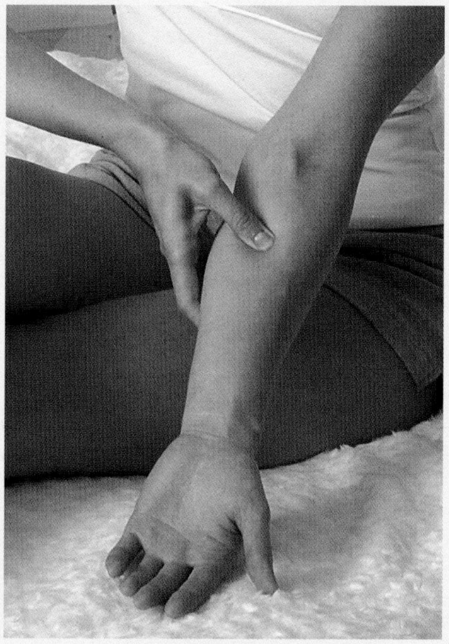

4. Friction de l'avant-bras

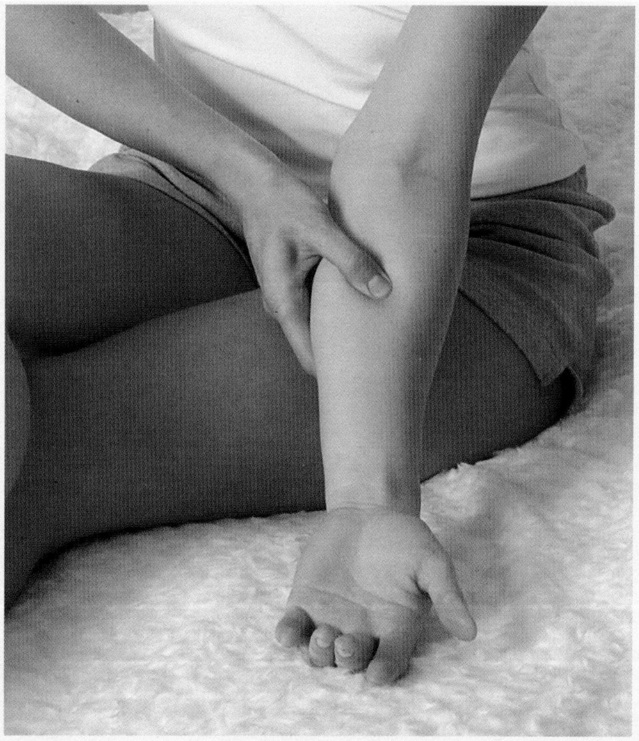

5. Friction de la main

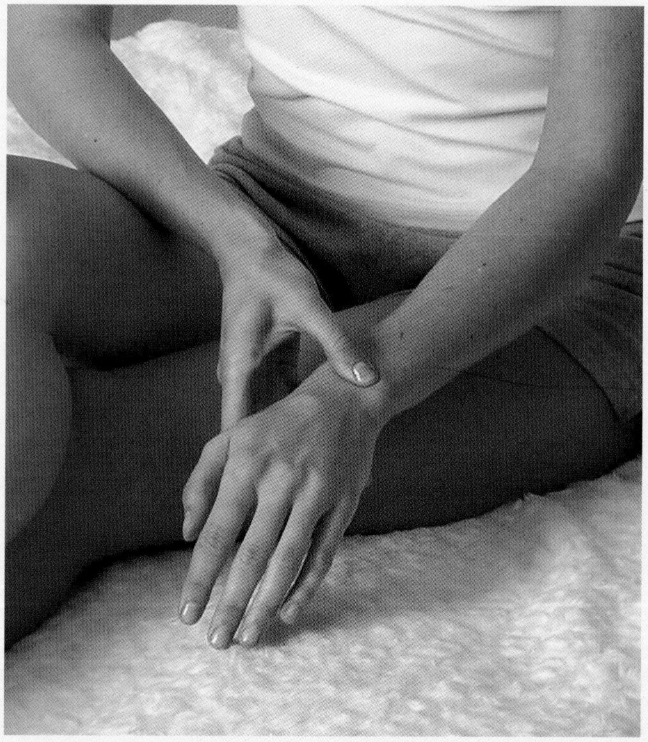

6. Massage des doigts

Aide-mémoire – Sur les épaules et la nuque

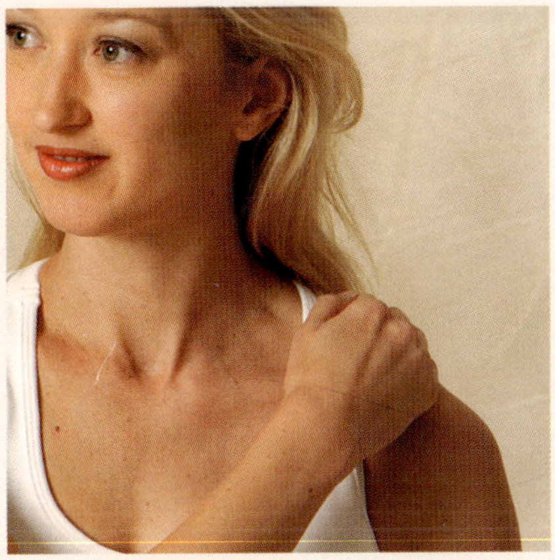

1. Friction avec une main

2. Friction avec les deux mains

3. Friction de la nuque

Aide-mémoire – Sur le visage

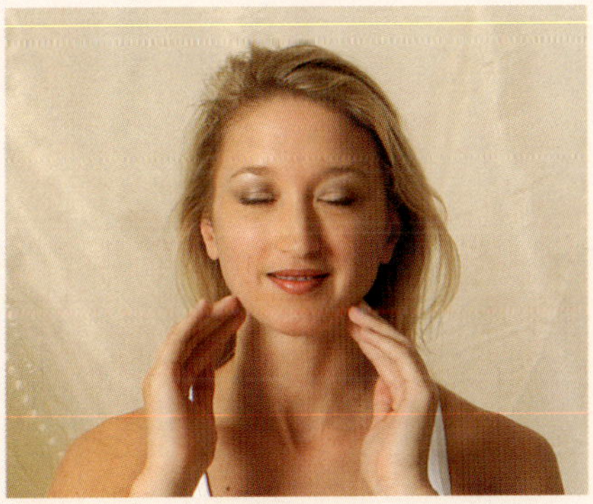

1. Effleurage

2. Friction des tempes

3. Tapotement

4. Friction des mâchoires et des joues

5. Massage des oreilles

Après un massage

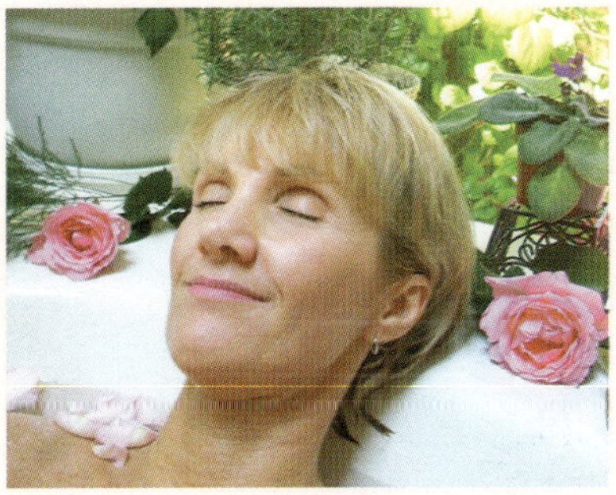

Donner un massage peut être assez fatiguant. Il importe autant à vous qu'à votre partenaire de vous relaxer après une séance de massage. Buvez beaucoup d'eau et offrez-vous une période de repos pour refaire le plein d'énergie. Vous pourriez prendre un bain ou faire une promenade relaxante à pied.

Relaxation

Assurez-vous que votre partenaire ait amplement de temps pour se lever, se rhabiller et parler de l'expérience qu'il a vécue sans se presser. Dites-lui de boire de l'eau pour permettre l'évacuation des toxines de son corps. Il n'est pas conseillé, soit dit en passant, de consommer de l'alcool avant et après un massage. L'expérience que vous venez de partager est un moment spécial. Demandez à la personne massée ce qu'elle a vraiment aimé et parlez-lui des manœuvres qu'elle vous a semblé avoir trouvé pénibles. Il est important de passer du temps ensemble. Vous pourriez faire une promenade à pied ou aller prendre une tisane.

Bains

Prendre un bain constitue un très bon moyen de se dorloter sans se compliquer la vie, car cela ne demande pas trop de préparation. Si possible, mélangez d'abord l'une ou l'autre des combinaisons d'huiles essentielles mentionnées plus bas avec une huile de base pour le bain. Faites couler ensuite votre bain et, avant d'y entrer, versez-y le mélange, de manière à ce qu'il flotte à la surface de l'eau.

Soulagement des maux et des douleurs :

Genévrier – 4 gouttes
Marjolaine – 4 gouttes

Relaxation :

Géranium – 4 gouttes
Bergamote – 4 gouttes

Satisfaction sensuelle :

Rose – 4 gouttes
Jasmin – 4 gouttes

Élévation de l'esprit :

Pamplemousse – 4 gouttes
Lavande – 4 gouttes

Brûleurs à combustible

Les brûleurs à combustible permettent la diffusion dans l'air des huiles essentielles. Il en résulte éventuellement une modification de l'énergie d'une pièce et la création d'une atmosphère relaxante. Remplissez le haut du brûleur avec de l'eau, à laquelle vous ajoutez ensuite 13 gouttes d'une huile essentielle.

Compresses chaudes

Les compresses constituent un excellent moyen pour soigner les maux et les douleurs. Faites bouillir de l'eau et ajoutez-y quatre gouttes d'une huile essentielle. Trempez un petit linge dans l'eau, puis faites-en un anneau. Placez-le ensuite à l'endroit désiré sur le corps. Couvrez-le avec un linge sec pour empêcher l'huile essentielle de s'évaporer. Laissez agir pendant cinq minutes.

Masque facial

Après avoir fait vivre à tout votre corps une séance de massage, continuez à prendre soin de vous et dorlotez-vous la peau du visage en y appliquant l'un des mélanges suivants (gardez-les au réfrigérateur et servez-vous-en dans les trois jours suivant leur préparation). Laissez agir pendant 10 minutes.

Avocat et miel – peau sèche ou sensible

Une moitié d'avocat
Une bonne cuillerée de yogourt
Une cuillère à table de miel
Deux gouttes d'huile essentielle de lavande

Fraises – peau mixte

Trois mesures de fraises
Une mesure d'huile d'amande douce
Deux gouttes d'huile essentielle d'ylang-ylang

Nettoyage du visage ou du corps

Les mélanges suivants constituent d'excellents exfoliants. Gardez-les au réfrigérateur et servez-vous-en dans les trois jours suivant leur préparation.

Avoine

Huile d'amande douce – assez pour unir les ingrédients
Une cuillère à table de miel
Deux gouttes d'une huile essentielle

Crème

Achetez une crème de base non parfumée. Ajoutez-y quelques gouttes de l'huile essentielle désirée afin d'en faire une crème hydratante riche. N'utilisez pas la même huile essentielle durant plus de trois semaines.

Ultime dorlotement des pieds

Il vous faut :

Un large bol

De l'eau chaude

Une huile de base pour le bain

De l'huile essentielle de lavande

De l'avoine

De l'huile d'amande douce

1 Versez l'eau chaude dans le bol.

2 Mélangez quatre gouttes d'huile essentielle de lavande avec l'huile de base pour le bain.

3 Mélangez l'avoine avec l'huile d'amande douce dans un autre bol, que vous mettez ensuite de côté.

4 Ajoutez le mélange contenant l'huile de base à l'eau chaude.

5 Trempez-vous les pieds dans l'eau durant 10 minutes.

6 Retirez-les de l'eau.

7 Frottez chaque pied avec une petite quantité de mélange à base d'avoine.

8 Rincez-vous les pieds.

Bibliographie

Brown, Denise Whichello,
A Complete Guide to Massage
(D&S Books Ltd, 2003)

Costa, Larry,
Massage, Mind and Body
(Dorling Kindersley Ltd, 2003)

Mumford, Susan,
A Complete Guide To Massage
(Hamlyn, 1995)

Tucker, Louise,
An Introductory Guide to Aromatherapy
(Ruben Publishing Ltd, 2000)

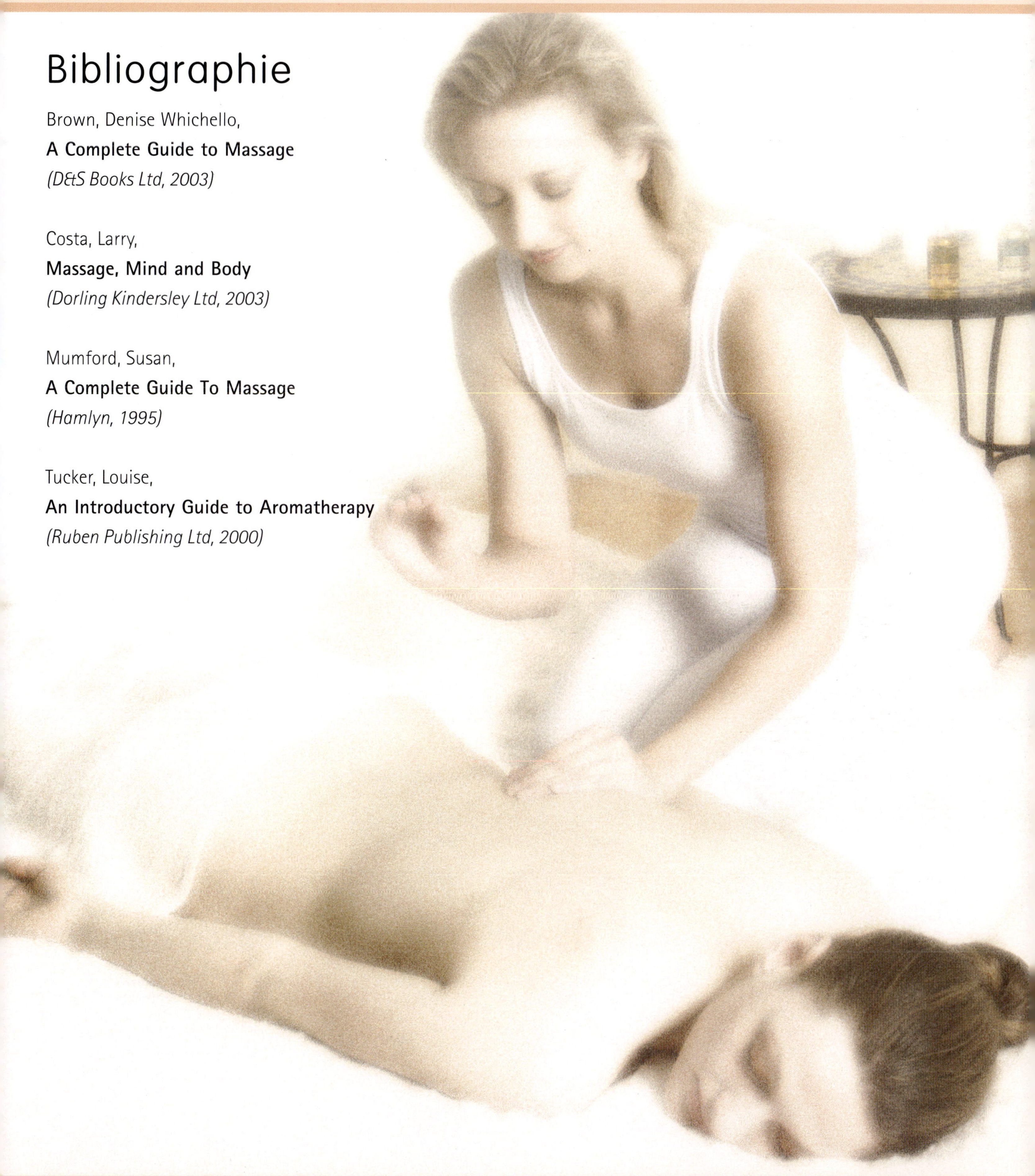

Index

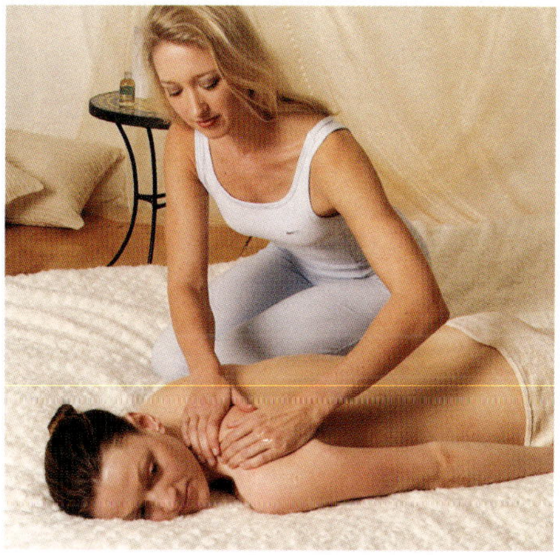

Au sujet de l'auteur

Caron Bosler s'intéresse à la thérapie holistique en 1996. Pendant cette année-là, elle commence à étudier le Reiki au Laban Centre London, où elle décroche une maîtrise en 1998. Après ses études, elle obtient un diplôme en massage holistique. Caron Bosler détient également un diplôme dans le domaine du massage des tissus profonds. Elle se passionne aussi pour l'aromathérapie qu'elle décide à son tour d'étudier.

Mentions et remerciements

Je désire d'abord exprimer ma reconnaissance envers David et Sarah, qui m'ont permis d'écrire ce livre. J'aimerais ensuite remercier les personnes suivantes pour leur soutien et leurs encouragements : Paul Forrestor qui, en plus de prendre les superbes photos de ce livre, agrémentait toujours les séances de photographie de plaisanteries hilarantes; mes beaux modèles qui ont su faire preuve de patience et de compréhension; Eduardo, qui racontait des histoires chaque fois que je prenais la vie trop au sérieux; Elle, qui m'appelait tard le soir pour me prodiguer à distance tout le soutien dont je lui suis reconnaissante; Venetia et Foz, qui sont les meilleurs amis qu'une fille aurait jamais pu espérer avoir; et surtout Nela, à qui je suis gré de tout ce qu'elle m'a enseigné.

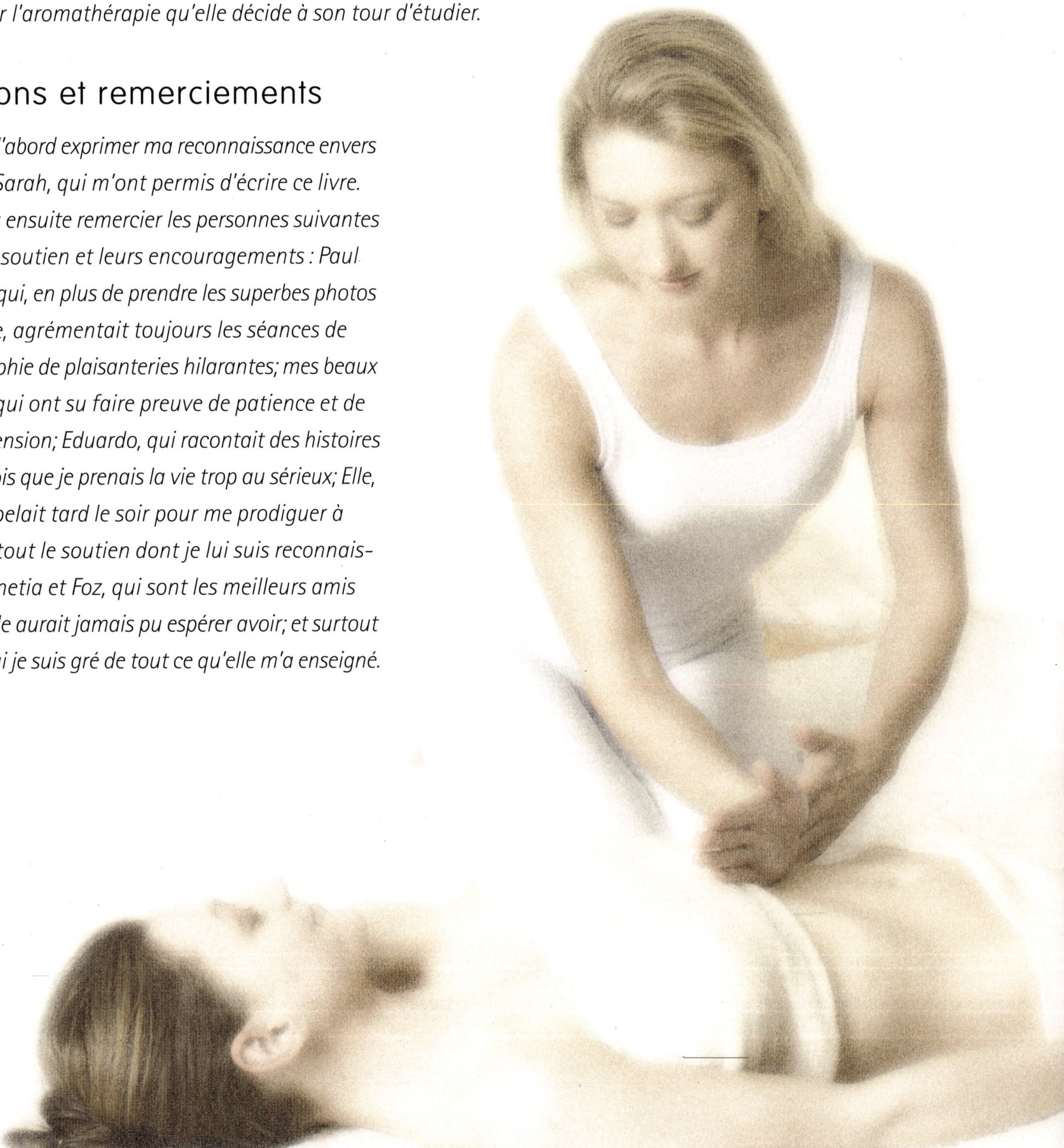